问道量化投资

用MATLAB来敲门

（纪念版）

金斯伯格 王正林 编著

電子工業出版社
Publishing House of Electronics Industry
北京•BEIJING

内 容 简 介

量化投资在国内起步没多久，前途不可估量。量化投资的核心是数学模型，而模型离不开高效的数值计算和模拟分析工具，MATLAB 简单易学的特点、强大的数值计算和模拟仿真功能，以及丰富的金融类工具箱（金融工具箱、衍生品工具箱和固定收益工具箱），是量化投资超给力的“武器”。

本书主要讲述以 MATLAB 为分析工具的量化投资，由“MATLAB 入门”、“MATLAB 量化投资基础”和“MATLAB 量化投资相关函数详解”3 篇组成。入门篇让零编程基础的读者快速掌握强大的数值计算和模拟分析工具 MATLAB；量化投资基础篇简要介绍相关的投资策略及模型，重点讲述 MATLAB 中的模型实现及应用；函数详解篇对 MATLAB 的金融工具箱、衍生品工具箱和固定收益工具箱中的全部函数一一进行详解，以帮助读者快速掌握这些函数。

本书适合基金、衍生品、证券等相关投资人员使用，也适合对量化交易、金融投资感兴趣及有志于成为宽客的人士阅读。

图书在版编目（CIP）数据

问道量化投资：用 MATLAB 来敲门：纪念版 / 金斯伯格，王正林编著. —北京：电子工业出版社，2016.10

ISBN 978-7-121-28724-4

Ⅰ. ①问… Ⅱ. ①金… ②王… Ⅲ. ①Matlab 软件－应用－投资学 Ⅳ. ①F830.59-39

中国版本图书馆 CIP 数据核字（2016）第 204119 号

策划编辑：张月萍
责任编辑：董　英
印　　刷：北京京科印刷有限公司
装　　订：北京京科印刷有限公司
出版发行：电子工业出版社
　　　　　北京市海淀区万寿路 173 信箱　　邮编：100036
开　　本：787×1092　1/16　　印张：27.75　　字数：642 千字
版　　次：2012 年 9 月第 1 版
　　　　　2016 年 10 月第 2 版
印　　次：2016 年 10 月第 1 次印刷
印　　数：3500 册　　定价：69.00 元

凡所购买电子工业出版社图书有缺损问题，请向购买书店调换。若书店售缺，请与本社发行部联系，联系及邮购电话：（010）88254888，88258888

质量投诉请发邮件至 zlts@phei.com.cn，盗版侵权举报请发邮件至 dbqq@phei.com.cn。

本书咨询联系方式：010-51260888-819　faq@phei.com.cn。

喜欢做一名宽客，是因为可以自己掌握命运！

——代推荐序

最近 10 年来，量化投资成了欧美资本市场发展的热点与焦点，一举成了国际投资界兴起的一个新方法，发展势头迅猛，和基本面分析、技术面分析并称为三大主流方法。由于量化投资交易策略的业绩稳定，其市场规模和份额不断扩大，得到国际上越来越多投资者的追捧。

过去 20 年收益率最高的基金是文艺复兴科技公司的大奖章基金，其客户平均年收益率高达 35%；而过去 4 年高盛旗下的量化基金规模翻了一倍，超过 1000 亿美金。由此可见，量化投资已经成为机构投资者的重要利器。

量化投资对于基金公司、资产管理公司而言，有着非常明显的价值。

首先是容易冲规模。一个有效的量化模型是可以在多个产品上进行快速复制的，从而迅速做大规模。这个在巴克莱的指数增强系列产品上得到了最明显的体现。截至 2011 年底，巴克莱量化基金规模超 1.6 万亿美金，超过富达基金，成为全球最大的资产管理公司。

其次是可以获得绝对收益。利用量化对冲方式，构建与市场涨跌无关的产品，赚取市场中性的策略，适合追求稳健收益的大机构客户，例如保险资金、银行理财等。这个产品的代表性公司就是目前全球最大的对冲基金 BridgeWater，其旗下的旗舰产品 Pure Alpha 过去 5 年共赚取超过 350 亿美金。

第三是杜绝了内幕消息和老鼠仓。量化投资只利用公开数据，通过数学模型的运算挖掘出隐藏在公开数据后面的信息，从而战胜市场，从方法论上就杜绝了内幕消息的可能。在交易过程中利用复杂的 IT 系统进行程序化交易，使得老鼠仓也无法成为可能。在国内金融市场监管日趋规范的情况下，量化投资这种方法必然会成为投资研究的主要方法。

放眼国内，2009 年开启了“中国量化投资元年”，2010 年 4 月股指期货的出台，2011 年底，我的母校上海交通大学金融工程研究中心举办了第一届中国量化投资高峰论坛，2012 年 6 月，国内第一本《量化投资与对冲基金》杂志刊发。最近一年，量化投资与对冲基金的各类论坛、会议、组织，如中国量化投资学会、北京量化投资学会、上海量化投资学会等，如雨后春笋，层出不穷。而随着国债期货、转融通、期权等一系列产品的推出已经提上监管层的日程安排，未来中国量化投资与对冲基金时代，已如滚滚长江，浩荡而来。

“春江水暖鸭先知”，量化投资强劲的势头，我有着很深的体会。2011 年底我的《量化投资——策略与技术》一书，本来只是为了培训新来的金融工程研究员而撰写的讲义，但是出版后一个月内第一版就脱销了，大大出乎我的预料。后来又多次印刷，依然供不应求。

我的这本书作为一个量化投资的入门读物，是非常适合的，但是我自己也对书中部分内容不甚满意，其中一块就是在量化投资的技术手段方面。MATLAB 作为构建量化投资分析模型的重要工具，我的书中极少提及这方面的内容，这也是很多读者提出的批评意见。所以王正林先生将本书发给我，阅读之下，欣喜异常。

一个好的量化投资策略，能否最终成为有效的模型和赚钱的交易系统，除了开发者要有对市场的深刻理解之外，同样需要一个好的工具。关羽武功盖世，他也需要赤兔马和青龙偃月刀；美国军队再强，它也需要精确制导武器和 GPS。没有好的工具，量化投资模型往往会流于空想。

目前传统的量化投资模型的研究往往是基于 Excel 的，但是 Excel 的功能过于单一，尤其对复杂数据的计算方面有着天然的弱势，使得它无法胜任大规模数据、复杂系统的演算。而资本市场恰恰又是一个非线性的混沌系统，对于这样一个系统，MATLAB 强大的数学演算能力就体现出了它的威力和价值。

本书中用了多个案例来详细阐述如何用 MATLAB 进行量化投资模型的开发、验证、优化等工作。对我的那本《量化投资——策略与技术》一书，实为极佳的补充，所以当王正林先生邀请我为其作序的时候，不由得欣然同意。

中国经济经过 30 年的高速发展，各行各业基本上已经定型，能够让年轻人成长的空间越来越小了。未来 10 年，量化投资与对冲基金这个领域是少有的几个可以诞生个人英雄的行业，无论出生贵贱，无论学历高低，无论有无经验，只要你勤奋、努力，脚踏实地地研究模型，研究市场，开发出适合市场稳健赢利的交易系统，实现财务自由并非遥不可及的梦想。

曾经有研究助理和我抱怨："我们做量化研究的，一年都没有啥机会出去调研，免费旅游的机会都没有啊！"

我笑道："你只要好好研究量化模型，找到持续稳定赢利的策略，自然就会有大量的资金来找你合作，实现财务自由不困难。到时候你会开着游艇出海，去拉斯维加斯享受，去非洲草原猎象，又何必在乎眼前的这点免费旅游呢？"他点头如捣蒜。

在中国目前的很多领域，赚钱已经变成一个非常困难的事情，甚至有些时候，男人要陪酒，女人要陪睡，才能保住自己可怜的饭碗。但是在量化投资与对冲基金领域，可以完全依靠自己的勤奋与努力。一个持续稳定赚钱的模型，不是靠陪酒和陪睡就能陪来的，而是要靠着自己的聪明才智和脚踏实地的工作。

所以，从事量化投资与对冲基金这个行业，不仅仅是为了实现财务自由，更重要的是人性的尊严！

絮絮叨叨说了这么多，读者大概都厌倦了吧，那就赶紧打住，让大家早点进入本书，感受 MATLAB 在量化投资方面的巨大威力吧！

最后还想说一句：俱往矣，数风流人物，还看今朝！

让我们一起拥抱中国量化投资与对冲基金黄金时代的到来！

方正富邦基金公司资深量化策略师
《量化投资——策略与技术》作者
《量化投资与对冲基金》副主编
中国量化投资学会 会长
CCTV/第一财经特邀嘉宾

丁鹏 博士

2012 年，流火如金的 7 月，于北京金融街，丰融国际大厦，灿烂的晚霞中

前　　言

量化投资在海外已有 30 多年的发展历史，其投资业绩稳定，市场规模和份额不断扩大，得到了越来越多的投资者的认可。

国际上，在投资基金中以量化投资作为工具的占 33%（高达数千亿美元），而在中国，这个数字几乎为零。价值投资大师巴菲特的基金从 1989 年至 2008 年间平均年回报率为 22%，而量化投资大师西蒙斯的基金在同期 20 年的平均年回报率高达 38.5%！

伴随着一批海外量化投资人才相继回国，一批采用量化方法进行管理的基金产品相继推出，2009 年，中国终于开启了“量化投资元年”。国内金融机构已经将量化投资作为发展战略之一，量化投资在中国正处于急速起飞阶段。

量化投资技术在很大程度上依赖计算机技术、金融统计和数学模型，其技术复杂性和专业门槛也相对较高，但随着计算机技术、现代金融理论、投资组合优化理论、风险模型与控制理论的发展，以及大批年轻有活力的量化投资从业者的成长，量化投资技术的发展与进步将大大加快。

量化投资的核心是数学模型，而模型离不开高效的数值计算工具，MATLAB 简单易学的特点、强大的数值计算功能与丰富的金融类工具箱（金融工具箱、衍生品工具箱和固定收益工具箱）为量化投资提供了超给力的“武器”。MATLAB 在世界货币基金组织、美联储、摩根士丹利、高盛等世界各大金融机构均得到了广泛的应用，在量化投资这个“黑箱”背后，一定少不了 MATLAB 忙碌的身影。

本书内容丰富、结构明了，首先通过传奇人物西蒙斯的故事揭开量化投资的神秘面纱，然后通过循序渐进的 3 篇来展开 MATLAB 量化投资的内容。

第 1 篇　MATLAB 入门

零基础快速学会 MATLAB，熟练使用 MATLAB 平台，掌握 MATLAB 的数值计算和数据可视化及 MATLAB 语言编程方法。

对于没有任何编程经验、缺乏编程训练，但希望快速学习和理解量化投资领域的算法和模型的读者，本篇将为你铺平一条道路。

第 2 篇　MATLAB 量化投资基础

详细介绍量化投资方面基础、经典的利率模型、衍生品定价模型、期权定价模型和风险控制模型，着重通过大量的实例分析和强调了 MATLAB 中这些复杂模型的实现及使用方法，旨在教会读者深入理解、熟练掌握这些模型及策略。

第 3 篇　MATLAB 量化投资相关函数详解

在量化投资方面 MATLAB 给出了 3 个功能强大的专业工具箱，即金融工具箱、衍生品工具箱和固定收益工具箱，覆盖了大量的模型，提供了数百个函数。对这些函数进行一一详解，包括其功能、输入输出参数，能让你快速查询和使用这些函数，非常便捷、实用。

为了更方便读者学习和使用，我们免费提供了本书的源程序和相关视频，读者可在 www.broadview.com.cn 网站下载。

本书主要由金龙、王正林编写。其他参与编写的人员有肖静、朱桂莲、刘玉芳、王伟欣、钟杜清、朱艳、邓祈、王权、肖绍英、夏路生、钟救元、王晓丽、刘拥军等。在此对所有参与编写的人员表示感谢！

由于编者水平和经验有限，希望本书能起到抛砖引玉的作用，书中错漏之处在所难免，敬请读者指正，我们的电子邮箱是 wa_2003@126.com。

编者

2012 年 6 月，于清华大学陈赛蒙斯楼（Chern-Simons Hall）前广场

第 0 章　致敬量化投资之王

天下谁人不识君：詹姆斯 · 西蒙斯

詹姆斯 • 西蒙斯（James Simons，1938 年—今），美国量化投资的传奇人物，最伟大的对冲基金经理之一，著名的数学家和慈善家。

- 1976 年与中国著名的数学家陈省身先生一同创立了著名的 Chern-Simons 几何定律，一举摘得数学界的皇冠——全美维布伦（Veblen）奖。
- 1988 年成立量化型投资基金大奖章基金，截至 2009 年，基金的平均年回报率高达 35%，较同期标普 500 指数的平均年回报率高 20 多个百分点，比“金融大鳄”索罗斯和“股神”巴菲特的操盘表现都高出 10 余个百分点。在次贷危机爆发的 2007 年，该基金的回报率仍高达 85%。
- 2005 年赚了 15 亿美元，2006 年赚了 17 亿美元，2007 年赚了 28 亿美元，2008 年赚了 25 亿美元……
- 2006 年，西蒙斯被国际金融工程师协会评选为年度金融工程师。
- 人称“最赚钱的数学家”、“量化投资之王”、“量化投资教父”、“华尔街最赚钱的基金经理”。
- 《福布斯》中文版曾这样介绍西蒙斯：

对冲基金经理中的亿万富豪　詹姆斯·西蒙斯（James Simons）
资产净值：106 亿美元
管理资产额：150 亿美元
2010 年净回报：大奖章基金（Medallion Fund）+30%

击败索罗斯的西蒙斯

谁是 2005 年全球 No.1 的"打工皇帝"？全球知名的投资杂志《机构投资者的阿尔法》"*Institutional Investor's Alpha*"进行了盘点，是华尔街薪酬最高的金融家——高盛前行政总裁鲍尔森，还是世界 500 强中最赚钱的 CEO——第一资本金融公司（Capital One Financial Corp.）的掌门人费尔班克（Richard Fairbank）？

与索罗斯亦敌亦友

答案非也。加上股票期权，鲍尔森也不到 1 亿美元，而费尔班克一年也只进账 2.5 亿美元。伟大的投机大鳄索罗斯也只能排老三，他的年收入可是 8.4 亿美元哦！真正的 No.1 是文艺复兴科技公司（Renaissance Technologies Corp.）的主席西蒙斯，年收入高达 15 亿美元。

虽然西蒙斯行事低调且不为外人所知，但无论是从毛回报率还是净回报率计算，西蒙斯都是这个地球上最伟大的对冲基金经理之一。

经历了 1998 年俄罗斯债券危机和 2001 年高科技股泡沫危机，许多曾经风光无限的对冲基金经理都开始盛极而衰，罗伯逊（Julian Robertson）不得不关闭了老虎基金，梅利韦瑟（John Meriwether）的长期资本管理公司几乎破产，索罗斯的量子基金也大幅缩水，大不如前。而西蒙斯的大奖章基金则逆势狂飙，平均年净回报率高达 34%。从 1988 年成立到 1999 年 12 月，大奖章基金总共获得了 2478.6%的净回报率，是同时期中的第一名，远超第二名的索罗斯的量子基金，其净回报率为 1710.1%，而同期的标准普尔指数仅是 9.6%。不过，文艺复兴科技公司所收取的费用更高得令人咋舌。一般对冲基金的管理费及利润分成比率分别为 2%和 20%，但西蒙斯所收取的费用分别为 5%和 44%，几乎与客户对分利润，因此他的年薪高达 15 亿美元也不足为怪。

有效市场理论告诉我们，从长期来看，没有人能够打败市场。一位大型对冲基金的基金经理说："只有少数几个人改变了我们对市场的看法，凯恩斯是一个，巴菲特是一个，西蒙斯也是一个。"西蒙斯创造的回报率比布鲁斯·科夫勒（Bruce Kovner）、乔治·索罗斯、保罗·都铎·琼斯（Paul Tudor Jones）、路易斯·培根（Louis Bacon）、马克·金顿（Mark Kingdon）等传奇投资大师都要高出 10 个百分点，在对冲基金业内几乎无出其右者。

MIT 出来的数学奇才

西蒙斯生于波士顿郊区的牛顿镇，是一个制鞋厂老板的儿子，数学天赋极高，3 岁就立志成为数学家。高中毕业后考入全美数学排名第一的麻省理工学院（MIT），从师于著名的数学家安布罗斯（Warren.Ambrose）和辛格（I.M.Singer）。他经常以崇拜的眼光看着两位大师点完餐后坐在餐厅讨论数学问题，直到深夜。西蒙斯对这种生活充满了向往。天资聪慧加上后天的刻苦努力，他在大一的时候就达到了毕业生的水平。1958 年，他获得了学士学位，仅仅 3 年后，23 岁的他就拿到了加州大学伯克利分校的博士学位，一年后他成了哈佛大学数学系的教授。

2007 年，在一次数学大会上做演讲的西蒙斯

然而，由于经济和学术等各方面的种种压力，西蒙斯在 1964 年被迫离开了大学校园，进入 IDA（美国国防分析研究院），并进行代码破解工作。这是政府的秘密工作，工作不忙但工资很高，他可以用一半的工作时间做自己的数学研究。

没过多久，越南战争爆发。当时 IDA 的主席写了一篇关于这次战争的很激进的文章，刊登在了《纽约时代》的杂志版上面，西蒙斯不大同意他的看法，于是给《纽约时代》周刊写了一封信，表达了自己的观点，结果信的内容被发表出来了，几个星期后刊登在同样的周末版上。于是西蒙斯被列在了监视名单上，没多久，他就被解雇了。

不太顺利的那段时光很快过去了，他接受了纽约州立石溪大学（Stony Brook University）数学系主任的职位，在那里做了 8 年的纯数学研究。石溪大学数学系在他的带领下很快变得小有名气了。在国际数学界尊为“微分几何之父”陈省身先生的帮助下，西蒙斯的数学研究成果最后在物理学领域也变得非常有用。1974 年，他与陈省身联合发表了著名的论文《典型群和几何不变式》，创立了著名的 Chern-Simons 理论，该几何理论对理论物理学具有重要意义，广泛应用于从超引力到黑洞。1976 年，西蒙斯获得了全美数学科学的维布伦奖，这是世界微分几何界的最高奖项之一。

带着模型勇闯华尔街

在数学上获得斐然成就后，西蒙斯开始寻找新的方向，转向了投资。其实西蒙斯很早就与投资结下了缘分，醉心于股票和期货交易。1961 年，他和麻省理工学院的同学投资于哥伦比亚地砖和管线公司，这家公司的投资让他赚到了 60 万美元。更振奋人心的是，变现后的 60 万美元投到商品市场，大炒期糖，在不到 7 个月内变成了 600 万美元！在伯克利大学，他尝试做股票交易，但是交易结果并不太好。

1978 年，西蒙斯从石溪大学出来，创立了私人投资基金 Limroy。最初他也采用基本面分析的方式，例如通过分析美联储货币政策和利率走向来判断市场价格走势。虽然 Limroy 基金成绩不俗，但西蒙斯要努力维持 Limroy 的佳绩，每天要承受巨大的心理压力，又要随时随地保持高度警觉的状态。而量化投资可以降低投资风险，而且西蒙斯认为，数学模型可以降低投资风险，还可以降低投资者每天所要承受的各种心理压力。

西蒙斯发现很多价格变化是有规律可循的，并能通过一定的方法来进行预测，于是他把投资方法从判断型转变为量化投资，决定转为纯粹的量化型基金。

1988 年，50 岁的西蒙斯关闭了 Limroy 基金，他邀请当时在石溪大学数学系任教的埃克斯加盟，专门投资各类期货的文艺复兴技术公司（Renaissance Technologies）鸣锣开张，公司旗下的第一个基金就是大奖章基金（Medallion Fund），之所以取名为大奖章主要是源于西蒙斯和埃克斯获得的数学奖章，他们都获得过维布伦奖章。

大奖章基金最初主要涉及期货交易。开张第一年，大奖章基金赚了 8.8%，然后出师不利，次年便开始亏损，从年初到 4 月份，大奖章赔了 30%，西蒙斯不得不在 1989 年 6 月份停止交易。由于对模型有分歧，西蒙斯和埃克斯分道扬镳。西蒙斯又请来了普林斯顿大学的数学教授亨利·劳费尔（Henry Larufer）为数学模型进行诊断，他们用了 6 个月的时间冥思苦想，最后决定将过去模型中的有关宏观经济数据的部分完全剔除，只留下技术性数据，同时将注意力集中在短线的交易时间上，并从基本面分析转向数量分析，这种投资策略一直被保留至今，成为大奖章基金长盛不衰的立生之本。

亨利・劳费尔居功至伟，现在在文艺复兴科技公司中拥有第二大股东身份（仅在西蒙斯之后），任职首席科学家。

超传奇的大奖章基金

作为一位数学家，西蒙斯知道靠幸运只有 1/2 的成功概率，要战胜市场必须采用模型，以周密而准确的计算为基础。大奖章基金采用的数学模型主要通过统计研究市场历史数据找出金融产品价格、宏观经济、市场指标、技术指标等各种指标间变化的数学关系，以预测期货、货币、股票市场的短期运动，发现市场目前存在的微小获利机会，并通过杠杆比率进行快速而大规模的交易从而获利。

大奖章基金有许多策略，无所不交易，从股票到小麦，能用电脑买卖的东西都被拿来研究，然后通过高频交易套利。除了特殊时期，西蒙斯手下的数十名交易员可以通过自动算法完成大量的交易，高峰时可达到纳斯达克 10%的成交量。

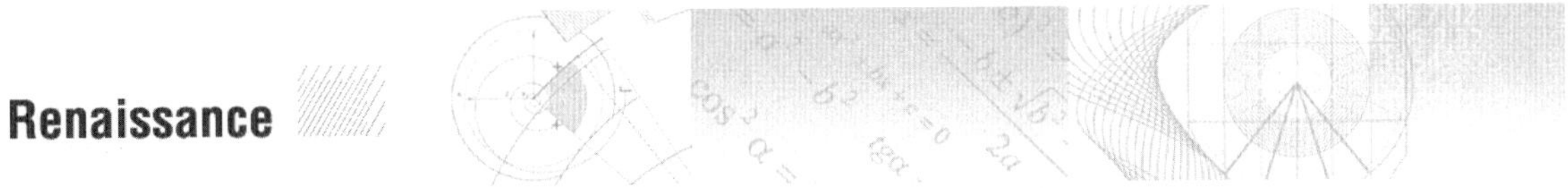

文艺复兴科技公司主页的图标，可能只有数学家能看得懂

西蒙斯透露，大奖章基金的投资产品必须符合三个标准：公开交易品种、流动性足够高、适合用数学模型来交易。而要符合第三个条件，该交易品种必须有充分的可以进行分析的历史价格、交易量等数据，从而找出最适合的交易模型来进行量化投资。西蒙斯表示："我是模型先生，不想进行基本面分析，模型的优势之一是可以降低风险。而依靠个人判断选股，你可能一夜暴富，也可能在第二天又输得精光。"数学模型可以降低投资人的风险和所需承受的各种心理压力，因为模型没有感情，一旦选定就会自动执行，能够克服人性在市场面前暴露出来的弱点。

由于文艺复兴科技公司和西蒙斯本人的低调神秘，外界无法得知他们究竟是依靠什么样的数学模型计算公式来进行高频率交易获取暴利的，但是西蒙斯说过，股票是有规律波动的，他们研究股票波动的规律，通过捕捉市场大量异常瞬间机会来赚钱。"有效市场假说是基本正确的，也就是说，市场没有什么明显的套利机会。但是，我们关注的是那些很小的机会，它们可能转瞬即逝。这些机会出现之后我们会做出预测，然后进行相应的交易。交易之后，我们又会对新的市场情况进行跟踪和评判，预测也会相应调整，投资组合也会跟着变化。我们总是不停地买入、抛出。我们之所以赚钱就是靠我们不停地交易。"

针对不同市场设计数量化的投资管理模型，以电脑运算为主导，并在全球各种市场上进行短线程式化交易，是西蒙斯的成功秘诀。对于数量分析型对冲基金而言，交易行为更多基于电脑对价格走势的分析，而非人的主观判断。

西蒙斯的公司主要由 3 个部分组成，即电脑和系统专家、研究人员及交易人员。西蒙斯每周都要和研究团队见一次面，和他们共同探讨交易细节，以及如何使交易策略更加完善。不过西蒙斯对交易细节守口如瓶，除了公司 200 多名员工外，没有人能够得到他们操作的任何线索。

西蒙斯操盘的大奖章基金屡创辉煌：

- 1990 年大奖章基金的净回报为 55.9%，翌年为 39.4%，之后的两年分别是 34%和 39.1%。
- 1994 年，美联储连续 6 次加息，而大奖章基金净赚了 71%。
- 2000 年，科技股股灾，标准普尔指数下跌了 10%，大奖章基金更是大获丰收，净回报为 98.5%。
- 2008 年，全球次贷危机，各类资产价格下滑，大部分对冲基金都亏损，而大奖章基金赚了 80%。

- 从 1988 年成立到 2008 年，大奖章基金的平均回报是 35.6%，而标准普尔指数年均涨幅仅 9.2%，高出 20 多个百分点，比“金融大鳄”索罗斯和“股神”巴菲特的操盘表现都高出 10 余个百分点。

从 2002 年底至 2005 年底，规模为 50 亿美元的大奖章基金已经为投资者支付了 60 多亿美元的回报。这个回报率是在扣除了 5%的资产管理费和 44%的投资收益分成以后得出的。值得一提的是，西蒙斯收取的这两项费用可能是对冲基金界最高的，相当于平均收费标准的两倍以上。如果有人在 1989 年投了 100 万进大奖章基金，那么他在去年可以拿回近 7.4 亿的回报。

截至 2010 年 9 月，西蒙斯的个人净资产达 85 亿美元，在 2010 年《福布斯》全球亿万富豪排行榜上位列第 80，他被《金融时报》评为地球上最聪明的亿万富翁。

数学天才玩转的基金

西蒙斯的文艺复兴科技公司总部位于纽约长岛，从外表来看，那座建筑更像一个数学研究所。和很多基金公司不同的是，公司的中心建筑并不是夜以继日不停交易的交易室，而是一间有 100 个座位的礼堂。每隔半个月，员工都会在那里听一场科学演讲。“有趣而且实用的统计学演讲，对你一定会有所启发。”一位喜欢这种学习方式的员工说。

令人惊讶的还不止这些。西蒙斯对华尔街的投资家们不感兴趣，事实上，如果你想去文艺复兴科技公司工作，华尔街经验反而会成为绊脚石。文艺复兴科技公司拥有一流的科学家，其中包括贝尔实验室的著名科学家 Peter Weinberger 和弗吉尼亚大学教授 Robert Lourie。在公司的 200 多名员工中，将近 1/2 的雇员都是数学、物理学、统计学等领域顶尖的科学家，只有两位是金融学博士出身，而且公司从不雇用商学院毕业生，也决不雇用华尔街人士。这在美国的投资公司中绝对是独一无二的。“我们不雇用数理逻辑不好的学生，”西蒙斯说，“好的数学家需要直觉，对很多事情的发展总是有很强的好奇心，这对于战胜市场非常重要。”

西蒙斯的干将主要来自 3 个地方：一个是石溪大学的数学系，过去他曾是系主任，打造成了全美名列前茅的数学系；一个是老东家国防分析研究院；另外一个地方令人备感惊奇，即 IBM 公司的语音识别实验室，有人曾说，当年西蒙斯把整个语音识别实验室的精英统统都挖走了。

很多人曾问西蒙斯，为什么要搜罗世界上最优秀的语音识别专家来从事金融研究。他回答道：“投资和语音识别其实很相似，都是要预测下一点发生的事情。”也就是说，通过对目前已知的各种资讯进行分析，去伪存真，然后判断下一点最可能会发生的事情。

文艺复兴科技公司几乎不存在人员流动。这里薪酬丰厚，而且工作压力相对较小。每 6 个月，公司员工会根据业绩收到相应的现金红利。据说半年内的业绩基准是 12%，很多时候这个指标可以轻松达到，不少员工还拥有公司的股权。西蒙斯很重视公司的气氛，他经常会和员工及其家属们分享周末。2000 年时，他们就曾一起飞去百慕大度假。

现在的量化投资领域已超出模型之间的竞争，成败其实取决于如何组建一个强有力的研究团队，去不断发现新的异常，开发新的模型。不过，要模仿西蒙斯投资却不容易。西蒙斯的雇员薪酬属顶尖级的，要挖走他的人，成本很高。要知道，除了退休或者寻找其他人生目标、生活刺激之外，文艺复兴科技公司的员工很少跳槽。

文艺复兴科技公司有一种特殊的研究氛围去吸引科学家，西蒙斯也有一股独特的魅力去留住人才，用顶尖的科学家从事投资研究，这就是西蒙斯的投资命门吧！

“论剑”股神巴菲特

与巴菲特价值投资买入并长期持有的理念不同，西蒙斯的不败神话主要得益于其“壁虎式投资法”。所谓“壁虎式投资法”是指在投资时进行短线方向性预测，依靠交易很多品种、在短期做出大量的交易来获利。用西蒙斯的话说：“交易就像壁虎，平时趴在墙上一动不动，一旦蚊子（机会）出现，迅速将其吃掉，然后重新恢复平静，等待下一次机会的来临。”

无论是 1998 年俄罗斯债券危机，还是本世纪初的互联网泡沫，大奖章基金历经数次金融危机，始终屹立不倒，令有效市场假说都黯然失色。

巴菲特与西蒙斯，一个基于基本面分析的价值投资，一个基于模型分析的定量投资，大相径庭的投资风格，但同样造就了非凡的业绩。巴菲特的价值投资依赖于对个股或公司基本面的全面分析，预测其将来的长期走势，并通过长期持有获利。而西蒙斯则更注重各金融产品价格之间的短期失衡，通过发现套利机会获利，对个股的基本面并不关心。但这两者并不矛盾。因为西蒙斯也承认，市场长期来看是有效的，但是在短期或局部可能会出现某种无效性。西蒙斯关注的是这种短期无效性，而巴菲特关注的是长期有效性。

相对巴菲特的价值投资，西蒙斯的定量投资还算不上主流，但同样可以取得巨大的成功。这再一次证明“条条大路通罗马”，投资方法无所谓好坏，只有是否适合自己。

2008 年金融危机过后，索罗斯、西蒙斯、鲍尔森（John Paulson）、法尔科内（Philip Falcone）及格里芬（Kenneth Griffin）这 5 位美国著名的基金巨头（从左至右顺序），一同出席美国众议院政府改革及监管委员会的听证会

此外，华尔街有一句名言：只有非主流才能入流！（You have to be out to be in）。西蒙斯的成功也印证了这一点。

在对冲基金小圈子内，有人戏称他为“对冲基金之王”。西蒙斯为人谦逊，并不接受这类封号。他曾把自己的投资风格与巴菲特比较，说自己是粗放耕种。“在大片麦田中央放一个喷水灌即可，每一根麦穗看起来不是特别好，但整体收成又不太差，靠数量取胜。而巴菲特则是密集精耕，他的麦穗不多，但每一根都是精品。”

“我们的投资方法正好是两个极端。”西蒙斯说。

华尔街著名的慈善家

与其他暴富的同行不同的是，西蒙斯没有把他的财富用来享乐，而是转向了慈善事业。西蒙斯成立了西蒙斯基金会，专门为教育、卫生、自然科学研究等项目提供资助。

20 年来，他捐助了 3800 万美元来研究造成自闭症的原因。他还捐出 1 亿美元成立美国最大的自闭症私人研究中心。为了探讨自闭症与遗传的关系，他捐献了自己家庭的 DNA 用于自闭症研究。2003 年，他在纽约组织召开了自闭症研究交流会，与会的有世界著名的自闭症专科医生和生物学家。目前西蒙斯自闭症基金的投资方向是寻找相关基因，麻省理工学院和耶鲁大学的自闭症研究团队都从他的基金会获取了丰足的经费。

2010 年，与妻子（Marilyn Simons）及友人出席冷泉港（Cold Spring Harbor）的实验室举办的乳腺癌研究基金的慈善晚宴

西蒙斯在数学方面的捐助金额也很可观。2006 年他向纽约州立石溪大学捐助了 2500 万美元作为数学和物理的研究经费，2008 年 2 月又捐助了 6000 万美元，这是纽约州历史上数额最大的捐助。

由于西蒙斯和陈省身先生亦师亦友的亲密关系，西蒙斯也为中国教育做出了贡献，他为清华大学捐资建立了“陈赛蒙斯”专家公寓楼（Chern-Simons Hall）。

西蒙斯：我的量化投资生涯

西蒙斯一直对其投资策略讳莫如深，2009 年夏天退休后更是深居简出。2010 年底，西蒙斯在麻省理工学院（MIT）做了一次演讲，讲述了他自己如何从一名数学天才成为量化投资大师的传奇人生，以下内容精选自这次演讲。

……那是在 1976 年，我刚刚 38 岁。我以为我会一辈子都做一个数学家，不过真的，从 18 岁开始我就这么认为。我想我花了近 20 年的时间来搞数学，但是后来我决定开始转向做投资。

初尝模型的大甜头

当时，我从来没想过要把数学运用到投资当中。但是一段时间以后，我搜集了一些投资方面的数据，发现一些东西是可以模型化的，就像我们曾经在 IDA（美国国防分析研究院）做的一样。因此我从 IDA 挖来了全世界最好的模型创建者——Lenny。在 IDA 的时候我们一起构建模型。Lenny 开始和我一起创建模型，但是我却一直在做交易。Lenny 还经常会看一些市场的新闻，然后形成自己的观点，比如说市场会上涨、市场会下跌之类的，都是关于外汇和债券的一些东西。

后来我开始发现有很多时候他的分析是对的。我说："好啊，你用的是什么模型？不妨我们用它来赚点钱吧！"

我们的模型在投资上效果很棒，投资回报率很高，在开始的两年里，我们把投资者的钱变成了刚开始的 12 倍，那还是扣除了其他费用的。听上去我们做得不错，我们也是极其幸运的，或者说"好运"。当然很多时候我们是比较幸运的，在我的职业生涯中，我的运气也的确很好。当时在我的脑海里想的仍然是我可不想只去建模，但是其他的人可以专门建模，比如 Jim Max，一位很著名的数学家，离开了石溪大学后加入了我们，他的确建了一些模型。在接下来的几年里，我们把基本面交易、风险投资和所有其他的投资方式结合在一起，我们一直在不断创造出新的、更有效的模型。

大概 10 年后我发现，其实如果你做基本面交易，那么某一天当你醒来时，你可能会发现自己是个天才，你的头寸总是朝利于你的方向发展，你觉得自己很聪明，你也会看见自己一夜之间赚很多钱。然而第二天，所有的头寸都朝着不利于你的方向走，你觉得自己像个傻瓜。

跟着模型走向成功

既然我们会做模型，那就不妨跟着模型走。因此在1988年的时候，我决定百分之百地依靠模型交易。而且从那时起，我们一直都这么做。

一些公司也运用模型，然而他们的宗旨是，他们有一个模型，用这个模型得出的结论给交易员提供参考意见，如果他们赞成这个结论那就照着执行，如果他们不赞成那就不执行。这不是科学，你不可能模拟出13年前当你看见市场行情数据时的那种感觉。而且回溯测试（Back Test）是一件很困难的事情。如果你要真的靠模型去交易，那就完全遵照模型说的去做，不管你认为那个模型有多聪明或者多傻，这后来被证实是一个很正确的决定。因此我们建立了一个百分之百依靠模型做交易的公司，做的业务从我前面提到过的外汇、金融工具逐渐发展到股票及其他一切可以交易的、流动性强的东西。

那个时候，为了得到数据，我们专门派人去美联储复印利率的历史数据，那些数据在其他地方找不到，也不可能简单地从网上买到。为了得到区域性数据，我们必须要手工搜集大量的数据，而且我们确实做到了。

逐渐地，我们变得更加聪明了，那些模型也变得越来越有效，我们的队伍也越来越大。我们招了很多很聪明及擅长这些工作的人。1988年我们创建了大奖章基金，1993年我们不再接受帮外界投资的新业务，只有雇员才能够投资。2002年时，我们把所有外界投资业务剥离出大奖章基金，2005年时将其买断。从那时起的5年内，大奖章基金就完全归我们的职员所拥有了，至今大概有300名雇员有大奖章基金的所有权。

人才是成功的秘诀

人们经常问我有什么秘诀，因为我们不是这世界上唯一一个做数量分析的公司，我们不是唯一一个通过建模来交易的公司，我刚刚批判性地评价了一些运用模型交易的公司。我们公司显然运行得比其他公司要更好，我们的确创下了很多交易方面的纪录。人们总是在问，到底是什么秘诀？当然是有秘诀的，我当然不会告诉你们各种预测性的参量等，那是你们要研究的东西。但是，真正的诀窍其实是，我们的起点是一群一流的科学家，他们完成的是一流的工作。因为我们公司一开始就围绕一些非常优秀的科学家创建，他们都是经过相应考核的，也一直和公司在一起。第二个方面就是我们给员工提供非常好的工作环境，一直有人告诉我他们从来没见过一个比在我们公司工作更方便的公司了，那些数据的寻找都异常的方便。

我认为最重要的就是我们保持着一个开放的氛围，我认为做大规模研究的最好方法就是尽可能地确保每个人都知道其他人在做什么，至少做到越快让大家知道越好。有的时候你可能有一个想法想自己保留，但是很快你就觉得不想让自己看上去像个白痴一样，越快越好，开始告诉其他人你在干什么，因为那样才能最快地刺激你做一些事情，没有隔阂和小圈子。

比如说，有人认为是我们几个人建立的系统，我们应该得到相应的回报，这一类的事情绝不会发生。每个星期我们的研究员就会聚一次，讨论新的想法，而且最好是能够运用到实践当中去的想法。所以这是一个宽松的、开放的环境，你的工资是基于公司整体利润的，而不是基于你个人的工作的，每个人的工资都来自于任何一个其他人的成功。不过没有任何一项政策能单独使效果达到最好，而是需要所有政策都能成功地结合在一起。出色的员工、很棒的工作空间、开放的环境，并且尽量让每个人根据整体的表现获得薪资，这个方法很有效，而且将一直有效，并且靠着它我们赚了很多钱，足够多的钱。

给青年的人生建议

我妻子要我讲一些道理来作为演讲的结尾。实际上我没有什么道理要告诉你们。她确信只要我拼命地想，一定能够想到一些道理。我想我的确有一些道理要讲，或者说一些指导性原则，“道理”这个词似乎有点太严肃了，但是我会告诉你们一些我自己认为比较好的指导性原则。

有一件我经常做的事就是尝试一些新的事情。我经常喜欢尝试一些新的事情，我不想和大部队一起跑，其中一个原因就是我跑得太慢了。如果 N 个人在不同的地方但是在同一时间做同一件事，对于我，我想我会成为最后一个做完事情的人，我绝对不会赢得这场比赛。但是如果你在同一时间要去想一个新的问题，或者有一种和其他人不同的新的方法，也许那会给你一个机会，所以，尝试着做一些新的事情。

第二，尽你所能和最优秀的人合作。当你发现一个很不错的人，并且能够与你一起合作做一些不寻常的事的时候，你要尝试着找一些方法一起去做，因为这会扩大你的视野，让你从中得到一些好处，而且和很棒的人一起工作也很有意思。

我认为每一件事都有它美的一面，至少对于我来说是这样的。你可能会问，建一家交易公司有什么美的一面呢？它美就美在做正确的事，找一群正确的人，用正确的方法把事情做正确。如果你认为你是第一个这么做并且做正确的人，我想你就做对了，这种感觉非常好，把事情做正确是一件很美的事。

同样，人们没想过，其实解决数学问题也是一件很美的事，不要放弃，至少尝试着不要放弃，有时花很长时间去做一件事是正确的。

目　录

第 1 篇　MATLAB 入门

第 1 章　MATLAB 概述 2
1.1　MATLAB 的发展历程 2
1.2　MATLAB 的优势与特点 3
1.3　MATLAB 系统的构成 4
1.4　MATLAB 桌面操作环境 5
1.4.1　MATLAB 启动和退出 5
1.4.2　MATLAB 主菜单及功能 7
1.4.3　MATLAB 命令窗口 9
1.4.4　MATLAB 工作空间 11
1.4.5　M 文件编辑/调试器 14
1.4.6　图形窗口 15
1.4.7　MATLAB 文件管理 17
1.4.8　MATLAB 帮助使用 17
1.5　MATLAB 的工具箱 17
第 2 章　MATLAB 科学计算 20
2.1　数据类型 20
2.1.1　变量与常量 20
2.1.2　字符串 21
2.1.3　元胞数组 21
2.1.4　构架数组 22
2.1.5　对象 22
2.2　数组及其运算 22
2.2.1　数组的创建 22
2.2.2　数组的运算 24
2.2.3　多项式运算 25
2.3　矩阵及其运算 28
2.3.1　矩阵的创建 28
2.3.2　矩阵的运算 30
2.4　符号运算 31
2.4.1　符号运算概述 31
2.4.2　常用的符号运算 34
2.5　关系运算和逻辑运算 35
第 3 章　MATLAB 数据可视化 37
3.1　数据绘图的基本步骤 37
3.2　在工作空间直接绘图 38
3.3　多维数据绘图 39
3.3.1　二维图形 39
3.3.2　三维图形 40
3.4　图形的修饰 43
第 4 章　MATLAB 编程 47
4.1　MATLAB 编程概述 47
4.2　MATLAB 编程原则 48
4.3　M 文件 49
4.4　MATLAB 程序流程控制 51
4.5　MATLAB 中的函数及调用 54
4.5.1　函数类型 54
4.5.2　函数参数传递 57
4.6　函数句柄 61
4.7　MATLAB 程序调试 63
4.7.1　常见程序错误 63
4.7.2　调试方法 66
4.7.3　调试工具 66

第 2 篇　MATLAB 量化投资基础

第 5 章　MATLAB 量化投资相关工具箱 70
5.1　MATLAB 金融应用的案例 70
5.2　使用 MATLAB 的知名金融机构 72
5.3　金融工具箱 73
5.3.1　主要功能 73
5.3.2　体系结构 73

5.3.3 主要函数 74
5.3.4 金融时间序列工具 ftstool 75
5.3.5 金融时间序列数据分析工具 ftsgui 76
5.4 金融衍生品工具箱 77
5.4.1 主要功能 77
5.4.2 体系结构 78
5.4.3 主要函数 79
5.4.4 GUI 工具 80
5.5 固定收益工具箱 82
5.5.1 主要功能 82
5.5.2 体系结构 82
5.5.3 主要函数 83
第 6 章 金融数据的处理和获取 85
6.1 日期和货币数据处理 85
6.1.1 日期数据格式 85
6.1.2 日期型数据处理函数 86
6.1.3 非交易日数据 94
6.1.4 货币格式转换 95
6.2 MATLAB 图表操作 96
6.2.1 图表窗口的创建 96
6.2.2 图表数据的保存和载入 97
6.2.3 图表窗口的坐标 99
6.3 线型图的含义和绘制 101
6.3.1 线型图的含义 101
6.3.2 线型图函数 102
6.4 烛型图 103
6.4.1 烛型图的含义 103
6.4.2 烛型图函数 104
6.5 移动平均线 105
6.5.1 移动平均线的含义 105
6.5.2 移动平均线的计算 105
6.6 布林带 106
6.6.1 布林带的计算 107
6.6.2 布林带的函数 109
6.7 动态数据获取 110
6.7.1 创建定时器 110
6.7.2 Callback 函数的参数 113
6.7.3 定时器使用实例 114
第 7 章 固定收益证券计算 118
7.1 债券的基本概念 118
7.1.1 现金流的时间价值 118
7.1.2 现值和终值的计算 119
7.1.3 债券报价方式 121
7.1.4 报价和交割价 122
7.2 基本固定收益工具和利率 123
7.2.1 基本固定收益工具 123
7.2.2 利率的计量 123
7.3 日期计量的 SIA 标准 124
7.3.1 中长期国债的定价 125
7.3.2 市政债券的定价 127
7.3.3 大额存单国库券的定价 128
7.4 固定收益证券的属性 128
7.4.1 固定收益证券数据的属性 128
7.4.2 收益率计算 129
7.4.3 价格计算 135
7.4.4 敏感性分析 144
7.5 固定收益证券的数据管理 147
7.5.1 Instrument 型数据 147
7.5.2 Excel 数据的读写 153
7.5.3 其他格式数据的读写 156
第 8 章 利率期限结构和利率模型 159
8.1 利率期限结构计算 159
8.1.1 利息债券收益率 159
8.1.2 构建收益率曲线 160
8.1.3 Bootstrapping 算法 161
8.1.4 利率期限结构计算函数 164
8.1.5 远期利率计算 165
8.1.6 期限结构曲线插值 169
8.2 基于利率期限结构定价技术 170
8.2.1 利率期限结构的表示 171
8.2.2 债券定价技术 173
8.2.3 现金流定价技术 174
8.2.4 互换定价技术 177
8.2.5 产品定价函数及敏感性分析函数 178
8.2.6 Instrument 型数据的构建 179
8.3 利率模型 182
8.3.1 利率模型分类 182
8.3.2 HL 模型 183
8.3.3 变方差 HL 模型 187
8.3.4 HL 模型的意义 193
8.4 BDT 模型 193

8.4.1 BDT 模型的构建 194
8.4.2 BDT 模型的实现 197
8.5 HW 和 BK 模型 198
8.5.1 三叉树的基本形态 198
8.5.2 HW 模型的构建 199
8.5.3 HW 模型的 Q 参数 204
8.5.4 BK 模型简介 205
8.5.5 HW 和 BK 模型的实现 206
8.6 HJM 模型 208
8.6.1 HJM 模型简介 208
8.6.2 HJM 模型的实现 208
8.7 利率模型定价 210
8.7.1 利率模型的输入变量 210
8.7.2 产品的定价 212

第 9 章 衍生品计算 216

9.1 无套利和 Black-Scholes 方程 216
9.1.1 单步二叉树模型 216
9.1.2 风险中性定价 217
9.1.3 套利的数学模型 218
9.1.4 Black-Scholes 模型假设 218
9.1.5 Black-Scholes 方程 219
9.2 欧式期权的影响因素 221
9.2.1 欧式期权定价函数 221
9.2.2 欧式期权的希腊字母 222
9.3 欧式期权的风险度量 224
9.3.1 欧式期权希腊字母函数 224
9.3.2 期货期权定价函数 226
9.3.3 隐含波动率计算 227
9.4 期权价格的数值求解 228
9.4.1 多期二叉树模型 228
9.4.2 CRR 模型 230
9.4.3 EQP 模型 231
9.4.4 ITT 模型 232
9.5 MATLAB 中的 CRR 模型 232
9.5.1 资产价格二叉树 232
9.5.2 定价函数 235
9.5.3 其他定价函数 238
9.5.4 希腊字母计算 239
9.6 MATLAB 中的 EQP 模型 239
9.6.1 资产价格二叉树 240
9.6.2 二叉树的等价式 242
9.6.3 定价函数 244
9.6.4 其他定价函数 246
9.7 有限差分法定价 246
9.7.1 有限差分法简介 246
9.7.2 自变量的离散化 247
9.7.3 隐式差分解法 248
9.7.4 方程的边界条件 249

第 10 章 投资组合管理与风险控制 252

10.1 投资组合基础概念 252
10.1.1 价格序列和收益率序列间的相互转换 252
10.1.2 方差、协方差与相关系数 255
10.1.3 线性规划问题的提出和标准化 257
10.2 资产组合风险-收益计算 258
10.2.1 资产组合的收益率和方差 258
10.2.2 收益率和标准差的计算 258
10.2.3 VaR 的计算 260
10.3 资产组合有效前沿 261
10.3.1 资产有效前沿概念 262
10.3.2 简单约束条件下的资产组合有效前沿 262
10.3.3 复杂约束条件下的资产组合有效前沿 266
10.3.4 利用随机模拟法确定资产组合有效前沿 267
10.4 资产配置 269
10.4.1 资产配置问题概述 269
10.4.2 资产配置问题求解 270

第 11 章 奇异期权和利率期权定价 272

11.1 普通香草期权 272
11.2 执行条件不同的奇异期权 272
11.2.1 百慕大期权 273
11.2.2 复合期权 273
11.3 呼叫期权 274
11.3.1 呼叫期权简介 274
11.3.2 呼叫期权估值 275
11.3.3 呼叫期权定价程序 276
11.4 亚式期权 278
11.4.1 亚式期权简介和分类 278
11.4.2 亚式期权的解 279
11.5 亚式期权数值解法 281

11.5.1 二叉树的路径函数 282
11.5.2 平均价格的确定 283
11.5.3 回溯法计算期权价格 283
11.5.4 定价实例 284
11.5.5 亚式期权定价程序 286
11.6 回望期权 288
11.6.1 回望期权简介 288
11.6.2 定价的二叉树方法 290
11.6.3 回望期权定价程序 294
11.7 障碍期权 295
11.7.1 障碍期权简介 295
11.7.2 障碍期权定价实例及程序 297
11.8 二值期权 299
11.8.1 二值期权简介 299
11.8.2 二值期权定价程序 300
11.9 基于多资产的期权 301
11.9.1 蒙特卡罗模拟 301
11.9.2 相关随机变量的路径生成和 Cholesky 分解 305
11.9.3 价差期权 306
11.9.4 彩虹期权 308

第 3 篇　MATLAB 量化投资相关函数详解

附录 A　金融工具箱函数详解 312
A.1 日期数据处理和转换 312
A.1.1 当前日期和时间 312
A.1.2 日期和时间项 312
A.1.3 日期转换 314
A.1.4 金融日期数据 315
A.1.5 息票日期 318
A.1.6 货币与价格 322
A.1.7 金融数据的图表展示 323
A.2 现金流的分析和计算 325
A.2.1 年金 325
A.2.2 摊销与折旧 325
A.2.3 现值 326
A.2.4 终值 327
A.2.5 现金流支付的计算 327
A.2.6 收益率计算 328
A.2.7 现金流的敏感度 329
A.3 固定收益证券 329
A.3.1 应计利息 329
A.3.2 价格计算 330
A.3.3 利率期限结构 331
A.3.4 收益率计算 333
A.3.5 价差计算 334
A.3.6 利率敏感度 335
A.4 投资组合分析 337
A.4.1 资产组合分析 337
A.4.2 资产组合业绩评估 342
A.5 金融统计 343
A.5.1 条件期望最大化（ECM）算法 343
A.5.2 多元正态回归 344
A.5.3 Maximization-Least-Squares 算法 345
A.5.4 似不相关回归 345
A.6 金融时间序列 346
A.6.1 对象和文件的创建 346
A.6.2 算术运算 346
A.6.3 数学运算 348
A.6.4 统计描述 349
A.6.5 数据操作 350
A.6.6 变换 352
A.6.7 技术分析指标 354
A.6.8 便捷工具 358
A.7 其他 358
A.7.1 期权定价与敏感度分析 358
A.7.2 单变量 GARCH 模型 361
附录 B　金融衍生品工具箱函数详解 363
B.1 利率模型及应用 363
B.1.1 HJM 模型 363
B.1.2 HJM 模型的应用 363
B.1.3 BDT 模型 367
B.1.4 BDT 模型的应用 368
B.1.5 HW 模型 371
B.1.6 HW 模型的应用 372
B.1.7 BK 模型 376
B.1.8 BK 模型的应用 376

B.2 期权模型及应用......380
B.2.1 CRR 模型......380
B.2.2 CRR 模型的应用......381
B.2.3 EQP 模型......382
B.2.4 EQP 模型的应用......383
B.2.5 ITT 模型......385
B.2.6 ITT 模型的应用......385
B.3 利率工具和利率期限结构......387
B.3.1 利率工具......387
B.3.2 利率期限结构......390
B.4 期权定价数据属性设置及工具......393
B.4.1 期权定价数据属性设置......393
B.4.2 期权工具......394
B.5 金融工具的资产组合......395
B.6 权益类衍生品的解析解......398
B.7 其他......401
B.7.1 树图的操作......401
B.7.2 金融对象结构型数据......403
B.7.3 投资组合避险与配置......403
附录 C 固定收益工具箱函数详解......405
C.1 定期存单......405
C.2 可转债定价......406
C.3 衍生证券计算......406
C.4 利率期限结构曲线对象......409
C.5 MBS 相关函数......411
C.6 期权调整价差的计算......415
C.7 Steped-Coupon 债券的相关计算......416
C.8 国库券的相关计算......418
C.9 国债的相关计算......419
C.10 零息票金融工具......420
参考文献......422

第 1 篇

MATLAB 入门

- 第 1 章　MATLAB 概述
- 第 2 章　MATLAB 科学计算
- 第 3 章　MATLAB 数据可视化
- 第 4 章　MATLAB 编程

第 1 章 MATLAB 概述

MATLAB 是一个包含众多科学、工程计算的庞大系统，是目前世界上最流行的计算软件之一。经过 30 余年的补充与完善，以及多个版本的升级换代，MATLAB 软件的功能已经变得非常强大。

MATLAB 是一种简单易学的计算语言，在金融领域，很多从业人员都可以熟练地使用 MATLAB 进行算法研究、模型构造、组合管理等。使用 MATLAB 及相关产品既可以加速产品研究和减少开发时间，又可以进行数据分析、风险评估等金融方面的工作。

1.1 MATLAB 的发展历程

MATLAB 语言的产生是与数学计算紧密联系在一起的。1980 年，美国新墨西哥州大学计算机系主任 Cleve Moler 在给学生讲授线性代数课程时，发现学生在高级语言编程上花费很多时间，于是着手编写供学生使用的 Fortran 子程序库接口程序，他将这个接口程序取名为 MATLAB（即 Matrix 和 Laboratory 的前三个字母的组合，意为"矩阵实验室"）。这个程序获得了很大的成功，受到学生的广泛欢迎。

20 世纪 80 年代初期，Moler 等一批数学家与软件专家组建了 MathWorks 软件开发公司，继续从事 MATLAB 的研究和开发，1984 年推出了第一个 MATLAB 商业版本，其核心是用 C 语言编写的。而后，它又添加了丰富多彩的图形图像处理、多媒体、符号运算以及与其他流行软件的接口功能，使得 MATLAB 的功能越来越强大。

MathWorks 公司正式推出 MATLAB 后，于 1992 年推出了具有划时代意义的 MATLAB 4.0 版本，之后陆续推出了几个改进和提高版本，2004 年 9 月正式推出 MATLAB Release 14，即 MATLAB 7.0，其功能在原有的基础上又有了进一步的改进。

此后，几乎形成了一个规律，每年的 3 月份和 9 月份推出当年的 a 和 b 版本，目前的最新版本是 MATLAB 2012b。

MATLAB 经过 30 余年的研究与不断完善，现已成为国际上最为流行的科学计算与工程计算软件工具之一，现在的 MATLAB 已经不仅仅是一个最初的"矩阵实验室"了，它已发展成为一种具有广泛应用前景、全新的计算机高级编程语言，可以说，它是"第四代"计算机语言。

自 20 世纪 90 年代起，美国和欧洲的各大学将 MATLAB 正式列入研究生和本科生的教学计划，MATLAB 软件已成为数值计算、数理统计、信号处理、时间序列分析、动态系统仿真等课程的基本教学工具，成为学生必须掌握的基本软件之一。在研究单位和工业界，MATLAB 也成为工程师们必须掌握的一种工具，被认为是进行高效研究与开发的首选软件工具。

1.2 MATLAB 的优势与特点

MATLAB 在学术界和工程界广受欢迎，其主要优势和特点有如下几方面。

◆ 友好的工作平台和编程环境

MATLAB 由一系列工具组成，其中许多工具采用的是图形用户界面，包括 MATLAB 桌面和命令窗口、历史命令窗口、编辑器和调试器、路径搜索和用于用户浏览帮助、工作空间、文件的浏览器。这些图形化的工具方便用户使用 MATLAB 的函数和文件。

随着 MATLAB 的商业化及软件本身的不断升级，MATLAB 的用户界面也越来越精致，更加接近 Windows 的标准界面，人机交互性更强，操作更简单。

同时，MATLAB 提供了完整的联机查询、帮助系统，极大地方便了用户的使用。

MATLAB 简单的编程环境提供了比较完备的调试系统，程序不必经过编译就可以直接运行，而且能够及时地报告出现的错误并进行出错原因分析。

◆ 简单易用的编程语言

MATLAB 语言是一种高级的矩阵语言，它包含控制语句、函数、数据结构、输入和输出和面向对象编程特点。用户可以在命令窗口中将输入语句与执行命令同步，也可以先编写好一个较大的复杂的应用程序（M 文件）后再一起运行。

MATLAB 语言是基于流行的 C++语言基础上的，因此语法特征与 C++语言极为相似，而且更加简单，更加符合科技人员对数学表达式的书写格式，更利于非计算机专业的科技人员使用。而且这种语言可移植性好、可拓展性强，这也是 MATLAB 能够深入到科学研究及工程计算各个领域的重要原因。

◆ 强大的科学计算数据处理能力

MATLAB 是一个包含大量计算算法的集合，拥有 600 多个工程中要用到的数学运算函数，可以方便地实现用户所需的各种计算功能。

这些函数集包括最简单、最基本的函数到诸如矩阵、特征向量、快速傅里叶变换等复杂函数。

函数所能解决的问题大致包括矩阵运算和线性方程组的求解、微分方程及偏微分方程组的求解、符号运算、傅里叶变换和数据的统计分析、工程中的优化问题、稀疏矩阵运算、复数的各种运算、三角函数和其他初等数学运算、多维数组操作及建模动态仿真等。

函数中所使用的算法都是科研和工程计算中的最新研究成果，而且经过了各种优化和容错处理。

在通常情况下，可以用 MATLAB 来代替底层编程语言，如 C 和 C++。在计算要求相同的情况下，使用 MATLAB 编程工作量会大大减少。

◆ 出色的图形处理功能

MATLAB 自产生之日起就具有方便的数据可视化功能，能够将向量和矩阵用图形的形式表现出来，并且可以对图形进行标注和打印。

高层次的作图包括二维和三维的可视化、图像处理、动画和表达式作图，可用于科学计算和工程绘图。

MATLAB 对整个图形处理功能进行了很大的改进和完善,使它不仅在一般数据可视化软件都具有的功能（例如二维曲线和三维曲面的绘制和处理等）方面更加完善，而且对于一些其他软件所没有的功能（例如图形的光照处理、色度处理及四维数据的表现等），MATLAB 同样表现出了出色的处理能力。

同时对一些特殊的可视化要求，例如图形对话等，MATLAB 也有相应的功能函数，保证了用户不同层次的要求。MATLAB 还着重在图形用户界面（GUI）的制作上做了很大的改善，对这方面有特殊要求的用户也可以得到满足。

◆ *应用广泛的模块集和工具箱*

MATLAB 对许多专门的领域都开发了功能强大的模块集和工具箱。一般来说，它们都是由特定领域的专家开发的，用户可以直接使用工具箱学习、应用和评估不同的方法而不需要自己编写代码。

目前,MATLAB 已经把工具箱延伸到了科学研究和工程应用的诸多领域,如金融计算、概率统计、最优化计算、样条拟合、偏微分方程求解、神经网络、小波分析等，都在工具箱（Toolboxs）家族中有了自己的一席之地。

◆ *实用的程序接口和发布平台*

MATLAB 可以利用 MATLAB 编译器和 C/C++数学库和图形库将自己的 MATLAB 程序自动转换为独立于 MATLAB 运行的 C 和 C++代码。允许用户编写可以和 MATLAB 进行交互的 C 或 C++语言程序。另外，MATLAB 网页服务程序还容许在 Web 应用中使用自己的 MATLAB 数学和图形程序。

1.3 MATLAB 系统的构成

MATLAB 系统由 MATLAB 开发环境、MATLAB 数学函数库、MATLAB 语言、MATLAB 图形处理系统和 MATLAB 应用程序接口（API）五大部分构成。

◆ *MATLAB 桌面工具和开发环境*

这部分是一套方便用户使用 MATLAB 函数和文件的工具集，其中许多工具是友好的、交互式的图形化用户接口。它是一个集成化的工作空间，可以让用户输入、输出数据，并提供了 M 文件的集成编译和调试环境。它包括 MATLAB 桌面、命令窗口、M 文件编辑调试器、代码分析器（Code Analyzer）、查看帮助、工作空间、文件和其他工具的浏览器。

◆ *MATLAB 数学函数库*

MATLAB 数学函数库包括了大量的计算算法，从基本运算（如加法、正弦函数等）到复杂算法，如矩阵求逆、矩阵求特征值、贝济埃函数、快速傅里叶变换等。

◆ *MATLAB 语言*

MATLAB 语言是一个高级的基于矩阵/数组的语言，它有程序流控制、函数、数据结构、输入/输出和面向对象编程等特色。用户既可以用它来快速编写简单的程序，也可以用它来编写庞大复杂、重用性高的应用程序。

◆ MATLAB 图形处理系统

图形处理系统使得 MATLAB 能方便地图形化显示向量和矩阵，而且能对图形添加标注和打印。MATLAB 提供两个层次的绘图操作，一种是对图形句柄进行的底层绘图操作，另一种是建立在底层绘图操作之上的高层绘图操作。

◆ MATLAB 外部接口

MATLAB 外部接口是一个使 MATLAB 与 C、Fortran 等其他高级编程语言进行交互的函数库，该函数库的函数通过调用动态链接库（DLL）实现与 MATLAB 文件的数据交换，其主要功能包括在 MATLAB 中调用 C 和 Fortran 程序，以及在 MATLAB 与其他应用程序之间建立客户/服务器关系。

1.4 MATLAB 桌面操作环境

MATLAB 为用户提供了全新的桌面操作环境，了解并熟悉这些桌面操作环境是使用 MATLAB 的基础，下面介绍 MATLAB 的启动、主要功能菜单、命令窗口（Command Window）、工作空间（Workspace）、文件管理和帮助管理等。

1.4.1 MATLAB 启动和退出

以 Windows 操作系统为例，进入 Windows 后，选择“开始”→“程序”→“MATLAB”，便可以进入如图 1-1 所示的 MATLAB 默认主窗口。如果安装时选择在桌面上生成快捷方式，也可以双击快捷方式直接启动。

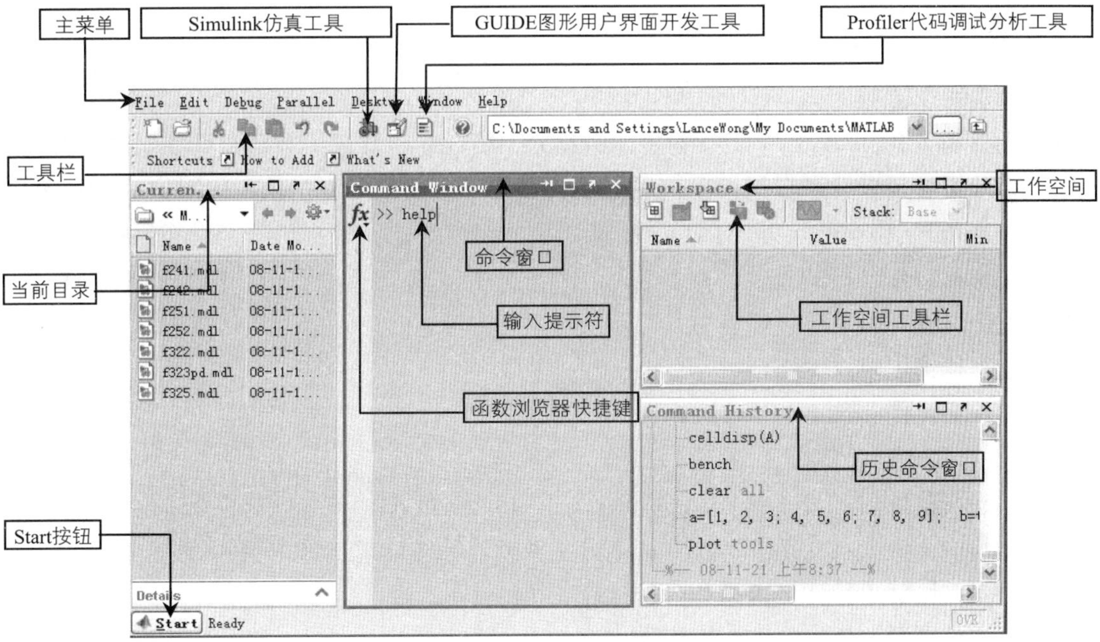

图 1-1 MATLAB 主窗口

MATLAB 主窗口是 MATLAB 的主要工作界面。主窗口除了嵌入一些子窗口外，还主要包括菜单栏和工具栏。

主窗口的工具栏共提供了 11 个命令按钮。这些命令按钮均有对应的菜单命令，但比菜单命令使用起来更快捷、方便。

单击主窗口左下角的 Start 按钮，该按钮会弹出一个菜单，如图 1-2 所示。选择其中的命令可以执行 MATLAB 产品的各种工具，并且可以查阅 MATLAB 包含的各种资源。

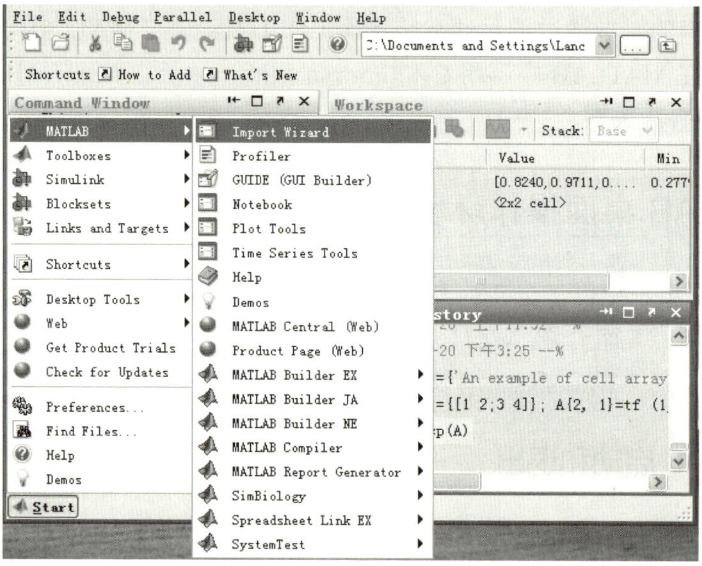

图 1-2　Start 按钮的弹出菜单

从图 1-2 中可以看出，MATLAB 的主要资源如下。

- MATLAB 主体：由 MATLAB 的编程集成环境、程序开发工具和与其他软件的扩展接口组成。
- 工具箱（Toolboxes）：工具箱是 MATLAB 函数的子程序库，每一个工具箱都是为某一类学科专业和应用而定制的，例如金融工具箱就是专门用于金融方面的应用。
- Simulink：Simulink 是 MATLAB 最重要的组件之一，它提供一个动态系统建模、仿真和综合分析的集成环境。它是一种可视化仿真工具，是一种基于 MATLAB 的框图设计环境，在该环境中，无须大量书写程序，而只需通过简单直观的鼠标操作就可构造出复杂的系统。
- 模块集（Blocksets）：模块集是一个个的数学软件包，是在特殊应用领域中设计的 Simulink 程序的集合，系统仿真的关键部件。
- 自动代码生成工具（Links and Targets）：将 MATLAB 中的 Simulink 程序框图自动转换成嵌入式 ANSI C 的代码，是第三方软件和硬件应用 Simulink 的工具。

常用的退出 MATLAB 系统的方式有以下三种：

- 在文件菜单（File）中选择“Exit MATLAB”。
- 在命令窗口输入“exit”。

- 用鼠标单击窗口右上角的关闭图标。

1.4.2 MATLAB 主菜单及功能

打开 MATLAB 主窗口后，即弹出其主菜单栏，包含 File、Edit、Debug、Parallel、Desktop、Window 和 Help 共 7 个菜单项。主菜单栏的各菜单项及其下拉菜单的功能简要介绍如下。

1. File 主菜单项

File 菜单项实现有关文件的操作，其下拉菜单包括如下。

- New：用于建立新的.m 文件、图形、模型和图形用户界面。
- Open：用于打开 MATLAB 的.m 文件、.fig 文件、.mat 文件、.mdl 文件、.cdr 文件等，也可通过快捷键“Ctrl+O”来实现此项操作。
- Close Command Window：关闭命令窗口。
- Import Data：用于从其他文件导入数据，单击后弹出对话框，选择导入文件的路径和位置。
- Save Workspace As：用于把工作空间中的数据存放到相应的路径文件中。
- Set Path：设置工作路径。
- Preferences：用于设置命令窗口的属性，单击该选项弹出一个属性画面。
- Page Setup：用于页面设置。
- Print：用于设置打印属性。
- Print Selection：用于对选择的文件数据进行打印设置。
- Exit MATLAB：退出 MATLAB 桌面操作环境。

2. Edit 主菜单项

Edit 菜单项用于命令窗口的编辑操作，其下拉菜单如下。

- Undo：用于撤销上一步操作。
- Redo：用于重新执行上一步操作。
- Cut：用于剪切选中的对象。
- Copy：用于复制选中的对象。
- Paste：用于粘贴剪贴板上的内容。
- Paste to Workspace：用于打开 Import Wizard（输入向导）对话框，将剪贴板上的数据粘贴到 MATLAB 的工作空间中。
- Select All：用于全部选择。
- Delete：用于删除所选的对象。
- Find：用于查找所需选择的对象。
- Find Files：用于查找所需文件。
- Clear Command Window：用于清除命令窗口区的对象。
- Clear Command History：用于清除命令窗口区的历史记录。

- Clear Workspace：用于清除工作区的对象。

3. Debug 主菜单项

用户可以通过 Debug 菜单进行程序调试时的各种设置，其下拉菜单如下。

- Open M-Files when Debugging：用于调试时打开 M 文件。
- Step：用于单步调试程序。
- Step In：用于单步调试进入子函数。
- Step Out：用于单步调试从子函数中跳出。
- Continue：程序执行到下一断点。
- Clear Breakpoints in All Files：清除所有打开文件中的断点。
- Stop if Errors/Warnings：在程序出错或报警处停止往下执行。
- Exit Debug Mode：退出调试模式。

4. Parallel 主菜单项

Parallel 菜单，用来进行并行计算方面的设置，其下拉菜单如下。

- Select Configuration：选择并行计算的配置类型。
- Manage Configuration：对配置进行管理。
- Admin Center：打开并行计算的管理中心。

并行计算的设置比较专业，一般不去进行设置。

5. Desktop 主菜单项

Desktop 菜单，用来设置主窗口中需要打开的窗口，其下拉菜单如下。

- Desktop Layout：单击该项后，弹出一个子菜单，用于桌面显示方式的设置，其设置选项包括系统默认设置项（Default）、单独命令窗口项（Command Window Only）、命令历史窗口和命令窗口项（History and Command Window）、全部标签项显示（All Tabbed）。
- Save Layout：保存选定的桌面显示方式设置。
- Organize Layouts：管理保存的桌面显示方式设置。
- Command Window：控制在桌面系统中显示或隐藏命令窗口。
- Command History：控制在桌面系统中显示或隐藏历史命令窗口。
- Current Directory：控制在桌面系统中显示或隐藏当前路径浏览器窗口。
- Workspace：控制在桌面系统中显示或隐藏工作空间窗口。
- Help：控制在桌面系统中显示或隐藏帮助界面。
- Profiler：控制在桌面系统中显示或隐藏调试器界面。
- Editor：控制在桌面系统中显示或隐藏 M 文件编辑窗口。
- Figures：控制在桌面系统中显示或隐藏图形窗口。
- Web Browser：控制在桌面系统中显示或隐藏 Web Browser 窗口。
- Variable Editor：控制在桌面系统中显示或隐藏工作空间变量编辑窗口。

- File and Directory Comparisons：控制在桌面系统中显示或隐藏文件和目录比较窗口。
- Toolbar：控制在桌面系统中显示或隐藏工具栏选项。
- Titles：控制在桌面系统中显示或隐藏标题栏选项。

6. Window 主菜单项

Window 菜单能够在所打开的文件或者窗口中重新设置它们的位置和大小，还可以实现它们之间的快速切换，其下拉菜单如下。

- Close All Documents：关闭所有文档，包括 M-file、Figure、Model 和 GUI 窗口。
- 0 Command Window：选定命令窗口为当前活动窗口。
- 1 Command History：选定命令历史窗口为当前活动窗口。
- 2 Current Directory：选定当前路径窗口为当前活动窗口。
- 3 Workspace：选定工作空间窗口为当前活动窗口。

7. Help 主菜单项

Help 菜单项用于提供帮助信息，其下拉菜单如下。

- Product Help：显示所有 MATLAB 产品的帮助信息。
- Function Browser：启动 MATLAB 帮助。
- Using the Desktop：启动 Desktop 的帮助。
- Using the Command Window：启动命令窗口的帮助。
- Web Resources：显示 Internet 上一些相关的资源网址。
- Get Product Trials：申请试用版的 MATLAB 软件。
- Check for Updates：检查软件是否更新。
- Licensing：授权文件的一些相关操作。
- Demos：调用 MATLAB 所提供的范例程序。
- Terms of Use：显示 MATLAB 软件中使用的术语。
- Patents：显示 MATLAB 软件的专利信息。
- About MATLAB：显示有关 MATLAB 的信息。

1.4.3 MATLAB 命令窗口

MATLAB 的命令窗口（Command Window）如图 1-3 所示，它用于 MATLAB 命令的交互操作。

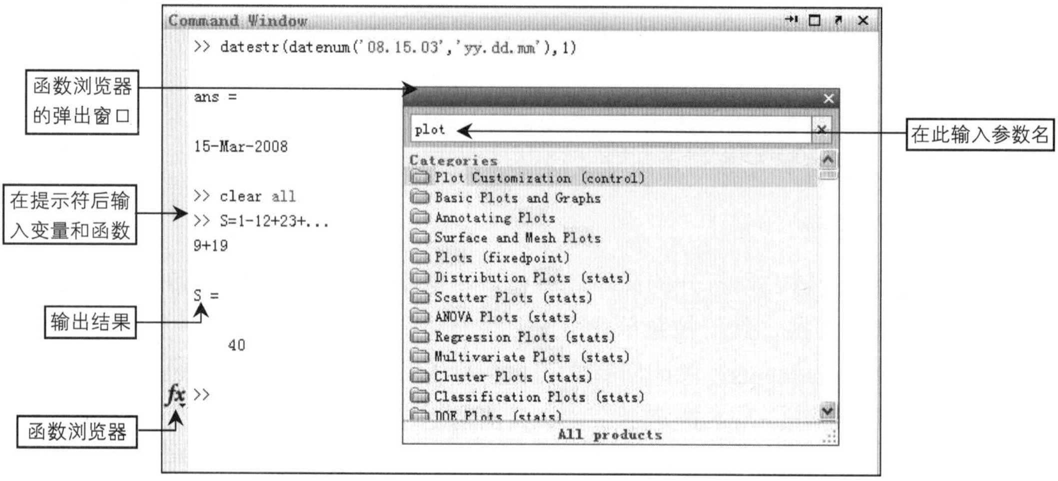

图 1-3　MATLAB 的命令窗口

1. 命令窗口的主要功能和操作

命令窗口具有两大主要功能：

- 提供用户输入命令的操作平台，用户通过该窗口输入命令和数据。
- 提供命令执行结果的显示平台，该窗口显示命令执行的结果。

在命令窗口内执行的 MATLAB 主要操作如下。

- 运行函数和输入变量。
- 控制输入和输出。
- 执行程序，包括 M 文件和外部程序。
- 保存一段日志。
- 打开或关闭其他应用窗口。
- 各应用窗口的参数选择。

计算机安装好 MATLAB 之后，双击 MATLAB 图标，就可以进入命令窗口，此时意味着系统处于准备接受命令的状态，可以在命令窗口中直接输入命令语句。

MATLAB 语句形式为：变量 = 表达式。

通过等号将表达式的值赋予变量。当按回车键时，该语句被执行。语句执行之后，窗口自动显示出语句执行的结果。

使用方向键和控制键可以编辑、修改已输入的命令，↑键回调上一行命令，↓键回调下一行命令。“more off”表示不允许分页，“more on”表示允许分页，“more (n)”表示指定每页输出的行数。回车表示前进一行，空格表示显示下一页，“q”表示结束当前显示。

如果命令语句超过一行或者太长希望分行输入，则可以使用多行命令继续输入。例如，输入下列式子时，可以通过两行输入。

```
>> S=1-12+13+4+...
9+4+18;
>> S
S =    37
```

> 说明 三个小黑点是“连行号”，分号“；”的作用是：指令执行结果将不显示在屏幕上，但变量 S 将驻留在内存中。

注意，在输入符“>>”之前，你能看到函数浏览器（Browser for functions）*fx*，使用它可以方便地进行函数查找，及使用函数参数的自动帮助。

2．命令窗口的常用命令

MATLAB 提供了一组可以在命令窗口中输入的命令，以执行相应的操作，常用的命令及功能如表 1-1 所示。

表 1-1 命令窗口中常用的命令及功能

命　令	功　能	命　令	功　能
clc	擦去一页命令窗口，光标回屏幕左上角	pack	整理工作空间内存
clear	清除工作空间中所有的变量	size(变量名)	显示当前工作空间中变量的尺寸
clear all	从工作空间清除所有变量和函数	length(变量名)	显示当前工作空间中变量的长度
clear 变量名	清除指定的变量	disp(变量名)	显示当前工作空间中的变量
clf	清除图形窗口内容	“↑”或“Ctrl+P”	调用上一次的命令
delete <文件名>	从磁盘中删除指定文件	“↓”或“Ctrl+N”	调用下一行的命令
help <命令名>	查询所列命令的帮助信息	“←”或“Ctrl+B”	退后一格
which <文件名>	查找指定文件的路径	“→”或“Ctrl+F”	前移一格
who	显示当前工作空间中所有变量的一个简单列表	Home 或“Ctrl+A”	光标移到行首
whos	列出变量的大小、数据格式等详细信息	End 或“Ctrl+E”	光标移到行尾
what	列出当前目录下的 M 文件和 MAT 文件	Esc 或“Ctrl+U”	清除一行
load name	下载'name'文件中的所有变量到工作空间	Del 或“Ctrl+D”	清除光标后字符
load name x y	下载'name'文件中的变量 *x* 和 *y* 到工作空间	Backspace 或“Ctrl+H”	清除光标前字符
save name	保存工作空间变量到文件 name.mat 中	“Ctrl+K”	清除光标至行尾字
save name x y	保存工作空间变量 *x* 和 *y* 到文件 name.mat 中	“Ctrl+C”	中断程序运行

1.4.4 MATLAB 工作空间

MATLAB 的工作空间如图 1-4 所示。

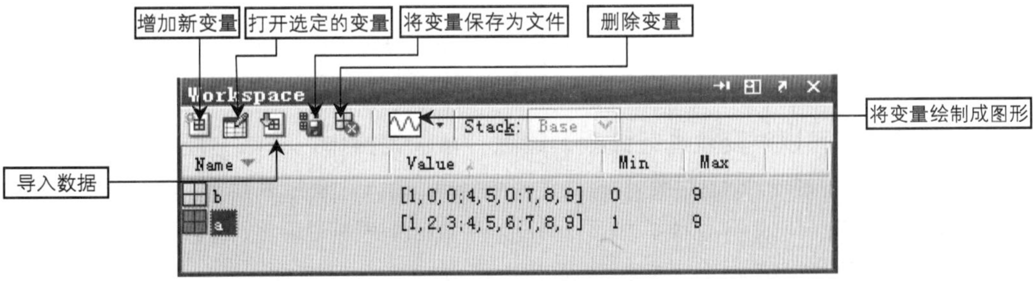

图 1-4 MATLAB 的工作空间

工作空间中的变量以变量名（Name）、数值（Value）和类型（Class）的形式显示出来，双击某个变量，将进入变量编辑器（Variable Editor），可以直接观察变量中具体元素的值，也可以直接修改这些元素。

1．工作空间的工具条

MATLAB 的工作空间中还有一个工具条，可快捷地在工作空间中进行许多操作，这些操作在图 1-4 中标注出来了，简单介绍如下。

- （增加新变量）：在工作空间中增加一个新的变量，并可对此变量进行赋值、修改等操作。
- （打开选定的变量）：将工作空间中选定的变量在变量编辑器（Variable Editor）中打开，可对此变量进行修改等操作。
- （导入数据）：将 MATLAB 支持格式的数据导入工作空间中。
- （将变量保存为文件）：将工作空间中选定的变量以文件的形式保存起来。
- （删除变量）：将工作空间中选定的变量删除。
- （将变量绘制成图形）：将工作空间中选定的变量绘制成图形，支持的绘图函数有 plot、bar、stem、stairs、area、pie、hist 和 plot3 等。若在工作空间选择某变量后再点击该图标，便可实现对该变量的曲线、曲面等图形的绘制。

2．工作空间的变量编辑器

变量编辑器（Variable Editor）是编辑数组变量的工具，其形式如 Excel 电子表格，只是它仅能修改及显示，没有计算的功能。在工作空间中选定变量，然后双击，便可进入如图 1-5 所示的变量编辑器窗口。

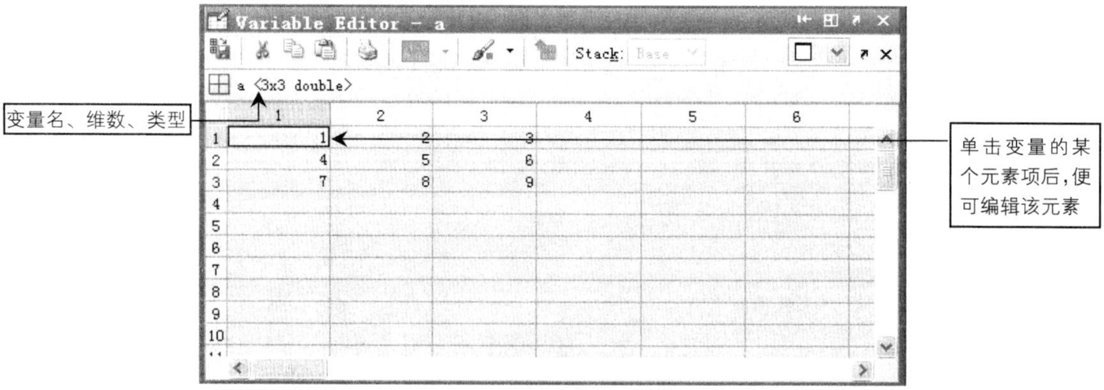

图 1-5　变量编辑器窗口

在编辑器中，可以对变量进行修改、删除、增加等操作，非常方便。

需要注意的是：由于大型矩阵不容易由命令窗口输入，因此采用变量编辑器更为方便。变量编辑器可与 Excel 表格的数据相同，只要将 Excel 表格中的数据复制，即可输入到编辑器中的某一变量内。原则上，变量的输入以行向为主，要增加一行，只要在其中一个元素的位置增加即可，如此即可增加另一行。其余没有数据的空间则以 0 取代。

3. 工作空间相关的常用命令

MATLAB 还有几个常用的工作空间操作的命令，分别是 who、whos、clear、size、length，其各自功能描述如下。

- who：显示当前工作空间中所有变量的一个简单列表。
- whos：列出变量的大小、数据格式等详细信息。
- clear：清除工作空间中的所有变量。
- clear 变量名：清除指定的变量。
- size(a)：获取向量 a 的行数与列数。
- length(a)：获取向量 a 的长度，并在屏幕上显示。如果 a 是矩阵，则显示的参数为行数中的最大值。

4. 工作空间的数据存取函数

MATLAB 提供了以下保存（save）和载入（load）工作空间的函数。

（1）save 函数

save 函数是将 MATLAB 工作空间中的变量存入磁盘，具体格式介绍如下。

- save：将当前 MATLAB 工作空间中所有变量以二进制格式存入名为 matlab.mat（默认的文件名）的文件中。
- save dfile（文件名）：将当前工作空间中所有变量以二进制格式存入名为 dfile.mat 的文件，扩展名自动产生。
- save dfile x：只把变量 x 以二进制格式存入 dfile.mat 文件，扩展名自动产生。
- save dfile.dat x –ascii：将变量 x 以 8 位 ASCII 码形式存入 dfile.mat 文件。
- save dfile.dat x –ascii –double：将变量 x 以 16 位 ASCII 码形式存入 dfile.mat 文件。
- save（fname, 'x', '-ascii'）：fname 是一个预先定义好的包含文件名的字符串，该用法将变量 x 以 ASCII 码形式存入由 fname 定义的文件中，由于在这种用法中，文件名是一个字符变量，因此可以方便地通过编程的方法存储一系列数据文件。

（2）load 函数

load 函数是将磁盘上的数据读入到工作空间，具体格式介绍如下。

- load：把磁盘文件 matlab.mat（默认的文件名）的内容读入内存，由于存储.mat 文件时已包含了变量名的信息，因此调回时已直接将原变量信息带入，不需要重新赋值变量。
- load dfile：把磁盘文件 dfile.mat 的内容读入内存。
- load dfile.dat：把磁盘文件 dfile.dat 的内容读入内存，这是一个 ASCII 码文件，系统自动将文件名（dfile）定义为变量名。
- x=load (fname)：fname 是一个预先定义好的包含文件名的字符串，将由 fname 定义文件名的数据文件读入变量 x 中，使用这种方法可以通过编程方便地调入一系列数据文件。

1.4.5 M 文件编辑/调试器

将 MATLAB 语句按特定的顺序组合在一起就得到了 MATLAB 程序，其文件名的后缀为.m，故也称为 M 文件。MATLAB 提供了 M 文件的专用编辑/调试器，在编辑器中，会以不同的颜色表示不同的内容：命令、关键字、不完整字符串、完整字符串及其他文本，这样就可以发现输入错误，缩短调试时间。

M 文件编辑/调试器如图 1-6 所示。

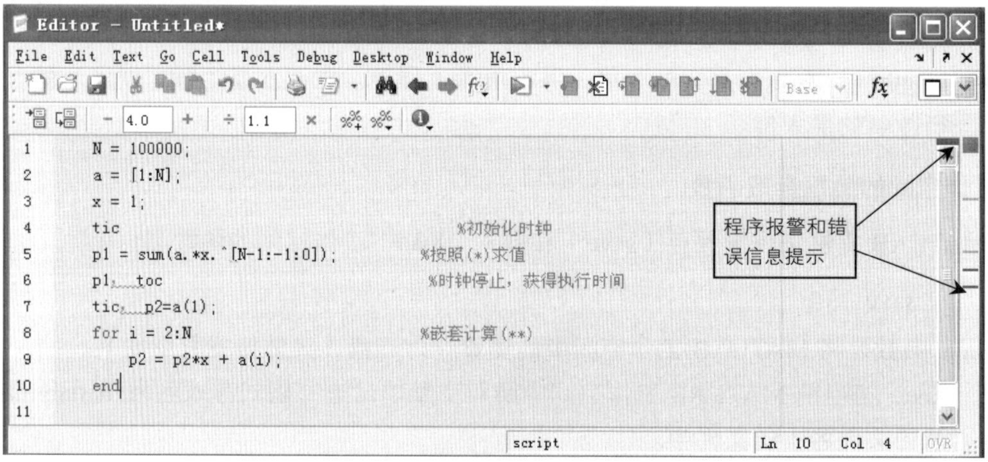

图 1-6 M 文件编辑/调试器

1. M 文件编辑器的特点

MATLAB 编辑器与其他 Windows 编辑程序类似，此处不再赘述，只对下列几点做特别说明。

- 在编辑 M 文件时，可直接转到指定的行，这可从 Go 菜单中选择 Go To 命令来完成。
- 可直接计算 M 文件中表达式的值，结果显示在命令窗口中，这可通过选择表达式，然后在 Text 菜单中选择 Evaluate Selection 命令来实现。
- 可根据 MATLAB 的句法自动缩排，以增加 M 文件的可读性。先选择文本块，然后单击鼠标右键，在 Text 菜单中选择 Smart Indent 命令来实现。

2. 编辑器的工具栏

下面只对此工具栏中特殊的按钮控件进行叙述，如表 1-2 所示。

表 1-2 工具栏中特殊的按钮控件

图　例	按钮控件的功能	图　例	按钮控件的功能
	保持文件并以 HTML 格式发布		M 文件左右显示
	相当于 Edit 菜单中的 Find Next 命令		M 文件上下显示
	后退一步		M 文件浮动

续表

图　例	按钮控件的功能	图　例	按钮控件的功能
	前进一步		M 文件最大化
	显示函数		计算数组
	设置/取消指定行的断点		计算前面所有数组
	清除所有 M 文件中的断点	− 4.0	指针减小并计算数组
	逐步执行程序	4.0 +	指针增大并计算数组
	进入子函数中逐步执行程序	÷ 1.1	指针被除并计算数组
	跳出子函数	1.1 ×	指针被乘并计算数组
	保存后继续执行调试程序		插入数组
	退出调试状态		显示数组标题
fx	打开函数浏览器		显示数组模式信息
	M 文件全部显示		

1.4.6　图形窗口

MATLAB 图形窗口（Figure）主要用于显示用户所绘制的图形。通常，只要执行了任意一种绘图命令，图形窗口就会自动产生。绘图都在这一个图形窗口中进行。如果再建一个图形窗口，则可输入 figure 命令，MATLAB 会新建一个图形窗口，并自动给它排出序号。

MATLAB 的图形窗口如图 1-7 所示。它是 MATLAB 绘图功能的基础，使用极其方便。其菜单和工具栏，更是增添了交互处理的功能。

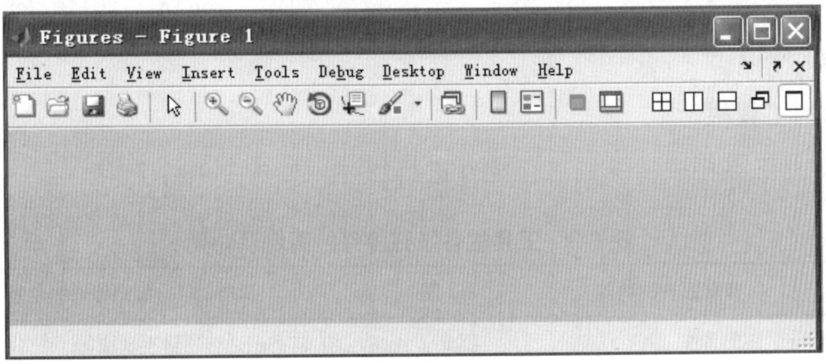

图 1-7　图形窗口

1. 图形窗口的菜单栏

图形窗口的 Desktop（桌面）菜单、Window（窗口）菜单和 Help（帮助）菜单，与其他系统的大致一样，也比较简单，可以对照学习，在此不再叙述。下面只对差别较大的菜单项进行介绍。

（1）File 菜单

其主要功能命令与桌面平台的 File 菜单相近，只是增加了图形输出 Generate M-file、Export Setup、Print Preview 和 Print 命令。

- Generate M-file 命令可以生成当前图形的 M 文件。
- Export Setup 命令可以打开 Export Setup（图形输出设置）对话框。
- Print Preview 命令可以打开打印预览对话框。

（2）View 菜单

其中的 Figure Toolbar 命令用于控制是否显示图形窗口中的工具栏，而 Camera Toolbar 命令用于控制是否显示图形窗口中的照相操作工具栏。

（3）Insert 菜单

通过该菜单，可以在图形窗口中添加不同的对象，主要有 X Label、Y Label、Z Label、Title、Legend（图例）、Colorbar（颜色条）、Line、Arrow、Text Arrow、Double Arrow、TextBox、Rectangle、Ellipse、Axes 和 Light（光源）等。

（4）Tools 菜单

包括简单的图形操作和照相操作，在此只介绍图形操作。

- Basic Fitting 命令可以打开图形基本数据拟合对话框。在该对话框中，用户可以根据需要选择拟合的数据源（Select data）、拟合方式（Check to display fits on figure）、拟合函数的显示（Show equations）、数值的有效位数（Significant digits）及是否显示残差（Plot residuals）和是否显示最大残差模（Show norm of residuals）等。
- Data Statistics 命令可以打开图形数据统计分析对话框。在该对话框中可以选择数据的最小值（min）、最大值（max）、平均值（mean）、中值（median）及均方差（std）等。

2. 图形窗口的工具栏

下面只对此工具栏中特殊的按钮控件进行叙述，如表 1-3 所示。

表 1-3　工具栏各按钮控件的图例及功能

图　例	按钮控件的功能	图　例	按钮控件的功能
	新建一个图形文件		对图形进行三维手动旋转
	打开一个图形文件		数据指针
	以.fig 的格式保存图形文件		将所选的数据点刷成所选的颜色
	打印图形文件		插入颜色工具栏
	使图形窗口处于被编辑状态		插入图例
	放大图形		隐藏绘图工具
	缩小图形		显示绘图工具
	拖动图形		

1.4.7 MATLAB 文件管理

MATLAB 提供了一组文件管理命令，包括列文件名、显示或删除文件、显示或改变当前目录等，相关的命令及其功能如表 1-4 所示。

表 1-4 MATLAB 常用文件管理命令

命　令	功　能	命　令	功　能
what	显示当前目录与 MATLAB 相关的文件及路径	type filename	在命令窗口中显示文件 filename
dir	显示当前目录下所有的文件	delete filename	删除文件 filename
which	显示某个文件的路径	cd ..	返回上一级目录
cd path	由当前目录进入 path 目录	cd	显示当前目录

1.4.8 MATLAB 帮助使用

MATLAB 为用户提供了非常丰富的帮助信息，如软件产品帮助（Product Help）、函数帮助（函数浏览器）、网络资源帮助等，极大地完善了该应用软件的功能。

MATLAB 在命令窗口提供了可以获得帮助的命令，用户可以很容易地获得联机帮助信息，几个常用的帮助命令介绍如下。

- helpwin：帮助窗口。
- helpdesk：帮助桌面，浏览器模式。
- lookfor：返回包含指定关键词的项。
- demo：打开示例窗口。

MATLAB 还提供了丰富的帮助命令，如表 1-5 所示，在命令窗口中输入相关命令就可以获得相关的帮助。

表 1-5 MATLAB 常用帮助命令

命　令	功　能	命　令	功　能
help matfun	矩阵函数（数值线性代数）	help datafun	数据分析和傅里叶变换函数
help general	通用命令	help ops	操作符和特殊字符
help graphics	通用图形函数	help polyfun	多项式和内插函数
help elfun	基本的数学函数	help lang	语言结构和调试
help elmat	基本矩阵和矩阵操作	help strfun	字符串函数
help control	控制系统工具箱函数		

1.5 MATLAB 的工具箱

MATLAB 的一个重要特色就是它具有一套程序扩展系统和一组称为工具箱（Toolboxes）的特殊应用子程序。工具箱是 MATLAB 的关键部分，它是 MATLAB 强大功能得以实现的载体和手段，它是对 MATLAB 基本功能的重要扩充。

MATLAB 每年都会增加一些新的工具箱，要么是出现新的工具箱或实用工具，要么是原有工具箱的性能得到改进。因此，在一般情况下，工具箱的列表不是固定不变的，有关 MATLAB 工具箱的最新信息可以在 http://www.mathworks.com/products 中看到。

MATLAB 有 30 多个工具箱，大致可分为两类：功能型工具箱和领域型工具箱。

（1）功能型工具箱主要用来扩充 MATLAB 的符号计算功能、图形建模仿真功能、文字处理功能及与硬件实时交互功能，能用于多种学科。

（2）领域型工具箱专业性很强的，是针对某个专业的常用算法做成的函数包，如金融工具箱（Financial Toolbox）、金融衍生品工具箱（Financial Derivatives Toolbox）和固定收益工具箱（Fixed-Income Toolbox）等。

运行 MATLAB 后，选择“Start”→“Toolboxes”，便会看到按字母顺序列出的 MATLAB 工具箱。

下面将对与金融计算相关的工具箱内所包含的主要内容进行简要介绍。

1. 金融工具箱（Financial Toolbox）

- 日期数据基本处理
- 基于均值－方差分析
- 时间序列分析
- 固定收益计算
- 有价证券的收益和价格
- 统计分析
- 定价和灵敏度分析
- 年金和现金流计算
- 抵押支持债券

2. 金融衍生品工具箱（Financial Derivatives Toolbox）

- 金融衍生品定价
- 风险评估
- 敏感度分析
- 对冲比率

3. 固定收益工具箱（Fixed-Income Toolbox）

- 采用固定收益模型进行计算。
- 还能处理相应的金融衍生品的计算，支持抵押证券、国债、可转换债券等的计算，以及保证金计算等。

4. 统计工具箱（Statistics Toolbox）

- 统计量计算
- 参数估计
- 假设检验

- 方差分析和回归分析

5．最优工具箱（Optimization Toolbox）

- 线性规划和二次规划
- 求函数的最大值和最小值
- 多目标优化
- 约束条件下的优化
- 非线性方程求解

第 2 章 MATLAB 科学计算

MATLAB 是一门功能强大、非常简单易学的计算语言，它的运算指令和语法基于一系列基本的矩阵运算及它们的扩展运算，比 C/C++、C#、Java 等主流高级语言更简单、更好学，这也是 MATLAB 区别于其他高级语言的最大特点之一，它给金融领域的计算带来了极大的方便。

2.1 数据类型

MATLAB 包括四种基本数据类型，即双精度数组、字符串数组、元胞数组和构架数组。数值之间可以相互转化，这为其计算功能开拓了广阔的空间。

2.1.1 变量与常量

变量是数值计算的基本单元。与 C 语言等其他高级语言不同，MATLAB 语言中的变量无须事先定义，一个变量在其名称在语句命令中第一次合法出现时定义，运算表达式变量中不允许有未定义的变量，也不需要预先定义变量的类型，MATLAB 会自动生成变量，并根据变量的操作确定其类型。

1. MATLAB 变量命名规则

MATLAB 中的变量命名规则如下：

- 变量名区分大小写，因此 A 与 a 表示的是不同的变量。
- 变量名以英文字母开始，第一个字母后可以使用字母、数字、下画线，但不能使用空格和标点符号。
- 变量名长度不得超过 31 位，超过的部分将被忽略。
- 某些常量也可以作为变量使用，如 i 在 MATLAB 中表示虚数单位，但也可以作为变量使用。

常量是指那些在 MATLAB 中已预先定义其数值的变量，默认的常量如表 2-1 所示。

表 2-1　MATLAB 默认常量

名　称	说　明	名　称	说　明
pi	圆周率	eps	浮点数的相对误差
INF（或 inf）	无穷大	i（或 j）	虚数单位，定义为 $\sqrt{-1}$
NaN（或 nan）	代表不定值（即 0/0）	nargin	函数实际输入参数个数
realmax	最大的正实数	nargout	函数实际输出参数个数
realmin	最小的正实数	ANS（或 ans）	默认变量名，以应答最近一次操作运算结果

2. MATLAB 变量的显示

任何 MATLAB 语句的执行结果都可以在屏幕上显示，同时赋值给指定的变量，没有指定变量时，赋值给一个特殊的变量 ans，数据的显示格式由 format 命令控制。format 只影响结果的显示，不影响其计算与存储。MATLAB 总是以双字长浮点数（双精度）来执行所有的运算。如果结果为整数，则显示没有小数；如果结果不是整数，则输出形式有表 2-2 所示的几种形式。

表 2-2 MATLAB 的数据显示格式

格　式	含　义	格　式	含　义
format （short）	短格式（5 位定点数）	format long e	长格式 e 方式
format long	长格式（15 位定点数）	format bank	2 位十进制格式
format short e	短格式 e 方式	format hex	十六进制格式

3. MATLAB 变量的存取

工作空间中的变量可以用 save 命令存储到磁盘文件中。命令 “save<文件名>”，将工作空间中全部变量存到 “<文件名>.mat” 文件中，若省略 “<文件名>” 则存入文件 “matlab.mat” 中；命令 “save<文件名><变量名集>” 将 “<变量名集>” 指出的变量存入文件 “<文件名>.mat” 中。

用 load 命令可将变量从磁盘文件读入 MATLAB 的工作空间，其用法为 “load<文件名>”，它将 “<文件名>” 指定的磁盘文件中的数据依次读入名称与 “<文件名>” 相同的工作空间中的变量中去。若省略 “<文件名>” 则 “matlab.mat” 从中读入所有数据。

用 clear 命令可从工作空间中清除现存的变量。

2.1.2 字符串

字符串是 MATLAB 中符号运算的基本元素，也是文字等表达方式的基本元素，在 MATLAB 中，字符串作为字符数组用单引号（'）引用到程序中，还可以通过字符串运算组成复杂的字符串。字符串数值和数字数值之间可以进行转换，也可以执行字符串的有关操作。

2.1.3 元胞数组

元胞是元胞数组（Cell Array）的基本组成部分。元胞数组与数字数组相似，以下标来区分，单元胞数组由元胞和元胞内容两部分组成。用花括号{ }表示元胞数组的内容，用圆括号()表示元胞元素。与一般的数字数组不同，元胞可以存放任何类型、任何大小的数组，而且同一个元胞数组中各元胞的内容可以不同。

【例 2-1】 元胞数组创建与显示实例。

MATLAB 程序代码如下：

```
    A(1, 1)={'An example of cell array'};
    A(1, 2)={[1 2;3 4]}; A{2, 1}=tf (1, [1, 8]); A{2, 2}={A(1, 2);'This is an
example'};
    celldisp(A)  %显示该元胞数组
```

元胞数组 A 第 1 行用元胞数组标志法建立一个字符串和一个矩阵；第 2 行用元胞内容编址法建立一个传递函数和一个由两个元素组成的元胞组，该元胞组分别是矩阵和字符串；最后，用 celldisp 函数显示该元胞数组 A。

2.1.4 构架数组

与元胞数组相似，构架数组（Structure Array）也能存放各类数据，使用指针方式传递数值。构架数组由结构变量名和属性名组成，用指针操作符“.”连接结构变量名和属性名。例如，可用 parameter.temperature 表示某一对象的温度参数，用 parameter.humidity 表示某一对象的湿度参数等，因此，该构架数组的 parameter 由两个属性组成。

2.1.5 对象

面向对象的 MATLAB 语言采用了多种对象，如自动控制中常用的传递函数模型对象（TF Object）、状态空间模型对象（SS Object）和零极点模型对象（ZPK Object），一些对象之间可以相互转换，例如，可以从传递函数模型对象转化为零极点模型对象，这将在后面具体介绍。

2.2 数组及其运算

MATLAB 中数组（Array）可以说无处不在，任何变量在 MATLAB 中都是以数组形式存储和运算的。

按照数组元素的个数和排列方式，MATLAB 中的数组可以分为：

- 没有元素的空数组（empty array）。
- 只有一个元素的标量（scalar），它实际上是一行一列的数组。
- 只有一行或者一列元素的向量（vector），分别叫作行向量和列向量，也统称为一维数组。
- 普通的具有多行多列元素的二维数组。
- 超过二维的多维数组（具有行、列、页等多个维度）。

按照数组的存储方式，MATLAB 中的数组可以分为：普通数组和稀疏数组（常称为稀疏矩阵）。稀疏矩阵适用于那些大部分元素为 0，只有少部分非零元素的数组的存储，主要是为了提高数据存储和运算的效率。

2.2.1 数组的创建

MATLAB 中一般使用方括号（[]）、逗号（，）或空格及分号（；）来创建数组，方括号中给出数组的所有元素，同一行中的元素间用逗号或空格分隔，不同行之间用分号分隔。

1. 空数组

空数组是 MATLAB 中特殊的数组，它不含有任何元素。空数组可以用于数组声明，数组清空，以及各种特殊的运算场合。

创建空数组很简单，只需要把变量赋值为空的方括号即可。

2. 一维数组

一维数组包括行向量和列向量，是所有元素排列在一行或一列中的数组。实际上，一维数组可以看作二维数组在某一方向（行或列）尺寸退化为 1 的特殊形式。

创建一维行向量，只需要把所有用空格或逗号分隔的元素用方括号括起来即可；而创建一维列向量，则需要在方括号括起来的元素之间用分号分隔。不过，更常用的办法是用转置运算符（'），把行向量转置为列向量。

创建一维数组可能用到：方括号、逗号或空格、分号、冒号、函数 linspace 和 logspace 及转置符号（'）。

3. 二维数组

常规创建二维数组的方法实际上和创建一维数组方法类似，就是综合运用方括号、逗号、空格和分号。

方括号把所有元素括起来，不同行元素之间用分号间隔，同一行元素之间用逗号或者空格间隔，按照逐行排列的方式顺序书写每个元素。

当然，在创建每一行或每一列元素的时候，可以利用冒号和函数的方法，只是要特别注意创建二维数组时，要保证每一行（或每一列）具有相同数目的元素。

创建二维数组，也可以通过函数拼接一维数组，或者利用 MATLAB 内部函数直接创建特殊的二维数组。

【例 2-2】 数组创建实例。

在命令窗口输入：

```
A=[];    %创建空数组
B=[1 2 3 4] ;    %创建一维行向量
C=[1;2;3;4] ;    %创建一维列向量
D=[1 2 3;2 5 6;1 4 5] ;    %创建二维数组
A;B;C;D    %显示这 4 个数组

%输出为
A =      []
B =   1      2      3      4
C =  1
      2
      3
      4
D =  1      2      3
      2      5      6
      1      4      5
```

2.2.2 数组的运算

下面简要介绍数组的各种数学运算。

1. 数组和数组的运算

最基本的就是数组和数组的加（+）、减（–）、乘（*）、乘方（^）等运算。要注意，数组的加、减，要求参与运算的两个数组具有相同的尺寸，而数组的乘法要求第一个数组的列数等于第二个数组的行数，乘方运算在指数 n 为自然数时相当于 n 次自乘，这要求数组具有相同的行数和列数。

数组除法实际上是乘法的逆运算，相当于参与运算的一个数组和另一个数组的逆（或伪逆）数组相乘。MATLAB 中数组除法有左除（/）和右除（\）两种：

（1）***A*/*B*** 相当于 ***A****inv(***B***)或 ***A****pinv(***B***)。

（2）***A**B*** 相当于 inv(***A***)****B*** 或 pinv(***A***)****B***。

其中 inv 是数组求逆函数，仅适用于行列数相同的方形数组（线性代数中，称为方阵）；pinv 是求数组广义逆的函数。

2. 点运算

前面讲到的数组乘、除、乘方运算都是专门针对数组定义的运算。有些情况下，用户可能希望对两个尺寸相同的数组进行元素对元素的乘、除，或者对数组的逐个元素进行乘方，这可以通过点运算实现。

A*.*B 就可以实现两个同样尺寸的数组 ***A*** 和数组 ***B*** 对应元素的乘法，同样地，***A*./*B*** 或 ***A*.*B*** 实现元素对元素的除法，***A*.^*n*** 实现对逐个元素的乘方。

特别要强调的是，许多 MATLAB 内置的运算函数，如 sqrt、exp、log、sin、cos 等，都只能对数组进行逐个元素的相应运算。至于专门的数组的开方、指数等运算有专门的数组运算函数。

3. 专门针对数组的运算函数

MATLAB 中专门针对数组的运算函数一般末尾都以 m 结尾（m 代表 matrix），如 sqrtm、expm、logm 等，这些运算都是特别定义的数组运算，不同于针对单个数值的常规数学运算。

【例 2-3】 数组运算。

在命令窗口输入：

```
>> A1=[3 5;4 6] ;  B1=[ 0.3252, 1.3703 ; -0.7549, -1.7115] ;
>> A1/B1   %左除法
ans = -2.8455   -5.1996
    -4.8472   -7.3865
>> A1\B1   %右除法
ans = -2.8629   -8.3897
     1.7828    5.3079
```

```
>> A2=[1, 3; 4, 2 ]; B2=[5, 1; 1, 5 ];
>> A2.*B2     %点乘法
ans = 5     3
     4    10
>> B2.^3     %点乘方
ans =125     1
     1   125
>> A2.\B2   %以 A 的各个元素为分母，B 的各个元素为分子，逐个元素进行除法
ans =5.0000    0.3333
    0.2500    2.5000
>> A3=[1, 3; 4, 2 ];
>> sqrt(A3)    %开方函数运算
ans =1.0000    1.7321
    2.0000    1.4142
>> sqrtm(A3)
ans =0.9583 + 0.8081i   0.9583 - 0.6061i
     1.2778 - 0.8081i   1.2778 + 0.6061i
```

2.2.3 多项式运算

对于多项式 $P(x)=a_0x^n+a_1x^{n-1}+\cdots+a_{n-1}x+a_n$，用以下的行向量表示：

$$P=[a_0,a_1,\cdots,a_{n-1},a_n]$$

这样就把多项式问题转化为了向量问题。

1. 多项式的表示

在 MATLAB 中，多项式的表示方法有以下 3 种。

（1）系数直接输入法

由于在 MATLAB 中的多项式是以向量形式储存的，因此，最简单的多项式输入法即为直接的向量输入，MATLAB 自动将向量元素按降幂顺序分配给各系数值。向量可以为行向量，也可以是列向量。

采用符号工具箱中的函数 poly2sym 可将多项式向量表示成为符号多项式形式。其常用调用格式如下：

```
r = poly2sym(c)
```

其中 c 为多项式系数，r 为生成的多项式。

（2）特征多项式输入法

多项式创建的另一个途径是从矩阵求其特征多项式获得，由函数 poly 实现。其常用调用格式如下：

```
p=poly(A)
```

其中 A 为方阵，p 为其特征多项式。

（3）由根创建法

由给定的根也可产生其对应的多项式，此功能还由函数 poly 实现。其常用调用格式如下：

```
p=poly(r)
```

其中 r 为多项式的特征根，p 为多项式。

2. 多项式的运算

在 MATLAB 中，多项式的运算有以下 5 种。

（1）求值

求多项式的值可以有两种形式，对应着两种算法。

一种在输入变量值代入多项式计算时是以数组为单元的，此时的计算函数为 polyval，其常用调用格式如下：

```
y = polyval(p,x)
```

其中 p 为多项式，x 为多项式变量的取值，y 为多项式计算值。

另一种是以矩阵为计算单元，进行矩阵式运算，以求得多项式的值，此时的函数为 polyvalm，其常用调用格式如下：

```
y = polyvalm(p,X)
```

其中 p 为多项式，X 为多项式变量的矩阵取值，y 为多项式计算值。

（2）求根

多项式的根可以直接调用 MATLAB 的函数 roots 来求解，其常用调用格式如下：

```
r = roots(c)
```

其中 c 为多项式系数，r 为多项式的根。

（3）乘除法

多项式的乘法由函数 conv 来实现，此函数同于向量的卷积，其常用调用格式如下：

```
w = conv(u,v)
```

其中 u 和 v 为多项式系数，w 为多项式的 c 乘法结果。

多项式的除法由函数 deconv 来实现，向量的解卷函数相同，其常用调用格式如下：

```
[q,r] = deconv(v,u)
```

表示多项式 v/u，v 和 u 为多项式系数，q 为除法结果，r 为余数。

（4）微分

多项式的微分函数 polyder 可以用来进行多项式的微分计算，其常用调用格式如下：

```
k = polyder(p)
```

其中 p 为多项式系数，k 为多项式的微分结果。

（5）拟合

MATLAB 中还提供了专用的拟合函数 polyfit，其常用调用格式如下：

```
polyfit(X, Y, n)
```

其中 X、Y 为拟合数据，n 为拟合多项式的阶数。

【例 2-4】 多项式运算。

在命令窗口输入：

```
>> p=[1 -5 6 -33];
>> poly2sym(p)
```

输出结果如下：

```
ans =
    x^3-5*x^2+6*x-33
```

表示输入多项式 $x^3-5x^2+6x-33$。

在命令窗口输入：

```
>> a=[1 2 3;4 5 6;7 8 0];
>> p1=poly(a)
p1 =
   1    -6    -72    -27
>> poly2sym(p1)
ans =
x^3 - 6*x^2 - 72*x - 27
```

在命令窗口输入：

```
>> root=[-5 -3+4i -3-4i];
>> p=poly(root)
p =
    1    11    55   125
>> poly2sym(p)
ans =
     x^3+11*x^2+55*x+125
```

在命令窗口输入：

```
>> p=[1 11 55 125];
>> b=[1 1;1 1];
>> polyval(p,b)
ans =
   192   192
   192   192
>> polyvalm(p,b)
ans =
   206    81
    81   206
```

在命令窗口输入：

```
>> p=[2 -5 6 -1 9];
>> roots(p)
ans =
   1.6024 + 1.2709i
   1.6024 - 1.2709i
  -0.3524 + 0.9755i
  -0.3524 - 0.9755i
```

输出结果为方程$2x^4-5x^3+6x^2-x+9=0$的所有根。

在命令窗口输入：

```
>> c =[    10     40     100     160     170     120]
>> u = [1   2   3   4]
>> [q,r] = deconv(c,u)  %计算多项式 c/u
```

输出结果为：

```
q =
   10    20    30
r =
0     0     0     0     0     0
```

在命令窗口输入：

```
>> poly2sym(p)
ans =
2*x^4-5*x^3+6*x^2-x+9
>> Dp=polyder(p)  %求多项式微分
Dp =
     8   -15    12    -1
>> poly2sym(Dp)
ans =
8*x^3-15*x^2+12*x-1
```

2.3 矩阵及其运算

MATLAB 软件的最大特色是强大的矩阵计算功能，在 MATLAB 软件中，所有的计算都是以矩阵为单元进行的，可见矩阵是 MATLAB 的核心。下面以表格的形式列出 MATLAB 提供的每类矩阵运算的函数，并各举一个实例进行说明，同类函数的用法基本类似，详细的用法及函数内容说明可参考联机帮助。

2.3.1 矩阵的创建

由 m 行 n 列构成的数组 $\boldsymbol{a}$ 称为 $m\times n$ 阶矩阵，它总共由 $m\times n$ 个元素组成，矩阵元素记为 a_{ij}，其中 i 表示行，j 表示列。

当 $m=n$ 时，矩阵 $\boldsymbol{a}$ 称为方阵。当 $i\neq j$ 时，所有的 $a_{ij}=0$，且 $m=n$，得到的矩阵称为对角阵。

当对角阵的对角线上的元素全为 1 时，称为单位阵，记为 $\boldsymbol{I}$。

对于 $(m\times n)$ 阶矩阵 $\boldsymbol{w}$，当 $w_{ij}=a_{ji}$ 时，称 $\boldsymbol{w}$ 是 $\boldsymbol{a}$ 的转置矩阵，记为 $\boldsymbol{w}=\boldsymbol{a}'$。

对于 $\boldsymbol{a}$ 为 $(m\times 1)$ 的形式时，称 $\boldsymbol{a}$ 是 m 个元素的列向量，对于 $\boldsymbol{a}$ 为 $(1\times n)$ 的形式时，称 $\boldsymbol{a}$ 是 n 个元素的行向量。

矩阵的表现形式和数组相似，它以左方括号“[”开始，以右方括号“]”结束，每一行元素结束用行结束符号（分号“;”）或回车符分隔，每个元素之间用元素分隔符号（空格或“,”）分隔。建立矩阵的方法有直接输入矩阵元素、在现有矩阵中添加或删除元素、读取数据文件、采用现有矩阵组合、矩阵转向、矩阵移位及直接建立特殊矩阵等。

【例 2-5】 矩阵创建实例。

MATLAB 程序代码如下：

```
>> a=[1 2 3;4 5 6]
```

运行结果是创建了一个 2×3 的矩阵 ***a***，***a*** 的第 1 行由 1、2、3 这 3 个元素组成，第 2 行由 4、5、6 这 3 个元素组成，输出结果如下：

```
a = 1     2     3
    4     5     6
```

接着输入：

```
>> b=[a; 11, 12, 13]  %添加一行元素[11, 12, 13]
```

运行结果是创建了一个 3×3 的矩阵 ***b***，***b*** 矩阵是在 ***a*** 矩阵的基础上添加一行元素 11、12、13，组成一个 3×3 矩阵，输出结果如下：

```
b =  1     2     3
     4     5     6
    11    12    13
```

MATLAB 中对矩阵元素的访问方法如下。

- 单个元素的访问：b(3, 2)→12，访问了第 3 行和第 2 列交叉的元素。
- 整列元素的访问：b(:, 3)→[3, 6, 13]'，访问了第 3 列中的所有元素。
- 整行元素的访问：b(1, :)→[1, 4, 11]，访问了第 1 行中的所有元素。
- 整块元素的访问：b(2:3, 2:3)→[5, 6; 12, 13]，访问了一个（2×2）的子块矩阵。

MATLAB 提供了很多个特殊矩阵的生成函数，表 2-3 列出了一些常用的生成函数，关于其他的特殊矩阵生成函数及使用格式，请参见联机帮助。

表 2-3 MATLAB 常用特殊矩阵的生成函数

函 数	功 能 说 明	函 数	功 能 说 明
zeros( )	生成元素全为 0 的矩阵	tril( )	生成下三角矩阵
ones( )	生成元素全为 1 的矩阵	eye( )	生成单位矩阵
rand( )	生成均匀分布随机矩阵	company( )	生成伴随矩阵
randn( )	生成正态分布随机矩阵	hilb( )	生成 Hilbert 矩阵
magic( )	生成魔方矩阵	vander( )	生成 Vander 矩阵
diag( )	生成对角矩阵	hankel( )	生成 Hankel 矩阵
triu( )	生成上三角矩阵	hadamard( )	生成 Hadamard 矩阵

【例 2-6】 特殊矩阵生成函数使用实例。

MATLAB 程序代码如下：

```
>> a=[1, 2, 3; 4, 5, 6; 7, 8, 9]; b=tril(a)  %生成下三角矩阵
```

运行结果是生成了 ***b*** 矩阵，它是调用下三角矩阵生成函数 tril( )生成的 ***a*** 矩阵的下三角矩阵，输出结果如下：

```
b = 1    0    0
    4    5    0
    7    8    9
```

2.3.2 矩阵的运算

矩阵与矩阵之间可以进行如表 2-4 所示的基本运算。

注意：在进行左除“/”和右除“\”时，两矩阵的维数必须相等。

表 2-4 矩阵基本运算

操作符号	功能说明	操作符号	功能说明
+	矩阵加法	/	矩阵的左除
−	矩阵减法	‘	矩阵转置
*	矩阵乘法	logm( )	矩阵对数运算
^	矩阵的幂	expm( )	矩阵指数运算
\	矩阵的右除	inv( )	矩阵求逆

【例 2-7】 矩阵基本运算实例。

MATLAB 程序代码如下：

```
>> a=[1, 2; 3, 4]; b=[3, 5; 2, 9]; div1=a/b; %矩阵的左除
>>div2=b\a  %矩阵的右除
```

两矩阵 ***a*** 与 ***b*** 进行了左除和右除运算，输出结果如下：

```
div1 =                      div2=
     0.2941   0.0588             -0.3529  -0.1176
     1.1176  -0.1765              0.4118   0.4706
```

MATLAB 提供了多种关于矩阵的函数，表 2-5 列出了一些常用的矩阵函数运算。

表 2-5 常用的矩阵函数运算

函数名	功能说明	函数名	功能说明
rot90( )	矩阵逆时针旋转 90°	eig( )	计算矩阵的特征值和特征向量
flipud( )	矩阵上下翻转	rank( )	计算矩阵的秩
fliplr( )	矩阵左右翻转	trace( )	计算矩阵的迹
flipdim( )	矩阵的某维元素翻转	norm( )	计算矩阵的范数
shiftdim( )	矩阵的元素移位	poly( )	计算矩阵的特征方程的根

【例 2-8】 矩阵函数运算实例。

MATLAB 程序代码如下:

```
>> a=[1, 3, 5; 2, 4, 6; 7, 9, 13];  [b, c]=eig(a)  %求取矩阵的特征值和特征向量
```

通过函数 eig( )计算矩阵 ***a*** 的特征向量 ***b*** 和特征值 ***c***，输出结果如下:

```
b=-0.3008   -0.7225    0.2284
   -0.3813   -0.3736   -0.8517
   -0.8742    0.5817    0.4717
c = 19.3341        0          0
      0       -1.4744         0
      0            0     0.1403
```

矩阵分解常用于方程求根，表 2-6 列出了一些常用的矩阵分解运算。

表 2-6 常用的矩阵分解运算函数

函数名	功能说明	函数名	功能说明
eig( )	矩阵的特征值分解	svd( )	矩阵的奇异值分解
qr( )	矩阵的 QR 分解	chol( )	矩阵的 Cholesky 分解
schur( )	矩阵的 Schur 分解	lu( )	矩阵的 LU 分解

【例 2-9】 矩阵分解运算函数使用实例。

MATLAB 程序代码如下:

```
>> a=[6, 2, 1; 2, 3, 1; 1, 1, 1];  [L, U, P]=lu(a)  %对矩阵进行 LU 分解
```

通过函数 lu( )对矩阵 ***a*** 进行 LU 分解，得到上三角阵 ***U***、下三角阵 ***L***、置换矩阵 ***P***，输出结果如下:

```
L =1.0000          0          0          U =  6.0000    2.0000    1.0000
    0.3333    1.0000          0                  0       2.3333    0.6667
    0.1667    0.2857    1.0000                   0       0         0.6429
P = 1     0     0
    0     1     0
    0     0     1
```

2.4 符号运算

MATLAB 提供了符号数学工具箱（Symbolic Math Toolbox），大大增强了 MATLAB 的功能。符号数学工具箱的特点为:

（1）符号数学工具箱适用于广泛的用途，而不是针对一些特殊专业或专业分支。

（2）符号数学工具箱使用字符串来进行符号分析，而不是基于数组的数值分析。

2.4.1 符号运算概述

符号数学工具箱是操作和解决符号表达式的符号数学工具箱（函数）集合，有复合、

简化、微分、积分以及求解代数方程和微分方程的工具。另外还有一些用于线性代数的工具，求解逆、行列式、正则形式的精确结果，找出符号矩阵的特征值而没有由数值计算引入的误差。工具箱还支持可变精度运算，即支持符号计算并能以指定的精度返回结果。

符号运算与数值运算的主要区别如下：

（1）数值运算中必须先对变量赋值，然后才能参与运算。

（2）符号运算无须事先对独立变量赋值，运算结果以标准的符号形式表达。

符号运算的运算对象可以是没赋值的符号变量，可以获得任意精度的解。

1. 符号表达式

符号表达式是代表数字、函数、算子和变量的 MATLAB 字符串或字符串数组。不要求变量有预先确定的值，符号方程式是含有等号的符号表达式。符号算术是使用已知的规则和给定符号恒等式求解这些符号方程的实践，它与代数和微积分所学到的求解方法完全一样。符号矩阵是数组，其元素是符号表达式。

MATLAB 在内部把符号表达式表示成字符串，与数字变量或运算相区别；否则，这些符号表达式几乎完全像基本的 MATLAB 命令。

2. 创建符号对象

MATLAB 提供了两个建立符号对象的函数：sym 和 syms。两个函数的用法介绍如下。

（1）sym 函数

sym 函数用来建立单个符号量，一般调用格式为：

```
符号量名=sym('符号字符串')
```

该函数可以建立一个符号量，符号字符串可以是常量、变量、函数或表达式。应用 sym 函数还可以定义符号常量。

（2）syms 函数

函数 sym 一次只能定义一个符号变量，使用不方便。MATLAB 提供了另一个函数 syms，一次可以定义多个符号变量。

syms 函数的一般调用格式为：

```
syms 符号变量名 1 符号变量名 2…符号变量名 n
```

用这种格式定义符号变量时不要在变量名上加字符串分界符(')，变量间用空格而不要用逗号分隔。

含有符号对象的表达式称为符号表达式，建立符号表达式有以下 3 种方法：

- 利用单引号来生成符号表达式。
- 用 sym 函数建立符号表达式。
- 使用已经定义的符号变量组成符号表达式。

【例 2-10】 符号表达式创建实例。

在 MATLAB 窗口，输入下列命令：

```
U=sym('3*x^2+5*y+2*x*y+6')          %定义符号表达式
syms x y;                           %建立符号变量 x、y
V=3*x^2+5*y+2*x*y+6                 %定义符号表达式 V
2*U-V+6                             %求符号表达式的值
```

3. 符号矩阵

符号矩阵也是一种符号表达式，所以前面介绍的符号表达式运算都可以在矩阵意义下进行。但应注意这些函数作用于符号矩阵时，是分别作用于矩阵的每一个元素的。

通过 sym 函数创立符号矩阵，矩阵元素可以是任何不带等号的符号表达式，各符号表达式的长度可以不同，矩阵元素之间可用空格或逗号分隔。

例如，在命令窗口中输入“A = sym('[a , 2*b ; 3*a , 0]')”，就完成了一个符号矩阵 $\boldsymbol{A}=\begin{bmatrix} a & 2b \\ 3a & 0 \end{bmatrix}$ 的创建，输出的结果为：

```
A = [ a, 2*b]
    [3*a, 0]
```

需要注意的是，符号矩阵每一行的两端都有方括号，这是与 MATLAB 数值矩阵的一个重要区别。

在 MATLAB 中，数值矩阵不能直接参与符号运算，必须先转化为符号矩阵。

（1）将数值矩阵转化为符号矩阵

函数调用格式：sym(数值矩阵)

（2）将符号矩阵转化为数值矩阵

函数调用格式：numeric(A)

由于符号矩阵是一个矩阵，所以符号矩阵能进行有关矩阵的运算。MATLAB 还有一些专用于符号矩阵的函数，这些函数作用于单个的数据无意义。例如：

- transpose(S)：返回 S 矩阵的转置矩阵。
- determ(S)：返回 S 矩阵的行列式值。

其实，许多应用于数值矩阵的函数，如 diag、triu、tril、inv、det、rank、eig 等，也可直接应用于符号矩阵。

4. 符号表达式的四则运算

符号表达式的四则运算比较简单，常用的函数介绍如下。

- factor(S)：对 S 分解因式，S 是符号表达式或符号矩阵。
- expand(S)：对 S 进行展开，S 是符号表达式或符号矩阵。
- collect(S)：对 S 合并同类项，S 是符号表达式或符号矩阵。
- collect(S,*v*)：对 S 按变量 *v* 合并同类项，S 是符号表达式或符号矩阵。
- simplify(S)：应用函数规则对 S 进行化简。
- simple(S)：调用 MATLAB 的其他函数对表达式进行综合化简，并显示化简过程。

2.4.2 常用的符号运算

符号变量和数字变量之间可转换，也可以用数字代替符号得到数值。符号运算种类非常多，常用的符号运算有代数运算、积分和微分运算、极限运算、级数求和、进行方程求解等。

出于篇幅的考虑，下面仅对常用的符号运算进行介绍，其他的符号运算的使用方法大同小异，读者可通过 MATLAB 的帮助文档或其他关于符号函数工具箱的书籍进行学习，此处不再赘述。

常用的符号运算有求极值、级数求和、微积分、解微分方程等，下面分别进行介绍。

- limit

limit 是求极限的符号函数，其常用的格式是：

`limit(F,x,a,'right')` 或 `limit(F,x,a,'left')`

表示当自变量 x 从右侧或左侧逼近 a 时，函数 F 的极值。

- diff

diff 是求微分最常用的符号函数，其输入参数既可以是函数表达式，也可以是符号矩阵。

常用的格式是：

```
diff(f, x, n)
```

表示 f 关于 x 求 n 阶导数。

- int

int 是求积分最常用的符号函数，其输入参数可以是函数表达式。

常用的格式是：

```
int(f, r, x0, x1)
```

其中，f 为所要积分的表达式，r 为积分变量，若为定积分，则 x0 与 x1 为积分上下限。

- symsum

symsum 是级数求和的符号函数，其常用的格式是：

```
S=symsum(fk,k,k0,kn)
```

其中 fk 为级数的通项，k 为级数自变量，k0 和 kn 为级数求和的起始项和终止项，且可设为 inf。

- dsolve

dsolve 求解常微分方程的符号函数，其常用的格式是：

```
dsolve('eqn1','condition','var')
```

该函数求解微分方程 eqn1 在初值条件 condition 下的特解。参数 var 描述方程中的自变量符号，省略时按默认原则处理，若没有给出初值条件 condition，则求方程的通解。

dsolve 在求微分方程组时的调用格式为：

```
dsolve('eqn1','eqn2',…,'eqnN','condition1',…,'conditionN','var1',…,'varN')
```

函数求解微分方程组 eqn1,⋯,eqnN 在初值条件 condition1,⋯,conditionN 下的解，若不给出初值条件，则求方程组的通解，var1,⋯,varN 给出求解变量。

【例 2-11】 微积分的符号运算实例。（1）已知表达式 f=sin（ax），分别对其中的 x 和 a 求导；（2）已知表达式 $f = x\log(1+x)$，求对 x 的积分和 x 在(0,1)上的积分值。

输入如下 MATLAB 程序代码：

```
syms a x                      %定义符号变量 a 和 x
f=sin(a*x)                    %创建函数 f
dfx=diff(f, x)                %对 x 求导
dfa=diff(f, a)                %对 a 求导
f1=x*log(1+x)                 %创建函数 f1
int1=int(f1,x)                %对 x 积分
int2=int(f1,x,0,1)            %求[0,1]区间上的积分
```

运行程序，输出结果如下所示：

```
dfx =cos(a*x)*a                    %f 对 x 求导的结果
dfa =cos(a*x)*x                    %f 对 a 求导的结果
int1 =x/2 - x^2/4 + (log(x + 1)*(x^2 - 1))/2  %积分表达式
int2 =1/4                          %积分值
```

【例 2-12】 常微分方程符号运算实例。（1）计算微分方程 $\frac{\mathrm{d}y}{\mathrm{d}x}+3xy=x\mathrm{e}^{-x^2}$ 的通解；（2）计算微分方程 $xy'+2y-\mathrm{e}^x=0$ 在初始条件 $y|_{x=1}=2\mathrm{e}$ 下的特解；（3）求 $y''+2y'+\mathrm{e}^x=0$ 的通解。

输入如下的 MATLAB 程序代码：

```
f1=dsolve('Dy+3*x*y=x*exp(-x^2)','x')
f2=dsolve('x*Dy+2*y-exp(x)=0','y(1)=2*exp(1)','x')
f3=dsolve('D2y+2*Dy+exp(x)=0','x')
```

运行程序，输出结果如下所示：

```
f1=C9/exp((3*x^2)/2) + exp(x^2/2)/exp((3*x^2)/2)
f2=(2*exp(1))/x^2 + (exp(x)*(x - 1))/x^2
f3=C7/exp(2*x) - (exp(3*x)/3 + (C6*exp(2*x))/2)/exp(2*x)
```

可知(1)的通解为 $y=\mathrm{e}^{-x^2}+\mathrm{e}^{-\frac{3}{2}x^2}*C_9$，其中 C_9 为常数；(2)的特解为 $y=\frac{x\mathrm{e}^x-\mathrm{e}^x+2\mathrm{e}}{x^2}$；（3）的通解为 $y=-\frac{1}{3}\mathrm{e}^x-\frac{1}{2}\mathrm{e}^{-2x}*C_7+C_6$，其中 C_7 和 C_6 为常数。

2.5 关系运算和逻辑运算

除了传统的数学运算外，MATLAB 还支持关系运算和逻辑运算。如果你已经有了一些

编程经验，那对这些运算不会陌生。这些运算符和函数的目的是提供求解真/假命题的答案。关系运算和逻辑运算主要用于控制基于真/假命题的各 MATLAB 命令（通常在 M 文件中）的流程或执行次序。

作为所有关系表达式和逻辑表达式的输入，MATLAB 把任何非 0 数值当作真，把 0 当作假。所有关系表达式和逻辑表达式的输出，对于真输出为 1，对于假输出为 0。

MATLAB 为关系运算和逻辑运算提供了关系运算符和逻辑运算符，如表 2-7 和表 2-8 所示。

表 2-7　关系运算符

符　号	功　能	符　号	功　能
<	小于	>=	大于等于
<=	小于等于	==	等于
>	大于	~=	不等于

表 2-8　逻辑运算符

符　号	功　能	符　号	功　能
&	逻辑与	~	逻辑非
|	逻辑或		

此外，MATLAB 还提供了若干关系运算函数和逻辑运算函数，分别如表 2-9 和表 2-10 所示。

表 2-9　关系运算函数

函 数 名	功　能	函 数 名	功　能
all	所有向量为非零元素时为真	xor	逻辑异或运算
any	任一向量为非零元素时为真		

表 2-10　逻辑运算函数

函 数 名	功　能	函 数 名	功　能
bitand	位方式的逻辑与运算	bitcmp	位比较运算
bitor	位方式的逻辑或运算	bitmax	最大无符号浮点整数
bitxor	位方式的逻辑异或运算	bitshift	将二进制移位运算

第 3 章 MATLAB 数据可视化

数据可视化，即数据绘图的目的如果是显示数据的走向或变化趋势，则可采用不同的观察角度使数据的内容更加明显。就图的特性分类，可包括块状图、柱状图、点示图、线示图等，而就其空间而言，又可分为二维或三维图，前者取其实用性，后者取其美观性。

金融数据的可视化在金融计算中占有重要地位。在数据可视化上，MATLAB 提供了众多函数实现金融数据的图形化表示，其提供的众多图形化工具完全可以满足金融数据图形展示的需要。

3.1 数据绘图的基本步骤

在 MATLAB 中绘制图形，通常采用以下 7 个步骤。

（1）准备数据

准备好绘图需要的横坐标变量和纵坐标变量数据。

（2）设置当前绘图区

在指定的位置创建新的绘图窗口，并自动以此窗口的绘图为当前绘图区。

（3）绘制图形

创建坐标轴，指定叠加绘图模式，绘制函数曲线。

（4）设置图形中曲线和标记点格式

设置图形中的线宽、线型、颜色和标记点的形状、大小、颜色等。

（5）设置坐标轴和网格线属性

将坐标轴的范围设置在指定曲线上。

（6）标注图形

对图形进行标注，包括在图形中添加标题、坐标轴标注、文字标注等。

（7）保存和导出图形

按指定文件格式、属性保存或导出图形，以备后续使用。

上述绘制流程中，需要注意的是：

- 上面 7 个步骤的顺序不是完全固定的，尤其是其中对图形进行修饰标注的（4）（5）（6）步骤，完全可以改变顺序。
- MATLAB 中对于图形中的曲线和标记点格式有默认的设置，这在一般情况下是可以满足使用者需要的，因此对于只是想大概察看数据分布情况的用户，只需进行第（1）步和第（3）步工作就可以了。

3.2 在工作空间直接绘图

在 MTLAB 中还有一种较为简单的绘图方法，就是直接利用工作空间的数据即可绘出想要的图形。这种方法使用起来非常简单，只要单击鼠标选中你要的绘图的类型就可以绘制了。

这种绘图方法的基本过程是：在工作空间中，首先用鼠标左键选中要绘制图形的数据变量，可以看到变量变成蓝色，然后用鼠标左键单击工作空间的 图标，并且选择图形的类型，就可以绘出想要的图形了。

如果绘制的是多变量数据，使用 Shift 键全部选中后，再单击绘图图表的图形类别就可以了。MATLAB 根据变量列出不同种类的图形类别包括 plot、bar、stem、stairs、area、pie、hist 和其他类型图形。

【例 3-1】 工作空间直接作图法使用实例。利用工作空间绘制 $y=\sin x$ 正弦曲线。

在命令窗口中输入以下命令：

```
x=-2*pi:pi/100:2*pi;          %定义 x 的范围及刻度
y=sin(x);                     %定义 y 与 x 之间的函数关系
```

运行后，在工作空间中将生成变量 x 和 y。

在工作空间中，可以看到数据名、数据类型、数据最小值和数据最大值，然后使用鼠标右键单击 y 变量，则数据变成蓝色，如果此时不选中 x 变量，直接单击 后，选择 plot(y)便可绘制图形。操作界面及绘制的图形如图 3-1 所示。

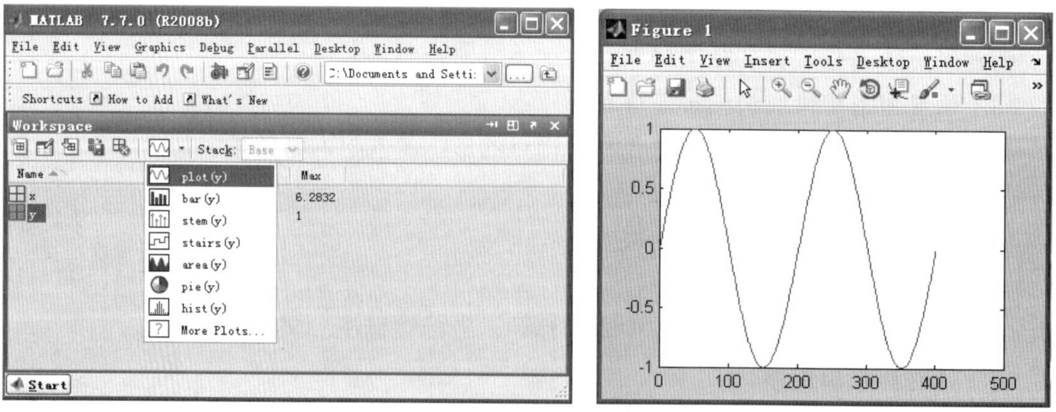

图 3-1　$y=\sin(x)$单变量工作空间图形

如果选中 y 以后，按住 Shift 键，继续选中 x，再选择 plot(y)便可绘制图形。操作界面及绘制的图形如图 3-2 所示。读者可以比较两图的差异。

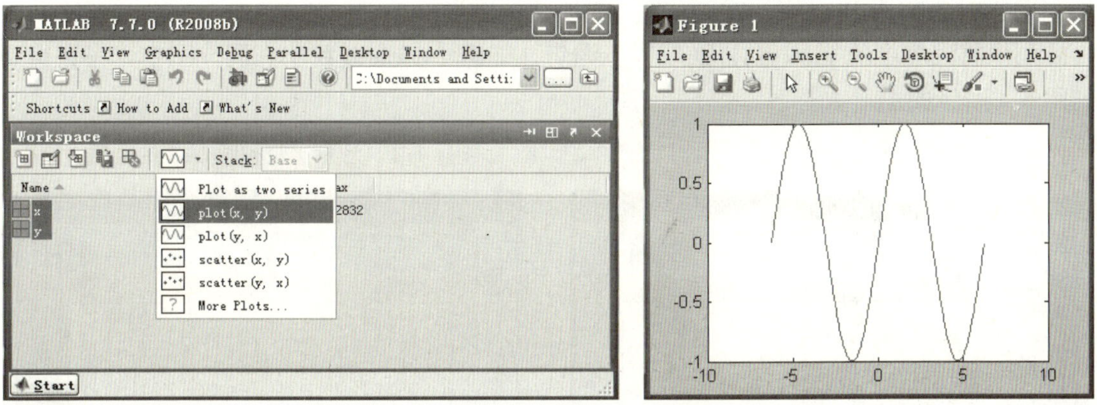

图 3-2　y=sin(x)双变量工作空间波形图

3.3 多维数据绘图

MATLAB 提供了丰富的绘图功能，在命令窗口中输入“help graph2d”可得到所有画二维图形的命令；输入“help graph3d”可得到所有画三维图形的命令。

3.3.1　二维图形

二维图形的基本绘图命令是：

```
plot(x1, y1, option1, x2, y2, option2, …)
```

其中，x1 与 y1 给出的数据分别为 x 轴与 y 轴坐标值，option1 为选项参数，以逐点连折线的方式绘制一个二维图形；同时类似地绘制第二个二维图形。

这是 plot 命令的完全格式，在实际应用中可以根据需要进行简化。例如 plot(x, y)、plot(x, y, option)，选项参数 option 定义了图形曲线的颜色（用表示颜色的英文单词的第一个字母表示，例如 r 表示红色、g 表示绿色、b 表示蓝色）、线型（例如#、*等）及标示符号，它由一对单引号包起来。

【例 3-2】　二维图形绘制实例。利用 plot(x)和多组变量的语法格式分别绘制当 $x \in [0,2\pi]$ 时，$y_1 = \sin(x)$、$y_2 = \cos(x)$、$y_3 = \sin(x-0.1\pi)$、$y_4 = \cos(x+0.1\pi)$ 的二维图形，并比较单个变量图形和多组变量图形应用上的差异。

在 M 文件编辑器中输入以下命令：

```
x=0:0.4*pi:2*pi;                    %定义 x 坐标轴范围及刻度
y1=sin(x);                          %定义 y1 与 x 函数关系
y2=cos(x);                          %定义 y2 与 x 函数关系
y3=sin(x-0.1*pi);                   %定义 y3 与 x 函数关系
y4=cos(x+0.1*pi);                   %定义 y4 与 x 函数关系
plot(y1)                            %绘制 y1 与 x 函数的图形，图 3-3
```

运行以上 M 代码程序，得到如图 3-3 所示的图形。

如果将程序中的 plot(y1)替换成以下语句，即将 3 条曲线绘制在同一图中，将会得到如图 3-4 所示的图形。

```
plot(x,y1,x,y2,x,y3,x,y4)                    %图 3-4，注意比较和图 3-3 的不同
```

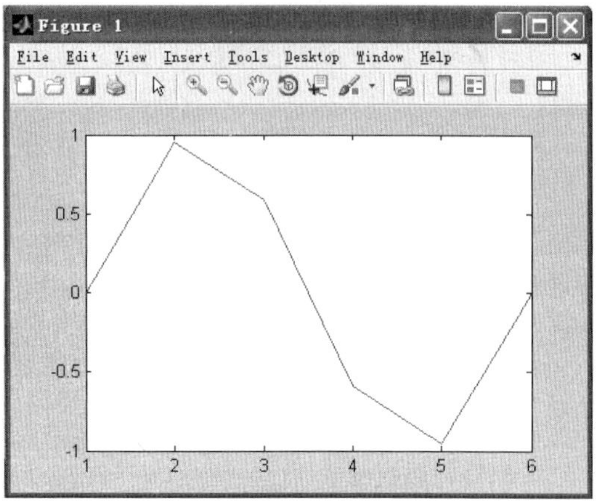

图 3-3　plot(y1)画线结果

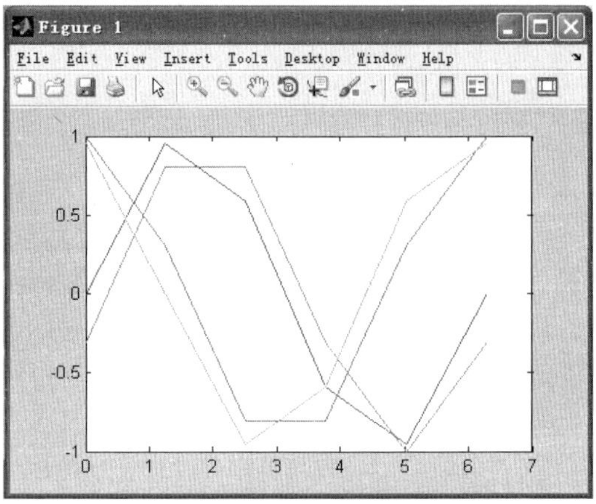

图 3-4　多组数据的 plot 结果

3.3.2　三维图形

1. 三维曲线

MATLAB 也提供了一个绘制三维折线或曲线的基本命令 plot3，其常用的格式是：

```
plot3(x1,y1,z1,option1,x2,y2,z2,option2,…)
```

该命令的各个参数的含义是：

- 以 x1、y1、z1 所给出的数据分别设置 *x*、*y*、*z* 坐标值。
- option1 为选项参数，以逐点连折线的方式绘制一个三维折线图形。
- 以 x2、y2、z2 所给出的数据分别设置 *x*、*y*、*z* 坐标值。
- option2 为选项参数，以逐点折线的方式绘制另一个三维折线图形。

plot3 命令的使用与 plot 基本类似。

需要注意的是：

- plot3 命令的功能及使用方法与 plot 命令的功能及使用方法相类似，它们的区别在于前者绘制出的是三维图形。
- plot3 命令参数的含义与 plot 命令的参数含义相类似，它们的区别在于前者多了一个 *Z* 方向上的参数。同样，各个参数的取值情况及其操作效果也与 plot 命令相同。上面给出的 plot3 命令格式是一种完整的格式，在实际操作中，根据各个数据的取值情况，均可以有下述一种简单的书写格式：plot3(x,y,z)或 plot3(x,y,z,option)。
- 选项参数 option 指明了所绘图中线条的线性、颜色以及各个数据点的表示记号。
- plot3 命令使用的是以逐点连线的方法来绘制三维折线的，当各个数据点的间距较小时，也可利用它来绘制三维曲线。

在 MATLAB 中，除了可以绘制三维线性图形外，还可以绘制三维曲面。常见的绘制三维曲面的 MATLAB 函数有 mesh 和 surf，下面分别介绍这两个函数的用法。

2. 三维网格曲面

MATLAB 中可以通过 mesh 函数绘制三维网格曲面图，该函数的常用格式有以下几种。

- mesh(X,Y,Z,C)：参数 X、Y、Z 都为矩阵值，参数 C 表示网格曲面的颜色分布情况。
- mesh(X,Y,Z)：参数 X、Y、Z 都为矩阵值，网格曲面的颜色分布与 *Z* 方向上的高度值成正比。
- mesh(x,y,Z,C)：参数 x 和 y 为长度分别是 n 和 m 的向量值，而参数 Z 是维数为 m×n 的矩阵，参数 C 表示网格曲面的颜色分布情况。
- mesh(x,y,Z)：参数 x 和 y 为长度分别是 n 和 m 的向量值，而参数 Z 是维数为 m×n 的矩阵，网格曲面的颜色分布与 *Z* 方向上的高度值成正比。
- mesh(Z,C)：参数 Z 是维数为 m×n 的矩阵，参数 C 表示网格曲面的颜色分布情况。
- mesh(Z)：参数 Z 是维数为 m×n 的矩阵，网格曲面的颜色分布与 *Z* 方向上的高度值成正比。

3. 三维阴影曲面

基本的三维阴影曲面绘制采用 surf 函数，调用这种函数的格式有以下几种。

- surf(X,Y,Z,C)：参数 X、Y、Z 都为矩阵值，参数 C 表示网格曲面的颜色分布情况。
- surf(X,Y,Z)：参数 X、Y、Z 都为矩阵值，网格曲面的颜色分布与 *Z* 方向上的高度值成正比。
- surf(x,y,Z,C)：参数 x 和 y 为长度分别是 n 和 m 的向量值，而参数 Z 是维数为 m×n 的矩阵，参数 C 表示网格曲面的颜色分布情况。
- surf(x,y,Z)：参数 x 和 y 为长度分别是 n 和 m 的向量值，而参数 Z 是维数为 m×n 的矩阵，网格曲面的颜色分布与 *Z* 方向上的高度值成正比。
- surf(Z,C)：参数 Z 是维数为 m×n 的矩阵，参数 C 表示网格曲面的颜色分布情况。
- surf(Z)：参数 Z 是维数为 m×n 的矩阵，网格曲面的颜色分布与 *Z* 方向上的高度值成正比。

在 surf 命令中，各个四边形表面的颜色分布方式可由 shading 命令来指令。

- shading faceted：表示截面式颜色分布方式。
- shading interp：表示插补式颜色分布方式。
- shading flat：表示平面式颜色分布方式。

【例 3-3】 三维曲线绘制函数使用实例。利用 plot3 函数绘制三维螺旋线图形。其中 $x=\sin t$、$y=\cos t$，$z=t$，$t\in[0,8\pi]$。

在 M 文件编辑器中输入下列程序代码：

```
t=0:pi/50:8*pi;                        %通过 meshgrid 创建网格数据
x=sin(t);    y=cos(t);    z=t;         %定义 x、y、z 与 t 之间的函数关系
```

```
plot3(x,y,z)                        %绘制 x、y、z 三维图形
```

执行该程序后，显示结果如图 3-5 所示。

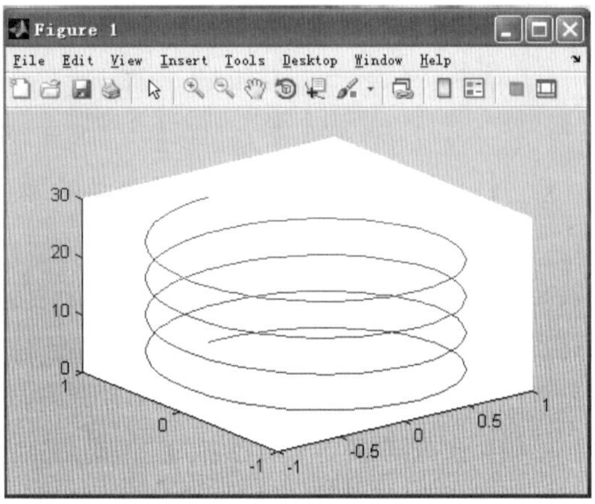

图 3-5　三维螺旋线图形

【例 3-4】　三维网格曲面图绘制应用实例。利用函数 mesh 在笛卡儿坐标系中绘制函数 $f(x,y)=\dfrac{\sin\left(\sqrt{x^2+y^2}\right)}{\sqrt{x^2+y^2}}$ 的网格曲面图。

在 M 文件编辑器中输入下列程序代码：

```
x=-8:0.5:8;                         %定义 x 坐标轴范围及刻度
y=x;                                %设置 y 与 x 之间的函数关系
[X,Y]=meshgrid(x,y);                %设置矩形网络
R=sqrt(X.^2+Y.^2)+eps;              %函数关系
Z=sin(R)./R;                        %函数关系
mesh(X,Y,Z)                         %绘制网格曲面
grid on                             %绘制网格
```

运行以上程序，得到的三维网格曲面图如图 3-6 所示。

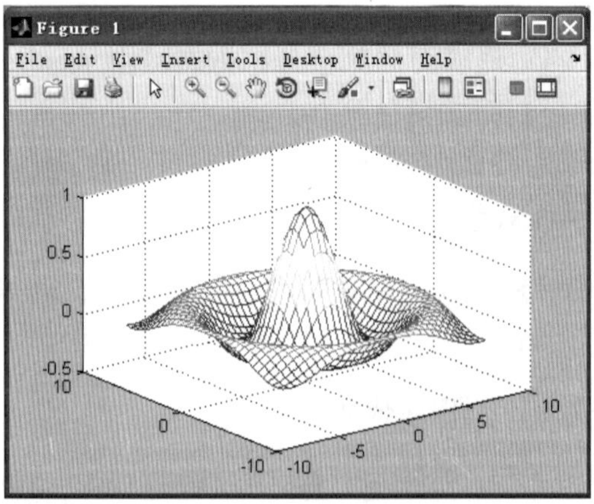

图 3-6　三维网格曲面图

【例 3-5】 阴影曲面绘制函数 surf 使用实例。利用 surf 函数绘制三维函数 $f(x,y)=\dfrac{2\sin\left(\sqrt{x^2+y^2}\right)}{\sqrt{x^2+y^2}}$ 的三维阴影曲面。

在 M 文件编辑器中输入以下程序代码：

```
x=-8:0.5:8;                         %定义 x 坐标轴范围及参数
y=x;                                %定义 y 与 x 之间的函数关系
[X,Y]=meshgrid(x,y);                %设置矩形网络
R=sqrt(X.^2+Y.^2)+eps;              %设置函数关系
Z=2*sin(R)./R;                      %设置函数关系
surf(X,Y,Z)                         %绘制阴影曲面图
```

保存并运行该程序，显示结果如图 3-7 所示。

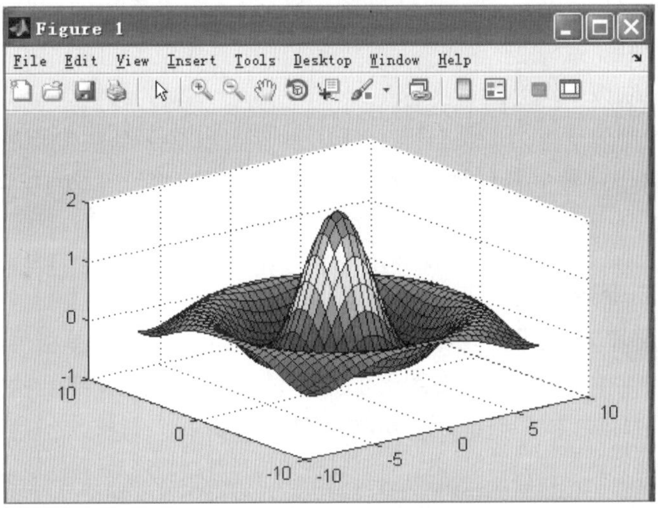

图 3-7 三维阴影曲面图

3.4 图形的修饰

图形绘制以后，需要对图形进行标注、说明等修饰性的处理，以增加图的可读性，使之能反映出更多的信息。

可以利用 Figure 窗口的菜单和工具栏对图形进行标注、修饰等，操作非常简单，这部分内容请参见前面的 1.4.6 节。

此外，还可以利用 MATLAB 自带的函数来进行图形的修饰。

1. 选择图形窗口的命令

- 打开不同的图形窗口命令 figure

figure(1)，figure(2)，…，figure(n)用来打开不同的图形窗口，以便绘制不同的图形。

- 图形窗口拆分命令 subplot

subplot(m, n, p)用于分割图形显示窗口，m 表示上下分割个数，n 表示左右分割个数，p 表示子图编号。

2. 坐标轴相关的命令

在默认情况下 MATLAB 自动选择图形的横、纵坐标的比例，当然也可以用 axis 命令控制，常用的命令介绍如下。

- axis([xmin xmax ymin ymax])：[xmin xmax ymin ymax]中分别给出 x 轴和 y 轴的最大值、最小值。
- axis equal：x 轴和 y 轴的单位长度相同。
- axis square：图框呈方形。
- axis off：清除坐标刻度。

在某些应用中，还会用到半对数坐标轴，MATLAB 中常用的对数坐标绘制命令介绍如下。

- semilogx：绘制以 x 轴为对数坐标（以 10 为底）、y 轴为线性坐标的半对数坐标图形。
- semilogy：绘制以 y 轴为对数坐标（以 10 为底）、x 轴为线性坐标的半对数坐标图形。
- loglog：绘制全对数坐标绘图，即 x、y 轴均为对数坐标（以 10 为底）。

3. 文字标示命令

常用的文字标示命令介绍如下。

- text(x, y, '字符串')：在图形的指定坐标位置（x, y）处标示单引号内的字符串。
- gtext('说明文字')：利用鼠标在图形的某一位置标示说明文字。执行完绘图命令后再执行 gtext('说明文字') 命令，就可在屏幕上得到一个光标，然后可用鼠标选择说明文字的位置。
- title('字符串')：在所画图形的最上端显示说明该图形标题的字符串。
- xlabel('字符串')、ylabel('字符串')、zlabel('字符串')：设置 x、y、z 坐标轴的名称。输入特殊的文字需要用反斜杠（\）开头。
- legend('字符串 1', '字符串 2', …, '字符串 n')：在屏幕上开启一个小视窗，然后依据绘图命令的先后次序，用对应的字符串区分图形上的线。

4. 在图形上添加或删除栅格命令

常用的栅格操作命令介绍如下。

- grid：给图形加上栅格线。
- grid on：给当前坐标系加上栅格线。
- grid off：从当前坐标系中删去栅格线。
- grid：交替转换命令，即执行一次，转变一个状态（相当于 grid on、grid off）。

5. 图形保持或覆盖命令

常用的图形保持和覆盖的命令介绍如下。

- hold on：把当前图形保持在屏幕上不变，同时允许在这个坐标内绘制另外一个图形。
- hold off：使新图覆盖旧图。

hold 命令可以保持当前的图形，并且防止删除和修改比例尺。

hold 命令是一个交替转换命令，即执行一次转变一个状态（相当于 hold on、hold off）。

> 注意：MATLAB 默认为 hold off，这时的操作会修改图形的属性，因此需要在 plot 之前加上 hold on。

6. 应用型绘图命令

应用型绘图命令常用于数值统计分析或离散数据处理，常用的应用型绘图命令介绍如下。

- bax(x, y)：绘制对应于输入 x 和输出 y 的高度条形图。
- hist(y, x)：绘制 x 在以 y 为中心的区间中分布的个数条形图。
- stairs(x, y)：绘制 y 对应于 x 的梯形图。
- stem(x, y)：绘制 y 对应于 x 的散点图。

> 注意：对于图形的属性编辑同样可以在图形窗口上直接进行，但图形窗口关闭之后编辑结果不会保存。

【例 3-6】 绘图命令使用实例。绘制[0,4π]区间上的 x_1=10sin$t$ 和 x_2=5cos$t$ 曲线，并要求：

（1）x_1 曲线的线型为点画线、颜色为红色、数据点标记为加号；x_2 曲线的线型为虚线、颜色为蓝色、数据点标记为星号。

（2）标示坐标轴的显示范围和刻度线、添加栅格线。

（3）标注坐标轴名称、标题、相应文本。

MATLAB 程序代码如下：

```
close all  %关闭打开的所有图形窗口
clc        %清屏命令
clear      %清除工作空间中的所有变量
t=[0:pi/20:4*pi];        %定义时间范围
hold on                  %允许在同一坐标系下绘制不同的图形
axis([0 4*pi -10 10]) %横轴范围[0,4π]，纵轴范围[-10,10]
plot(t, 10*sin(t), 'r+:') %线型为点画线、颜色为红色、数据点标记为加号
plot(t, 5*cos(t),'b*--')  %线型为虚线、颜色为蓝色、数据点标记为星号
xlabel('时间 t');  ylabel('幅值 x')            %标注横、纵坐标轴
title('简单绘图实例')                          %添加图标题
legend('x1=10sint:点划线','x2=5cost:虚线')    %添加文字标注
gtext('x1');  gtext('x2')   %利用鼠标在图形标示曲线说明文字
grid on                     %在所画出的图形坐标中添加栅格，注意用在 plot 之后
```

运行后，输出结果如图 3-8 所示。

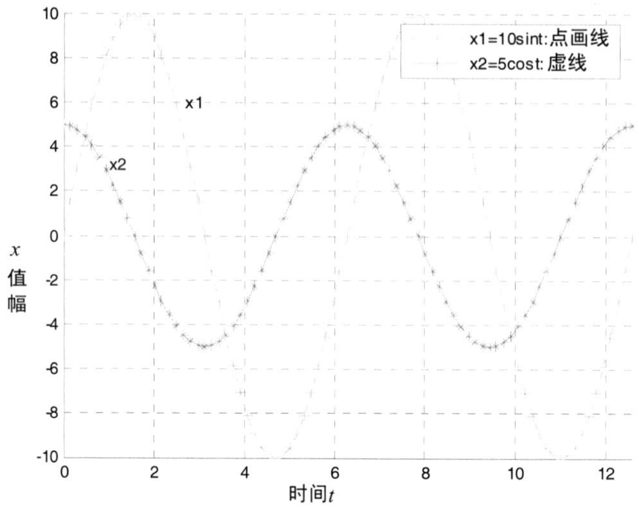
x1=10sint:点画线
x2=5cost:虚线
x1
x2
x 值幅
时间t
10
8
6
4
2
0
-2
-4
-6
-8
-10
0
2
4
6
8
10
12

图 3-8　例 3-6 的输出图

第 4 章　MATLAB 编程

在 MATLAB 中，除了可以在命令窗口中输入命令逐句执行外，也可以和其他形式的 C、Fortran 等高级语言一样采用编程的方式，称为 M 文件编程。

4.1 MATLAB 编程概述

MATLAB 不仅是一种功能强大的高级语言，而且是一个集成的交互式开发环境，用户可以通过 MATLAB 提供的编辑调试器编写和调试 MATLAB 代码。

MATLAB 提供了代码书写和调试的集成开发环境，用户可以在 MATLAB 的代码编辑调试器中完成书写和调试过程。单击 MATLAB 主界面的“新建”工具按钮或者单击 File（文件）→New（新建）子菜单下的“M-File”项，就可以打开 MATLAB 代码编辑–调试器，其空白界面如图 4-1 所示。

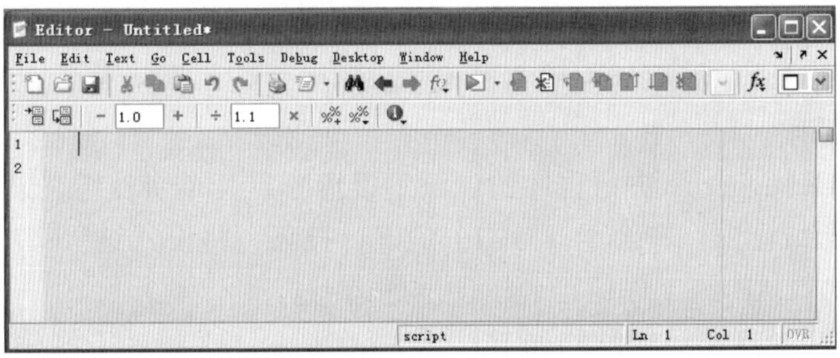

图 4-1　MATLAB 代码编辑–调试器

用户也可以在命令窗口通过 edit filename 命令打开已存在的 M 文件进行编辑调试。

从图 4-1 可以看到，MATLAB 能够根据 M 文件内容区别是脚本 M 文件还是函数 M 文件，并且在整个编辑过程中追踪光标位置（图 4-1 底部的“Ln 1 Col 1”表示当前光标处在第一行的第一列），这对于准确快速定位当前编辑和修改位置是很方便的。

开发 MATLAB 程序一般需要经历代码编写、调试、优化几个阶段。

在编写代码时，要及时保存阶段性成果，可以通过 File 菜单的 Save 项或者保存工具按钮保存当前的 M 文件。

完成代码书写之后，要试运行代码看看有没有运行错误，然后根据针对性的错误提示对程序进行修改。

运行脚本 M 文件，只需要在命令窗口中输入其文件名，然后按回车键，或通过 Debug 菜单的 Save file and Run 项或按快捷键“F5”完成。

运行函数M文件，需要通过命令窗口传递输入参数来调用。除了一些很简单的代码，大部分情况下用户都可能遇到程序报错的问题，这就需要对代码进行调试纠错，一般需要通过Debug菜单下的子项辅助完成，包括设置断点、逐步运行等项。

当程序运行无误后，还要考虑程序性能是否可以改进。

MATLAB提供了M-Lint和Profiler工具，能够辅助用户分析代码运行中时间消耗的细节和可能需要改变的编程细节，如循环赋值前没有预定义数组，用循环去实现可以用数组函数实现的运算等。这些工具都在Tools菜单下设置了子菜单。

4.2 MATLAB编程原则

MATLAB程序的基本设计原则如下：

- 百分号“%”后面的内容是程序的注解，要善于运用注解使程序更具可读性。
- 养成在主程序开头用 clear 指令清除变量的习惯，以消除工作空间中其他变量对程序运行的影响，但注意在子程序中不要用clear。
- 参数值要集中放在程序的开始部分，以便维护。要充分利用MATLAB工具箱提供的指令来执行所要进行的运算，在语句行之后输入分号使其及中间结果不在屏幕上显示，以提高执行速度。
- input指令可以用来输入一些临时的数据；而对于大量参数，则建立一个存储参数的子程序，在主程序中通过子程序的名称来调用。
- 程序尽量模块化，即采用主程序调用子程序的方法，将所有子程序合并在一起来执行全部的操作。
- 充分利用Debugger来进行程序的调试（设置断点、单步执行、连续执行），并利用其他工具箱或图形用户界面（GUI）的设计技巧，将设计结果集成到一起。
- 设置好MATLAB的工作路径，以便程序运行。

MATLAB程序的基本组成结构如下。

MATLAB 程序的基本组成结构
%说明 清除命令：清除工作空间中的变量和图形（clear、close） 定义变量：包括全局变量的声明及参数值的设定 逐行执行命令：指 MATLAB 提供的运算指令或工具箱提供的专用命令 … … … 控制循环：包含 for、if then、switch、while 等语句 逐行执行命令 … … end 绘图命令：将运算结果绘制出来

当然，更复杂的程序还需要调用子程序，或与其他应用程序相结合。

4.3 M 文件

M 文件是包含 MATLAB 代码的文件。

1. M 文件的类型

M 文件按其内容和功能可以分为脚本 M 文件和函数 M 文件两大类。

（1）脚本 M 文件

它是许多 MATLAB 代码按顺序组成的命令序列集合，不接受参数的输入和输出，与 MATLAB 工作空间共享变量空间。

它一般用来实现一个相对独立的功能，比如对某个数据集进行某种分析、绘图，求解某个已知条件下的微分方程等。用户可以通过在命令窗口中直接输入文件名来运行脚本 M 文件。

通过脚本 M 文件，用户可以把为实现一个具体功能的一系列 MATLAB 代码书写在一个 M 文件中，每次只需要输入文件名即可运行脚本 M 文件中的所有代码。

（2）函数 M 文件

它也是为了实现一个单独功能的代码块，但与脚本 M 文件不同的是函数 M 文件需要接受参数输入和输出，函数 M 文件中的代码一般只处理输入参数传递的数据，并把处理结果作为函数输出参数返回给 MATLAB 工作空间中的指定接收变量。

因此，函数 M 文件具有独立的内部变量空间。在执行函数 M 文件时，要指定输入参数的实际取值，而且一般要指定接收输出结果的工作空间变量。

MATLAB 提供的许多函数就是用函数 M 文件编写的，尤其是各种工具箱中的函数，用户可以打开这些 M 文件来查看。实际上，对于特殊应用领域的用户，如果积累了充分的专业领域应用的函数，就可以组建自己的专业领域工具箱了。

通过函数 M 文件，用户可以把实现一个抽象功能的 MATLAB 代码封装成一个函数接口，在以后的应用中重复调用。

2. M 文件的结构

图 4-2 显示的是 MATLAB 提供的一个函数 M 文件的全部内容，图中清楚地显示了一般的 M 文件包括的各部分结构。

从图 4-2 可以看到，MATLAB 中 M 文件一般包括以下 5 部分。

- 函数声明行（Function Definition Line）：这一行只出现在函数 M 文件的第一行，通过 function 关键字表明此文件是一个函数 M 文件，并指定函数名、输入和输出参数，如图 4-2 中的第 1 行。
- H1 行：这是帮助文字的第一行（the first help text line），给出 M 文件帮助最关键的信息。当用 lookfor 查找某个单词相关的函数时，lookfor 只在 H1 行中搜索是否出现指定单词，如图 4-2 中的第 2 行。

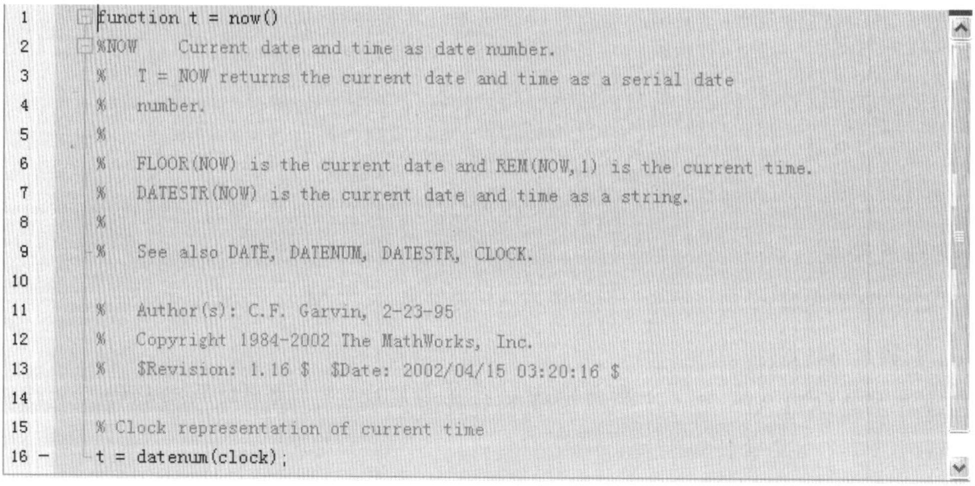

```
1     function t = now()
2     %NOW    Current date and time as date number.
3     %   T = NOW returns the current date and time as a serial date
4     %   number.
5     %
6     %   FLOOR(NOW) is the current date and REM(NOW,1) is the current time.
7     %   DATESTR(NOW) is the current date and time as a string.
8     %
9     %   See also DATE, DATENUM, DATESTR, CLOCK.
10
11    %   Author(s): C.F. Garvin, 2-23-95
12    %   Copyright 1984-2002 The MathWorks, Inc.
13    %   $Revision: 1.16 $  $Date: 2002/04/15 03:20:16 $
14
15    % Clock representation of current time
16 -  t = datenum(clock);
```

图 4-2　M 文件的一般结构

- 帮助文字：这部分对 M 文件有更加详细的说明，经常解释 M 文件实现的功能，M 文件中出现的各变量、参数的意义，以及创作版权信息等。如图 4-2 中的第 13 行。当获取一个 M 文件的帮助时，H1 行和帮助文字部分同时显示。
- M 文件正文：这是 M 文件实现功能的 MATLAB 代码部分，通常包括运算、赋值等指令。图 4-2 的例子中只有第 16 行，但一般都由多行组成。
- 注释部分：这部分出现的位置比较灵活，主要是用来注释 M 文件正文的具体运行过程，以方便阅读和修改，经常穿插在 M 文件正文中间。

图 4-2 的例子中的第 15 行就是注释，它说明正文第 16 行的意义。注释一般都是针对接下来的一段正文代码的，M 文件中也经常包括多行注释。

3．M 文件的创建

虽然一般脚本 M 文件可以包括上述 5 部分结构中除去“函数声明行”以外的 4 部分，但在实际应用中，脚本 M 文件经常仅仅由 M 文件正文和注释部分构成。正文部分实现功能，注释部分则给出每一块代码的功能说明。下面通过实例讲述脚本 M 文件的创建。

【例 4-1】 M 文件创建实例。建立一个命令文件，将变量 a 和 b 的值互换。

首先打开 M 文件编辑器，输入以下程序：

```
a=1:9;  b=[11,12,13;14,15,16;17,18,19];
c=a;  a=b;  b=c;
a
b
```

然后保存文件为“41.m”，即完成了文件的建立。

在 MATLAB 的命令窗口中输入 41，将会执行该命令文件。

```
>> 41
a = 11    12    13
    14    15    16
```

```
      17    18    19
b =   1     2     3     4     5     6     7     8     9
```

函数 M 文件的命名一般习惯和函数名一致，比如图 4-2 中函数声明行的 function T=now()，表明函数名为 now，因此此函数 M 文件一般保存为 now.m，可以通过 now()语句调用该文件；否则，如果函数名和文件名不一致，函数调用就需要通过文件名和与函数声明中对应的参数列表来实现。

编写好的函数 M 文件，相当于 MATLAB 提供的命令，可以在命令行进行函数调用。但要注意，要求被调用的函数对应的.m 文件必须在 MATLAB 路径下。

4.4 MATLAB 程序流程控制

和各种常见的高级语言一样，MATLAB 也提供了多种经典的程序结构控制语句。MATLAB 中的程序流程控制语句有分支控制语句（if 结构和 switch 结构）、循环控制语句（for 循环、while 循环、continue 语句和 break 语句）和程序终止语句（return 语句），下面分别进行介绍。

1．程序分支控制语句

分支语句可以使程序中的一段代码只在满足一定条件时才执行，因此也成为分支选择。MATLAB 中的分支语句有两类：if 语句和 switch 语句。

- if 与 else 或 elseif 连用，偏向于是非选择，当某个逻辑条件满足时执行 if 后的语句，否则执行 else 语句。
- switch 和 case、otherwise 连用，偏向于情况的列举，当表达式结果为某个或某些值时，执行特定 case 指定的语句段，否则执行 otherwise 语句。

if 结构的语法形式如下所示：

```
if logical_expression
    statements
elseif logical_expression
         statements
else     logical_expression
         statements
end
```

其中 elseif 和 else 语句都是可选语句。if、elseif 和 else 构成的各项分支里面，哪一个的条件满足（逻辑表达式 logical_expression 的结果为真），就执行哪一个分支后面紧跟的程序语句。因此，各个分支条件满足的情况应该是互斥的和完全的，就是被选的条件在一个分支中成立，而且只能在一个分支中成立。

当然，省略了 elseif 和 else 分支的语句，就不必要求分支条件满足的情况具备完全性了。

if 结构中条件判断除了可以用逻辑表达式外，还可以用数组 A，这时判断相当于逻辑表达式 all(A)，即当数组 A 的所有元素都为非零值时，才执行该条件后的分支代码。

特别地，当数组 A 为空数组时，相当于该条件判断为假。

switch 结构的语法形式如下所示：

```
switch expression (scalar or string)
   case value1
      statements       % Executes if expression is value1
   case value2
      statements       % Executes if expression is value2
    ...
   otherwise
      statements       % Executes if expression does not
                     % match any case
end
```

执行中，先计算表达式 expression 的值，当结果等于某个 case 的 value 时，就执行该 case 紧随的语句。如果所有 case 的 value 都和 expression 计算结果不相等，则执行 otherwise 后面紧随的语句。

otherwise 语句是可选的，当没有 otherwise 语句时，如果所有 case 的 value 都和 expression 计算结果不相等，则跳过 switch-case 语句段，直接执行后续代码。

相等的意义，对于数值类型来说，相当于判断“if result==value”，对于字符串类型来说，相当于判断“if strcmp(result,value)”。

由此可见，switch-case 语句实际上可以被 if-elseif-else 语句等效替换，不过两种结构各有更便利的地方，读者在以后的例子中会逐渐体会到。

学过 C 语言的读者需要注意，MATLAB 中的 switch-case 结构，只执行表达式结果匹配的第一个 case 分支，然后就跳出 switch-case 结构。因此，在每一个 case 语句中不需要用 break 语句跳出。

在一条 case 语句后可以列举多个值，只需要以元胞数组的形式列举多个值，就是用花括号把用逗号或空格分隔的多个值括起来即可。

2. 程序循环控制语句

循环控制语句能够使得某段程序代码多次重复执行，MATLAB 中提供了两类循环语句，分别是 for 循环和 while 循环。

- for 循环一般用在已知循环执行次数的情况。
- while 循环则用在已知循环退出条件的情况。

MATLAB 还提供了 continue 和 break 语句，用于更精细地控制循环结构。

- continue 语句使得当前次循环不向下执行，直接进入下一次循环。
- break 语句则是退出该循环。

（1）for 循环

for 循环用于知道循环次数的情况，其语法格式如下所示：

```
for index = start:increment:end
    statements
end
```

index 为循环变量，increment 为增量，end 用于判断循环是否应该终止。增量 increment

默认值为 1，可以自由设置；当增量为正数时，循环开始先将 index 赋值为 start，然后判断 index 是否小于等于 end。若是，则执行循环语句，执行完后，对 index 累加一个增量 increment；再判断 index 是否小于等于 end，若是，则继续执行循环语句，继续对 index 累加，循环往复，直到 index 大于 end 时退出循环。

增量 increment 也可以设置为负整数，表示每次循环执行后对循环变量 index 进行递减，当 index 小于 end 时，退出循环。

MATLAB 中，循环的执行效率很低，提高程序效率的一个办法就是多采用数组结构和 MATLAB 内联函数。

for 循环中的循环变量 index 也可以赋值为数组 A，那么在第一次循环中 index 就被赋值为 A(:,1)，即 A 的第一列元素，第二次循环 index 被赋值为 A(:,2)，依此类推；若 A 有 n 列元素，则循环执行 n 次，第 n 次循环时，循环变量 index 被赋值为 A(:,n)。

（2）while 循环

while 循环用于已知循环退出条件的情况，其语法形式如下所示：

```
while expression
   statements
end
```

当表达式 expression 的结果为真时，就执行循环语句，直到表达式 expression 的结果为假，才退出循环。

如果表达式 expression 是一个数组 A，则相当于判断 all(A)。特别地，空数组则被当作逻辑假，循环停止。

（3）continue 语句

continue 语句用在循环中，表示当前次循环不再继续向下执行，而是直接对循环变量进行递增，进入下一次循环。

（4）break 语句

break 语句用于退出循环。

3. 程序终止控制语句

一般程序代码都是按流程执行完毕后正常退出，但当遇到某些特殊情况，程序需要立即退出时，就可以用 return 语句提前终止程序运行。

【例 4-2】 return 语句使用实例。

```
clear
clc
n=-2;
if n<0
   disp('negative number!');
   return;
end
disp('codon after return')
```

本例中当变量 n 取值为负数时，通过 return 直接退出，不执行 if 后的代码。其运行结果是：

```
negative number!
```

若去掉其中的 return 语句，则运行结果变为：

```
negative number!
codon after return
```

return 语句更多地用在 MATLAB 函数 M 文件中。

4.5 MATLAB 中的函数及调用

4.5.1 函数类型

MATLAB 中的函数可以分为匿名函数、M 文件主函数、嵌套函数、子函数、私有函数和重载函数。

1. 匿名函数

匿名函数通常是很简单的函数，它是面向命令行代码的函数，通常只由一句很简单的声明语句组成。

匿名函数也可以接受多个输入和输出参数。使用匿名函数的优点是不需要维护一个 M 文件，而只需要一句非常简单的语句，就可以在命令窗口或 M 文件中调用函数，这对于那些函数内容非常简单的情况是很方便的。

创建匿名函数的标准格式如下所示：

```
fhandle = @(arglist) expr
```

其中，

- “expr”通常是一个简单的 MATLAB 变量表达式，实现函数的功能，比如 *x*+*x*.^2、sin(*x*).*cos(*x*)等。
- “arglist”是参数列表，它指定函数的输入参数列表，对于多个输入参数的情况，通常要用逗号分隔各个参数。
- 符号“@”是 MATLAB 中创建函数句柄的操作符，表示对由输入参数列表 arglist 和表达式 expr 确定的函数创建句柄，并把这个函数句柄返回给变量 fhandle，这样，以后就可以通过 fhandle 来调用定义好的这个函数。

例如，定义函数：

```
myfunhd=@(x)(x+x.^2)
```

表示创建了一个匿名函数，它有一个输入参数 *x*，它实现的功能是 *x*+*x*.^2，并把这个函数句柄保存在变量“myfunhd”中，以后就可以通过“myfunhd(*a*)”来计算当“*x*=*a*”的时候的函数值。

需要注意的是，匿名函数的参数列表 arglist 中可以包含一个参数或多个参数，这样调用的时候就要按顺序给出这些参数的实际取值。

但 arglist 也可以不包含参数，即留空，这种情况下调用函数时还是需要通过 fhandle() 的形式来调用，即要在函数句柄后紧跟一个空的括号。否则，只显示 fhandle 句柄对应的函数形式。

匿名函数可以嵌套，即在 expr 表达式中可以用函数来调用一个匿名函数句柄。

【例 4-3】 匿名函数创建实例。

```
>> myfhd1=@(x)(x+x.^2)
myfhd1 =     @(x)(x+x.^2)
>> myfhd1(2)
ans =     6
>> myfhd2=@(x,y)(sin(x)+cos(y))
myfhd2 =     @(x,y)(sin(x)+cos(y))
>> myfhd2(pi/2,pi/6)
ans =    1.8660
>> myfhd3=@()(3+2)
myfhd3 =     @()(3+2)
>> myfhd3()
ans =     5
>> myfhd3
myfhd3 =     @()(3+2)
>> myffhd=@(a)(quad(@(x)(a.*x.^2+1./a.*x+1./a^2),0,1)) %匿名函数嵌套使用
myffhd =     @(a)(quad(@(x)(a.*x.^2+1./a.*x+1./a^2),0,1))
>> myffhd(0.5)
ans =    5.1667
```

匿名函数可以保存在.mat 文件中，上例中就可以通过“save myfunquad.mat myffhd”把匿名函数句柄“myffhd”保存在“myfunquad.mat”文件中，以后需要用到匿名函数“myffhd”时，只需要使用语句“load myfunquad.mat myffhd”就可以了。

2. M 文件主函数

每一个函数 M 文件第一行定义的函数就是 M 文件主函数，一个 M 文件只能包含一个主函数，并通常习惯上将 M 文件名和 M 文件主函数名设为一致。

M 文件主函数的说法是针对其内部嵌套函数和子函数而言的。一个 M 文件中除了一个主函数外，还可以编写多个嵌套函数或子函数，以便在主函数功能实现中进行调用。

3. 嵌套函数

在一个函数内部，可以定义一个或多个函数，这种定义在其他函数内部的函数就被称为嵌套函数。嵌套可以多层发生，就是说一个函数内部可以嵌套多个函数，这些嵌套函数内部又可以继续嵌套其他函数。

嵌套函数的书写语法格式如下所示：

```
function x = A(p1, p2)
...
  function y = B(p3)
```

```
    ...
    end
...
end
```

一般函数代码中结尾是不需要专门标明“end”的，但在使用嵌套函数时，无论嵌套函数还是嵌套函数的父函数（直接上一层函数）都要明确标出“end”表示函数结束。

嵌套函数的互相调用需要注意和嵌套的层次密切相关，如在下面一段代码中：

```
function A(x, y)     %外层函数A（例如主函数）
B(x, y);
D(y);
    function B(x, y) %A的嵌套函数（以A为参照可以称为第一层嵌套函数），B的父函数为A
    C(x);
    D(y);
        function C(x)  %B的嵌套函数（以A为参照可以称为第二层嵌套函数），C的父函数为B
        D(x);
        end
    end
    function D(x)      %A的嵌套函数（以A为参照可以称为第一层嵌套函数），D的父函数为A
    E(x);
        function E(x)  %D的嵌套函数（以A为参照可以称为第二层嵌套函数），E的父函数为D
        ...
        end
    end
end
```

- 外层的函数可以调用向内一层直接嵌套的函数（A 可以调用 B 和 D），而不能调用更深层的嵌套函数（A 不可以调用 C 或 E）。
- 嵌套函数可以调用与自己具有相同父函数的其他同层嵌套函数（B 和 D 可以互相调用）。
- 嵌套函数也可以调用其父函数或与父函数具有相同父函数的其他嵌套函数（C 可以调用 B 和 D），但不能调用与其父函数具有相同父函数的其他嵌套函数内深层嵌套的函数。

4．子函数

一个 M 文件只能包含一个主函数，但一个 M 文件中可以包含多个函数，这些编写在主函数后面的函数都称为子函数。所有子函数只能被其所在 M 文件中的主函数或其他子函数调用。

所有子函数都有自己独立的声明和帮助、注释等结构，只需要在位置上处在主函数之后即可，而各个子函数的前后顺序都可以任意放置，和被调用的前后顺序无关。

M 文件内部发生函数调用时，MATLAB 首先检查该 M 文件中是否存在相应名称的子函数，然后检查这一 M 文件所在目录的子目录下是否存在同名的私有函数，然后按照 MATLAB 的路径检查是否存在同名的 M 文件或内部函数。

根据这一顺序，函数调用时首先查找相应的子函数，因此，可以通过编写同名子函数的方法实现 M 文件内部的函数重载。

子函数的帮助文件也可以通过 help 命令显示，如 myfun.m 文件中有名为 myfun 的主函数和名为 mysubfun 的子函数，那么可以通过 help myfun>mysubfun 命令来获取子函数 mysubfun 的帮助。

5．私有函数

私有函数是具有限制性访问权限的函数，它们对应的 M 文件需要保存在名为“private”的文件夹下，这些私有函数代码在编写上和普通的函数没有什么区别，也可以在一个 M 文件中编写一个主函数和多个子函数，以及嵌套函数。

但私有函数只能被 private 目录的直接父目录下的脚本 M 文件或 M 文件主函数调用。

通过 help 命令获取私有函数的帮助，也需要声明其私有特点，例如要获取私有函数 myprifun 的帮助，就要通过 help private/myprivfun 命令。

6．重载函数

“重载”是计算机编程中非常重要的概念，它经常用在处理功能类似但参数类型或个数不同的函数编写中。

例如，现在要实现一个计算功能，一种情况下输入的几个参数都是双精度浮点类型，另一种情况是，输入的几个参数都是整型变量。这时候，用户就可以编写两个同名函数，一个用来处理双精度浮点类型的输入参数，另一个用来处理整型的输入参数，这样，当用户实际调用函数时，MATLAB 就会根据实际传递的变量类型选择执行其中一个函数。

MATLAB 中重载函数通常放置在不同的文件夹下，通常文件夹名称以符号@开头，然后跟一个代表 MATLAB 数据类型的字符。

例如“@double”目录下的重载函数的输入参数应该是双精度浮点型，而“@int32”目录下的重载函数的输入参数应该是 32 位整型。

4.5.2 函数参数传递

MATLAB 中通过 M 文件编写函数时，只需要指定输入和输出的形式参数列表，只是在函数实际被调用的时候，才需要把具体的数值提供给函数声明中给出的输入参数。

MATLAB 中参数传递过程是传值传递，也就是说，在函数调用过程中，MATLAB 将传入的实际变量值赋给形式参数指定的变量名，这些变量都存储在函数的变量空间中，这和工作空间变量空间是独立的，每一个函数在调用中都有自己独立的函数空间。

例如，编写函数：

```
function y=myfun(x,y,z)
```

在命令窗口通过 a = myfun(3, 2, 0.5)调用此函数，那么 MATLAB 首先会建立 myfun 函数的变量空间，把 3 赋值给 x，把 2 赋值给 y，把 0.5 赋值给 z，然后执行函数实现的代码；在执行完毕后，把 myfun 函数返回的参数 y 的值传递给工作空间变量 a，调用过程结束后，函数变量空间被清除。

1．输入和输出参数的数目

MATLAB 的函数可以具有多个输入或输出参数。通常在调用时，需要给出和函数声明语句中一一对应的输入参数；而输出参数个数可以按参数列表对应指定，也可以不指定。不指定输出参数调用函数时，MATLAB 默认把输出参数列表中第一个参数的值返回给工作空间变量 ans。

MATLAB 中可以通过 nargin 和 nargout 函数确定函数调用时实际传递的输入和输出参数个数，结合条件分支语句，就可以处理函数调用中指定不同数目的输入输出参数的情况。

【例 4-4】 显示函数输入和输出参数的数目实例。

```
function [y1,y2]=mytestnio(x1,x2)
if nargin==1
    y1=x1;
    if nargout==2
        y2=x1;
    end
else
    if nargout==1
        y1=x1+x2;
    else
        y1=x1;
        y2=x2;
    end
end
```

这个函数可以处理一个或两个输入参数、一个或两个输出参数的情况。当只有一个输入参数 $x1$ 和一个输出参数 $y1$ 时，把 $x1$ 赋值给 $y1$；当有 1 个输入参数 $x1$ 和两个输出参数 $y1$、$y2$ 时，把 $x1$ 赋值给 $y1$ 和 $y2$；当有两个输入参数 $x1$、$x2$ 和一个输出参数 $y1$ 时，把 $x1+x2$ 的计算结果赋值给 $y1$；当有两个输入参数 $x1$、$x2$ 和两个输出参数 $y1$、$y2$ 时，把 $x1$ 赋值给 $y1$，并把 $x2$ 赋值给 $y2$。函数调用结果如下所示：

```
>> x=mytestnio(5)
x =     5
>> [x,y]=mytestnio(5)
x =     5
y =     5
>> mytestnio(5)
ans =     5
>> x=mytestnio(5,7)
x =    12
>> [x,y]=mytestnio(5,7)
x =     5
y =     7
>> mytestnio(5,7)
ans =     5
```

指定了输入和输出参数个数的情况比较好理解，只要对应函数 M 文件中对应的 if 分支项即可；而不指定输出参数个数的调用情况，MATLAB 是按照指定了所有输出参数的调用格式对函数进行调用的，不过在输出时只是把第一个输出参数对应的变量值赋给工作空间变量 ans。

例如“mytestnio(5,7)”这个函数调用中，实际上是按照“[*y*1, *y*2]=mytestnio(*x*1, *x*2)”这种形式调用的，在函数变量空间中 *x*1 被赋值为 5，*x*2 被赋值为 7，*y*1 计算结果为 5，*y*2 计算结果为 7，但函数只把输出参数列表中第一个输出变量（即 *y*1）的取值返回给工作空间变量 ans，因此，ans 取值为 5。

2．可变数目的参数传递

函数 nargin 和 nargout 结合条件分支语句可以处理可能具有不同数目的输入和输出参数的函数调用，但这要求对每一种输入参数数目和输出参数数目的组合分别进行代码编写。

有些情况下，用户可能并不能确定具体调用中传递的输入参数或输出参数的个数，即具有可变数目的传递参数，MATLAB 中可以通过 varargin 和 varargout 函数实现可变数目的参数传递，使用这两个函数对于处理具有复杂的输入输出参数个数组合的情况也是便利的。

函数 varargin 和 varargout 把实际的函数调用时传递的参数值封装成一个元胞数组，因此，在函数实现部分的代码编写中，就要用访问元胞数组的方法访问封装在 varargin 或 varargout 中的元胞或元胞内的变量。

【例 4-5】 可变数目的参数传递实例。

```
function y=mytestvario(varargin)
temp=0;
for i=1:length(varargin)
   temp=temp+mean(varargin{i}(:));
end
y=temp/length(varargin);
```

本例中的函数 mytestvario 以 varargin 为输入参数，从而可以接受可变数目的输入参数。函数实现部分首先计算了各个输入参数（可能是标量、一维数组或二维数组）的均值，然后计算这些均值的均值。调用结果如下所示：

```
>> mytestvario(4)
ans =     4
>> mytestvario(4,[1 3])
ans =     3
>> mytestvario(4,[1 3],[1 23;23 1],magic(4))
ans =    6.6250
```

对于“mytestvario(4,[1 3],[1 23;23 1],magic(4))”这个函数调用，在函数变量区，varargin 首先被赋值为一个元胞数组“{4,[1 3],[1 23;23 1],magic(4)}”，即 varargin 有 1 行 4 列个元胞，各个元胞中分别存储了一个标量数值、一维行数组、2 行 2 列的二维数组和 4 行 4 列的魔方数组；在函数实现部分，首先创建中间变量 temp，并初始化赋值为零（用来存储各个元胞中数据均值的总和），然后计算每一个元胞中所有数据的均值并将结果累加到 temp 上；最后通过“*y*=temp/length(varargin)”计算这些均值的均值。

函数 varargin 和 varargout 也可以放置在参数列表中某些必然出现的参数之后，其语法格式有如下几种形式。

- function [out1, out2] = example1(a, b, varargin)，表示函数 example1 可以接受大于等于两个输入参数，返回两个输出参数；两个必选的输入参数是 a 和 b，其他更多的输入参数被封装在 varargin 中。
- function [i, j, varargout] = example2(x, y)，表示函数 example2 接受两个输入参数 x 和 y，返回大于等于两个输出参数，前两个输出参数为 i 和 j，其他更多的输出参数封装在 varargin 中。

函数 varargout 和 varargin 的用法类似，只需要注意访问时应按照访问元胞数组的方法，这里就不再举例了。

3. 返回被修改的输入参数

MATLAB 函数有独立于 MATLAB 工作空间的自己的变量空间，因此，输入参数在函数内部的修改都只具有和函数变量空间相同的生命期，如果不指定将修改后的输入参数值返回到工作空间，那么在函数调用结束后这些修改后的值将被自动清除。

【例 4-6】 函数内部的输入参数修改实例。

```
function y=mytest(x)
x=x+5;
y=x*2;
```

本例中的 mytest 函数内部，首先修改了输入参数 x 的值（x=x+5），然后以修改后的 x 的值计算输出参数 y 的值（y=x*2）。调用结果如下所示：

```
>> x=3
x =     3
>> y=mytest(x)
y =    16
>> x
x =     3
```

由此结果可见，调用结束后，函数变量区中的 x 在函数调用中被修改，但此修改只在函数变量区有效，这并没有影响到 MATLAB 工作空间变量空间中的变量 x 的值。函数调用前后，MATLAB 工作空间中的变量 x 始终取值为 3。

那么，如果用户希望函数内部对输入参数的修改也对 MATLAB 工作空间的变量有效，就需要在函数输出参数列表中返回此输入参数。

对于本例中的函数，则需要把函数修改为“function [y,x]=mytest(x)”，而在调用时也要通过“[y,x]= mytest(x)”这种形式。

【例 4-7】 函数参数传递实例。将修改后的输入参数返回给 MATLAB 工作空间。

```
function [y,x]=mynewtest(x)
x=x+5;
y=x*2;
```

MATLAB 工作空间中的调用结果如下所示：

```
>> x=3
x =     3
>> [y,x]=mynewtest(x)
y =    16
x =     8
>> x
x =     8
```

通过本例可见，函数调用后 MATLAB 工作空间中的变量 x 取值从 3 变为 8（3+5），即通过[y,x]=mynewtest(x)调用实现了函数对 MATLAB 工作空间变量的修改。

4．全局变量

通过返回修改后的输入参数可以实现函数内部对 MATLAB 工作空间变量的修改。而另一种殊途同归的方法则是使用全局变量。声明全局变量需要用到 global 关键词，语法格式为“global variable”。

通过全局变量可以实现 MATLAB 工作空间变量空间和多个函数的函数空间的共享，这样，多个使用全局变量的函数和 MATLAB 工作空间共同维护这一全局变量，任何一处对全局变量的修改，都会直接改变此全局变量的取值。

在应用全局变量时，通常在各个函数内部通过 global variable 语句声明，在命令窗口或脚本 M 文件中也要先通过 global 声明，然后进行赋值和调用。

【例 4-8】 全局变量使用实例。

```
function y=myprocess(x)
global T
T=T*2;
y=exp(T)*sin(x);
```

在命令窗口中声明全局变量然后赋值调用：

```
>> global T
>> T=0.3
T =    0.3000
>> myprocess(pi/2)
ans =    1.8221
>> exp(T)*sin(pi/2)
ans =    1.8221
>> T
T =    0.6000
```

通过本例可见，用 global 将 T 声明为全局变量后，函数内部对 T 的修改也会直接作用到 MATLAB 工作空间中。函数 myprocess 调用一次后，T 的值从 0.3 变为 0.6（0.3*2）。

4.6 函数句柄

函数句柄实际上提供了一种间接调用函数的方法。创建函数句柄需要用到操作符@。前面已经讲过，匿名函数实际上就是一种函数句柄，而对 MATLAB 提供的各种 M 文件函数和内部函数也都可以创建函数句柄，从而可以通过函数句柄对这些函数实现间接调用。

函数句柄的优点如下：

- 方便地实现函数间的互相调用。
- 兼容函数加载的所有方式。
- 拓宽子函数，包括局部函数的使用范围。
- 提高函数调用的可靠性。
- 减少程序设计中的冗余。
- 提高重复执行的效率。

创建函数句柄的一般语法格式如下所示：

```
fhandle=@function_fileame
```

其中，

- "funciont_filename"是函数所对应的M文件的名称或MATLAB内部函数的名称。
- "@"是句柄创建操作符。
- "fhandle"变量保存这一函数句柄。

例如 fhandle=@sin 就创建了 MATLAB 内部函数 sin 的句柄，并将其保存在 fhandle 变量中，以后就可以通过 fhandle(*x*)来实现 sin(*x*)的功能。

通过函数句柄调用函数时，也需要指定函数的输入参数，比如可以通过 fhandle(arg1, arg2, ..., arg*n*)这样的调用格式来调用具有多个输入参数的函数。对于那些没有输入参数的函数，在使用句柄调用时，要在句柄变量后加上空的圆括号，即 fhandle()。

【例 4-9】 函数句柄创建和调用实例。

```
>> fhd=@sin
fhd =     @sin
>> x=0:0.25*pi:2*pi;
>> fhd(x)
ans = 0    0.7071    1.0000    0.7071    0.0000    -0.7071    -1.0000    -0.7071    -0.0000
```

MATLAB 中提供了丰富的处理函数句柄的函数，如表 4-1 所示。

表 4-1 处理函数句柄的函数

函　数	说　明
functions(fhandle)	返回一个结构体，存储了函数的名称、函数类型（简单函数或重载函数）及函数 M 文件的位置
func2str(fhandle)	将函数句柄转换为函数名称字符串
str2func(str)	将字符串代表的函数转换为函数句柄
save filename.mat fhandle	将函数句柄保存在.mat 文件中
load filename.mat fhandle	把.mat 文件中存储的函数句柄装载到工作空间
isa(var, 'function_handle')	检测变量 var 是不是函数句柄
isequal(fhda,fhdb)	检测两个函数句柄是否对应于同一个函数
feval(fhandle)	调用函数句柄 fhandle

【例 4-10】　处理函数句柄的函数使用实例。

```
>> fhda=@exp
fhda =     @exp
>> fhdb=@myprocess
fhdb =     @myprocess
>> functions(fhdb)
ans =  function: 'myprocess'
       type: 'simple'
       file: 'D:\MATLAB71\work\MATLABbook\EX-10\myprocess.m'
>> isa(fhda,'function_handle')
ans =     1
>> isequal(fhda,fhdb)
ans =     0
```

4.7　MATLAB 程序调试

MATLAB 程序调试主要用来发现和纠正程序中的错误。

4.7.1　常见程序错误

MATLAB 程序常见的错误有以下几类。

1. 矩阵运算方面的错误

（1）矩阵下标索引使用错误

MATLAB 的计算元素是矩阵，即使是一个一维数组。

在 MATLAB 软件中，所有的计算都是以矩阵为单元进行的，矩阵是 MATLAB 的核心。需要非常注意的是：与 C 语言等编程语言的习惯不一样，MATLAB 的语法规定矩阵的索引从 1 开始。因此，在访问矩阵（包括向量、二维矩阵、多维数组）的过程中，下标索引从 0 开始，或者出现负数，就会报错。

例如，在命令窗口输入：

```
A=[1,2;2,4];
A(0,1)
```

输出报错为：

```
??? Attempted to access A(0,1); index must be a positive integer or logical.
```

分析：如果改为 A(1,1)，则输出为 1，表示访问 A 矩阵的第 1 行第 1 列的元素。同类的常见错误还有：在引用矩阵元素的时候，索引值超出矩阵应有的范围。

（2）矩阵运算对象维数不匹配的错误

进行矩阵运算时，运算符（=＋－/＊ 等）两边的运算对象维数必须匹配。

例如，在命令窗口输入：

```
A=[1, 2; 3, 3; 4, 5];
B=[1, 2, 3; 4, 5, 6; 7, 8, 9];
```

```
A*B
```

输出报错为：

```
??? Error using ==> mtimes
Inner matrix dimensions must agree.
```

分析：A是3*2的矩阵，B是3*3的矩阵，A*B是矩阵维数不匹配，故报错。如果对A取转置，然后再相乘，则不会出错。

```
>>A'*B
ans =41    49    57
     49    59    69
```

（3）元素与矩阵运算的错误

MATLAB 通过“.”来区分矩阵运算和元素运算，当元素与矩阵进行运算时，容易忽略“.”。

例如，在命令窗口输入：

```
A=[1, 2, 3];
B=6*A    %对A的每个元素都乘以6
C=6/A    %用6除以A的每个元素
```

输出报错为：

```
B =     6    12    18
??? Error using ==> mrdivide
Matrix dimensions must agree.
```

分析：其实，写为“B=6.*A”进行运算也是正确的，由于习惯的原因，这个“.”通常省略，在乘法时不会报错，但在除法时，就错了。改为以下语句就不会出错。

```
C=6./A
C =  6     3     2
```

2．函数方面的错误

（1）函数没有定义的错误

在命令窗口中可以运行 MATLAB 自带的函数及用户自己定义的函数，如果不是这两类函数，运行时会报错。

例如，在命令窗口中输入：

```
>> m_fun
```

输出报错为：

```
??? Undefined function or variable 'm_fun'.
```

分析：可能的出错原因有程序文件名错、文件名大小写错、该文件不在搜索路径中。

解决办法：核对文件名、检查大小写、统一命名风格，将该文件复制到或包含路径下。

（2）函数输出变量赋值的错误

在函数中，如果有一个或多个输出变量没有被赋值，调用该函数时，会报错。

分析：函数如果带有输出变量，则每个输出在返回的时候都必须被赋值。容易出现这个错误有两个地方。

- 在部分条件判断语句（如 if）中没有考虑到输出变量的返回值。
- 在循环迭代过程中部分变量的维数发生了变化。

解决办法是：调试程序，仔细查看函数返回时各输出变量的值。更好的方法是在条件判断或者执行循环之前对所使用的变量赋初值。

（3）*在命令窗口定义函数的错误*

在 MATLAB 中，不能在命令窗口或者 M 文件编辑器中定义函数。例如，在命令窗口输入：

```
>> function c = myfun(a,b)
```

输出报错为：

```
??? function c = myfun(a,b)
Error: Function definitions are not permitted at the prompt or in scripts.
```

分析：在命令窗口写 function c = myfun (a,b)，此错误就会出现，因为函数只能定义在 M 文件中。

关于脚本文件和 M 文件的区别请查阅 MATLAB 基础书，简言之包括以下两点。

- 如果写成 function 的形式，那么必须写在 M 文件中，且以 function 开头（即 function 语句前不能包含其他语句，所有语句必须放在 function 中，当然，function 的定义可以有多个，各 function 之间是并列关系，不能嵌套）。
- 如果写成脚本的形式，则既可以写在命令窗口中，也可以写在 M 文件中，但两者均不能包含 function 语句（即不能进行函数的定义）。

解决办法是：新建一个 M 文件，然后再进行函数的定义。

总之，对于一些格式错误，如函数名的格式错误、缺括号等，MATLAB 可在运行时检测出大多数的格式错误，并显示出错信息和位置，这类错误可很容易找到，并进行纠正。

对于算法错误，逻辑上的错误，不易查找，遇到此类错误时需耐心。一般可考虑如下方法：

- 删除句尾分号“;”，注意变量值的变化，将每步执行结果输出到命令窗口，显示中间结果。
- 在适当位置加上 keyboard 语句，当程序执行到这条语句时，MATLAB 会暂停执行，并将控制权交给用户，这时可检查和修改局部工作空间的内容，从中找出错误的线索，利用 return 命令可恢复程序执行。
- 在函数定义行之前加上%，注释掉，使之变成脚本语言；或者选用“Text”菜单的“Comment”命令，注释掉可疑的代码部分，这样，程序运行出错时便可查看 M 文件中产生的变量。
- 使用 MATLAB 调试器，设置断点，或单步执行，使用一些调试和分析工具。

下面讲述程序调试的一些工具及调试方法，熟练掌握并运用这些工具及调试方法，能提高编程的效率。

4.7.2 调试方法

MATLAB 程序有直接调试法和工具调试法这两种调试方法。

（1）直接调试法

直接调试法就是在 M 文件中，将某些语句后面的分号去掉，迫使 M 文件输出一些中间计算结构，以便发现可能的错误。常用的做法有：

- 在适当位置，添加显示某些关键变量值的语句。
- 利用 echo 指令，使运行时在屏幕上逐行显示文件内容，echo on 能显示 M 脚本文件，echo FunName On 能显示名为 FunName 的 M 函数文件。
- 在原 M 脚本或函数文件的适当位置，添加指令 keyboard，keyboard 语句可以设置程序的断点。
- 通过将原 M 函数文件的函数声明行注释掉，可使一个中间变量难于观察的 M 函数文件变为一个所有变量都保存在基本工作空间中的 M 脚本文件。

（2）工具调试法

工具调试法就是在程序中设置一些断点，利用调试菜单（Debug）中的一些选项进行调试。

MATLAB 提供了进行代码调试和代码分析优化的工具，这些工具一般的 MATLAB 用户都应该有所了解。尤其是断点调试部分的内容，建议读者尽量以自己的程序代码为例，多加练习，熟练掌握。

4.7.3 调试工具

当完成 MATLAB 代码编写后，用户就可以在命令窗口中运行代码（脚本或函数文件）。对于比较简单的代码，一般只要编程习惯较好，都可以一次通过。但对于很多比较复杂的情况，或者用户初学 MATLAB 编程，一些常见的错误还不能避免，就容易在运行时出现错误。这时候，就需要利用 MATLAB 的调试工具对出现错误的代码进行调试纠错。

MATLAB 的代码编辑调试器是一个综合了代码编写、调试的集成开发环境。MATLAB 代码调试过程，主要是通过 MATLAB 代码编辑-调试器的 Debug 菜单下的子项进行的，如图 4-3 所示。

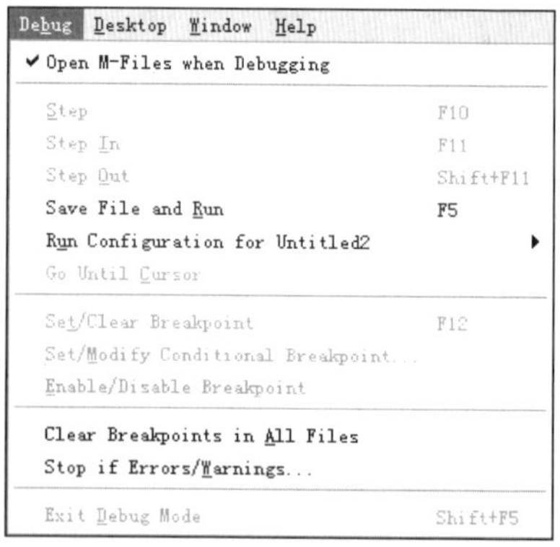

图 4-3　MATLAB 代码编辑-调试器的 Debug 菜单

Debug 菜单用于程序调试，需要与 Breakpoints 菜单项配合使用。MATLAB R2008b 的 Debug 菜单中的菜单项介绍如下。

- Open M-Files when Debugging：用于调试时打开 M 文件。
- Step：在调试模式下，执行 M 文件的当前行，对应的快捷键是 F10。

- Step In：在调试模式下，执行 M 文件的当前行，如果 M 文件当前行调用了另一个函数，那么进入该函数内部，对应的快捷键是 F11。
- Step Out：当在调试模式下执行 Step In 进入某个函数内部之后，执行 Step Out 可以完成函数剩余部分的所有代码，并退出函数，暂停在进入函数内部前的 M 文件所在行末尾。
- Save File and Run：运行当前 M 文件，快捷键是 F5；当前 M 文件设置了断点时，运行到断点处暂停。
- Run Configuration for：运行调试配置文件。打开需调试的 M 文件后，点击工具栏的 按钮，将弹出一个如图 4-4 所示的该 M 文件的运行配置文件的编辑窗口。

在该编辑窗口，用户可以添加一些便于调试的代码、变量赋值、输入参数、中间变量结果等。

在如图 4-4 所示的例子中，在该配置文件中，在 M 文件运行之前对其中的参数进行了赋值，运行之后对其中的参数进行了运算。

有了该配置文件后，程序的运行结果为 c=－18。读者可自己体验一下，加强掌握。

- Go Until Cursor：运行当前 M 文件到在光标所在行的行尾。

需要注意，以上这些调试项，除了 Run（运行），首先都需要在 M 文件中设置断点，然后运行到断点位置后，这些调试项才可启用。

- Set/Clear Breakpoint：在光标所在行开头设置或清除断点。
- Set/Modify Conditional Breakpoint…：在光标所在行开头设置或修改条件断点，选择此子项，会打开条件断点设置对话框，如图 4-5 所示，用于设置在满足什么条件时，此处断点有效。

图 4-4　运行配置文件的编辑窗口

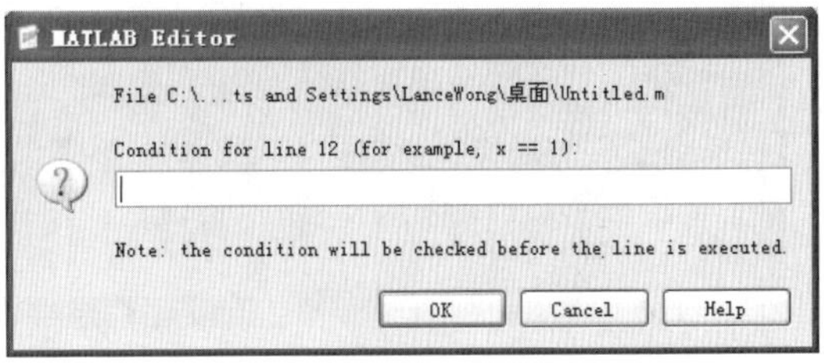

图 4-5　条件断点设置对话框

- Enable/Disable Breakpoint：将当前行的断点设置为有效或无效。
- Clear Breakpoints in All Files：清除所有 M 文件中的断点。
- Stop if Errors/Warnings…：设置出现某种运行错误或警告时，停止程序运行，选择此子项，会打开错误/警告设置对话框，如图 4-6 所示。
- Exit Debug Mode：退出调试模式。

上面逐项讲述了 Debug 菜单下每一个子项的意义，实际上，很多子项都有对应的快捷工具按钮。MATLAB 代码编辑-调试器中，如图 4-7 所示的部分工具按钮就是用于 M 文件调试的。

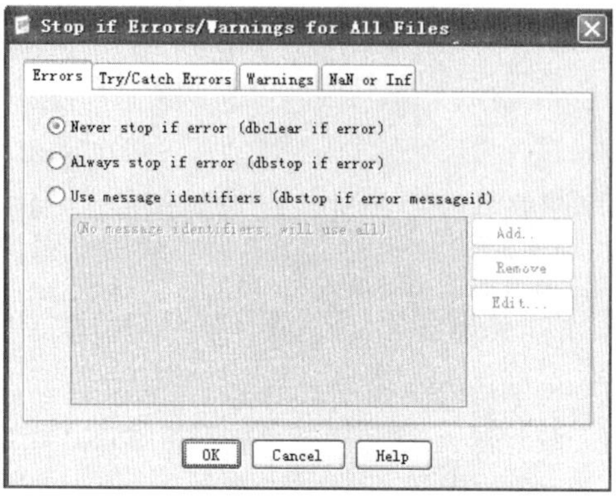

图 4-6　错误/警告设置对话框

图 4-7　调试工具按钮

图 4-7 中的各个工具按钮从左向右依次对应于 Set/Clear Breakpoint、Clear Breakpoints in All Files、Step、Step In、Step Out、Run、Exit Debug Mode 等菜单子项。

通常的调试步骤如下。

【步骤 1】：先运行（Run）一遍 M 文件，针对具体的出错信息，在适当的地方设置断点或条件断点。

【步骤 2】：再次运行（Run）到断点位置（如图 4-8 所示），此时 MATLAB 把运行控制权交给键盘。

【步骤 3】：此时命令窗口出现“K>>”提示符（如图 4-9 所示），可以在命令窗口中查询 M 文件运行过程中的所有变量，包括函数运行时的中间变量。

【步骤 4】：运行到断点位置后，用户可以选择“Step/Step In/Step Out”等调试运行方式，逐行运行并适时查询变量取值，从而逐渐找到错误所在并排除。

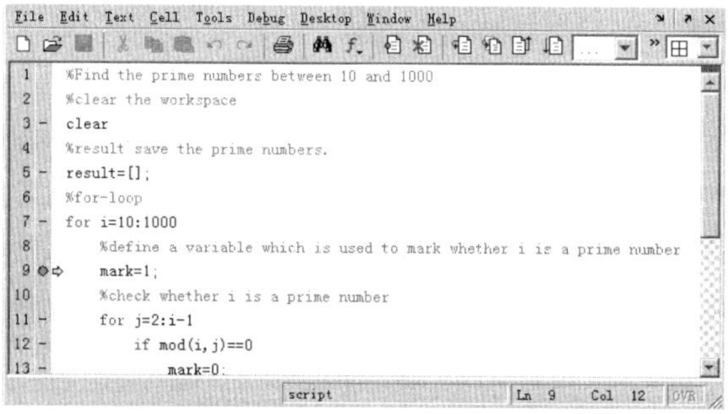

图 4-8　设置断点后运行（Run）到断点所在位置

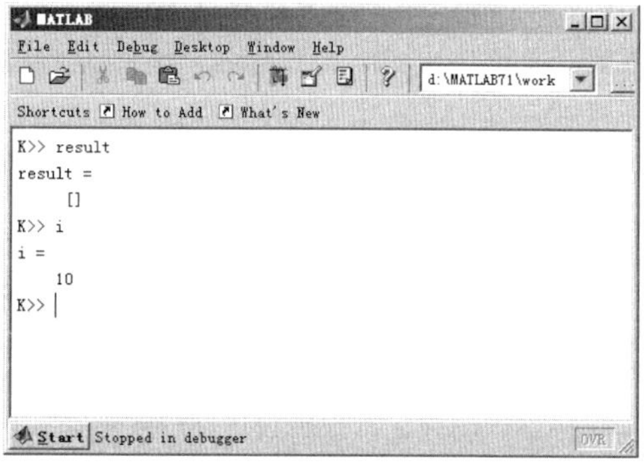

图 4-9　命令窗口把控制权交给键盘

第 2 篇

MATLAB 量化投资基础

- 第 5 章　MATLAB 量化投资相关工具箱
- 第 6 章　金融数据的处理和获取
- 第 7 章　固定收益证券计算
- 第 8 章　利率期限结构和利率模型
- 第 9 章　衍生品计算
- 第 10 章　投资组合管理与风险控制
- 第 11 章　奇异期权和利率期权定价

第 5 章 MATLAB 量化投资相关工具箱

在当代金融学的发展中，基于计算机系统的定量计算对投资分析、风险控制等起着越来越重要的作用。而 MATLAB 作为一款优秀的计算软件，在金融计算领域仍然秉承了其易用的风格，并将矩阵作为计算的基础单元。

MATLAB 内置的工具箱提供了标准的金融模型，使得开发人员不用在底层模型上耗费过多的时间，并且在重用性上有了很大的提升。在 MATLAB 中，提供了 3 个重要的量化投资相关工具箱：金融工具箱（Financial Toolbox）、金融衍生品工具箱（Financial Derivatives Toolbox）和固定收益工具箱（Fixed-Income Toolbox）。

5.1 MATLAB 金融应用的案例

MATLAB 是大机构数量分析员和交易员最常用的回测平台之一。它是测试大型股票组合策略的理想工具。可想而知，在表格中回测一个包含 1500 只股票的策略，虽说不是不可能，却令人恼火。

MATLAB 提供众多高级工具箱，以及统计和数学模块等，当交易算法涉及复杂但常用的数学概念时，交易员可以直接使用。例如，在统计套利交易的因子模型中很常用的主成分分析就是一个很好的例子，用其他编程语言来实现是很麻烦的，而用 MATLAB 则可以轻松实现。

MATLAB 还有许多对量化交易有用的、可从网上免费下载的第三方软件，如协整（Cointegration）软件。MATLAB 还可以用来截获财经信息网页，并把它转换成有用的格式。

（1）瑞士再保险公司用 MATLAB 预测灾害及影响

在保险和金融领域，MATLAB 在快速开发领域体现出来的独特优势，使得许多国际大公司开始考虑并部署基于 MATLAB 平台的应用。

瑞士再保险公司对于巨型自然灾害提供再保险服务，由于自然灾害的不可预测性，特别是在一些飓风等极端天气不经常发生的地区。这也就意味着再保险业务的开展不能依赖于历史数据而准确地确定可能潜在的损失。

瑞士再保险公司的自然灾害小组使用 MATLAB 开发了下一代的自然灾害潜在损失评估模型的原型。模型包括了其多年来在此领域积累的众多模型。

Gerry Lemcke 的一句话也许能够体现出 MATLAB 在这方面的优势：“MATLAB 帮助我们在一个非常短的时间内将我们 30 多年来积累的知识集成到一个应用框架下。在这个项目中，MATLAB 是一个非常理想的软件开发环境，使得许多人能够同时在统一的环境下解决一个复杂的问题。”

MATLAB 在这种情况下的优势在于其快速开发性、协作性以及多语言支持特性，特别是在跨语言平台的混编上。这就使得一个组织或机构以前积累下的 IT 资源能够得以以低成本的方式重复利用。

在此项目中，瑞士再保险面临的首要问题就是时间的问题。在再保险行业中，主要数据的更新都是在每年的最后一个财季，这也就意味着相关人员只能从 9 月份开始培训，给 Lemcke 和他的同事留下的时间就只有 8 个月。

多年来，瑞士再保险公司的专家们基于不同的计算机语言和开发环境建立起了独立的关于地震、洪水、飓风等自然灾害的模型。自然灾害小组想在此基础上将大量的已有数据导入到建立的原型中。

在算法开发阶段，小组的首要任务就是通过很多的模拟和测试来检验其模型。Excel 不能有效地处理大规模的数据计算工作，而学习 Java 和 C++不论是从培训的时间上，还是程序开发的质量上，都不能满足项目的需要。

Lemcke 说：“比如，当你想计算美国发生的热带风暴时，你需要运行一百万个人工模拟的北大西洋热带风暴的数据，你需要快速地分析这些模拟数据。”

自然灾害小组的专家基于 MATLAB 系统和以前他们积累下来的经验，在 8 个月内完成了模型的建立。

Lemcke 表示：“MATLAB 是一个非常好的开发和测试模型的环境，特别是对于一些非 IT 类人员。在同 Excel 及其他复杂语言（例如 C++和 Java 等）的互联上 MATLAB 同样表现出色。所以它是我们必然的选择。”

自然灾害小组首先将所有的模型组合到了一起，然后将所有的数据导入到 MATLAB 中。然后他们将精力集中在模型的开发，客户的需求和反馈上。

Lemcke 事后回忆说：“当时将所有的模型组合到一起纯粹是摸索着前进。我们是边学边做。如果你发现什么东西不对了，你可以重写优化代码，以便于提高速度和数据的处理能力。”

由于瑞士再保险公司只有大概 1000 个左右北大西洋上实际热带风暴的数据，他们用蒙特卡罗模拟的方式，在给定将来可能发生的热带风暴物理边界的情况下进行人工模拟。小组通过将这些人工模拟的数据和已有的历史数据进行对比，来评估可能存在的潜在损失。

与此同时，小组人员用 MATLAB 自带的 MAP 工具箱将这些地理数据和对象转换成相应的地图对象。

最后，其 IT 部门用 Java 重写了这个模型，从香港到南非的 50 多家客户现在使用这个模型去计算地震和热带风暴等自然灾害可能带来的潜在损失。

目前，瑞士再保险公司正将 MATLAB 应用于其对美国洪灾风险的控制上。

MATLAB 在风险控制和金融领域有着巨大的应用优势，这与 MATLAB 本身的设计功能有关。另外，其对于非专业人士来说，它是一个非常容易上手的工具，同时其对功能的集成度非常高，有利于提高开发的速度，使得非专业人士可以在很短的时间内开发出具有专业水平的产品。

（2）使用 MATLAB 来预测新兴市场中的金融危机

1997 年，马来西亚、菲律宾、泰国、印尼等国开始的金融危机迅速在世界范围内蔓延，造成了巨大的损失。1997 年秋天，印尼的卢布价值急剧下跌，国内对美元的需求到达了一个前所未有的水平，即使后来印尼政府从国际货币基金组织获得了 230 亿美元的贷款，情况也并没有得到控制。

经济学家 Paul McNelis 博士执教于 Georgetown 大学，他的基于 MATLAB 的经济分析技术，是金融界领先的分析技术，得到了亚洲和南美洲中央银行和金融组织的广泛使用。他同时从如何减轻经济转型中给大众带来的金融困境的角度教授学生使用基于 MATLAB 的分析方法。

Paul McNelis 着手研究使用现代的研究方法和工具可以预测这样的金融危机，从而减少它们带来的损失。他将研究重点放在了印度尼西亚，在美国国际发展委员会的技术协助下，在印尼的印尼银行开始他的研究，在这项雄心勃勃的计划中，McNelis 始终在利用 MATLAB 这个强大的工具及其中的 Excel Link、Statistics、Optimization、Control System、Neural Network、System Identification 工具箱。

McNelis 着手分析印尼 13 年来每个月对货币的需求量，这期间包含了金融危机这段时间。经济学家通常使用的线性分析方法和误差修正并不能适应现在的情况。他需要去确定一种非常有效的方法来分析这些累积以后产生的大量数据，同时，他还要尽力减少数据中的巨大波动使预测结果产生错误的可能性，例如金融危机期间市场对美元的高需求。因为 MATLAB 具有强大的功能，易于使用，并且可以处理超大规模的数据集，McNelis 选择了 MATLAB 作为研究的工具。

“MATLAB 功能非常强大，并且易于使用，我有信心，印度尼西亚银行能够应用 MATLAB 来作为他们的金融危机早期预警系统。”

5.2 使用 MATLAB 的知名金融机构

MATLAB 强大的数值计算功能与丰富的工具箱为金融数量分析提供了强有力的“武器”。目前，MATLAB 在世界各大金融机构得到了广泛应用，全球超过 2000 家金融机构运用 MATLAB 来管理公司资产，在研究单位和华尔街等金融机构 MATLAB 也成为进行高效研究与开发的首选软件工具。

使用 MATLAB 的知名金融机构主要有：

- 世界货币基金组织、联邦储备委员会、摩根士丹利、高盛
- 美国三大评级机构
- 美国前 15 大资产管理公司
- 美国前 10 大商业银行有 9 家
- 美国前 15 大对冲基金有 12 家
- OECD 国家的 85%的中央银行

5.3 金融工具箱

MATLAB 的金融工具箱为金融计算提供了一个集成的计算环境，在金融工具箱的帮助下可以实现对金融数据的分析、统计及可视化等功能。在金融工具箱的基础上，可以开发出针对复杂金融问题的解决方案。

5.3.1 主要功能

金融工具箱主要可以用于解决以下问题：

- 计算资产组合以及其他衍生证券的价格、收益率及敏感性等。
- 基于 SIA 标准的固定收益类证券的价格、收益率及敏感性的计算等。
- 实现对复杂资产组合的分析和管理等。
- 设计和评估资产组合的对冲策略。
- 实现对风险的识别、度量和控制等。
- 设计和评估资产组合的对冲策略。
- 实现对现金流的计算，包括收益率及折旧等。
- 实现对经济活动的分析和预测等。
- 实现金融时间序列数据的分析和可视化。
- 实现探索性研究所需要的计算平台。

5.3.2 体系结构

MATLAB 中包含的金融工具箱的体系结构如图 5-1 所示。

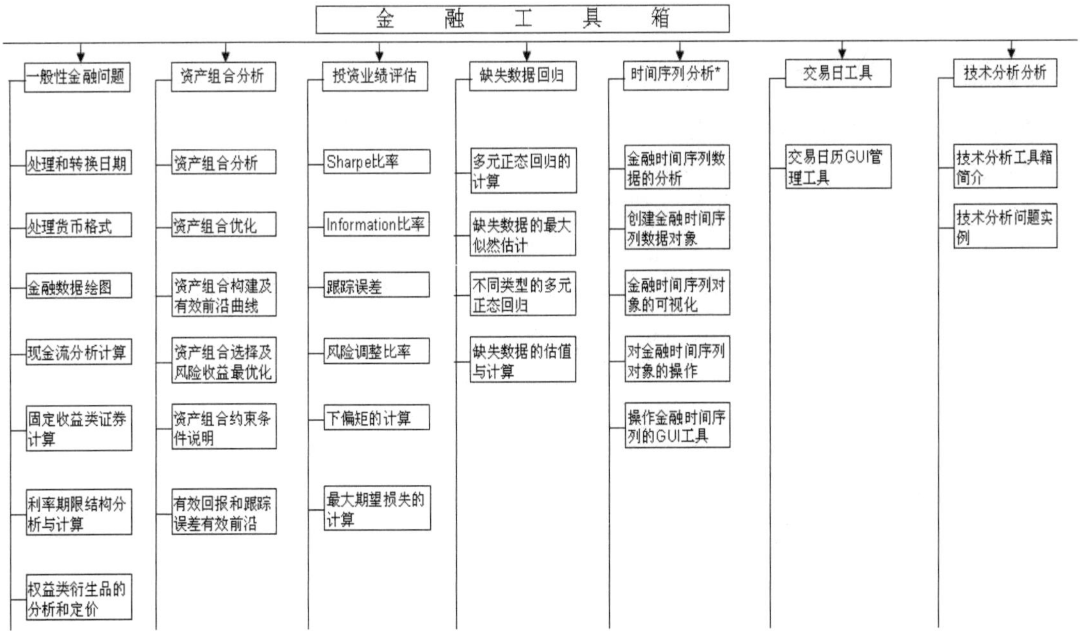

图 5-1 金融工具箱的结构图

金融工具箱解决的问题是金融计算中的常见问题，覆盖面比较广，能够解决一般的金融问题，并且作为金融计算的基础，其规范了数据格式和结构等基本问题。金融工具箱在 MATLAB 的计算环境中起着非常基础的作用。

在一般性金融问题中，第一部分主要集中在数据格式的整理和数据可视化上。为使得不同的日期系统和货币格式能够统一被 MATLAB 接受，工具箱实现了多种数据格式的读写和转换，并且支持自定义格式的日期。

这点在实际问题研究中特别重要，在日期问题中，由于不同的日期系统涉及的起点不同，因此在同 MATLAB 之间进行数据交换时需要注意进行平移转换，特别是一般情况下的数据都是 Excel 格式，而 Excel 日期系统存在两套标准。

对于资产组合方面的应用，MATLAB 金融工具箱集中在资产组合的优化选择及投资的绩效评估上。通过 MATLAB 金融工具箱可以对资产组合的选择、优化和风险等进行有效的控制。同时其提供的投资辅助功能有助于衡量和评估资产组合的投资业绩。

对统计数据的处理和时间序列的处理是 MATLAB 的一大特色。相对于专业的统计和计量软件，MATLAB 有其不足的地方，但是作为一款优秀的数学工程软件，MATLAB 对多元统计回归及时间序列的支持却足以满足绝大多数的应用。并且借助 MATLAB 在统计方面的专业工具箱，可自行开发出具有很高复杂度的金融模型。

MATLAB 在充分发挥其计算和图形显示方面共支持 25 种，4 大类常见的技术分析指标。这些指标在国内常见的股票看盘软件上都可以经常看到，但是作为研究和模型开发，这些技术指标为大家开发基于技术分析的自动交易软件提供了极大的方便，并且可以根据实际情况，自行修改相关指标的计算规则而开发自己特有的技术分析指标。需要注意的是，基于 MATLAB 的图表分析是非常困难的。

5.3.3 主要函数

金融工具箱的主要功能函数分为以下 4 大类。

（1）投资组合分析

- portsim：多资产回报时间序列模拟。
- portalloc：资本分配。
- portopt：任意约束条件的边界条件。
- portvrisk：投资组合风险值。

（2）利率期限结构

- prbyzero：从零息票利率曲线对债券定价。
- disc2zero：将贴现曲线转化为零息票利率曲线。
- fwd2zero：将正向曲线转化为零息票利率曲线。
- pyld2zero：将平均收益曲线转化为零息票利率曲线。
- termfit：使用样条工具箱对期限结构进行拟合。
- zbtprice：利用 BOOTSTRAP 方法根据债券价格计算零息票利率曲线。
- zbtyield：利用 BOOTSTRAP 方法根据债券收益计算零息票利率曲线。
- zero2disc：将零息票利率曲线转化为贴现曲线。
- zero2fwd：将零息票利率曲线转化为远期利率曲线。

- zero2pyld：将零息票利率曲线转化为平均收益曲线。

（3）期权评估以及敏感度分析

- blkprice：使用 Black Scholes 方法进行期权定价。
- glsgamma：Black Scholes 敏感度分析。
- blsprice：Black Sholes 公式计算看涨买权和看跌期权价格。

（4）现金流回报率的计算

- annurate：计算养老金周期利率。
- annuterm：计算回收期。
- effrr：计算有效回报率。
- irr：计算内部回报率。
- mirr：根据现金流计算修订内部回报率。
- nomrr：计算实际回报率。
- pvfix：计算固定周期支付的现值。

5.3.4　金融时间序列工具 ftstool

MATLAB 对于金融时间序列的分析提供了一个方便的图形界面窗口。在 MATLAB 的命令窗口输入 ftstool 后，弹出如图 5-2 所示的界面。整个界面分为 4 部分：数据输入（Data Source）、数据输出（FINTS Objects and Outputs）、数据管理（Data Management）和金融时间序列对象属性设置（FINTS Object Properties）。

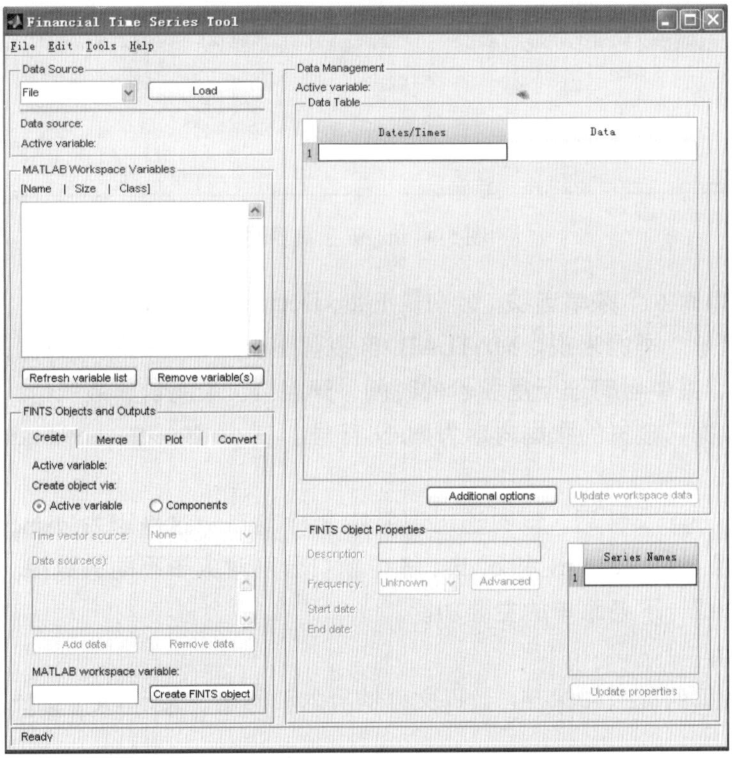

图 5-2　ftstool 工具界面

ftstool 工具操作比较简单，其流程包括以下 4 步。

【步骤 1】：载入数据。

【步骤 2】：创建变量。

【步骤 3】：将变量转换为 fints 格式。

【步骤 4】：将 fints 转换为 MATLAB 的双精度对象类型。

5.3.5 金融时间序列数据分析工具 ftsgui

需要注意的是，此工具并不是为分析时间序列数据而开发的，ftstool 只是为生成 fints 类型数据而开发的数据生成和管理工具。而时间序列数据 fints 的分析是由 ftsgui 来承担的。在 MATLAB 的命令窗口输入 ftsgui 后，弹出其图形界面如图 5-3 所示。

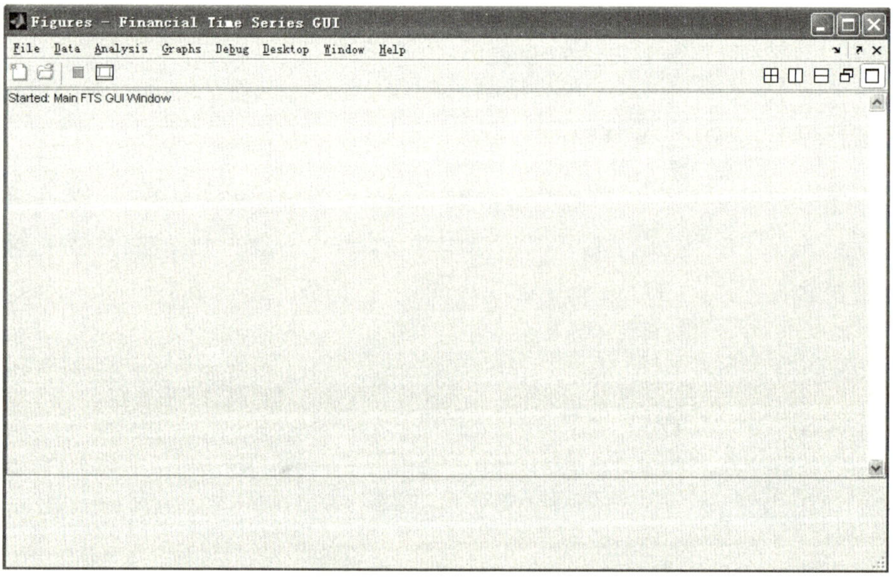

图 5-3　ftsgui 工具界面

ftsgui 主窗口有 6 个菜单选项，分别是 File、Data、Analysis、Graphs、Windows、Help，其操作也比较简单。举例来说，MATLAB 自带有迪斯尼公司的股价数据文件，数据文件名是 disney.mat，其中含有迪斯尼股价的时间、开盘价、最高价、最低价、收盘价等内容，而且有缺失的数据，缺失的数据内容为 NaN 符号。在 toolbox\finance\finddemos 中可以找到该文件。

调入 disney.mat 文件后，同时还出现另外 3 个窗口。这是因为 disney 文件中含有 3 个.fints 型的数组：dis、dis_nv 和 q_dis，3 个窗口分别对应于不同的数组。

下面分别介绍一下各菜单的主要功能。

（1）File 菜单

主要负责数据的载入和保存、数据文件的导入和导出、关闭 GUI 窗口、打印分析结果等。

（2）Data 菜单

主要是数据的处理功能，其选项的功能如下。

- Fill Missing Data 选项：用插值法处理缺失数据。
- Smooth Data 选项：平滑数据，方法有 Box method、Gauss method 和 Exponential method。
- Lag Data 选项：将时间序列向后延迟。
- Lead Data 选项：将时间序列前移。
- Filter Data 选项：对数据进行滤波。
- Box-Cox 变换：Box-Cox 变换可以将非正态分布变为正态分布，属于指数类型的变换。
- Resample data 选项：对数据重新采样。
- Convert Data Frequency To 选项：分析周期转换，将时间序列转化为日数据、周数据、月数据、季度数据、半年数据和年数据。

（3）Analysis 菜单

主要是数据分析，包括了对股票价格进行技术分析的函数，选项有 Exp（对序列指数化）、Log（以 e 为底对时间序列取对数）、Log10（以 10 为底对时间序列取对数）和 Log2（以 2 为底对时间序列取对数），其他选项的功能如下。

- Basic Statistics 选项：时间序列的基本统计功能，如均值、方差等统计特性。
- Difference 选项：对时间序列进行一阶差分。
- Periodic Average 选项：将任意时间段的数据取平均，方法有二，一是直接输入研究的交易时间段的长度，二是输入开始日期与截止日期。
- Technical Analysis 选项：对股价进行技术分析，常用的 MACD、RSI、OBV 能量潮指标等都在其中。

（4）Graph 菜单

主要功能是对股票的价格进行作图。

5.4 金融衍生品工具箱

和华尔街相比，国内的金融衍生工具太少，很多策略无法运用，这也是量化投资发展的最大障碍。MATLAB 提供了金融衍生品工具箱，是了解和学习经典衍生品很好的工具。

金融衍生品工具箱作为金融工具箱的一个扩充，为使用者提供了一个更加丰富的衍生品计算环境。金融衍生工具箱主要基于数值方法，计算基于利率的几种衍生品，以及部分基于权益的衍生品。

5.4.1 主要功能

金融衍生品工具箱支持对衍生品工具对象的创建、管理和计算。

基于利率的衍生品包括：

- 债券

- 含权债券
- 利率顶/底
- 固定利率票据
- 浮动利率票据
- 互换
- 互换期权
- 可回购/回售债券

同时衍生品工具箱支持建立产生任意现金流的金融工具，并提供了对任意现金流进行定价和敏感性分析的工具。同时支持不同的利率模型和利率期限结构计算。工具箱还支持如下 4 个利率模型：

- Black-Derman-Toy (BDT)
- Black-Karasinski (BK)
- Heath-Jarrow-Morton (HJM)
- Hull-White (HW)

金融工具箱对基于权益的衍生品支持，主要在奇异期权方面，对普通香草型期权，其给出的是基于叉树模型的期权定价结果。具体来说，此版本的工具箱支持如下奇异期权的计算：

- 亚式期权(Asia Options)
- 障碍期权(Barrier Options)
- 复合期权(Compound Options)
- 回望期权(Lookback Options)
- 普通香草型期权(Vanilla Stock Options)

工具箱支持对如上期权的价格和敏感性计算。价格和敏感性的计算主要是基于如下的叉树模型：

- Cox-Ross-Rubinstein (CRR) 模型
- Equal probabilities (EQP) 模型
- Implied trinomial tree (ITT) 模型

5.4.2 体系结构

MATLAB 中包含的金融衍生品工具箱，其体系结构如图 5-4 所示。

从图 5-4 可以看出，金融衍生品工具箱的功能主要被划分成 3 大部分：

- 第 1 部分主要集中在利率期限结构的计算和应用，以及利率模型的计算和应用上。
- 第 2 部分主要集中讨论关于权益类衍生品的定价问题，对于有解析形式解的定价问题给出了解析解，更多的是给出了基于叉树模型的数值定价方法。
- 第 3 部分的关注重点在资产组合的优化和最优配置上。

金融工具箱的利率模型主要是经典的叉树模型，假定利率的波动服从布朗运动。主要的利率模型有 BDT 模型、BK 模型、HW 模型和 HJM 模型。并且对于这些模型产生的二叉树，MATLAB 提供了一个可视化的工具 treeviewer 来展现构建的利率模型。

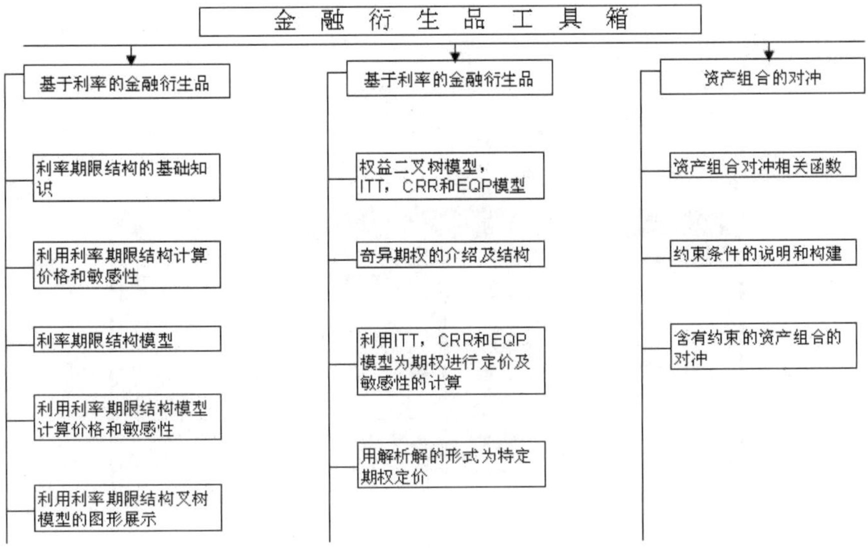

图 5-4 金融工具箱的结构图

金融衍生品工具箱的另外一个主要的工具是提供了计算基于权益的衍生品所需要的叉树模型。在 MATLAB 中支持的模型有 CRR、EQP 和 ITT 模型。这些模型为奇异期权的定价提供了巨大的方便，并对有解析解的衍生品提供了解析解定价的结果。

金融衍生品工具箱对资产组合进行更详细的分析，主要集中在对冲和有约束条件的资产组合两方面上。

5.4.3 主要函数

金融衍生品工具箱的主要功能在于利率模型的建立及其应用，对此将函数归类如下。

1. 模型应用类函数

Model+Function 类函数主要是模型在某方面的应用，例如 hjmprice 函数是利用 HJM 模型为金融产品进行定价、hjmsens 则是利用 HJM 模型计算金融产品的敏感性。

同类的函数有 bdtprice/sens、bkprice/sens、crrprice/sens、eqpprice/sens、hwprice/sens、ittprice/sens。这些函数实现了对股票价格运动的不同描述，有一个特点就是这些模型都基于正态随机过程的股票价格运动描述。

2. 按照金融产品分类的定价函数

Instrument by Model 类函数主要是对特定金融产品利用不同的模型进行定价。例如 bondbyhjm 是利用 HJM 模型为债券进行定价、capbyhjm 是利用 HJM 模型为利率顶进行定价、cfbyhjm 是利用 HJM 模型为现金流进行定价等。

所支持的产品有债券（bond）、利率顶（cap）、现金流（cf）、固定利率票据（fixed）、浮动利率票据（float）、利率底（floor）、含权债券（optembnd）、债券期权（optbnd）、互换（swap）。可以利用的利率模型包括 HJM、BDT、BK 和 HW。

5.4.4 GUI 工具

MATLAB 自带了一个用来查看叉树模型的工具，它能将模型以图形化的方式呈现出来，如图 5-5 所示。

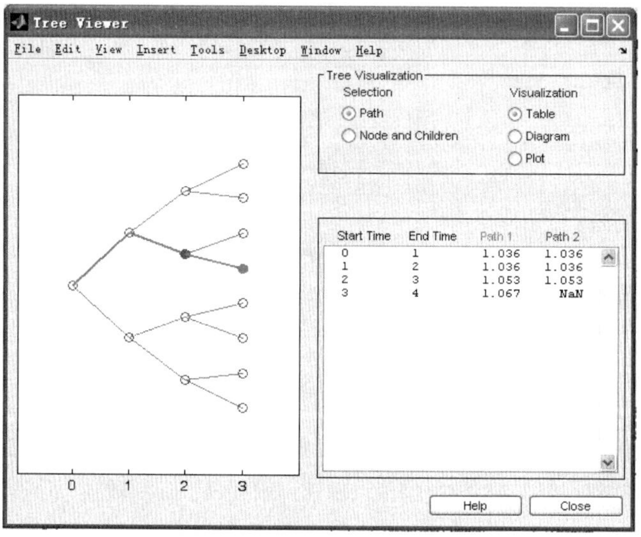

图 5-5 叉树模型查看工具

该查看器可以以路径或者节点的不同方式去查看模型生成的二叉树或三叉树，在选项 Selection 中设置是 Path 或者 Node and Children。

在呈现方式上可以是表格或图表。图形的不同方式在 Visualization 中设置。图 5-5 是以表格的形式呈现路径的显示结果。

下面通过使用工具箱自带的数据文件 deriv.mat，结合一个简单例子讲述 Tree Viewer 工具的使用。在 MATLAB 命令行中输入如下命令：

```
>> load deriv.mat

>> whos
  Name              Size         Bytes   Class     Attributes
  BDTInstSet        1x1          15956   struct
  BDTTree           1x1           5138   struct
  BKInstSet         1x1          15946   struct
  BKTree            1x1           5904   struct
  CRRInstSet        1x1          12434   struct
  CRRTree           1x1           5058   struct
  EQPInstSet        1x1          12434   struct
  EQPTree           1x1           5058   struct
  HJMInstSet        1x1          15948   struct
  HJMTree           1x1           5838   struct
  HWInstSet         1x1          15946   struct
  HWTree            1x1           5904   struct
```

```
ITTInstSet        1x1        12438    struct
ITTTree           1x1         8812    struct
ZeroInstSet       1x1        10282    struct
ZeroRateSpec      1x1         1580    struct
```

可得到 MATLAB 自带的数据结构 deriv 中包含的数据。

注意，treeviewer 价格树图遵从一个规则：上升的价格出现在树的较高的分支上，从而下降的价格出现在树的较低的分支上。相反地，对于利率树而言，下降的利率出现在较高的分支上（价格上升），并且递增的利率出现在较低的分支上（价格下降）。

如果给函数 treeviewer 提供一个利率树的名字，它就能展示一个利率路径图。例如，在命令行中输入如下命令：

```
>>treeviewer(HJMTree)
```

得到基于 HJM 模型的二叉树图如图 5-6 所示。

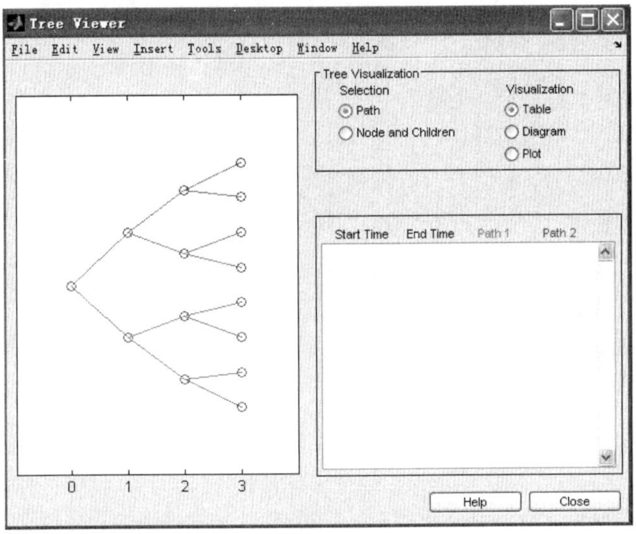

图 5-6　HJM 模型的二叉树图

调用函数 bushpath，通过在利率树上取第一个分支是上升的，而后两个分支是下降的，我们可以找远期利率的路径。

```
>>FRates = bushpath(HJMTree.FwdTree, [1 2 2])
FRates =
1.0356
1.0364
1.0526
1.0674
```

用鼠标选择一条路径，单击 Table 按钮，将看见红色的路径。

借助于函数 treeviewer 能够通过沿着节点的相同序列进行单击展示同样的信息，如果单击 Diagram 按钮，也将显示看见的路径。

5.5 固定收益工具箱

固定收益工具箱拓展了 MATLAB 在固定收益证券方面的功能，在模型上有了极大的扩充，并且增强了其分析功能。

5.5.1 主要功能

用户可以在固定收益工具箱的帮助下实现对固定收益证券价格、收益率等的计算，包括 MBS、公司债、国债、市政债、大额存单和国库券等。

同时固定收益工具箱也可以计算一些衍生品，例如互换、可转债、国债期货等。用户可以利用内置函数，构建基于 MBS 和债务工具的固定收益模型。可以基于这些模型计算：

- 固定利率抵押贷款池和气球型抵押贷款的价格和收益率。
- 债务工具的价格、收益率、贴现率和现金流的支付时间表等。
- 计算互换比率和敏感性。
- 利用市场数据，分析和计算利率期限结构。

对于抵押贷款支持证券（MBS），MATLAB 工具箱提供了如下功能：

- 基于 PSA 标准的提前支付比率，计算 MBS 证券的价格和收益率。
- 利用期权调整价差的方法得到抵押贷款池的价格和有效久期。
- 利用凸性、久期和平均期限等计算抵押贷款池的基点差风险。

对于债务工具，MATLAB 的工具箱允许用户处理多种债务工具。用以计算其价格、收益率、折现率和国库券贴现率的盈亏平衡点，计算公司债、国债和市政债券的价格、收益率以及现金流。

通过固定收益工具箱内置的零息票债券相关函数，可以方便地得到任意期限上的固定息票率债券的现值。

同时对于 Stepped-Coupon 债券的价格、收益率和现金流方面的计算，MATLAB 的固定收益工具箱也提供了强有力的支持。

利用固定收益工具箱提供的对于衍生证券的支持，用户可以处理很多基于固定收益证券的衍生品价格、收益率等。

利用固定收益工具箱，可以计算互换、可转债及对资产组合的对冲管理等。

5.5.2 体系结构

MATLAB 的固定收益工具箱结构如图 5-7 所示。

固定收益工具箱内主要应用在如下两个方面：

- 增强了对于 MBS 计算的支持，对于 MBS 的支持可以有效地帮助用户分析 MBS 证券。
- 增强了对于利率期限结构数据的支持，这一点有利于建立一个统一的利率期限结构描述框架，实现编程过程中的统一性和简洁性。

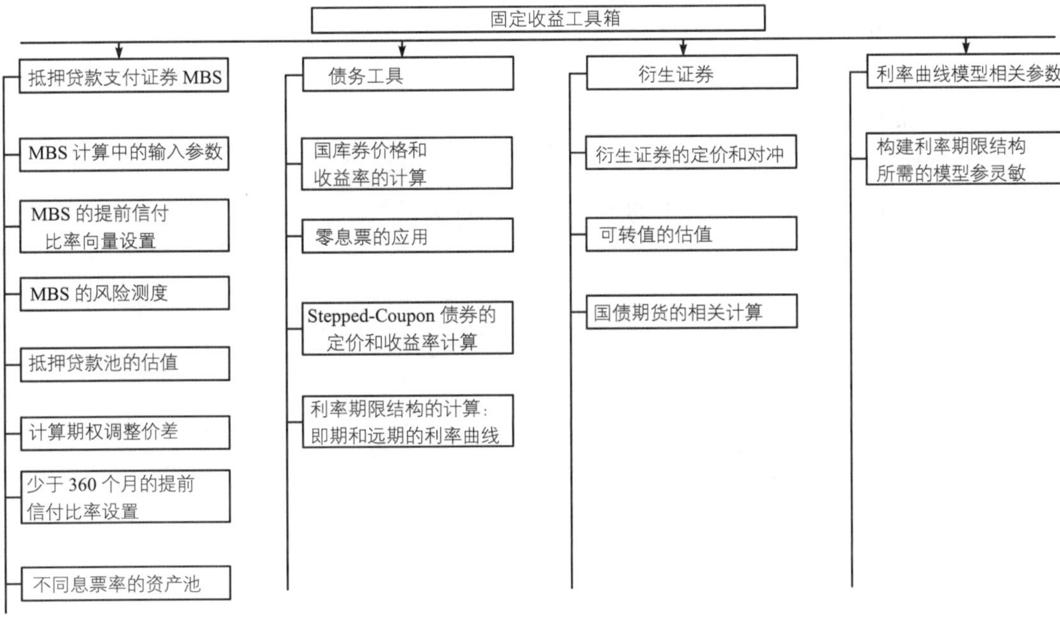

图 5-7　固定收益工具箱结构图

在此基础上，固定收益工具箱的主要功能是对期限结构的计算以及对特殊债券的价格，收益率的计算等，包括公司债、国债、市政债。

5.5.3　主要函数

固定收益工具箱的主要功能函数分为以下 6 大类。

（1）大额存单类

- cdai：计算大额存单的应计利息。
- cdprice：计算大额存单的价格。
- cdyield：计算大额存单的收益率。

（2）抵押贷款支持证券

- mbsprice：MBS 证券价格。
- mbsconvp：MBS 证券的凸性。
- mbsdurp：MBS 证券的久期。

（3）Stepped−Coupon Bonds

- stepcpnprice：Stepped-Coupon 债券的价格。
- stepcpnyield：Stepped-Coupon 债券的收益率。

（4）国库券

- tbillprice：国库券价格。
- tbillyield：国库券收益率。
- tbillval01：利率变动一个基点导致的国库券价格变动量。

（5）国债期货

- tfutbyprice：国债期货的价格。

（6）零息票债券工具

- zeroprice：给定收益率情况下的零息票债券的价格。
- zeroyield：给定价格情况下的零息票债券的收益率。

第 6 章　金融数据的处理和获取

市场上的金融数据一般都是以时间序列的形式给出的，因此关于 MATLAB 对日期型数据的处理对于金融计算来说就尤其重要。将不同的日期数据格式转化成标准的 MATLAB 格式以便于处理就非常重要了。这部分讨论是后续学习的基础，读者应掌握本章介绍的主要内容，并熟悉其操作。

为增强本章的实用性，本章涉及的数据集 bggf.mat 来自于上证所的实时交易数据，股票名称为“宝钢股份”，交易代码为 600019。

本章数据仅做展示用，请勿参照投资。

6.1 日期和货币数据处理

6.1.1 日期数据格式

在金融数据处理上，经常见到如下的日期格式‘15-Mar-2008’，这个表示形式是按照日/月/年的标准格式。不同的软件支持不同的日期数据格式，MATLAB 接受的数据格式除此之外，还有众多不同类型，常见的数据格式如表 6-1 所示，共有 19 种。

表 6-1　MATLAB 日期格式

序　号	日 期 格 式	描　述
1	01-Mar-2012 23:45:17	日/月/年 时/分/秒
2	01-Mar-2012	日/月/年
3	03/01/00	月/日/年
4	Feb	月，三字母简写
5	A	月，单字母
6	5	月，数字
7	03/08	月/日
8	18	月中的天
9	Wen	周，三字母表示
10	W	周，单字母表示
11	2012	年，四数字表示

续表

序　号	日期格式	描　述
12	12	年，双数字表示
13	Mar12	月/年
14	17:05:17	时:分:秒
15	23:05:37 PM	时:分:秒 下午
16	15:45	时:分
17	03:15 AM	时:分 上午
18	Q1-12	季-年
19	Q1	季

MATLAB 能接受的数据格式有如上的 19 种，以上数据格式只是显示格式，即面向终端显示，以便于用户阅读。

在 MATLAB 内部，MATLAB 将所有的时间都处理成一个连续的数值（Serial Date Numbers），其起点设置为公元元年 1 月 1 日 0 点 0 分。

比如，733482 代表的就是 2008-03-15，这里代表的含义就是 2008-03-15 距离公元元年 Jan 01（0000-01-01）的天数是 733482 天。

另外，这个日期数值是一个连续数值，单位为天，也就是说，这个连续的数值可以是小数，就可以用来表示时、分、秒，这样 MATLAB 将时间单位统一化之后，用一个连续的数值来表示。因此，将这个数值转化成自然人能够阅读的日期格式，并且实现不同格式之间的转换和处理，在 MATLAB 中就尤其重要。

同时，对于后面将要涉及的各种函数，都可以接受这种连续型数值日期或者上述字符串格式的日期型数据，格式之间的转换应该熟练掌握。

6.1.2 日期型数据处理函数

在 MATLAB 内部常用的日期数据处理函数有如下几种，如表 6-2 所示，其基本功能如注释所示。

表 6-2 MATLAB 日期处理函数

函数名	功　能
datenum	实现其他格式日期向 MATLAB 内部日期格式转换
datestr	从内部格式到字符串格式日期的输出，并转换格式
m2xdate	实现 MATLAB 日期格式向 Excel 日期格式的转换
x2mdate	实现 Excel 日期格式向 MATLAB 日期格式的转换
now	当前时间，精确到秒
date	当前日期，返回字符串格式
today	当期日期，返回内部格式
day	求出内部格式日期的日
month	求出内部格式日期的月

续表

函 数 名	功　　能
year	求出内部格式日期的年
hour	求出内部格式日期的小时数
second	求出内部格式日期的分钟数
minutes	求出内部格式日期的秒数

同时，MATLAB 支持不同标准下的时间计量标准，其中包含常见的 PSA 和 ISDA 标准。先将此类函数罗列如下：

- days360
- days360e
- days360isda
- days360psa
- days365
- daysact

比如，同样是 2006 年 7 月 1 日到 2007 年 7 月 1 日，在 days360 函数下的返回值是 360 天，而 days365 函数的返回值是 365 天，在不同的天数计数法则下返回值是不同的。具体的情况应根据不同的市场交易制度和产品交易条款确定，根据具体的金融产品使用不同的规则。

函数 holiday、busdate、isholiday 可用来判断是否是假日、交易日等。内置的假日数据是按美国假日标准制定的，用户可自行制定假日。这点在不同国家应用是不同的，特别是针对国内的阴历节假日转换，在使用 MATLAB 时应格外注意此类问题，否则会得出错误的结果。

另外，由于目前国内交易日的特殊性，在 MATLAB 里尚没有解决阴历节假日的问题，这点需要读者根据实际情况自己设定相应的节假日。

注意，函数 datenum、datestr、datevec、eomday、now 和 weekday 原来是 Financial Toolbox 的专有函数，目前已经转化成了 MATLAB 中的基本函数。datenum 和 datestr 是这部分数据处理的核心函数，学会反复调用，以实现数据处理的目的。关于函数的详细列表，读者可参考本书附录中关于函数的说明。

将字符串型日期转化成数值型日期的函数是 datenum。

【语法格式】

```
DateNumber = datenum(DateString)
DateNumber = datenum(DateString, Pivot)
DateNumber = datenum(Year, Month, Day)
DateNumber = datenum(Year, Month, Day, Hour, Minute, Second)
```

【输入变量】

```
DateString                    %输入的字符串型日期
Pivot                         %控制两位简写字符串日期
Year                          %年份
```

```
Month                    %月份
Day                      %日
Hour                     %小时
Minute                   %分钟
Second                   %秒钟
```

【输出变量】

```
DateNumber           %数值型日期
```

【例 6-1】 字符串型日期与数值型日期转化实例。将字符串型日期转化成数值型日期。

```
>> datenum('14-Mar-2008')
ans =      733481
```

上述命令将字符串型日期'14-Mar-2008'转化成为 MATLAB 内部数据格式——一个连续的数值型日期值 733481。

```
>> datenum('03/14/2008')
ans =      733481
```

datenum 对表 6-1 中的日期格式均可接受。>> 是 MATLAB 命令提示符。在 >> 之后的是 MATLAB 窗口中可以执行的代码，ans 是默认的返回值，显示结果。

【例 6-2】 将日期数据转化成内部数据格式实例。将年月日时分秒的数字行日期，转化成内部数值型日期格式。

```
>> datenum(2008,3,14,20,12,32)
ans =    7.334818420370370e+005
```

MATLAB 一般以科学计数法显示，可用 format 命令更改显示长度。最常见的使用格式是 format long 和 format short。但需要注意的是，format 命令只是改变数据的显示精度，其存储精度是由数据类型决定的，一旦数据类型确定了，其存储精度就确定了。

【例 6-3】 Pivot 参数调用实例。Pivot 参数调用。

```
>>datestr(datenum('03-Jun-08'))
ans =03-Jun-2008
```

需要说明的是，这里涉及 datestr 函数（后面将要讲到）是为读者观察方便。从上面的输出结果可以知道，对于'03-Jun-08'表示的时间是 03-Jun-2008，系统默认开始的年份是 2008-50=1958 年（其中 2008 是当前年份），自此年份起，第一个后面两个数字是 08 的年份是 2008 年。

如果我们给 Pivot 一个指定的年份，比如 2009 年，我们看看结果。

```
>> datestr(datenum('03-Jun-08',2009))
ans =03-Jun-2108
```

Pivot=2009 告诉系统，现在是从 2009 年算起，到下一个结尾是 08 的年份，结果是 2108 年。

对字符串型日期的操作有了基本的了解后，下面讨论如何将数值型日期格式转化成字符串型日期格式。当系统返回值是按照内部数值型日期格式的时间，正常阅读时不能人工判断当前返回值的日期，MATLAB 为此提供了另外一个函数 datestr 来将内部数值型日期格式转换为字符串型的转换。

【语法格式】

```
S=datestr(V)                  %将日期向量 V 转化成字符串型日期
S=datestr(N)                  %将数值型日期 N 转换成字符串型日期
S=datestr(D, F)               %将日期 D，按照格式 F 输出，格式转换用
S=datestr(S1,F,P)             %将日期 S1 按照格式 F 输出，年用两位数表示时，P 指明起始年份
S=datestr(..., 'local') %输出使用本地日期格式，默认是'en_US'
```

【例 6-4】 日期输出格式实例。输入变量格式参数 F 的使用。

```
>> datestr('03-Jul-2008',2)
ans =07/03/08
>> datestr('03-Jul-2008',1)
ans =03-Jul-2008
```

可见，F 参数决定了日期输出的格式，MATLAB 内部支持 31 种标准日期格式，并支持自定义格式。F 参数的意义在于从不同的数据库系统或者文件系统，比如 SAS 读入不同的日期格式，完成自动转换时是非常方便的，将读入的数据实现格式的转换，这点读者在实际应用中是非常有用的。

不同的数据库文件写入的时间格式是完全不同的，MATLAB 支持的自定义日期格式为这种多样的日期格式提供了一个转换的平台。

【技巧与提示】

面对 31 种输出和转换格式，不免心生存疑。解决问题的根本在于如何查看 help 文档。这里我们给出一个小的程序，用以查看 F 参数取值不同的时候到底对应什么样的输出格式。在脚本文件里面粘贴如下代码，按 F5 键执行。

```
clear;
clc;
for i=1:31
    [num2str(i) '-->' datestr(now,i)]
end
```

第 1 行，clear 命令是清空内存变量。

第 2 行，clc 命令清空命令窗口（注意，并不能清空内存变量）。

第 3 行，一个 for 循环，次数是 31 次。

第 4 行，num2str(i)将 i 转化成字符串；'-->'是连接符；datestr(now,i)的作用是将现在的时刻在 F 取值为 i 的时候显示出来，这样，我们就得到了一个对应的 i 取不同值时 DateForm 参数对应的字符串输出格式了。

标准 MATLAB 日期调用格式如表 6-3 所示。

表 6-3　标准 MATLAB 日期调用格式

编　号	字 符 串	示　例
0	'dd-mmm-yyyy HH:MM:SS'	01-Mar-200015:45:17
1	'dd-mmm-yyyy'	01-Mar-2000
2	'mm/dd/yy'	03/01/00
3	'mmm'	Mar
4	'm'	M
5	'mm'	03
6	'mm/dd'	03/01
7	'dd'	01
8	'ddd'	Wed
9	'd'	W
10	'yyyy'	2000
11	'yy'	00
12	'mmmyy'	Mar00
13	'HH:MM:SS'	15:45:17
14	'HH:MM:SS PM'	3:45:17 PM
15	'HH:MM'	15:45
16	'HH:MM PM'	3:45 PM
17	'QQ-YY'	Q1-96
18	'QQ'	Q1
19	'dd/mm'	01/03
20	'dd/mm/yy'	01/03/00
21	'mmm.dd,yyyy HH:MM:SS'	Mar.01,200015:45:17
22	'mmm.dd,yyyy'	Mar.01,2000
23	'mm/dd/yyyy'	03/01/2000
24	'dd/mm/yyyy'	01/03/2000
25	'yy/mm/dd'	00/03/01
26	'yyyy/mm/dd'	2000/03/01
27	'QQ-YYYY'	Q1-1996
28	'mmmyyyy'	Mar2000
29(ISO8601)	'yyyy-mm-dd'	2000-03-01
30(ISO8601)	'yyyymmddTHHMMSS'	20000301T154517
31	'yyyy-mm-ddHH:MM:SS'	2000-03-0115:45:17

如前所述，在实际的数据处理过程中碰到的格式可能是千变万化的，怎么实现 MATLAB 标准格式和外部非标准格式之间的相互转化就显得非常重要的，这里提供如下的示例。

通过控制 datestr(D,F)中参数 F 的具体格式实现自定义日期格式的输出。关于 yy/dd/mm 等的含义请参看 MATLAB 帮助文档。

【例 6-5】 日期型数据自定义格式实例。实现自定义日期格式的输出，要求将现在的时间按照 08.15.03 的格式进行输出。

```
>> datestr(now,'yy.dd.mm')
ans =08.15.03
```

其中 F 不是标准的数字，用指标定日期变量的输出格式，用'yy.dd.mm'字符串定义日期的格式化输出。以上结果使用 now 函数，结果会根据读者测试时间的不同而不同。

如果想要将一个非标准日期数据实现标准输入，应首先将非标准日期数据转化成内部数值型日期格式，然后输出到指定格式。

【例 6-6】 日期格式整理实例。将例 6-5 的输出日期'08.15.03'，按照标准格式‘15-Mar-2008’的格式输出。

```
>>  datestr(datenum('08.15.03','yy.dd.mm'),1)
ans =15-Mar-2008
```

可见，通过 datenum 和 datestr 的嵌套调用，完成了相应的任务，实现了日期型数据的标准化输入。

上面介绍了日期型数据的格式化输出和输入，为满足某种规律格式日期的批量生成需要，在 datenum 和 datestr 函数中，支持向量形式的日期型数据批量生成。

【例 6-7】 规则日期型格式数据的批量生成实例。完成日期型数据的批量生成操作。

在命令窗口下输入如下命令得到返回值:

```
>> datestr(datenum(2008,1:3,3))
ans =
03-Jan-2008
03-Feb-2008
03-Mar-2008
```

上述 datenum(2008,1:3,3)，利用 MATLAB 的向量运算规则，返回的是 2008 年 1～3 月的每月 3 号的内部日期格式，是一个 1×3 的向量，通过 datestr 函数，转化成相应的标准字符串格式，结果如上述输出所示。

生成 2008 年 1～6 月奇数月份的第 3 天。

```
>> datestr(datenum(2008,1:2:6,3))
ans =
03-Jan-2008
03-Mar-2008
03-May-2008
```

可见，在 MATLAB 里这种对向量格式输入的支持大大拓展了数据生成过程中的便利程度，读者可根据需要充分利用这种向量输入格式。

MATLAB 对可能的数值型日期函数有自动识别功能。一般情况下，比如取得了一只股票每天的收盘、开盘价格后，构成了一个 $N\times3$ 的矩阵，第一列是时间，第二列是开盘价格，第三列是收盘价格。

一般情况下，第一列的数值会是一个比较大的整数，后面的价格一般比较小，此时用 datedisp 函数，MATLAB 会自动识别，将大于 693962 的整数自动识别为日期。693962 对应的日期是 01-Jan-1900。

【语法格式】

```
D=datedisp(NumMat)
D=datedisp(NumMat, DateForm)
```

【输入变量】

```
NumMat                %对应的包含数值型日期数值的矩阵
DateForm              %指定输出日期格式
```

【输出变量】

```
D                     %对应指定格式的日期输出值
```

【例 6-8】 股票价格序列中日期数据自动转换实例。将股票价格序列中的数值型日期转换成指定格式。假设对应的股票价格序列的原始数据如下：

```
733408      3.23        3.56
733409      3.57        3.34
733410      3.32        3.45
733411      3.44        3.78
733412      3.79        4.00
```

第一列是对应的数值型日期，从 01-Jan-2008 到 05-Jan-2008，后面两列分别是开盘价格和收盘价格。完成日期格式的自动识别显示。

在 MATLAB 窗口中输入如下命令：

```
>>Mat=[733408  3.23   3.56
733409         3.57   3.34
733410         3.32   3.45
733411         3.44   3.78
733412         3.79   4.00];
>> datedisp(Mat)
01-Jan-2008    3.23   3.56
02-Jan-2008    3.57   3.34
03-Jan-2008    3.32   3.45
04-Jan-2008    3.44   3.78
05-Jan-2008    3.79   4
```

从上面的输出结果可见，datedisp 函数是可以自动识别特殊数值的。本质上这个函数就是对矩阵的每个元素做运算，如果元素在指定范围，则对其进行转换。在命令窗口中输入 type datedisp，即可查看相应的实现代码。

但是，对于某些特殊数据可能取值就恰好在此区间，则会出现错误识别，因此在批量处理数据时，并不建议采用此函数。

在日常办公环境中，常采用的简单数据处理软件是 Microsoft 提供的 Excel。Excel 已经成为标准的办公软件，因此如何实现 Excel 和 MATLAB 之间日期型数据的转换就尤其重要。

在 MATLAB 中，完成日期格式同 Excel 之间转换的函数是 m2xdate 和 x2mdate。

由 MATLAB 向 Excel 日期型数据转换的函数是 m2xdate。

【语法格式】

```
DateNumber=m2xdate(MATLABDateNumber,Convention)
```

【输入变量】

```
MATLABDateNumber          %MATLAB 日期型数据
Convention                %转换起始时间约定
```

【输出变量】

```
DateNumber                %Excel 日期型数据
```

需要注意的是，当 Convention=0 时，是将 31-Dec-1899 设为起始时间 1；当 Convention=1 时，是将 1-Jan-1904 设为起始时间 1。

由 Excel 向 MATLAB 日期型数据转换的函数是 x2mdate。

【语法格式】

```
DateNumber=x2mdate(ExcelDateNumber,Convention)
```

【输入变量】

```
ExcelDateNumber           %Excel 日期型数据
Convention                %转换起始时间约定，同 m2xdate
```

【输出变量】

```
DateNumber                %MATLAB 日期型数据
```

之所以会存在以上的转换，是由于在 MATLAB 和 Excel 内部默认的时间起始点是不同的，因而存在以上转换。且 Excel 内部也存在两种日期起点。在转换过程中是通过输入变量 Convention 来控制的。

【例 6-9】 MATLAB 日期数据向 Excel 日期数据转换实例。将 MATLAB 的日期数据转化成 Excel 的日期型数据。

```
>> m2xdate(date)
ans =
     39632
```

date 函数是取当前日期，和 m2xdate 函数嵌套使用。

最后，介绍简单的 now()和 today()函数。now()返回的现在的时刻精确到秒；而 today()返回的是日期，精确到日。结果如下所示：

```
>> now()
ans =    7.334830867685301e+005
>> today()
ans =      733483
```

可以用 datestr 函数查看 today 返回的结果是不是今天，以及现在的时间。

```
>> datestr(now)
ans =16-Mar-2008 02:06:02
>> datestr(today())
ans =16-Mar-2008
```

至此，本节介绍了在 MATLAB 中常见的日期操作函数，熟悉了 MATLAB 内部日期数据的处理方式，以及日期显示的字符串格式之间的相互转化。重要的是通过两个函数实现了 MATLAB 和 Excel 两种软件之间数据格式的转化，为 MATLAB 和 Excel 之间的数据通信奠定了基础。

6.1.3 非交易日数据

MATLAB 既然用来做金融数据的处理，那根据市场的实际运行状况，交易过程中间存在着假期、非交易日等，这就要求对这些日期的空数据进行处理。同时，在计算两个时间节点之间的交易日时，应刨除非交易日的情况。

对于具体的函数这里不展开讲解，读者可根据需要参考帮助文档，这里考虑函数 holidays 和 busdate 函数。

holidays 函数包含了纽约股票交易所（New York Stock Exchange）在 1950 年到 2050 年之间的非交易日情况，当然，在 2001 年之前，其肯定没有预测到 9.11 这类特殊事件。holidays 并不包含周末的情况。

而 busdate 是指交易日，MATLAB 里处理 busdate 的函数由 fbusdate、lbusdate 分别处理每月的第一个交易日和最后一个交易日的情况。本节就 holidays 及 busdate 函数做详细介绍。

标准假日的提取采用 holidays 函数。

【语法格式】

```
H = holidays(StartDate, EndDate)
```

【输入变量】

```
StartDate                    %启示日期
EndDate                      %结束日期
```

【输出变量】

```
H                            %返回在起始日期和结束日期之间的假日
```

【例 6-10】 非交易日数据提取实例。计算 1-1-2008 到 6-1-2008 之间的假日。

在 MATLAB 命令窗口中输入如下命令：

```
>> datestr(holidays('1-1-2008','6-1-2008'))
```

```
ans =
01-Jan-2008
21-Jan-2008
18-Feb-2008
21-Mar-2008
26-May-2008
```

可见返回值是美国的一些假日标准。

美国和中国假日的标准有所不同，中国的很多假日是按照传统阴历计算的，而美国节日多以每月的第几个周末而定，因此，并不是固定的日期。

如果读者有自己的假期需要加入，比如根据中国的情况调整清明、端午、中秋，可以采用 createholidays 函数，具体使用情况请读者自行参阅帮助文档。构建一个基于中国法定假日的数据库对于研究中国金融数据会带来极大的方便。

6.1.4 货币格式转换

在金融数据处理的过程中，经常用到的货币格式是不同的，因此一般需要进行转换。比如美国国债市场报价一般不以美分进行报价，而是以 1/8 美元进行报价。

MATLAB 中支持的格式有 3 种：货币格式、字符串格式、分数格式。

货币格式是一般常见十进制小数的形式；字符串格式和分数格式都是以字符串形式存在的，便于报表输出时的格式定制。

（1）MATLAB 提供的分数格式向货币格式转换的函数为 frac2cur

【语法格式】

```
Decimal = frac2cur(Fraction, Denominator)
```

【输入变量】

```
Fraction              %分数形式的货币数量
Denominator           %指定分数格式的分母
```

【输出变量】

```
Decimal               %小数形式的货币数量
```

（2）MATLAB 提供的货币格式向分数格式转换的函数为 cur2frac

【语法格式】

```
Fraction = cur2frac(Decimal, Denominator)
```

【输入变量】

```
Denominator           %指定分数格式的分母
Decimal               %小数形式的货币数量
```

【输出变量】

```
Fraction              %分数形式的货币数量
```

（3）MATLAB提供的货币格式向字符串格式转化的函数为cur2str

【语法格式】

```
String = cur2str(Value, Digits)
```

【输入变量】

```
Value                %货币数量
Digits               %小数点位数
```

【输出变量】

```
String               %返回字符串形式的货币数量
```

【例6-11】 货币格式转换实例。将－6.125美元分别转换成分数格式（1/8美元最小报价单位）和字符串格式。

在MATLAB里分别输入以下命令：

```
>> cur2frac(-6.125,8)
ans =-6.1
>> cur2str(-6.125)
ans =($6.13)
>> frac2cur(cur2frac(-6.125,8),4)
ans =   -6.2500
```

读者请参看3个函数的语法格式理解输出结果。需要指出的是，面对负数时，字符串格式的输出是用括号表示负数，并且会自动加上一个美元符号$。

6.2 MATLAB图表操作

在金融数据的可视化操作中，图形的展示是建立在图表窗口之上的，因此用到大量的图表操作，MATLAB提供了用于图表创建、数据的导入导出等操作的函数，下面分别进行介绍，帮助读者建立对MATLAB图表操作的基本概念。

6.2.1 图表窗口的创建

MATLAB中对图表窗口操作的最基本函数是figure。

【语法格式】

```
h=figure('PropertyName',propertyvalue,...)
```

【输入变量】

```
'PropertyName'         %figure对象固有属性
propertyvalue          %属性值
```

【输出变量】

```
h                      %窗口句柄
```

MATLAB 为每个图形窗口提供了很多属性。这些属性及其取值控制着图形窗口对象。除公共属性外，其他常用属性如下：MenuBar、Name、NumberTitle、Resize、Position、Units、Color、Pointer、KeyPressFcn（键盘键按下响应）、WindowButtonDownFcn（鼠标键按下响应）、WindowButtonMotionFcn（鼠标移动响应）及 WindowButtonUpFcn（鼠标键释放响应）等。这些属性的具体含义请查看帮助文档。

属性值的获取和修改使用 get/set 函数对。

MATLAB 通过对属性的操作来改变图形窗口的形式。也可以使用 figure 函数按 MATLAB 默认的属性值建立图形窗口：

```
figure
h=figure
```

在有多个窗口的情况下，使用含参数的 figure(*n*)则激活当前句柄值为 *n* 的图标窗口。如没有句柄值为 *n* 的窗口，则创建句柄值为 *n* 的窗口。可用 gcf 函数查看当前图形窗口的句柄值。

要关闭图形窗口，使用 close 函数，其常用的调用格式为：

close（窗口句柄）

另外，close all 命令可以关闭所有的图形窗口，clf 命令则可以清除当前图形窗口的内容，但不关闭窗口。

【例 6-12】 图标窗口创建实例。建立图表窗口实例，并获取当前活动图标句柄。

```
>>figure              %建立窗口，MATLAB 默认句柄返回值是 1
>>figure(1)           %激活句柄值为 1 的窗口
>> gcf                %查看当前活动窗口，返回窗口句柄值为 1
ans =     1
```

在实际应用过程中，引用作图相关的函数，比如 plot 等，系统自动生成相应的窗口，并按顺序赋予相应句柄值。需要在多图中展现数据时，建立全新的窗口就很有必要了。

在 GUI 编程中，当主程序界面有限，而需要展现的复杂数据在对话框元素中不能全部展现时，开启新的窗口就很有必要了。

比如对于股票的多股同列，想在一个界面上通过多个子窗口同时监控几只股票的走势，则在绘图时就会涉及对不同的子窗口进行操作，这样就需要用到句柄操作的概念。

6.2.2 图表数据的保存和载入

MATLAB 提供了数据保存和载入的函数，分别为 save 和 load，下面分别进行介绍。

【语法格式】

```
save filename content
```

【输入变量】

```
filename              %保存变量的文件名，默认是 matlab.mat
content               %可选，保存变量列表，默认是全部变量
```

【输出变量】

在当前工作目录窗口中生成相应 mat 文件。

将变量列表 variables 所列出的变量保存到磁盘文件 filename 中，variables 所表示的变量列表中不能用逗号，各个不同的变量之间只能用空格来分隔。

未列出 variables 时，表示将当前工作空间的所有变量都保持到磁盘文件中。默认的磁盘文件扩展名为“.mat”，可以使用连字符“-”定义不同的存储格式（ASCII、V4 等）。

【语法格式】

```
load filename content
```

【输入变量】

```
filename          %载入文件的名称
content           %可选，载入变量列表，默认是全部变量
```

【输出变量】

载入当前工作目录窗口中相应文件。

将用 save 命令保存的变量 variables 从磁盘文件中调入 MATLAB 工作空间。用 load 命令调入的变量其名称为用 save 命令保存时的名称。

在 variables 所表示的变量列表中不能用逗号，各个不同的变量之间只能用空格来分隔。未列出 variables 时，表示将磁盘文件中的所有变量都载入工作空间。

【例 6-13】 载入文件实例。

```
>>load 'bggf.mat'
```

当文件位于当前工作目录下时，直接输入文件名即可，否则需要输入文件所在目录的绝对路径。下面是我们读入数据的前 10 行结果，时间序列是顺序的。

```
4.96    7.36    4.88    6.09
5.81    5.94    5.69    5.7
5.68    5.7     5.5     5.58
5.58    5.65    5.52    5.53
5.53    5.54    5.28    5.34
5.34    5.45    5.32    5.35
5.35    5.36    5.26    5.29
5.3     5.43    5.28    5.36
5.36    5.44    5.35    5.38
5.4     5.45    5.39    5.4
```

在 MATLAB 中，数据都是以矩阵形式存储的，对于金融数据来说，有如下原则：

- 数据的读入需遵循严格的顺序，时间序列数据的顺序很重要。
- 数据的每一列作为一个变量。
- 数据的每一行作为变量的一个观测。

这样，上面的数据就很容易理解了。上面的数据是宝钢股份某 10 天的交易价格情况，每行代表一天。第一列代表的是开盘价格，第二列代表的是最高价格，第三列代表的是最

低价格，第四列代表的是收盘价格。

这里关于数据格式的说明很重要，下面的内容都是基于本数据样本的。

通过 load 函数将文件载入工作空间。文件名一般加后缀，可读入 TXT 文件，和标准的 MAT 文件，其他格式文件的读入请参阅帮助文档的介绍。

【技巧与提示】

一般在网络上获取的数据通常见到的是 Excel 文件，通过对 Excel 另存为 TXT 文件，这样获取的文件格式基本可以在常见的软件之间互用，比如 Excel、R、MATLAB、SAS、SPSS 等。

数据名称为 bggf.mat 的文件是宝钢股份的实时交易数据，需要将数据复制到相应的工作空间，以便于我们操作。

对于常见的桌面数据管理软件 Excel，MATLAB 提供了丰富的接口，而且对于 Excel 存储的数据可以通过 xlsread/xlswrite 函数进行直接读写。

6.2.3　图表窗口的坐标

图表窗口的操作涉及对两个坐标的标注以及图标名称的标识，常用函数如下。

- xlabel('Date')：实现对横轴的标注，函数参数为字符串。
- ylabel('Price')：实现对纵轴的标注，函数参数为字符串。
- title('The name of the chart!')：实现对图表的重新命名，参数为字符串。

下面介绍在金融数据处理中用到的日期坐标轴函数 dateaxis()。对于坐标轴是日期的图表，MATLAB 提供 dateaxis()函数来实现对坐标轴的日期标识。在调用 dateaxis()时，一般结合函数 axis()函数使用。

【语法格式】

```
dateaxis(aksis,dateform,startdate)
```

【输入变量】

```
aksis:                    %指定相应坐标轴
dateform:                 %指定日期格式，为一整数
startdate:                %指定坐标轴开始日期
```

【输出变量】

无

对于坐标轴的标注范围，MATLAB 会根据数据进行自动调整。在实际应用中有时往往需要根据事先指定坐标轴范围，这时需要使用 axis 函数。

【语法格式】

```
axis([xmin,xmax,ymin,ymax])
```

【输入变量】

```
xmin                      %X 轴的下限
```

```
xmax                %X 轴的上限
ymin                %Y 轴的下限
ymax                %Y 轴的上限
```

【输出变量】

无

【例 6-14】 坐标轴属性设定实例。对窗口坐标轴进行如下设定：

（1）横轴范围 0 ~ 100。

（2）纵轴范围 0 ~ 正无穷。

（3）标题设定为“宝钢股份最近 100 天股价走势条形图”。

（4）标定日期是 2007 年 12 月 9 日 ~ 2008 年 3 月 18 日。

在 MATLAB 的 M 文件编辑器中输入下列命令：

```
clear;clc;
load 'bggf.mat';          %存储宝钢股份股价的数据文件
figure;
xlabel('日期');
ylabel('宝钢股份股价/元');
title('宝钢股份最近 100 天股价走势条形图');
axis([0,100,0,inf]);
dateaxis('x',2,'9-Dec-2007');
```

【技巧与提示】

一般写脚本的时候，前面加上 clear 和 clc 是一个良好的编程习惯，可以防止对变量的引用混乱，结果显示简洁。

输出结果如图 6-1 所示。

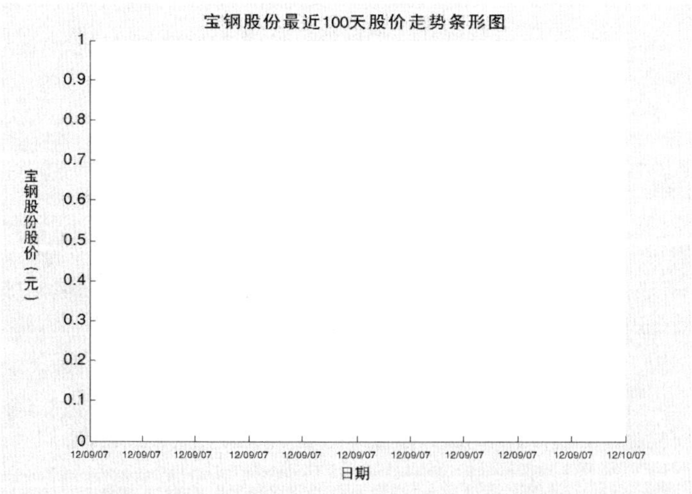

图 6-1　宝钢股份最近 100 天股价走势图

6.3 线型图的含义和绘制

6.3.1 线型图的含义

线型图又称为高低线图，是在金融市场、特别是在股票市场中常见的一种图表表示方法，其基本单元如图 6-2 所示。

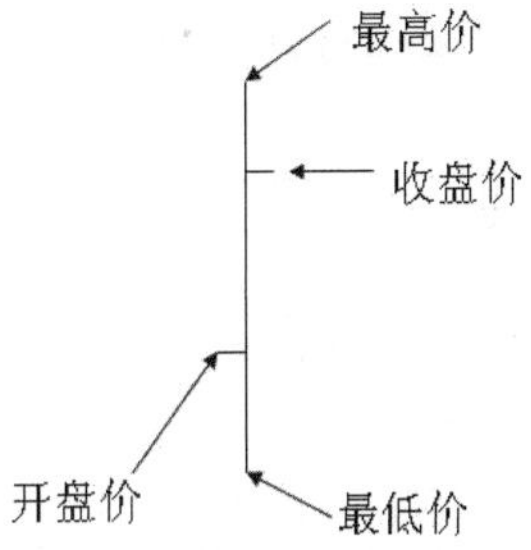

图 6-2 线型图基本单元

如图 6-2 所示，通过一条竖线和两条短横线构成的基本单元展示了下列 4 个基本数据。

（1）开盘价

为图中左边的短横线，表示股票在观测区间的起始交易价格。开盘价一般是观测区间内的第一笔交易数据，是所有对某只股票感兴趣的交易主体在经过一段时期的思考后达成的一致均衡，因而是重要的，非理性因素比较小。

（2）最高价

为图中竖线顶端，表示股票价格在观测区间内达到的最高价格。在这个价位水平上，证券的出售者比购买者要多，显示卖方认为价格被高估了；同时，这个价格也显示了市场上所有买者对此证券在某时点上所愿意支付的最高价格。

（3）最低价

为图中竖线底端，表示股票价格在观测区间内达到的最低价格。在这个价位水平上，证券的购买者比出售者要多，显示买方认为价格被低估了；同时，这个价格也显示了市场上所有卖者对此证券在某时点上所愿意卖出的最低价格。

（4）收盘价

为图中右边的短横线，表示股票在观测区间的最后交易价格。收盘价和开盘价的关系是我们最关心的，是市场上对一段时间内积累的信息消化后达到的均衡，在没有新的信息出现的时候，就是市场均衡的表现，收盘价与下一个观测区间的开盘价之间的关系，被技术分析这认为是最重要的，这点在 6.4 节的烛型图中得到了强调。

当将多个观测区间收集到的时间序列数据，在一张图中表示出来的时候，就有丰富的含义了，通过对图表的分析可对市场上投资者的心态、供求等可能对价格产生影响的因素作出猜测和分析。技术分析者假定市场的当前价格已经包含了一切信息，这点是技术分析的基础。

下面介绍如何通过 MATLAB 来实现条形图的法则。

6.3.2 线型图函数

MATLAB 的金融工具箱提供了绘制线型图的函数 highlow，下面对 highlow()函数的使用和参数调用格式做详细说明。

highlow()函数可用来对时间序列数据绘制线型图。数据要求必须含有 4 个量：开盘、收盘、最高、最低。数据的缺失会导致绘制线型图的失败。

【语法格式】

```
highlow(high, low, close, open, color)
handle= highlow(high, low, close, open, color)
```

【输入变量】

```
high                  %列向量，对应为观测值的最高价格
low                   %列向量，对应为观测值的最低价格
close                 %列向量，对应为观测区间证券交易的收盘价格
open                  %列向量，对应为观测区间证券交易的开盘价格
color                 %可选，一字符串，表示图形颜色
```

【输出变量】

```
handle                %返回值，为所画条形图句柄。
```

注：上述 high、low、close、open 参数必须保证长度一样，color 的取值参考前面相关章节。

【例 6-15】 线型图绘制实例。利用线型图绘制函数 highlow。绘制宝钢股份股价 100 天的线型图。

在 MATLAB 命令窗口中输入下列命令：

```
clear;clc;
load 'bggf.mat';          %存储宝钢股份股价的数据文件
r=size(bggf,1);
figure
highlow(bggf(r-100:r,2),bggf(r-100:r,3),bggf(r-100:r,4),bggf(r-100:r,1),'r')
title('宝钢股份 100 天股价走势线型图');
xlabel('日期');
ylabel('宝钢股份股价/元');
axis([0,100,10,inf]);   %标定坐标轴范围
dateaxis('x',2,'9-Dec-2007');   %设定横轴日期显示格式
```

输出计算结果如图 6-3 所示。

需要注意的是，由于数据文件中的变量顺序和 highlow()函数要求的顺序不同，需调整，这个会根据读者测试用的数据文件不同而不同。

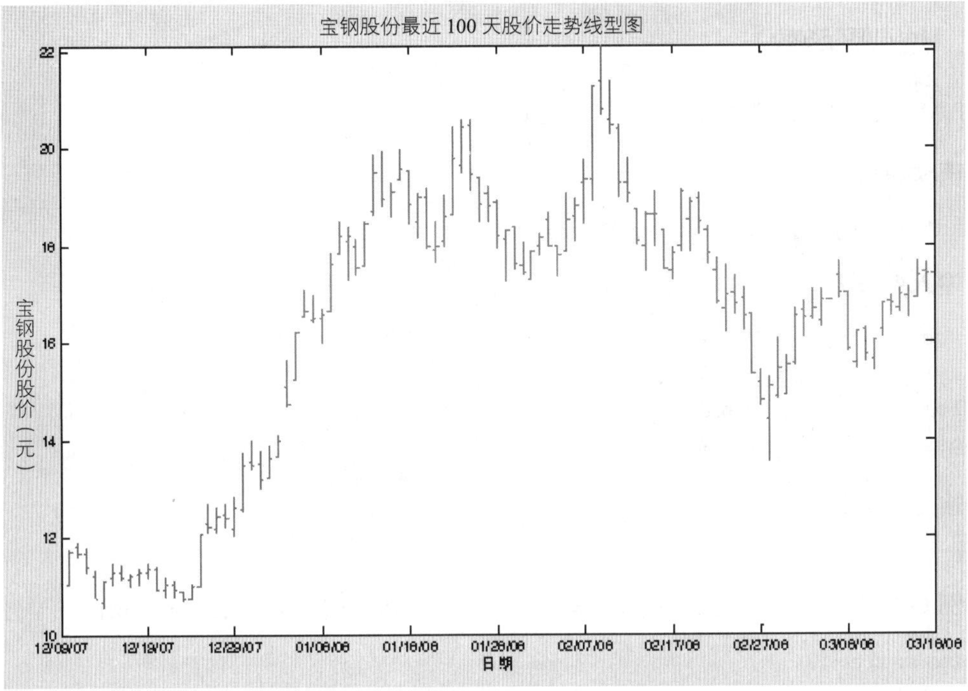

图 6-3　宝钢股份股价走势线型图

6.4 烛型图

6.4.1 烛型图的含义

烛型图的基本元素如图 6-4 所示。其中根据不同的颜色，判定是阴线还是阳线，一般在行情软件中，红色代表阳线，绿色代表阴线，这里分别用白色和黑色代表阳线和阴线。

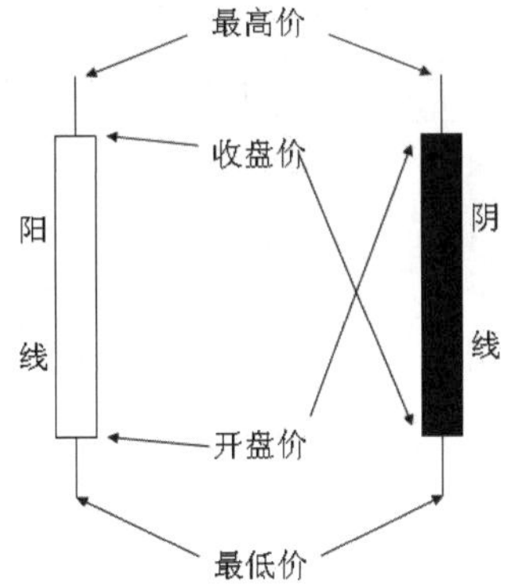

图 6-4　烛型图

烛型图是 17 世纪日本流行的一种分析大米合约的技术，后被引入证券分析领域，关于这方面的资料可以参考《技术分析》一书。本节只涉及如何根据相关证券交易价格数据构造烛型图，不涉及技术形态分析。

6.4.2 烛型图函数

在 MATLAB 中绘制烛型图的函数是 candle。

【语法格式】

```
candle(High, Low, Close, Open)
```

【输入变量】

```
High            %最高价
Low             %最低价
Close           %收盘价
Open            %开盘价
```

【输出变量】

无

【例 6-16】 烛型图绘制实例。基于宝钢股份的数据绘制将宝钢股份股价烛型图。

```
clear;clc;
load 'bggf.mat';
[ro,co]=size(bggf);
figure
candle(bggf(ro-100:ro,2),bggf(ro-100:ro,3),bggf(ro-100:ro,4),bggf(ro-10
0:ro,1),'r')
title('宝钢股份 100 天股价走势烛型图');
xlabel('日期');
ylabel('价格');
axis([0,100,10,inf]);
dateaxis('x',2,'9-Dec-2007');
```

结果如图 6-5 所示。

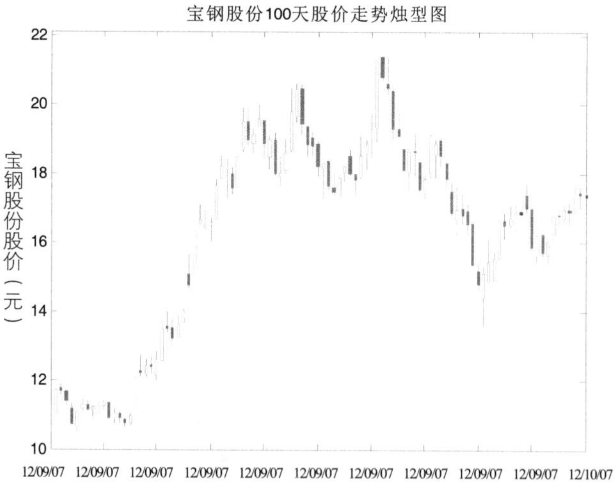

图 6-5 宝钢股份 100 天股价走势烛型图

6.5 移动平均线

上面介绍的两种技术指标的含义和表示都是基于直接交易数据的，并没有对数据进行任何处理，MATLAB 金融计算的主要优势在于对金融数据的处理上，本节介绍移动平均线（MA）指标的计算过程和 MATLAB 的实现函数。

6.5.1 移动平均线的含义

MA 值是表示证券价格在过去特定时间段内的平均值。计算 MA 指标的主要问题在于加权的权重问题，有多种不同处理方式，本节采用简单加权平均，即算数平均的方案来计算 MA 指标。

MA 代表的是一段时期内证券的平均价格，消除了一定的不稳定性，当价格位于 MA 之上，则显示卖出信号；当价格位于 MA 之下时，指标显示买入信号。

指标设计的目的不是按照 MA 在证券价格线的上下进行买入和卖出获利，而是主要通过在市场到达底部后不久买入，在市场到达顶部后卖出，以期实现同证券价格的相同趋势，在一定程度上消除了由于随机事件对股票价格的影响。

6.5.2 移动平均线的计算

一般根据当天的收盘价计算 MA 指标，公式如下：

$$\mathrm{MA}(n)=\frac{1}{n}\sum_{i=1}^{n}x_i$$

式中，x_i 是 i 天前的收盘价，x_1 是昨天的收盘价，这样计算出来的是当天的 MA 指标。这种计算方法是最简单的 MA 指标计算方法，不同的系统会有不同的计算方法，例如指数加权法、时间加权法等。

【例 6-17】 移动平均线绘制实例。绘出宝钢股份数据样本的最近 90 天的 10 日 MA 指标，以及收盘价格曲线。

```
load 'bggf.mat'                %载入数据
[ro,co]=size(bggf);            %求出 bggf 的行列数，并赋值给 ro 和 co
cp=bggf(ro-99:ro,4);           %提取出 bggf 第四列收盘价数据
for i=1:90                     %for 循环实现计算每日 MA 指标
    cpn(1,91-i)=sum(cp(91-i:101-i))/10;
end
plot(cpn)                      %绘出 MA 曲线，如图中默深色曲线
hold on                        %不覆盖绘图
plot(cp(10:100),'g')           %绘出相应的收盘价曲线，如图 6-6 所示
```

本示例可直接用 MATLAB 内置函数 movavg 来实现。

【语法格式】

```
[Short, Long] = movavg(Asset, Lead, Lag, Alpha)
```

【输入变量】

```
Asset                   %资产价格序列
Lead                    %短均线滞后项，不超过 Lag
Lag                     %长均线滞后项
Alpha                   %移动平均滞后项，参见帮助文档
```

【输出变量】

```
Short                   %短均线序列
Long                    %长均线序列
```

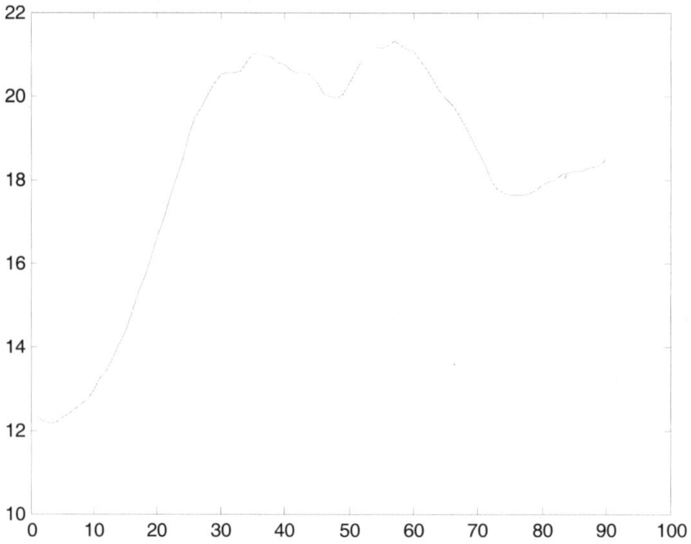

图 6-6　宝钢股份，10 天移动平均线

6.6 布林带

布林带是由 John Bollinger 发明的，它的使用类似于移动平均线（MA）。在 6.5 节 MA 的使用中，通过 MA 来标示股票价格的移动趋势，但在 MA 中并没有表明回归的趋势。

显然，当价格偏离 MA 所代表的价格运动趋势越远，其回复 MA 的市场压力越大。布林带提供了一个定量的标准来衡量这种均衡的偏离。

布林带的计算，通常使用移动平均数 MA 加/减若干个标准差，其核心的数据涉及：

- 收盘价。
- MA 的周期，具体采用多少天的收盘价来计算 MA。
- 关于标准差的估计。

布林带的释义：

- 价格比较稳定时，布林带倾向于收窄；价格波动较大时，布林带较宽。
- 当价格的顶和底在价格带内，随后，顶和底移出了布林带，则意味着趋势将反转。
- 价格倾向于稳定在布林带内。

6.6.1　布林带的计算

布林带包含三条线：移动平均线、上边界、下边界。这里分别给出相应的计算方法。

（1）中间线，即 6.5 节中的 MA，计算公式如下：

$$\text{MA}=\frac{\sum_{i=1}^{n}\text{收盘价}_i}{n}$$

这里，采用收盘价来计算 MA，实际应用中一般采用 20 天的 MA，即 n=20。

（2）上边界的计算是以中间线为基准，加上若干个标准差，计算公式如下：

$$\text{上边界}=\text{中间线}+\text{D}*\sqrt{\frac{\sum_{i=1}^{n}(\text{收盘价}_i-\text{中间线})^2}{n}}$$

（3）下边界的计算是以中间线为基准，减去若干个标准差，计算公式如下：

$$\text{下边界}=\text{中间线}-\text{D}*\sqrt{\frac{\sum_{i=1}^{n}(\text{收盘价}_i-\text{中间线})^2}{n}}$$

这里，D 是加减的标准差数目，根号项是代表过去 n 天，即 MA 计算周期内的股票收盘价格的标准差，用来表示股票价格的波动率。D 越大的时候，价格的波动越难触及布林带的边界。

【技巧与提示】

布林带的含义：若假设股票价格的运动如从正态分布，则股票价格在均值加/减两个标注差之内运动的概率是 95.45%。D 值越大，股票价格的运动就越难漂离布林带。布林带的含义就是这样的。实证研究中假设股票价格的运动服从几何布朗运动是比较好的，这里简单采用正态分布来说明布林带的含义。

【例 6-18】　布林带绘制实例。获取 JPMorgan 2008-1-1 到 2008-3-31 的收盘价格，并分别作出布林带的中间线和上下边界。中间线采用 20 天平均移动线，上下边界为收盘价标准差的 3 倍。

首先从 Yahoo 的数据库获取 JPMorgan 的股票价格数据，代码如下：

```
>>c=yahoo;              %通过 MATLAB 内嵌的 Yahoo 函数获取句柄 c
>>jpm=fetch(c,'jpm', 'Close', '1-Jan-08', '31-Mar-08') %fetch 获取相应数据
```

【步骤 1】：作出平均线。

采用的方法同上节介绍的一样，将计算得到的 20 天移动平均线的数据存放到 movavg 变量中，代码如下：

```
for i=1:(length(jpm)-19)            %作为 movavg 的脚标，用 for 循环进行遍历
```

```
    movavg(1,i)=mean(jpm(i:(i+19),2)); %实现所需数据的移动平均的计算
end
```

【步骤 2】: 计算对应序列之标准差项，存储在变量 sd 中。

```
for i=1:(length(jpm)-19)              %作为对应标准差项脚标，用 for 进行遍历
   sd(1,i)=std(jpm(i:(i+19),2));      %计算对应天数的标准差
end
```

【步骤 3】: 分别计算上边界和下边界，存储在变量 upband 和变量 downband 中。

```
upband=movavg+3*sd;
downband=movavg-3*sd;
```

【步骤 4】: 分别进行绘图。

```
plot(ndate,upband,'r');hold on;
plot(ndate,downband,'b');hold on;
plot(ndate,movavg,'g')
dateaxis('x',12)                  %设定 x 轴的标度为月年的标度
```

结果如图 6-7 所示。

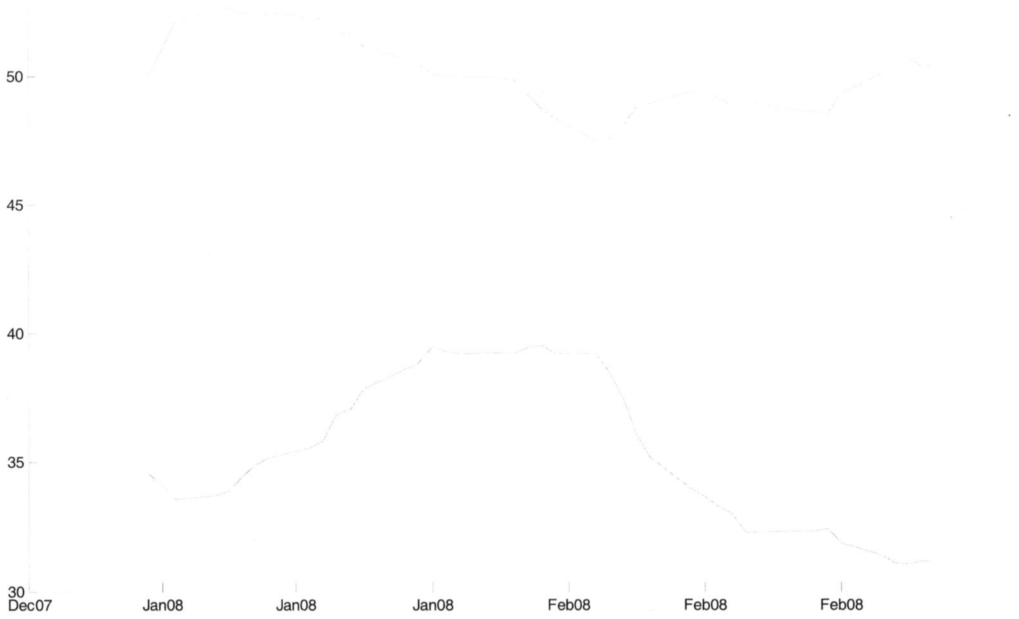

图 6-7　JPMorgan 布林带图

【技巧与提示】

fetch()函数的具体情况可以参见帮助文档。fetch 是根据 Yahoo 提供的金融服务获取相关股票和债券交易数据的函数。

作为另外一个常用的科研数据获取方式，可以参考 finance.google.com，其上的数据包含股票交易数据和公司财务数据，可以通过保存到 Excel 使用 xlsread()函数实现导入 MATLAB。

6.6.2 布林带的函数

MATLAB 提供了内置的 bolling 函数来实现上述布林带的计算。

【语法格式】

```
bolling(Asset, Samples, Alpha)
[Movavgv, UpperBand, LowerBand] = bolling(Asset, Samples, Alpha, Width)
```

【输入变量】

```
Asset               %列向量，对应为观测目标的价格
Samples             %列向量，用以说明在计算 MA 曲线时的时间区间
Alpha               %加权平均方式，默认为 0，简单加权平均，具体参见 help 文档
Width               %上下边界偏离 MA 的距离，标注差的倍数
```

【输出变量】

```
Movavgv             %移动平均线
UpperBand           %上边界
LowerBand           %下边界
```

【例 6-19】 使用 bolling 函数绘制布林带实例。仍采用例 6-18 的数据，在 M 文件编辑器中输入如下代码。

```
clear;clc;
c=yahoo;
jpm=fetch(c,'jpm','Close','1-Jan-08','31-Mar-08');
bolling(jpm(:,2),20, 0);
%eof
```

得到如图 6-8 所示的布林带图。

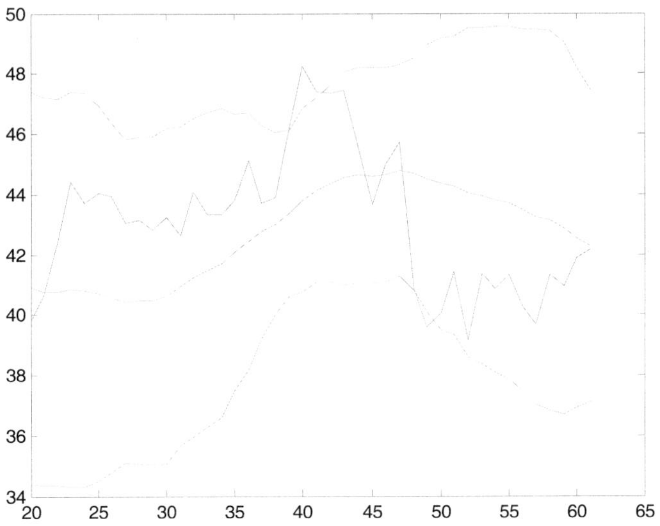

图 6-8 JPM 布林带图（bolling 函数生成）

需要说明的是，图 6-8 中的四条线分别是股价、移动平均和上、下带宽。由于 bolling 函数的无返回值形式只有一个默认的带宽为标准差的 2 倍，而例 6-18 中的布林带宽是 3 倍标准差。这两点是不同的。

6.7 动态数据获取

本章前 6 节介绍的是静态数据的呈现方式，在实际生活中，可能需要将动态数据进行更新和绘图。

本节将要介绍如何在 MATLAB 里使用 timer 呈现动态数据，并以一个简单的实例讲解其应用。

6.7.1 创建定时器

在大部分计算机语言中均提供了一种定时器功能函数，用以完成需要周期性执行的任务。

一般在 Windows 下的程序都是基于消息的，系统创建一个消息队列，用户的某些行为或者系统自动触发的消息，被加入消息队列等待执行。

在 MATLAB 中完成定时器功能的是 timer 函数。

【语法格式】

```
T = timer
T=timer('PropertyName1',PropertyValue1,'PropertyName2',PropertyValue2,...)
```

【输入变量】

```
'PropertyName1'          %域名
PropertyValue1           %变量值
```

【输出变量】

```
T                        %一个定时器句柄
```

在第一种语法格式下，采用系统默认值返回一个定时器句柄。第二种语法格式下创建的定时器是可以根据用户的需要自行设定的。

Timer 的属性值有些可以根据用户需要制定，有些则是系统记录 Timer 运行时的一些参量，是只读的。

Timer 一共有 18 个字段的属性，其中有一部分是永久只读的，有一部分需要根据其他字段的值来决定是否只读，而另外一些是非只读的。

【例 6-20】 定时器创建实例。构建定时器，并观察其属性。

在 MATLAB 命令窗口中输入如下命令：

```
>>t=timer;
>>get(t)
     AveragePeriod: NaN
```

```
          BusyMode: 'drop'
          ErrorFcn: ''
     ExecutionMode: 'singleShot'
     InstantPeriod: NaN
              Name: 'kingsberg'
  ObjectVisibility: 'on'
            Period: 1
           Running: 'off'
        StartDelay: 0
          StartFcn: ''
           StopFcn: ''
               Tag: 'king'
     TasksExecuted: 0
    TasksToExecute: Inf
          TimerFcn: ''
              Type: 'timer'
          UserData: []
```

以上 get 函数返回定时器 t 的属性字段。

AveragePeriod：是一个只读的字段，用以记录从计时器开始运行时的平均运行时间。注意，在定时器没有开始运行或者运行次数少于两次时，其值是不存在的。

BusyMode：在 Running 字段的值是 on 时只读，是标识当前一次调用的 TimerFcn 并没有执行完成时，应当执行的操作。可取值有'drop'、'error'和'queue'，默认值是'drop'。'drop'是当遇到上次调用未执行完成时，放弃这次调用；'error'是当遇到上次调用未执行完成时，调用 ErrorFcn；'queue'是当遇到上次调用未执行完成时，将其加入消息队列等待。

ErrorFcn：始终可读写，当 timer 的执行遇到了错误时调用 ErrorFcn，在 ErrorFcn 中进行容错处理。ErrorFcn 必须在 StopFcn 前执行。

ExecutionMode：在 Running 字段的值是 on 时只读，表示调用模式。可取值有'singleShot'、'fixedDelay'、'fixedRate'和'fixedSpacing'，默认值是'singleShot'。

在'singleShot'执行模式下，在开启 timer 以后，经过 StartDelay 字段所表示的时间后执行一次 TimerFcn，然后停止 timer，如图 6-9 所示。

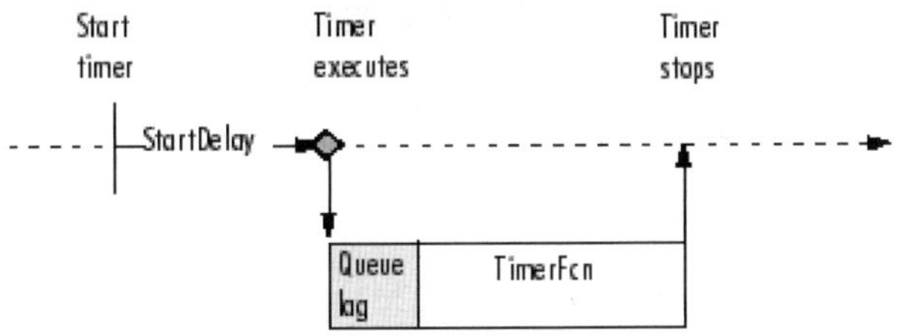

图 6-9　singleShot 执行模式

Queue lag 取决于当前系统的忙碌程度，在调用完 TimerFcn 一次后，timer 即停止。这种模式下，适合在开启 timer 后的特定时间内执行某个特定操作一次，比如关机或者断开连接。

'fixedDelay'、'fixedRate'和'fixedSpacing'执行模式有很多相似的地方，唯一不同的就是在不同模式下'Period'字段的含义是不同的，如图 6-10 所示。

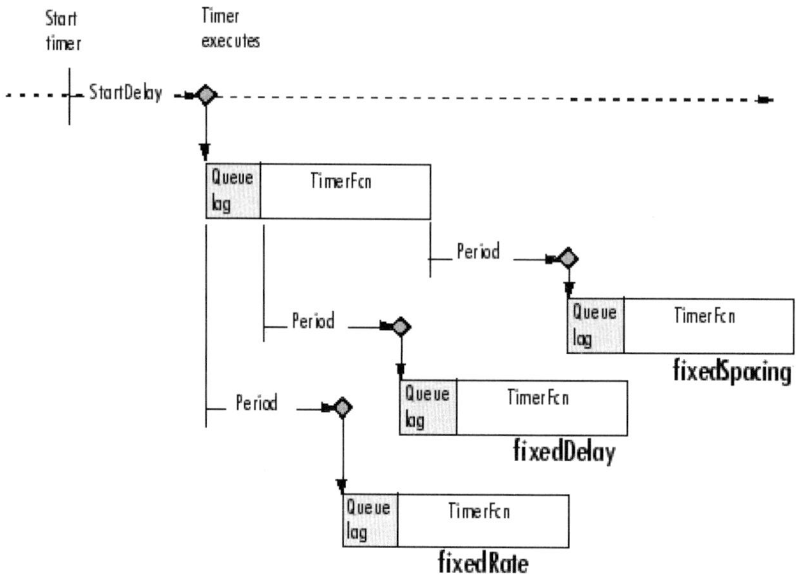

图 6-10 'fixedDelay'、'fixedRate' 和 'fixedSpacing' 执行模式

可见在'fixedDelay'、'fixedRate'和'fixedSpacing'执行模式下，对于'Period'字段指明的延迟时间的含义是不同的：

- 'fixedDelay'模式下是从上一次 TimerFcn 执行开始，到下一次将 TimerFcn 加入执行队列的时间，优点是可以不用考虑系统性能延迟带来的影响，缺点是并不能准确的决定两次执行的时间。
- 'fixedRate'模式下是两次 TimerFcn 加入到执行队列的时间，系统的延迟会带来影响，但是对于程序来说，每间隔固定的时间，将 TimerFcn 加入到执行队列，交给系统处理。
- 'fixedSpacing'模式下是上一次调用完毕到下一次加入到执行队列的时间。

InstantPeriod：永久只读。代表最新的两次 TimerFcn 执行的时间，如图 6-11 所示。

Name：用户指定的 timer 名字。

ObjectVisibility：总是可读写的，控制 timer 是否对终端用户可见，取值为 on 或者 off。为 off 时，终端用户无法通过 timerfind 命令找到 ObjectVisibility 字段值为 off 的定时器。程序使用之前，可以把此属性设置为 on，使用完毕后再设置为 off，这样就实现了后台的运行，而对终端用户实现了屏蔽。

Period：在 Running 字段的属性为 on 时只读。TimerFcn 两次调用的时间间隔。Period 的具体含义如图 6-10 和图 6-11 所示。

Running：表示当前 timer 是否处于激活状态，取值为 on 或 off。

StartDelay：从开始到第一次调用 TimerFcn 的时间间隔，如图 6-10 所示。

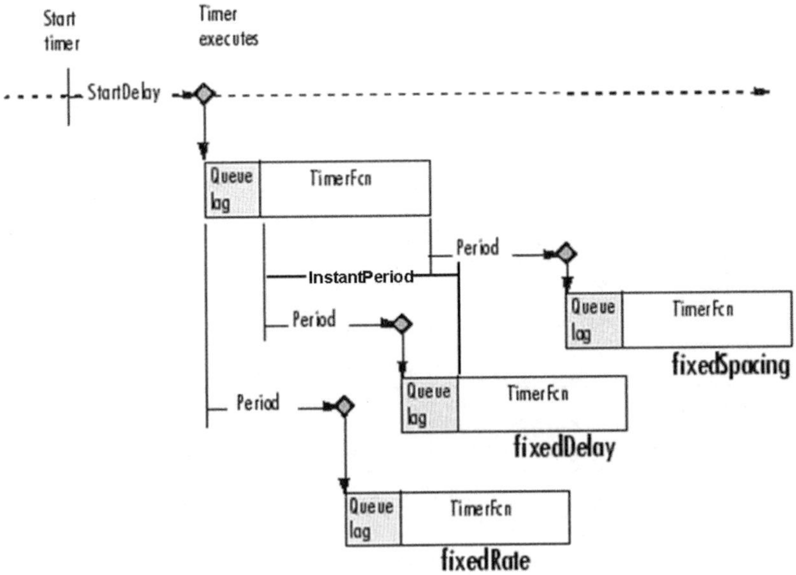

图 6-11 InstantPeriod 参数含义

StartFcn：在执行 start 命令，即开始定时器时调用的初始化函数，StartFcn 一定是在第一次调用 TimerFcn 之前，一般是用来完成初始化的工作。

StopFcn：在执行 stop 命令，即结束定时器时调用的结束函数，StopFcn 一定是在最后一次调用 TimerFcn 之后，一般用来完成收尾的工作。

Tag：由用户指定的 timer 标签。

TasksExecuted：timer 应当执行的次数，即调用 TimerFcn 函数的次数。

TasksToExecute：从定时器开始后 TimerFcn 调用的次数。

TimerFcn：每次被调用的函数。

Type：值为'timer'，表示这是一个定时器。

UserData：用户自定义数据，可以是 struct、cell 和矩阵。

在 timer 中，改变上述字段的值使用函数 set/get，具体用法请参考帮助文档。

6.7.2 Callback 函数的参数

Callback 函数是指 timer 的回调函数，即在 timer 的整个生命周期中调用的函数，有四个函数：StartFcn、TimerFcn、StopFcn 和 ErrorFcn。

在上述回调函数没有参数时，可以直接在创建定时器时指定回调函数，此时的回调函数是完成一系列的操作。

一般情况下，回调函数需要完成对数据的修改、更新、计算等任务，特别是当 timer 中需要的某些参数并不是 timer 的属性时，但却需要在初始化或者调用时指定，此时即需要向回调函数传递参数。

在 timer 的回调函数中，参数被分成两类：系统默认参数和用户自定义参数，这两类参数的传入是有着严格的语法规范和声明顺序的。

系统默认参数有 obj 和 event。而对于用户自定义参数则可根据用户需求自行指定，需要注意的是用户自定义参数在声明时一定要在系统默认参数之后。

回调函数参数传递规范如表 6-4 所示。

表 6-4　回调函数参数传递规范

回调函数声明语法	回调函数参数设定
function my_callback	set(h, 'StartFcn', 'my_callback')
function my_callback(obj,event)	set(h, 'StartFcn', @my_callback)
function my_callback(obj,event,arg)	set(h, 'StartFcn', {'my_callback',arg})
function my_callback(obj,event,arg)	set(h, 'StartFcn', {@my_callback,arg})

其中，obj 是当前的定时器实例，h 是定时器句柄。

上述回调函数的声明形式也适合于 GUI 编程时的回调函数声明。

另外，timer 的不同回调函数之间数据的传递是通过形参 obj 的 UserData 字段实现的。

在回调函数声明的第二种形式下，可以使用 get 函数获得 obj 的全部字段，进行操作后，用 set 函数重新保存回 timer 的相应字段。

timer 的这种机制被广泛采用于 GUI 编程中的数据传递，在这里不展开深入讨论，请参考 6.7.4 节的实例。

6.7.3　定时器使用实例

在日常金融数据处理中，有时需要根据数据在原始的股价走势图上添加上自己的技术指标。现在的行情软件绝大多数提供了自定义公式功能，而这些功能并不能完全按照用户的想法来自由操作，软件的源代码也尚未公开，所以在平时测试环境中，构建自己的行情查询系统就显得十分重要。读者将会发现，基于 MATLAB 构建的这套系统将会十分简单而实用。

首先，需要准备一个高频数据源，本例中采用的是一个 SQL 库。

然后构建行情查询显示系统了。

先完成初始化数据的补全工作。由于并不能确定系统的开始时间，因此每次开始时，需要将当天前面的数据补全，并绘图。

随后应每隔一定时间查询一次是否有新的数据更新，如果有则需要更新数据，并绘图。

最后停止时显示停止时间。

由于系统设计定时查询，因此采用 timer 函数来构建系统的核心。接下来会展示如何通过 timer 函数实现以上功能。

数据的初始化通过在 StartFcn 中完成，数据的定时查询更新在 TimerFcn 函数中完成，而停止时间在 StopFcn 中完成。

下面是本例的代码实现，请读者参照代码和注释及图 6-12 进行理解。

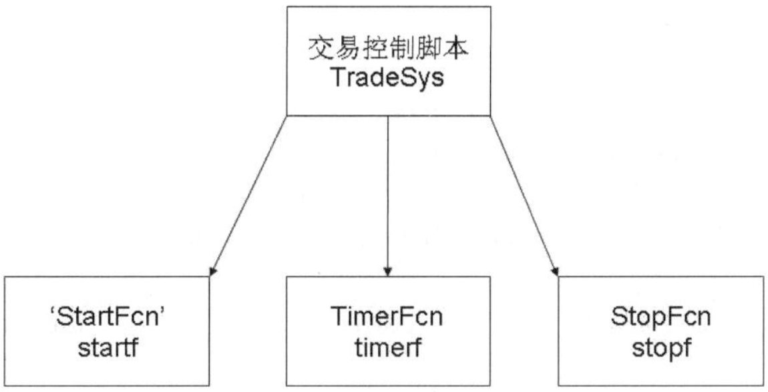

图 6-12　行情显示系统框架

【步骤 1】：构建交易控制脚本 TradeSys。

```
%SID 是证券交易代码，上证所 580019-中石化权证
SID='580019'
%构建定时器并返回其句柄 htimer，注意'ExecutionMode'属性是'fixedRate'，每 1.5s 执%
行一次 TimerFcn
htimer=timer('Name',SID,'ExecutionMode','fixedRate','Period',1);
%以下两种方式指定相应的回调函数语法是在有额外参数情况下的调用方式
htimer.StartFcn={@startf, SID};
set(htimer,'StartFcn',{@startf,SID});
set(htimer,'TimerFcn',@timerf);
set(htimer,'StopFcn',@stopf);
%开启 htimer
start(htimer);
```

【步骤 2】：构建 StartFcn。

```
function startf( obj, event,SecID)
%建立数据库连接
DatabaseConn=database('hrd','jydb','jydb');
SecInfo=fetch(DatabaseConn,['select HQRQ,S8  from SHOW2003_20080701
where... S1=' SecID ' order by HQRQ asc']);
%完成数据转换，从 cell 型到矩阵
TTime=datenum(cell2mat(SecInfo(:,1)))-datenum(date);
TPrice=cell2mat(SecInfo(:,2));
TPrice=TPrice(~any(TPrice==0,2),:);
TTime=TTime(~any(TPrice==0,2),:);
%绘图，在 StartFcn 中将历史数据补全
handlefig=figure(str2double(SecID));
title('601857')
plot(TTime*24*60-9.5*60,TPrice,'y--');hold on;grid on;
%画出均线
if(max(size(TTime)>2))
    short=zeros(max(size(TTime)-2,2));
    for shortlag=3:max(size(TTime))
        short(shortlag-2,1)=TTime(shortlag);
        short(shortlag-2,2)=sum(TPrice((shortlag-2):shortlag))/3;
    end;
    plot(short(:,1)*24*60-9.5*60,short(:,2),'g');hold on; grid on;
```

```
    end;
    if(max(size(TTime)>5))
        long=zeros(max(size(TTime)-5,2));
        for longlag=6:max(size(TTime))
            long(longlag-5,1)=TTime(longlag);
            long(longlag-5,2)=sum(TPrice((longlag-5):longlag))/6;
        end;
        plot(long(:,1)*24*60-9.5*60,long(:,2),'r');hold on; grid on;
    end;
    %保存数据
    tmp=get(obj);
    tmp.UserData.SecID=SecID;
    tmp.UserData.Figure=handlefig;
    tmp.UserData.DatabaseConn=DatabaseConn;
    tmp.UserData.ShortAvg=short;
    tmp.UserData.LongAvg=long;
    tmp.UserData.SecInfo=[TTime TPrice];
    set(obj,'UserData',tmp.UserData);
    end
```

【步骤 3】：周期性更新数据。

```
    function timerf(obj, event)
    tmp=get(obj);
    SecInfo=fetch(tmp.UserData.DatabaseConn,['select top 10 HQRQ,S8,S9,S10
from SHOW2003_20080701 where S1=' tmp.UserData.SecID ' order by HQRQ desc']);
    %数据格式转换
    TTime=datenum(cell2mat(SecInfo(:,1)))-datenum(date);
    TPrice=cell2mat(SecInfo(:,2));
    %数据容错处理
    TPrice=TPrice(~any([TPrice Bid Ask]==0,2));
    TTime=TTime(~any([TPrice Bid Ask]==0,2));
    %去除重复数据
    logic=(TTime>tmp.UserData.SecInfo(end,1));
     if(sum(logic)~=0)
        TTime=TTime(logic);
        TPrice=TPrice(logic);
        TTime(:)=TTime(end:-1:1);
        TPrice(:)=TPrice(end:-1:1);
        tmp.UserData.SecInfo((end+1):(end+sum(logic)),:)=[TTime TPrice];
     end;
    %绘制价格线
    plot(tmp.UserData.SecInfo((end-sum(logic)):end,1)*24*60-570,tmp.UserDat
a.SecInfo((end-sum(logic)):end,2),'y--');hold on;grid on;
    %画出均线
    tmpShort=tmp.UserData.ShortAvg;
    sl=length(tmpShort(:,2));
    tmpLong=tmp.UserData.LongAvg;
    ll=length(tmpLong(:,2));
    tmpPrice=tmp.UserData.SecInfo((end-5):end,2);
    if(sum(logic)~=0)
```

```
        for i=1:max(size(TTime))
            tmpShort(sl+i,2)=sum(tmpPrice((end-2):end))/3;
            tmpShort(sl+i,1)=TTime(i);
        end;
        plot(tmpShort(sl:end,1)*24*60-9.5*60,tmpShort(sl:end,2),'g');hold
on;grid on;
        for i=1:max(size(TTime))
            tmpLong(ll+i,2)=sum(tmpPrice)/6;
            tmpLong(ll+i,1)=TTime(i);
        end;
        plot(tmpLong(ll:end,1)*24*60-9.5*60,tmpLong(ll:end,2),'r');hold
on;grid on;
     %数据压入 UserData 字段
    tmp.UserData.ShortAvg=tmpShort;
    tmp.UserData.LongAvg=tmpLong;
    set(obj,'UserData',tmp.UserData);
    end
```

【步骤 4】: 构建 StopFcn。

```
    function stopf( obj, event)
    disp('The program has stopped at :')
    disp(datestr(now));
    stop(htimer);
    delete(htimer);
    end
```

第 7 章　固定收益证券计算

在资本市场上，占据最大份额的仍然是固定收益类证券，美国的国债市场、公司债市场都是固定收益类证券市场。引发 2008 年金融危机的 MBS 也属于固定收益类证券。MBS 是一种通过将住房贷款打包形成资产池，基于标的资产池发售相应的衍生金融产品的凭证。

本章介绍基本的固定收益计算方法，以让读者对固定收益证券形成基本的概念，通过 MATLAB 基本语句进行实现，给出 MATLAB 的固定收益工具箱函数的使用规范，让读者能知其所以然，为学习后面的内容打好基础。

7.1 债券的基本概念

7.1.1 现金流的时间价值

债券是表明债权人和债务人之间借贷关系的凭证，债权人有要求债务人在特定的时间支付特定数量货币的权力，而债务人有按约定归还本金和利息的义务。

债券的核心问题是定价问题，定价技术的核心是理解现金流的现值（Present Value）和终值（Future Value）。

货币是有时间价值的，货币的时间价值表现在机会成本上。作为债券定价的核心概念，本节做如下定义。

1．时间轴

如图 7-1 所示，用向上的箭头代表现金流入，向下的箭头代表现金流出，横轴为时间。

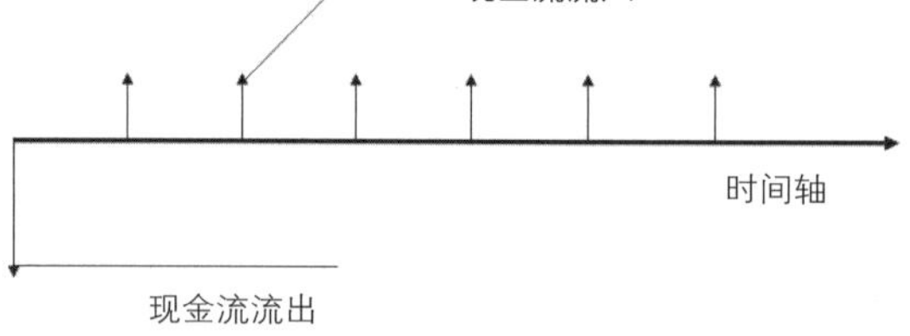

图 7-1　现金流的时间轴

2．现金流的现值

现金流现值 PV 的计算公式如下：

$$PV=\frac{P_t}{(1+r\%)^t}$$

其中，P_t 是在 t 时刻发生的现金流，流入或流出，$r\%$是现金流的贴现率。

3．现金流的终值

现金流在时刻 T 的终值 FV 的计算公式如下：

$$FV=P_t(1+r\%)^{T-t}$$

其中，P_t 是在 t 时刻发生的现金流，流入或流出，$r\%$是现金流的贴现率。

4．年金

按照固定的支付周期进行固定数量支付的多个现金流，称为年金。年金的现值是将发生在不同时间的现金流分别按照现值公式进行折现，将所有现值相加即得到年金的现值。

$$PV=\sum_{t=1}^{T}\frac{P_t}{(1+r\%)^t}$$

在 P_t 恒定的时候，上式可以根据等比数列公式进行化简。

7.1.2 现值和终值的计算

MATLAB 为现金流的终值和现值计算提供了 4 个可用函数。

- fvfix：固定现金流终值的计算。
- fvvar：变动现金流终值的计算。
- pvfix：固定现金流现值的计算。
- pvvar：变动现金流现值的计算。

本节详细讲解 fvfix 和 pvvar 的使用方法和内部规范。

1．fvfix 函数

【语法格式】

```
FutureVal = fvfix(Rate, NumPeriods, Payment, PresentVal, Due)
```

【输入参数】

```
Rate:                   %对应于现金流折现的名义年利率
NumPeriods:             %是计息的周期数，与债券的到期日有关
Payment:                %是计息周期的支付额，一般与息票率有关
PresentValue:           %可选，是初始值
Due: %可选，是控制变量。默认值为 0，代表每计息周期末发生现金流支付，为 1 则在期初支付
```

【输出参数】

```
FutureVal               %现金流的终值
```

fvfix 函数参数说明如图 7-2 所示。

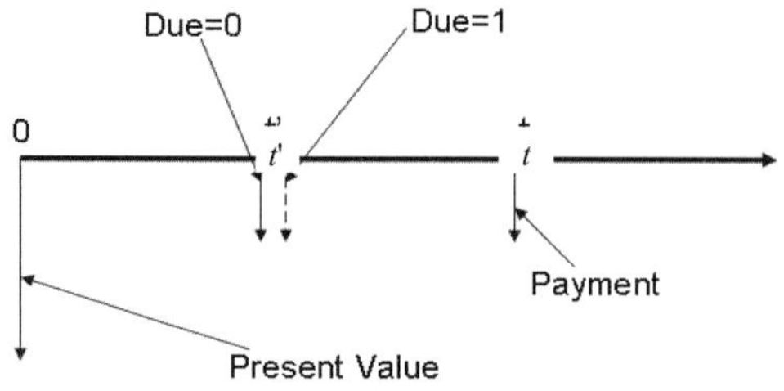

图 7-2 fvfix 函数参数说明

【例 7-1】 现金流终值计算实例。计算如下现金流的终值。购买一项保险，首次支付是 1500 元，以后每月固定支付 200 元，支付 10 年。请问在折现率为 9%时，现金流的终值是多少？

在 MATLAB 命令窗口中输入：

```
>>fvfix(0.09/12,12*10,200,1500,0)
ans =    4.237989103384854e+004
```

【技巧与提示】

fvfix 的各个参数的使用，可以直接参考源代码，用 type fvfix，即可调出 fvfix 的源代码。同时可以采用测试的方法，比如下面的代码和 fvfix(0.09/12,12*10,200,1500,0)的返回值就是一样的。这样有助于理解 fvfix 是如何计算的。

```
x=200*ones(1,120);
y=119:-1:0;
1500*(1+0.09/12)^120+sum(x*((1+0.09/12).^y)')
```

得到的结果是 4.237989103384854e+004。注意这里的实现并没有通过 for 循环，而是直接转化为矩阵乘法，这样有利于提高程序效率，便于 MATLAB 处理。在 MATLAB 程序效率提高的过程中，这项技术叫作向量化。

2. pvvar 函数

【语法格式】

```
PresentVal = pvvar(CashFlow, Rate, IrrCFDates)
```

【输入参数】

```
CashFlow        %现金流向量
Rate            %对应的周期贴现率
IrrCFDates      %可选，对于非周期性折现率时的日期向量
```

【输出参数】

```
PresentVal  %变动现金流的现值
```

【例 7-2】 净现值计算实例。有一项投资，在 2007 年 1 月 12 日投入 10000 元，在 2008 年的 2 月 14 日收回 2500 元；在 2008 年的 3 月 3 日收回 2000 元；在 2008 年的 6 月

14 日收回 3000 元，在 2008 年的 12 月 1 日收回 4000 元。请问在折现率为 9%时，项目的净现值 NPV 是多少?

在 MATLAB 命令窗口中输入如下命令:

```
>>CashFlow = [-10000, 2500, 2000, 3000, 4000];
>>IrrCFDates = ['01/12/2007'
              '02/14/2008'
              '03/03/2008'
              '06/14/2008'
              '12/01/2008'];
>>pvvar(CashFlow, 0.09, IrrCFDates)
ans =    1.421648047268768e+002
```

可见，这项投资的净现值为 142.16 元，项目具有投资价值。

【技巧与提示】

在参数 IrrCFDates 存在的情况下，pvvar 是如何处理内部时间的? 将下列代码输入到 MATLAB 命令窗口中，可以发现同 pvvar 计算出的结果相同。

```
CashFlow = [-10000, 2500, 2000, 3000, 4000];
IrrCFDates = ['01/12/2007'
              '02/14/2008'
              '03/03/2008'
              '06/14/2008'
              '12/01/2008'];
n=365;
din=datenum(IrrCFDates);
diny=(din-din(1,1))/n;
CashFlow*(1+0.09).^(-diny)
```

在 pvvar 中，IrrCFDates 是按照一年 365 天来计算天数的，即按“实际/实际”的规则来计算。在固定收益债券的计算中，日期的计量是复杂的，应当注意。

7.1.3 债券报价方式

债券的报价是基于 32 进制的报价规范，有时亦基于 64 进制或者 256 进制的。在 MATLAB 计算时，需要转化为十进制小数，报价方式如表 7-1 所示。

表 7-1 债券报价方式

报 价	1/32	1/64	1/256	十进制报价
90-13+	13	1	—	90.421875
103-234	23	—	4	103.78125
93-026	02	—	6	93.15625

上表列出了常见的国债报价方式，由于其进位制不同于常用的十进制，在报价转化时需要格外注意，否则出现报价计量的错误，会导致相应的计算全部是错误的。

7.1.4 报价和交割价

债券的报价通常是所谓的洁净报价（Clear Price），是指将未来没有发生的现金流折现到目前所在计息周期的开端；交割价是市场实际交割价格，即通常的含息价（Dirty Price），包含债券在本计息周期已经发生的利息。这部分应计利息所有权是被债券出售者所拥有的，购买者应对这部分利息进行补偿，从而形成市场交割价格。

通常，所得数据均为报价应自行换算成交割价。

债券报价和交割价之间的关系如图 7-3 所示。

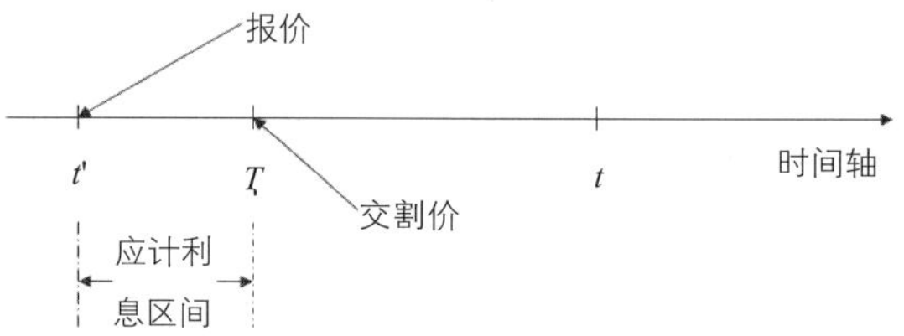

图 7-3　债券报价和交割价之间的关系

在图 7-3 中，t 和 t' 分别是两次利息给付日期，其间即为当前计息周期，对于 T 时刻的债券交易来说，报价（Clear Price）是 t' 时刻除息日之后的报价，即对未来现金流以恰当折现率折现的价格。

价格价是在 T 时刻，实际交割债券时的价格，应当是报价加上 t' 到 T 的应计利息，采用如下公式：

$$AI=\frac{T-t'}{t-t'}C$$

其中，AI 即为应计利息，C 是息票。

关于时间的处理，根据不同的债券条款，有如表 7-2 所示的几种计息基准。

表 7-2　应计天数规则

基　准	含　义	描　述
0	实际/实际	计息周期按照实际天数计算，一般 365 天/年，闰年 366 天
1	30/360SIA	每月 30 天，每年 360 天。二月最后一天付息调整
2	实际/360	实际天数，按照每年 360 天计算
3	实际/365	实际天数，按照每年 365 天计算
4	30/360PSA	每月 30 天，每年 360 天。如计息周期最后一天是二月份最后一天，则将本月延展至 30 日
5	30/360ISDA	国际结算用
6	30/360Euro	欧洲使用
7	实际/365Jap	日本使用，忽略闰年效应

7.2 基本固定收益工具和利率

7.2.1 基本固定收益工具

美国固定收益市场上，常见的金融工具有美国国债、市政债券、联邦机构债券、公司债券。这 4 部分构成了美国固定收益工具市场的主要部分。以上是按照不同的债券发行方进行分类的。

（1）美国国债

由美国财政部发行，美国政府联邦税收为其进行担保，市场认为其没有信用风险，即不会发生违约。但这并不能表示国债没有风险，通胀和利率变动等会造成其价值的变动。

一般国债按照期限长短分为国库券（T-bill）、中期国债（T-Notes）、长期国债（T-Bond）。

（2）市政债券

由美国州政府发行的债务，其债务担保方式繁多，由州政府税收担保债券，亦有收入担保债券等，存在一定的违约风险，历史上也出现过类似案例。

（3）联邦机构债券

由政府相关机构和政府发起企业发行，其中前者发行债券不受 SEC 美国证券交易委员会（US Securities and Exchange Commission，英文缩写 SEC）监管，例如 TVA（田纳西流域管理局 Tennessee Valley Authority）发行的债券。债券面临信用风险，联邦政府并不对其进行担保。

（4）公司债

美国固定收益市场的重要组成部分，其风险和受到的监管都比上述发行方严格。一般公司债券的公开发行会有专业的信用评级机构进行评级。

上述根据发行方对债券进行的分类涉及不同的技术处理细节，在后面的章节中会详细讨论。

7.2.2 利率的计量

在目前的金融体系中，普遍采用的计算利息的方式是复利，在文献研究中经常采用的计息方式是连续复利。两种方法各有利弊。在 MATLAB 中，需要清楚如下 3 个利率的定义：

- 债券等价利率（Bond Equivalent-Yield，BEY）
- 计息周期利率（Periodic Interest Rate，PIR）
- 实际利率

另外，在 T-bill 的报价过程中，需要注意报价时采用的贴现率（Discount Rate）和上述收益率（Yield）之间的不同，需要进行转换。

例如，假定按单利计算的年利率为 8%，此即为 BEY，是按照单利计算的年利率。而对于一年支付两次利息的债券来说，其报价仍然采用 BEY，但实际利率涉及利息的再投资，假设再投资利率仍然为 BEY，则实际利率为$(1+\text{BEY}/2)^2-1$，然而，8%/2=4%即所谓的计息周期利率 PIR，即半年内的实际利率。

需要熟悉以上 3 种利率的转换并清楚它们之间的区别：对于市场报价一般采用 BEY，而在 MATLAB 内部计算过程中采用的核心利率为计息周期利率 PIR。一般情况下，在数值计算中，很少考虑连续复利的计算方式。

7.3 日期计量的 SIA 标准

在明确上述 3 种利率的概念和相互转换方法后，下面将讨论关于债券定价方面的问题。债券的定价本质上是未来现金流折现的问题，即资金的时间价值问题，涉及的核心问题是上面讨论的利率和本节讨论的时间和日期的计量问题。

在固定收益市场上，时间的计量是复杂的，不同的产品，甚至同种产品的不同发行日期都会导致不同的计息法则。一般情况下，存在一个行业标准，比如本节讨论的美国固定收益市场基于的标准是 SIA 标准。

但严格来说，应当根据不同的交易所（场内交易）和不同的交易对手（OTC 市场）的交易规则来计算债券的交易价格。

【例 7-3】 债券日期计量实例。为了说明时间和日期计量的重要性，假设存在一个如下的一个交易：银行允诺在 2007 年 6 月 10 日出借 1 百万美元给对冲基金 HF，并约定 9 月 10 日为还款期利息按照单利计算，为 5%，则到期日应付给银行 1000000+92/360*5%=100.01277778 百万美元。

HF 锁定的目标是一个将于 9 月 10 日到期的 AAA 级的公司债，短期来看，此 AAA 公司刚刚公布完上一财政年度的报表，实现了利润比上年增长 23.53%的经营业绩，因此基本不存在违约风险，面对即将到期 10 亿美金的债务，此公司有充足现金流。目前市场上对此公司债的报价到期收益率为 5.05%，单利计息。

显然 HF 是注意到了公司债的收益率比向银行借款的成本高，存在套利空间，因此想买入公司债，然后持有到期。

因此，HF 的交易员决定进行这个交易，其计算包括若将现金流匹配，则应向银行借款到期日还款本息为 1 百万美元，则应借入 1000000/（1+92/360*0.05）=0.98738343 百万美元。

而到期日按照面值 1 百万美元赎回的公司债的目前价格为 1000000/（1+92/360*0.0505）=0.98725888，按照这样计算结果，这个交易员向其主管申请了自己的交易策略，并告诉其主管，这个交易将给 HF 带来每百万美元公司债 124.55 美元的当期收益，而不存在将来任何的现金流，完全是无风险的套利。

但是其交易计划被驳回了，其交易主管告诉这个交易员：银行的短期流动性贷款的报价方式是按照实际/360 的方式报价的，你关于成本的计算没有错误；但是在公司债市场，对方的报价是按照 30/360 报价的，这样你的收益计算就存在严重的问题。

虽然 HF 在本次交易中没有任何交易费用，但是套利仍然是失败的，按照 30/360 的报价方式，公司债的收益是 1000000/（1+90/360*0.0505）=0.98753240，这样当期收益就不是 124.55 了，而是-148.97。

上述案例涉及当投融资市场是不同的市场时，进行跨市场套利过程中，对于时间和日期的计量就显得十分重要了。作为无风险套利，一般情况下，存在的利差都很小，只有几个基点，因此，一天的计量错误，在交易量巨大的情况下，就可能由赢利变为巨额亏损。

因此天数的计量就尤其重要，特别是在 MATLAB 中，作为工业化的标准软件，其按照特定标准编写的函数和算法，可能并不适用中国市场的实际情况。

本节将详细介绍美国 SIA 标准下的债券定价技术，并对 MATLAB 中相应的函数做出说明，为后面的讲解打下基础。

7.3.1 中长期国债的定价

在美国，其中长期国债即 T-notes、T-bond，在计算价格时，遵循如下的规则：

R1：当交割日为付息日时，债券的出售者获得当天利息支付，而债券的购买者获得其余款项，其债券定价公式如下：

$$P=\sum_{i=1}^{n}\frac{100*c/2}{(1+BEY/2)^i}+\frac{100}{(1+BEY/2)^n}$$

其中：

c 为债券的息票率，并半年计息一次。

BEY 为债券等价利率。

n 为剩余计息周期。

【例 7-4】 债券定价实例。现在为 2008 年 6 月 15 日，请估算，到期日为 2010 年 6 月 16 日、票面利率为 8%、面值为 100 元、交割日为 2008 年 6 月 16 日的债券价格，债券到期收益率是 7%，半年计息债券的价格。

首先应当知道，债券的价格是关系到债券交割日和到期日的。这样根据上述公式，直接计算得到结果有：

$$P=\sum_{i=1}^{4}\frac{100\times 8\%/2}{(1+7\%/2)^i}+\frac{100}{(1+7\%/2)^4}=101.83653960$$

R2：当交割日为非付息日，如果交割日不是利息支付日，那么债券出售者将不能得到下一个利息支付日的利息，那么如何调整债券的价格以补偿债券持有者已经产生的利息？

按照行业规则，计息规则为应按照半年复利，计时规则为实际/实际来计算以发生的利息，并记入债券实际交割价格，即全价。

债券的报价是净价（Clean Price），而实际交割价格是全价（Full Price），全价和净价之间的差别是应计利息 AI（Accrued Interest）。

【例 7-5】 国债净价及应计利息计算实例。假定一只美国国债的到期日为 2015 年 5 月 15 日，交割日为 2008 年 1 月 15 日，息票率为 10%，到期收益率为 8%，则求其实际交割价格，净价以及应计利息。

债券的息票支付日为每年的 5 月 15 日和 11 月 15 日，债券的定价公式如下：

$$P=\frac{1}{(1+BEY/2)^{n_1/n_2}}\times\left(\sum_{i=0}^{n}\frac{100*c/2}{(1+BEY/2)^i}+\frac{100}{(1+BEY/2)^n}\right)$$

其中：

n 为债券剩余完整计息周期数。

n_1 为交割日到下一个利息支付日的实际天数。

n_2 为上一个利息支付日到下一个利息支付日的实际天数。

注意，求和是从 i=0 开始的。

在本题中，n 为 2008 年 5 月 15 日到 2015 年 5 月 15 日，共计 14 个计息周期。

n_1 为交割日 2008 年 1 月 15 日到下一个付息日 2008 年 5 月 15 日的实际天数，需要考虑闰年因素，为 121 天。

n_2 为上一个利息支付日 2007 年 11 月 15 到下一个利息支付日 2008 年 5 月 15 日的实际天数，为 182 天。

综上：

$$P=\frac{1}{(1+8\%/2)^{121/182}}\times\left(\sum_{i=0}^{14}\frac{100*10\%/2}{(1+8\%/2)^i}+\frac{100}{(1+BEY/2)^{14}}\right)=112.58872644$$

应计利息是按照单利法则进行计算的，计算公式如下：

$$AI=\frac{n_2\text{-}n_1}{n_2}\times5=\frac{182-121}{182}\times5=\ 1.67582418$$

所以债券净价为 $P_c=P-AI=110.91290226$。

R3：在非计息日债券定价过程中，存在一个特例，当交割日和到期日之间时间间隔少于一个计息周期时，定价公式为：

$$P=\frac{100*(1+c/2)}{(1+BEY/2)^{n_1/n_2}}$$

这里 c、BEY 和 n_1 的含义同上，但 n_2 的含义有所改变，n_2 是上下两个利息支付日之间的实际天数，应当比上一个利息支付日到下一个利息支付日的实际天数少一天。

【例 7-6】 闰年因素影响下的国债价格计算实例。现在有美国国债，票面利率为 8%，到期日为 2008 年 7 月 15 日，结算日为 2008 年 2 月 23 日，请计算在收益率为 5.76%的情况下债券的全价格和净价，以及应计利息。

n_1 为结算日 2008 年 2 月 23 日到到期日 2008 年 7 月 15 日的实际天数，考虑闰年因素后为 143 天。

n_2 应为上一个利息支付日期 2008 年 1 月 15 日到下一个利息支付日 2008 年 7 月 15 日之间的天数，减去一天，结果为 182 天，价格为：

$$P=\frac{100\times(1+8\%/2)}{(1+5.76\%/2)}=101.70556841$$

7.3.2 市政债券的定价

R4：美国公司债和市政债券及联邦机构债券的定价。在美国这三者和国债有着相同的交易习惯，但有以下两点不同。

第一：公司债、市政债券和联邦机构债券是按照 30/360 的规则进行计息的。30 是指任何一个月份均按照 30 天算，包括 2 月份，1 年按照 360 天进行计算，计算的天数为：

$$\text{天数}=\text{整数年}\times 360+30\times\text{整数月份}+\text{剩余天数}$$

剩余天数的计算，如果是月末最后一天（即 31 号，或者 2 月 28 日，闰年为 29 日）均按照 30 日计算。

第二：公司债和国债的交割日不同，国债在 1 个交易日后交割，公司债在 3 个营业日后交割。在例题中，所指均为交割日。

【例 7-7】 市政债券定价实例。美国市政债券，票面利率为 5.5%，到期日为 2006 年 12 月 19 日，交割日为 2004 年 9 月 17 日，到期收益率为 4.28%，上一个付息日为 2004 年 6 月 19 日，下一个付息日为 2004 年 12 月 19 日，请计算该市政债券的净价。

【步骤 1】：计算债券的全价。

按照 R4 中的计息规则，知道 2004 年 9 月 17 日到 12 月 19 日的计息天数为：

9 月	30 – 17=13 天
10 月	30 天
11 月	30 天
12 月	19 天
共计	92 天

按照相应规则，6 月 19 日至 12 月 19 日的计息天数为 180 天。所以全价计算如下：

$$P=\frac{1}{(1+4.24\%/2)^{92/180}}*\left(\sum_{i=0}^{4}\frac{100*5.5\%/2}{(1+4.28\%/2)^{i}}+\frac{100}{(1+4.28\%/2)^{4}}\right)=101.21352419$$

【步骤 2】：计算债券应计利息。

应计利息计算的规则仍然是 30/360 的规则，并且按照单利计息，有：

$$AI=\frac{180-92}{180}*5.5=2.68888889$$

【步骤 3】: 计算净价。

净价作为市场报价，有很多好处，净价的计算应当是全价减去应计利息：

$$P_c = P - AI = 98.52463530$$

7.3.3 大额存单国库券的定价

R5：美国存单同单利证券，CD 在美国属于货币市场工具，存续期一般短于 1 年。这类金融工具按照实际/360 进行计算。CD 是按照面值发行的，因此存在如下的利息计算公式和价格计算公式：

$$Interest = 100 \times c \times D / 360$$

$$P = \frac{100(1 + c \times D / 360)}{1 + BEY / 2 \times D_1 / \mathrm{D}}$$

式中：

c 为 CD 年化的息票率；

D 为发行日到到期日的实际天数；

D_1 为交割日到偿还日的天数；

BEY 为投资者要求的收益率，按照半年计息的年化收益率。

CD 在市场上按照单利计算，因此，这同 T-notes 等不同。

R6：美国国库券、商业票据、银行承兑汇票及其他贴现证券的偿还期一般少于一年，其发行是折价发行，投资者到期后获得面值。

因为是贴现债券，因此市场上的报价是贴现率，而不是收益率，存在一个价格和收益率之间转换的问题。

$$P = 100\left(1 - r_d \frac{D_1}{360}\right)$$

其中 r_d 即为贴现率。

7.4 固定收益证券的属性

上述是对收益率和日期计量阐述，下面讨论 MATLAB 中的实现函数和相应的计量规则。请注意其中的细节处理，某些函数会剖析其源码和核心算法，希望学有余力的读者能够仔细体会 MATLAB 中的编程风格和相应的美国 SIA 标准，这对套利模型的计算尤其重要。

7.4.1 固定收益证券数据的属性

固定收益证券交易根据不同的交易所和交易对象，有不同的交易规则，这些规则涉及清算和运作等诸多专业领域，MATLAB 内部定义了债券的基本特征，以满足不同用户的计算需求。

- 交易日（Trade Date）：交易日是指交易双方达成买卖协议的日期，是指债券债务关系确立的日期。
- 交割日（Settlement Date or Exercise Date）：又称结算日，是债券由卖方向买方交割证券的日期，一般国库券的交割日为交易日的下一个营业日，如遇节假日，顺延。
- 到期日（Maturity）：是指债券债权债务关系解除的日期，到期日发行人应还清所有的本金与利息。
- 年计息次数（Period）：是一年内的复利计息次数，一般按照 BEY/年计息次数，得到的是一个计息周期的收益率。
- 日期计量法则（Basis）：债券存续期内的应计息天数的规则。
- 月末法则（EndMonthRule）：处理月末是 31、28 和 29 的情况。
- 发行日（IssueDate）：是指债券人和债务人债务关系建立的日期。
- 首次派息日（FirstCouponDate）：债券的首次付息日，对于不规则付息债券来说，首次派息日是根据债务合约约定而设立的。
- 最后派息日（LastCouponDate）：债券的最后一次付息日，对于不规则付息债券来说，最后一次派息日是根据债务合约设立的，有可能同债券到期日不同。

上述变量总结如表 7-3 所示。

表 7-3 MATLAB 债券数据属性

Settle	交割日
Maturity	到期日
Period	年计息次数
Basis	日期计量法则
EndMonthRule	月末法则
IssueDate	发行日
FirstCouponDate	首次派息日
LastCouponDate	最后派息日

在 MATLAB 内部，需要清楚，如果完全指定上述参数是复杂的，并且绝大多数债券，特别是国债，一般来说都有自己的特定计息周期，因此在 MATLAB 内部有相应的默认规则。

MATLAB 首先函数根据首次派息日进行判断，根据 SIA 的规则，计算出相应的派息日期；在首次派息日为空的情况下，按照最后派息日进行判断；在二者都未说明的情况下，则按照债券到期日进行判断。对于特殊的不规则证券，有时有必要详细说明每次派息日期。

7.4.2 收益率计算

下面讲述 6 类固定收益证券收益率的计算。

1．根据贴现率、T-bill 发行日、到期日计算债券收益率

MATLAB 中根据贴现率、发行日和到期日计算 T-bill 的收益率函数是 tbilldisc2yield。在市场报价中，对于期限短于一年的贴现债券，其报价方式是贴现率，在计算期限结构时有必要将其转化为收益率。

【语法格式】

```
[BEYield MMYield] = tbilldisc2yield(Discount, Settle, Maturity)
```

【输入参数】

```
Discount            %贴现债券的贴现率
Settle              %贴现债券的交割日
Maturity            %贴现债券的到期日
```

【输出参数】

```
BEYield             %债券市场收益率，按照一年 365 天计算
MMYield             %货币市场收益率，按照一年 360 天计算
```

注意：此函数涉及 Discount、BEYield、MMYield 三个变量，其计息惯例分别为实际/360、实际/365、实际/360。

其转化公式分别为：

$$1-\frac{(Maturity-Settle)_{actual}}{360}\times Discount=\frac{1}{1-\frac{(Maturity-Settle)_{actual}}{360}\times MMYield}$$

$$1-\frac{(Maturity-Settle)_{actual}}{360}\times Discount=\frac{1}{1-\frac{(Maturity-Settle)_{actual}}{365}\times BEYield}$$

【例 7-8】 国库券定价实例。某 T-bill 的交割日为 2008-4-17，到期日为 2008-8-13，年贴现率为 0.0398，求债券收益率。

在 MATLAB 命令窗口中输入如下命令：

```
>>dis=0.0398;
>>set='4-17-2008';
>>mat='8-13-2008';
>>[bey mmy]=tbilldisc2yield(dis, set, mat)
```

输出结果为：

```
bey =    0.04088616
mmy =    0.04032607
```

读者可自行根据已介绍的转换公式验证输出结果。

当 Settle 和 Maturity 之间间隔大于 182 天时，MMYield 的算法不变化，但是 BEYield 的计算公式需要改变，不能按照上述公式直接进行计算，其新的计算公式为：

$$BEYield = \frac{-2x + 2\sqrt{x^2 - (2x-1)*\left(1 - \frac{100}{P}\right)}}{2x-1}$$

其中：

$$x = \frac{(Maturity - Settle)}{365} \qquad P = 100*(1 - \frac{(Maturity - Settle)}{360}*100)$$

这个公式的折现形式为：

$$P = \frac{100}{\left(1 + \frac{BEYield}{2}\right)\left(1 + \frac{BEYield}{2}(2x-1)\right)}$$

读者应仔细理解上述公式，但也应清楚，对于超过 182 天的 T-bill 的报价和收益率之间的关系，应当遵循相应的市场规则，这里只是基于 SIA 的报价规则。

【技巧与提示】

在 MATLAB 命令窗口中输入 type tbilldisc2yield，在显示结果中找到如下的代码行：

```
% Short T-Bills
if ~isempty(idxShort)
    MMyield(idxShort) = 360*Disc(idxShort) ./ (360 - Disc(idxShort).*DSM
(idxShort));
    BEyield(idxShort) = MMyield(idxShort) * 365/360; % or
BEY=365*d/(360-Disc*DSM)
end
% Long T-Bills - all eqty are annualized
if ~isempty(idxLong)
    Price = 100*(1 - Disc(idxLong) .* DSM(idxLong)/360);  % original
    MMyield(idxLong) = ((100 ./ Price)-1) .* (360 ./ DSM(idxLong));
    X = DSM(idxLong)/365;
    BEyield = (-2*X + 2*sqrt( X.^2 - (2*X - 1).*(1 - 100./Price) ) ) ./ ...
        (2*X - 1);
end
```

其中加粗的代码行即存续期超过 182 天的 T-bill 的到期收益率计算公式。

在应用 MATLAB 计算时，一定要牢记，MATLAB 提供的是工业标准，而市场上的交易规则可能是随时变化的，市场也是变化的，不能够用一个公式代替所有的市场。

当输入的参数 Maturity 同 Settle 超过 365 天时，MATLAB 并不会报错，在命令窗口中会显示警告，提示返回值为负，这点应尤其注意。

2. 根据债券收益率计算贴现率

在设定目标收益率之后，如何在市场上寻找到相应的 T-bill？由于市场上短期国债的报价是按照贴现率进行的，因此有必要将需要的收益率转化成贴现率，方便报价和询价。

在 MATLAB 中，将收益率转化成贴现率的函数是 tbillyield2disc，其使用规范和 tbilldisc2yield 有所不同。

【语法格式】

```
Discount = tbillyield2disc(Yield, Settle, Maturity, Type)
```

【输入参数】

```
Yield              %贴现债券的收益
Settle             %贴现债券的交割日
Maturity           %贴现债券的到期日
Type           %可选，默认值为 1，表示按一年 360 天计算；为 2，表示按一年 365 天计算
```

【输出参数】

```
Discount           %债券贴现率
```

【例 7-9】 国库券贴现率计算实例。某 T-bill 的交割日为 2008-4-17，到期日为 2008-8-13，债券年收益率为 0.04088616，求其贴现率。

在 MATLAB 命令窗口中输入如下命令：

```
>>yield=0.04088616;
>>set='4-17-2008';
>>mat='8-13-2008';
>>dis=tbillyield2disc(yield, set, mat,2)
```

输出结果为：

```
dis =   0.039799999562430
```

将本例的结果同例 7-8 比较可知，在舍入误差允许的范围内，tbillyield2disc 同 tbilldisc2yield 互为逆函数。

3．零息债券到期收益率函数

为计算零息票债券的到期收益率引入准息票日的概念。

如果假设零息票债券是付息的，则其正常的付息日称之为准息票日（Quasi-coupon Date）。

例如，一个到期日为 2008-12-17 的债券，现在是 2008-04-17，则其准息票日为 2008-06-17 和 2008-12-17。但是由于债券是零息票的，所以在 2008-06-17 并不会有利息支付，因此称之为准息票日。上述债券只会在 2008-12-17 支付本金。

当到期日（Maturity）在下一个准息票日之内时，按照如下公式计算零息债券收益率：

$$Yield=\left(\frac{Par-Price}{Price}\right)\left(\frac{M*E}{DSR}\right) \tag{1}$$

当到期日在下一个准息票日之外时，按照如下公式计算零息债券收益率：

$$Yield=\left[\left(\frac{Par}{Price}\right)^{\frac{1}{N_q-1+\frac{DSC}{E}}}-1\right]*M \tag{2}$$

其中：

Par 是零息票债券的回购价格；*Price* 是债券当前价格；*M* 是一年内的计息频率，参见 zeroyield 函数输入参数的说明，即其中的 Period 参数。

E 为当前准计息周期的天数，根据 zeroyield 函数的 Basis 参数确定。

N_q 的取值为交割日和到期日之间的准息票时段数目，比如上例中的 N_q 应当等于 2。

DSR 为当前结算日到到期日的天数，根据 zeroyield 函数的 Basis 参数确定。

DSC 为当前结算日到下一个准息票日的天数，根据 zeroyield 函数的 Basis 参数确定。

当 $N_q=1$ 时，有 *DSR*=*DSC*。

公式（1）中，第一项为债券的收益率，第二项将收益率调整为年化的收益率。各参数关系如图 7-4 所示。

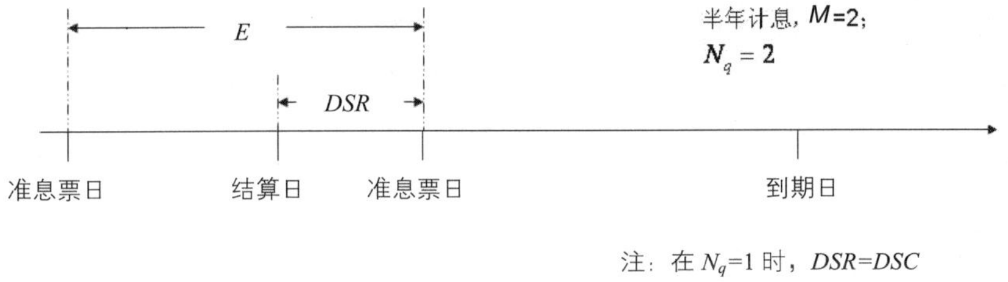

图 7-4 zeroyield 函数计算公式参数关系

在 MATLAB 中计算零息债券到期收益率的函数 zeroyield 对待不同期限的零息债券采用不同的公式。其使用如下。

【语法格式】

```
Yield = zeroyield(Price, Settle, Maturity, Period, Basis, EndMonthRule)
```

【输入参数】

```
Price           %债券价格
Settle          %债券结算日
Maturity        %债券到期日
Period          %可选，一年计息频率，默认值为 2
Basis           %可选，应计天数规则，参看表 6-5
EndMonthRUle    %可选，仅对到期日是 30、29 或者 28 日有效，0 表示发放息票的日期相同；
                %1（默认值）表示息票放在最后一天发放。
```

【输出参数】

```
Yield           %债券到期收益率
```

【例 7-10】 零息债券到期收益率计算实例。零息债券结算日为 2008-4-17，到期日为 2010-6-1，当前价格为 79.56 元，求零息债券的到期收益率。

在 MATLAB 命令窗口中输入如下命令：

```
>>zeroyield(79.56,'4-17-2008','6-1-2010')
```

输出结果为：

```
ans =   0.1107
```

可知，零息债券到期收益率为 11.07%。

4. 年回报率和相应的不同计息周期的年化利率之间的转化

实务计算中，经常涉及将同一个收益率转化为等价的不同计息频率的收益率，MATLAB 中提供 effrr 函数实现此项功能。

【语法格式】

```
Return = effrr(Rate, NumPeriods)
```

【输入参数】

```
Rate              %债券的年回报率，计息频率为 1 的收益率
NumPeriods        %年计息频率
```

【输出参数】

```
Return            %在新的年计息频率下的收益率
```

其计算公式为：

$$Return=\left(1+\frac{Rate}{NumPeriods}\right)^{NumPeriods}$$

5. 固定收益证券的到期收益率

在 MATLAB 中，求一个付息债券到期收益率的函数是 bndyield。

【语法格式】

```
Yield = bndyield(Price, CouponRate, Settle, Maturity, Period, Basis,
EndMonthRule, IssueDate, FirstCouponDate, LastCouponDate, StartDate, Face)
```

【输入参数】

```
Price                    %债券价格
CouponRate               %债券息票率
Settle                   %债券结算日
Maturity                 %债券到期日
Period                   %可选，年息票支付频率
Basis                    %可选，应计天数法则
EndMonthRule             %可选，月末法则
IssueDate                %可选，债券发行日
FirstCouponDate          %可选，首次派息日
LastCouponDate           %可选，最后派息日
StartDate                %可选，现金收到日
Face                     %可选，面值
```

【输出参数】

```
Yield                    %债券收益率
```

【例 7-11】 国债到期收益率计算实例。国债价格是 98.56 元，息票率为 8.5%，结算日为 2008-4-20，到期日为 2010-6-30，请计算其到期收益率。

在 MATLAB 命令窗口中输入如下命令：

```
>>bndyield(98.56,0.085,'4-20-2008','6-30-2010')
```

输出结果为：

```
ans =   0.09227940
```

可知，国债到期收益率为 9.22794%。

6. T-bill 的到期收益率计算

在 MATLAB 中，计算 T-bill 收益率的函数是 tbillyield。

【语法格式】

```
[MMYield, BEYield, Discount] = tbillyield(Price, Settle, Maturity)
```

【输入参数】

```
Price                  %T-bill 价格
Settle                 %债券结算日
Maturity               %债券到期日
```

【输出参数】

```
MMYield                %货币市场规则计息的收益率
BEYield                %债券市场收益率
Discount               %债券贴现率，及直接换算得到市场报价
```

【例 7-12】 计算 T-bill 的收益率。现有结算日为 2008 年 10 月 9 日的国库券，到期日为 2009 年 2 月 24 日，结算价格为 98.75，求其 MMY、BEY 和贴现率。

在 MATLAB 命令窗口中输入如下代码：

```
Price = 98.75;
Settle = '09-Oct-08';
Maturity = '24-Feb-09';
[MMYield, BEYield, Discount] = tbillyield(Price, Settle,Maturity)
```

得到如下结果：

```
MMYield =    0.0330
BEYield =    0.0335
Discount =   0.0326
```

7.4.3 价格计算

在 MATLAB 中对应上述计算收益率的函数，存在相应的价格计算函数，本节介绍 MATLAB 债券定价函数的基本使用。

1. MATLAB 中生成现金流、支付日期、折现因子的函数

在 MATLAB 中计算一个包含有息票率、结算日、到期日的债券的现金流、支付日、折现因子等的函数是 cfamounts。

cfamounts 将计算出相应债券的全部现金流、对应的时间，以及相应的折现因子。此函数是众多定价函数的核心。

【语法格式】

```
[CFlowAmounts, CFlowDates, TFactors, CFlowFlags] = cfamounts(CouponRate,
Settle, Maturity, Period, Basis, EndMonthRule, IssueDate, FirstCouponDate,
LastCouponDate, StartDate, Face)
```

【输入参数】

```
CouponRate              %债券息票率
Settle                  %债券结算日
Maturity                %债券到期日
Period                  %可选，息票支付频次
Basis                   %可选，计息天数法则
EndMonthRule            %可选，月末法则
IssueDate               %可选，发行日
FirstCouponDate         %可选，首次息票支付日
LastCouponDate          %可选，最后一次息票支付日
StartDate               %可选，开始日期，存在同 IssueDate 不同的情况
Face                    %可选，债券面值
```

【输出参数】

```
CFlowAmounts            %现金流数量，根据息票率和债券面值计算结果
CFlowDates              %对应参数 CFlowAmounts 现金流的日期
TFactors                %对应 CFlowAmounts 现金流的折现因子
CFlowFlags              %现金流类型
```

【技巧与提示】

在 MATLAB 命令窗口，输入命令 type cfamounts，在输出参数说明中会找到如下语句：

```
Time factors are in units of whole semi-annual coupon periods plus any
fractionalperiod using an Actual day count.
```

这里关于 Tfactors 的计算表明，实际上 Tfactors 与参数 Basis 计息天数法则是无关的，是按照实际/实际计算的。这点在计算的过程中需要注意。在使用 MATLAB 函数提供的便利计算时，要知其所以然才能不犯错误。

【例 7-13】 债券现金流时间序列生成和折现因子计算实例。债券息票率是 10%，结算日是 2008-4-12，到期日是 2011-3-31，半年计息，计算其现金流量表及对应的日期和折现因子。

在 MATLAB 命令窗口中输入如下命令：

```
>>settle='4-12-2008';
>>maturity='3-31-2011';
>>coupon=0.10;
>>[cfa, cfd, tf, cff]=cfamounts(coupon, settel, maturity)
```

输出结果为：

```
cfa =  -0.3279   5.0000   5.0000   5.0000   5.0000   5.0000  105.0000
cfd =    733510    733681    733863    734046    734228    734411
734593
tf =       0   0.9344   1.9344   2.9344   3.9344   4.9344   5.9344
cff =    0     3     3     3     3     3     4
```

在 MATLAB 命令窗口中继续输入如下命令：

```
>>datestr(cfd)
```

输出结果为：

```
ans =
12-Apr-2008
30-Sep-2008
31-Mar-2009
30-Sep-2009
31-Mar-2010
30-Sep-2010
31-Mar-2011
```

可见，通过 cfamounts 函数将债券拆解为现金流，并且包含了价格计算时所必需的要素，而现金流是根据到期日逆推得到的。

2. 固定收益证券价格

MATLAB 中，在给定到期收益率的情况下，对债券定价使用函数 bndprice。

【语法格式】

```
[Price, AccruedInt] = bndprice(Yield, CouponRate, Settle, Maturity, Period,
Basis, EndMonthRule, IssueDate, FirstCouponDate, LastCouponDate, StartDate,
Face)
[Price, AccruedInt] = bndprice(Yield, CouponRate, Settle, Maturity)
```

【输入参数】

```
Yield              %债券到期收益率
CouponRate         %债券息票率
Settle             %结算日期
Maturity           %到期日
Peirod             %可选，年付息频率
Basis              %可选，应计息天数法则
EndMonthRule       %可选，月末法则
IssueDate          %可选，发行日
FirstCouponDate    %可选，首次付息日
LastCoupon         %可选，最后付息日
```

```
StartDate                %可选，开始日期，一般等同于 IssueDate
Face                     %可选，债券面值大小
```

【输出参数】

```
Price                    %债券价格，为净价
AccruedInt               %应计算利息，根据 Basis 参数指定的计息规范进行计算
```

一般情况下，采用第二种输入格式，即 4 个输入参数即可。

MATLAB 里的计算是按照前面介绍的债券日期计量规则，先计算出债券的全价，然后减去应计利息，得到债券的净价。在全价的计算过程中，涉及上节特别介绍的 cfamounts 函数。

在应计利息的计算过程中，需要考虑 Basis 参数指定的应计利息法则，结果会根据 Basis 值的不同而不同。

由于 cfamounts 特别强调，TFactors 参数的计算是参考实际/实际的规范来进行计算的，所以债券的全价不会用变动。这点需要注意，在不同的交易规则下是不同的。

【例 7-14】 国债交易价格计算实例。现有一国债，到期收益率为 5.83%，计算日为 2008-4-21，到期日为 2015-3-1，息票率为 7.5%，求其交易价格。

在 MATLAB 命令窗口中输入如下命令：

```
>>yield=0.0583;
>>coupon=0.075;
>>settle='4-21-2008';
>>maturity='3-1-2015';
>>[price ai]=bndprice(yield, coupon, settle, maturity)
```

输出结果为：

```
price =    109.32315077
ai =    1.03940217
```

在 MATLAB 命令窗口中输入如下命令：

```
>>price+ai
```

输出结果为：

```
ans =110.36255294
```

本例是要求出债券交易价格，应对应于全价，因此需将净价 price 和应计利息 ai 相加得到结果。

3. 贴现类证券的价格

在 MATLAB 里提供了专门计算贴现类债券价格的函数 prdisc。

【语法格式】

```
Price = prdisc(Settle, Maturity, Face, Discount, Basis)
```

【输入参数】

```
Settle                    %债券的计算日
Maturity                  %债券的到期日
Face                      %债券赎回价格，一般贴现债券为面值赎回
Discount                  %债券贴现率
Basis                     %可选，应计天数法则
```

【输出参数】

```
Price                     %贴现债券价格
```

【例 7-15】 贴现债券价格计算实例。现有一贴现债券，结算日为 2008-4-20，到期日为 2008-6-3，贴现率为 4.67%，求其价格，价格计息天数法则为实际/360。

在 MATLAB 命令窗口中输入如下命令：

```
>> prdisc('4-20-2008', '6-3-2008', 100, 0.0467,2)
```

输出结果为：

```
ans =  99.42922222
```

注意：在本例当中，Basis 参数为 2，因为 T-bill 交易市场的计息规则是实际/360，得到的债券价格为 99.42922222。

4．T-bill 的定价

在 MATLAB 中除了上述对于贴现债券的统一定价函数外，针对庞大的 T-bill 市场，MATLAB 提供了专业的 tbillprice 函数用来给 T-bill 定价。

【语法格式】

```
Price = tbillprice(Rate, Settle, Maturity, Type)
```

【输入参数】

```
Rate              %定价过程中使用的折现率，或贴现率，由 Type 参数来指定
Settle            %债券的结算价格
Maturity          %债券的到期日
Type              %可选，指定 Rate 类型，Type=1，Rate 是货币市场收益率 MMYield；
                  %Type=2，Rate 是债券等价收益率 BEYield；Type=3，Rate 为相应的折现率
```

【输出参数】

```
Price             %贴现债券价格
```

【例 7-16】 T-bill 交易价格计算实例。根据例 7-15，采用 tbillprice 函数重新计算其价格，并与 prdisc 函数计算结果相比较。

在 MATLAB 命令窗口中输入如下命令：

```
>> tbillprice(0.0467, '4-20-2008', '6-3-2008', 3)
```

输出结果为：

```
ans =  99.42922222
```

可见其计算结果同 prdisc 的计算结果是一样的，这里 Type 参数设置为 3，因为例中所指为相应贴现率。

相应的计算 T-bill 的函数，在 MATLAB 中提供了 prtbill 函数，读者可自行参考 MATLAB 帮助文件。

5. 回购协议（repo）定价

回购协议是重要的短期融资工具，类似短期票据抵押贷款。在解决短期流动性和隔夜资金头寸配置上有重要作用，在 MATLAB 为此类金融工具提供了 tbillrepo 函数。

【语法格式】

```
TBEDiscount = tbillrepo(RepoRate, InitialDiscount, PurchaseDate, SaleDate,
Maturity)
```

【输入参数】

```
RepoRate                %年化的，基于 360 天计息方式的回购收益率
InitialDiscount         %购买日的初始贴现率，及可换算出购买价格
PurchaseDate            %回购协议签订日期
SaleDate                %回购日期
Maturity                %T-bill 到期日
```

【输出参数】

```
TBEDiscount             %回购盈亏平衡点的贴现率
```

【例 7-17】 回购贴现率计算实例。短期债券的初始贴现率为 4.75%，债券到期日为 2008 年 4 月 3 日，购买债券日期为 2008 年 1 月 3 日，卖出债券日期为 2008 年 2 月 3 日，回购利率为 4.5%，求此项回购盈亏平衡点的贴现率。

在 MATLAB 命令行窗口中输入如下命令：

```
>>repo=0.045;
>>initialdis=0.0475;
>>purchaedate='1-3-2008';
>>saledate='2-3-2008';
>>maturity='4-3-2008';
>>TBEDiscount=tbillrepo(repo, initialdis, purchasedate,...
saledate,maturity)
```

输出结果为：

```
TBEDiscount =   0.04907083
```

可见，本例中的年化的回购贴现率应当为 4.907083%。

在一个回购协议中涉及 5 个参数，分别具有其含义，现表示如下。根据例 7-17，其结果如图 7-5 所示。

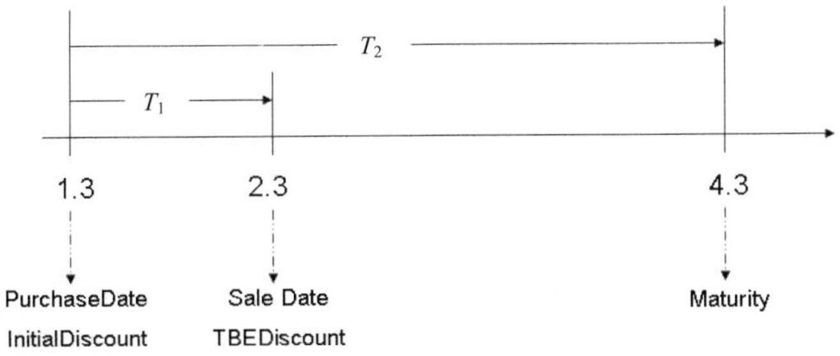

图 7-5 repo-回购参数详解

已知在 T_1 时段内年化收益率为 4.5%，求图 7-5 中所示在 T_1 结束时的贴现率 TBEDiscount。

【步骤 1】:

根据初始贴现率（InitialDiscount）计算购买日（PurchaseDate）的价格 P_0。

根据贴现率和价格之间的公式 $\frac{100-P_0}{100}*\frac{360}{T_2}=InitialDiscount$，在 repo 中，计息规则采用实际/360 的计息规范，因此 T_2=91，所以得到 P_0=98.79930556。

【步骤 2】:

根据收益率（RepoRate）要求，计算出在 T_1 末的价格。

根据收益率公式 $\frac{P_1-P_0}{P_0}*\frac{360}{T_1}=\text{RepoRate}$，并将第一步结果代入有 $P_1=99.20342216$，这里 T_1=31 天，按照实际/360 的计息天数规范。

【步骤 3】:

将上面计算出的价格 $P_1=99.20342216$，结合到期日（Maturity），换算成贴现率。根据公式 $\text{TBEDiscount}=\frac{100-P_1}{100}*\frac{360}{T_2-T_1}$，有 TBEDiscount=0.04907083。

可见上述结果，同 tbillrepo 计算出的结果是相同的。

【技巧与提示】

关于 MATLAB 内部函数的算法和计息规则，可以通过查看参数的方式获取，也可以直接在 MATLAB 中查看函数的源代码，在命令窗口中输入 type+函数名，即可查看。

6. CD 类产品定价

CD 是可转让定期存单的缩写，是货币市场上的重要工具，以短期为主，类似 repo，存续期内并不支付利息。

但是，其发行不是贴现发行，而是按照面值发行，利息根据票面标定息票，按单利计算，计息规范实际/360。

在 MATLAB 里提供了 3 个 CD 类的相关函数，分别是 cdai、cdyield 和 cdprice，从函数的命名规范上就可以知道，3 个函数分别计算 CD 类产品的应计利息、到期收益率和价格的函数。

CD 类产品的计息规则全部是单利计息。为更加清楚 3 个函数的含义，首先应当清楚关于 CD 产品的几个基本概念，如图 7-6 所示。

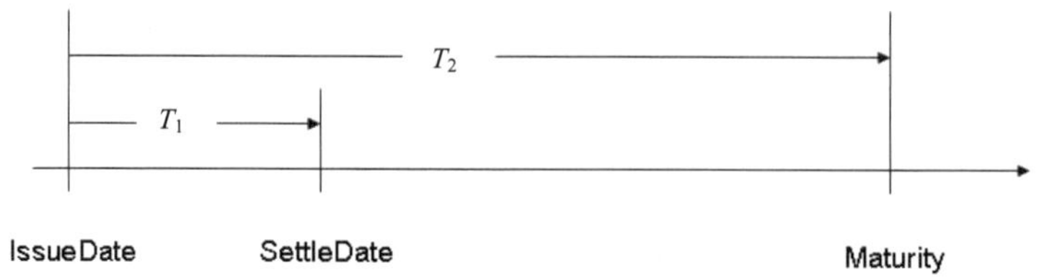

图 7-6　CD 产品要素图

发行日（IssueDate）是 CD 发行日期，到期日（Maturity）是 CD 到期日期。在整个存续期内，没有任何利息收入。CD 在发行日按面值 100%发行，在到期日支付本金和相应利息，利息支付数量由发行日的息票率决定。

在结算日的报价，是 CD 的净价，应加上在 T_1 时间段内的应计利息，得到交割价，是 CD 的实际成交价。

CD 的收益率是指在结算日购买，持有到到期日的收益率。

（1）MATLAB 中计算 CD 应计利息的函数 cdai

【语法格式】

```
AccrInt = cdai(CouponRate, Settle, Maturity, IssueDate, Basis)
```

【输入参数】

```
CouponRate              %发行日确定的息票率，年化息票率
Settle                  %CD 结算日
Maturity                %CD 到期日
IssueDate               %CD 发行日
Basis                   %可选，应计利息规范，注意，其默认值应为 Basis=2
```

【输出参数】

```
AccrInt                 %CD 应计利息
```

【例 7-18】 CD 类产品应计利息计算实例。现有一 CD，息票率为 5%，结算日为 2002-1-2，到期日为 3-31-2002，发行日为 2001-10-1，求其应计利息。

在 MATLAB 命令窗口中输入如下命令：

```
>>coupon=0.05;
>>settle='02-Jan-02';
>>maturity='31-Mar-02';
>>issuedate='1-Oct-01';
>>accrint=cdai(coupon, settle, maturity, issuedate)
```

输出结果为：

```
accrint =   1.29166667
```

【技巧与提示】

在计算 *AccrInt* 过程中，其计息法则为 *Basis*=2，即实际/360，因而 *AccrInt* 的计算公式如下：

$$AccrInt=\frac{T_1}{360}*CouponRate*100$$

本例中，T_1 =93 天，为实际天数。

（2）MATLAB 中计算从结算日持有到到期日收益率的函数 cdyield

【语法格式】

```
Yield = cdyield(Price, CouponRate, Settle, Maturity, IssueDate, Basis)
```

【输入参数】

```
Price             %CD 价格，应为净价；如果是全价，应减去应计利息，用 cdai 计算
CouponRate        %CD 息票率，年化的息票率
Settle            %CD 结算日
Maturity          %CD 到期日
IssueDate         %CD 发行日
Basis             %可选，应计息天数规范，默认值为 Basis=2，实际/360s
```

【输出参数】

```
Yield             %于结算日购买，持有到到期日的收益率
```

【例 7-19】 CD 类产品到期收益率计算实例。如例 7-18 所示，CD 息票率为 5%，结算日为 2002-1-2，到期日为 2002-3-31，发行日为 2001-10-1，其价格为 101.125，求其到期收益率。

在 MATLAB 命令窗口中输入如下命令：

```
>>price=101.125;
>>coupon=0.05;
>>settle='02-Jan-02';
>>maturity='31-Mar-02';
>>issuedate='1-Oct-01';
>>yield=cdyield(price,coupon, settle, maturity, issuedate)
```

输出结果为：

```
yield =   0.00388342
```

可见，到期收益率为 0.388%。计算过程应注意，这里的 price=101.125 是净价，不是全价。得到的 yield 是年化收益率，实际收益率按照实际/360、单利计算。

【技巧与提示】

cdyield 的计算公式如下：

$$cdyield=\frac{CouponRate*\frac{T_2}{360}+100-Price-AccrInt}{Price+AccrInt}$$

这里 T_2 是实际天数。注意报价是净价，需要换算成全价。

（3）MATLAB 中计算 CD 价格的函数 cdprice

【语法格式】

```
[Price,AccrInt]=cdprice(Yield,CouponRate,Settle,Maturity,IssueDate,Basis)
```

【输入参数】

```
Yield               %CD 到期收益率，单利计算
CouponRate          %CD 息票率
Settle              %CD 结算日
Maturity            %CD 到期日
IssueDate           %CD 发行日
Basis               %可选，应计息天数规范，默认值 Basis=2，实际/360
```

【输出参数】

```
Price               %CD 净价
AccrInt             %应计利息
```

【例 7-20】 CD 参数计算实例。如例 7-18，CD 息票率为 5%，到期收益率为 0.388342%，结算日为 2002-1-2，到期日为 2002-3-31，发行日为 2001-10-1，求其全价、净价及应计利息。

在 MATLAB 命令窗口中输入如下命令：

```
>>yield=101.125;
>>coupon=0.05;
>>settle='02-Jan-02';
>>maturity='31-Mar-02';
>>issuedate='1-Oct-01';
>>[priceaccrint]=cdprice(yield,coupon,settle,maturity, issuedate)
```

输出结果为：

```
price =    101.12500008
accrint =   1.29166667
```

在 MATLAB 命令窗口中继续输入如下命令：

```
>>price+accrint
```

输出结果为：

```
ans =    102.41666675
```

由上面的结果可以看出，例 7-18、例 7-19 和例 7-20 的数据是吻合的。最后一个结果对应 CD 的全价，即实际交割价格。

7.4.4 敏感性分析

MATLAB 作为一款优秀的计算软件，在金融工具箱中提供了计算固定收益证券敏感性

的工具，计算固定收益证券的久期和凸性。

在考虑债券的久期和凸性前，读者应当熟悉 MATLAB 中基本的现金流久期和凸性计算函数 cfdur 和 cfconv。

计算债券久期和凸性的函数分别为 bndconvp（bndconvy）和 bnddurp（bndury），分别是根据债券的价格和收益率计算久期的函数，当中仍然涉及前面介绍的 cfamounts 函数。

债券的久期是价格对利率的导数，凸性是久期对利率的导数，即价格对利率的二阶导数。用来衡量价格对利率变动的敏感性。久期分为麦考利久期和修正久期两种。

1. 现金流久期和凸性的计算

在 MATLAB 中计算现金流久期的函数是 cfdur。

【语法格式】

```
[Duration, ModDuration] = cfdur(CashFlow, Yield)
```

【输入参数】

```
CashFlow                %为一现金流向量
Yield                   %收益率
```

【输出参数】

```
Duration                %为现金流的麦考利久期
ModDuration             %为现金流的修正久期
```

在 MATLAB 中计算现金流凸性的函数是 cfconv。

【语法格式】

```
CFlowConvexity = cfconv(CashFlow, Yield)
```

【输入参数】

```
CashFlow                %为一现金流向量
Yield                   %收益率
```

【输出参数】

```
CFlowConvexity          %为现金流的凸性
```

【例 7-21】 现金流久期和凸性计算实例。现有一现年金，每年支付 100 元，持续 10 年，求现金流久期和凸性，假定利率期限结构水平为 8.5%。

在 MATLAB 命令窗口中输入如下命令：

```
>>cf=[100   100   100   100   100   100   100   100   100   100];
>>yield=0.085;
>>cfduration=cfdur(cf, yield)
```

输出结果为：

```
cfduration =   4.83438763
```

在 MATLAB 命令窗口中继续输入如下命令：

```
>>cfconvexity=cfconv(cf, yield)
```

输出结果为：

```
cfconvexity =  30.73802528
```

2. 债券的久期计算

在 MATLAB 中计算债券久期的函数是 bnddurp 和 bnddury。

【语法格式】

```
    [ModDuration,YearDuration,PerDuration] = bnddurp(Price,CouponRate,Settle,
Maturity,Period,Basis,EndMonthRule,IssueDate,FirstCouponDate,LastCouponDate,
StartDate,Face)
    [ModDuration,YearDuration,PerDuration] = bnddury(Yield,CouponRate,Settle,
Maturity,Period,Basis,EndMonthRule,IssueDate,FirstCouponDate, LastCouponDate,
StartDate, Face)
```

【输入参数】

```
Price                  %债券价格，在 bnddurp 函数中
Yield                  %债券收益率，在 bnddury 函数中
CouponRate             %债券息票率
Settle                 %债券结算日
Maturity               %债券到期日
Period                 %可选，年息票支付频次
EndMonthRule           %可选，月末法则
IssueDate              %可选，债券发行日
FirstCouponDate        %可选，首次派息日
LastCouponDate         %可选，最后派息日
StartDate              %可选，开始计息日期
Face                   %可选，债券面值大小
```

【输出参数】

```
ModDuration            %债券修正久期
YearDuration           %债券的麦考利久期，以年为计量单位
PerDuration            %债券的麦考利久期，以半年为计量单位
```

3. 债券的凸性计算

【语法格式】

```
    [YearConvexity,PerConvexity]=bndconvp(Price,CouponRate,Settle,Maturity,Peri
od,Basis,EndMonthRule,IssueDate,FirstCouponDate,LastCouponDate,StartDate,Face)
    [YearConvexity,PerConvexity]= bndconvy(Yield,CouponRate,Settle,
Maturity,Period,Basis,EndMonthRule,IssueDate,FirstCouponDate,LastCouponDate
,StartDate,Face)
```

【输入参数】

同 bnddury。

【输出参数】

```
YearConvexity        %以年为计量单位的债券凸性
PerConvexity         %以 Period 参数为计量单位的凸性
```

【例 7-22】 债券久期和凸性计算实例。一国债，息票率为 8.5%，半年付息，收益率为 6.3%，结算日为 2008-4-21，到期日为 2020-3-1，市场交易价格为 101.23，求债券的久期和凸性。

在 MATLAB 命令窗口中输入如下命令：

```
>>couponrate=0.085;
>>price=101.23;
>>yield=0.063;
>>settle='4-21-2008';
>>maturity='3-1-2020';
>>[moddur,yeardur,perdur] = bnddurp(price,couponrate,settle, maturity)
```

输出结果为：

```
moddur =   7.33232683
yeardur =   7.63780775
perdur =  15.27561551
```

在 MATLAB 命令窗口中继续输入如下命令：

```
>>[yearconv perconv] = bndconvp(price,couponrate,settle, maturity)
```

输出结果为：

```
yearconv =    73.59589273
perconv =    294.38357091
```

7.5 固定收益证券的数据管理

在 MATLAB 的使用中，数据的管理组织形式是很重要的，一般情况下，金融数据都是存储在专门的数据库中，例如 MySQL 等，MATLAB 的 Database Toolbox 提供了专业的数据库接口访问，MATLAB 推荐 JDBC 作为接口。但是日常使用过程中，在数据集并不是很大的情况下，可以采用本文介绍的两种方式。

目前科研用数据的组织形式一般采用 Microsoft 的 Excel，因此本节在讲述如何在读取和写入 Excel 数据的同时，还介绍在 MATLAB 中的 Instrument 型数据。

7.5.1 Instrument 型数据

MATLAB 提供了 5 个函数对 Instructment 型金融数据结构进行操作，下面对这 5 个函数分别进行介绍。

借助这 5 个函数可以实现简单的类似 SQL 语言的数据查询、删除、显示、提取功能。

1．构建 Instructment 型数据的函数 instaddfield

【语法格式】

```
InstSet=instaddfield('FieldName',FieldList,'Data',DataList,'Type',...TypeString)
InstSetNew=instaddfield(InstSet,'FieldName',FieldList,'Data',DataList,'Type',TypeString)
```

【输入参数】

```
FieldList               %变量名称，以 cell 型数据输入
DataList                %数据列表，以 cell 型数据输入
TypeString              %类型字符串，以字符串形式输入
```

【输出参数】

```
InstSet                 %为 instaddfield 创建的工具变量，为 struct 类型
InstSetNew              %instaddfield 添加的新观测后的变量
```

【技巧与提示】

MATLAB 的 Instrument 结构按照矩阵方式组织数据，一般将列作为变量，行作为观测。在这里，MATLAB 称列为域（field），行为数据（data）。这样，就清楚 instaddfield 函数参数的含义了。

'FieldName'是域名变量的关键字，学过数据库对 SQL 语言有了解的读者应当清楚，在数据库操作时，对变量的操作是对列进行的，这里'FieldName'和 SQL 中变量的概念类似。

'Data'是数据观测关键字，声明后面跟随的 cell 型数据是相应的观测。

'Type'是类型关键字，声明后面的字符串作为每个观测的基本属性。可以将 Type 视为特殊的 Field，相同的 Type 必须有相同的域名；不同的 Type 可以有不同的 field。组织结构为：FieldList 是域名，数据类型为 cell；DataList 是行的观测量，数据类型为 cell；TypeString 是类型标识字符串，数据类型为字符串。

instaddfield 函数可以用来创建 Instrument 结构数据，同时可以用 instaddfield 向已有的 Instrument 型数据结构中添加相应的数据（Data）和类型（Type）。

Instrument 型数据可以用 save/load 命令存储和读入工作空间。Instrument 型数据可以实现一个小型数据库的功能，并利用其提供的操作函数实现 SQL 语言的部分功能。在做投资组合时，Instrument 型数据将会是很有帮助的。

在参数输入的过程中，MATLAB 采用有名形式，因此，输入顺序并不影响结果，而前面介绍的 MATLAB 函数参数的输入顺序不能改变。

【例 7-23】 Instrment 型数据生成实例。现有针对某股票的 6 个期权，数据如下：

执行价	Call	Put
25	2.2	2.1
30	1.8	2.7
35	1.6	3.6

请将其组织成为 Instrument 型数据。

分析：这里面临一个股票的期权，而具体的期权的期权类型（Call 或 Put）、执行价、期权价格都不同，共同的就是都是期权。

因此数据结构类型设计如下：Type 字段，用来标识产品为期权；在域的设置中设置三个域，分别表示执行价、期权价格和期权类型（Call 或 Put）。

在 MATLAB 命令窗口中输入如下命令：

```
>>callvalue=[2.2, 1.8, 1.6];
>>putprice=[2.1, 2.7, 3.6];
>>optionvalue=[callvalue putprice]';
>>strike=[25, 30, 35];
>>strike=[strike strike]';
>>fieldlist={'Strike', 'OptionValue', 'OptionType'};
>>datalist={strike, optionvalue, ['c'; 'c'; 'c'; 'p'; 'p'; 'p']};
>>inst=instaddfield('Type','Option', 'FieldName',fieldlist,
'Data',datalist);
```

输出结果为：

```
inst =
       FinObj   : 'Instruments'
    IndexTable  : [1x1 struct]
         Type   : {'Option'}
    FieldName   : {{3x1 cell}}
    FieldClass  : {{3x1 cell}}
    FieldData   : {{3x1 cell}}
```

可见，上述命令创建了一个 Instrument 型的金融数据对象（FinObj：'Instrument'），instaddfield 将输入全部转化为一个 cell 型数据。

【例 7-24】 向 Instrument 型数据中添加观测实。为例 7-23 中建立的 Instrument 型数据添加如下的一个数据（Data）观测：基于股票的一个期货合约，类型为 Futures，3 个月远期价格为 31 元，期货远期合约多头，用'L'表示。

分析：由于上例中建立的 Instrument 的 Type 为 Option，这里添加一个 Type 为 Futures 的观测，它应当包含远期价格、交割日期和仓位情况 3 个域。

在 MATLAB 命令窗口中输入如下命令：

```
>>instnew=instaddfield(inst, 'FieldName',{'FuturePrice', 'Positions',
'Deliverydate'}, 'Data',{31, 'L', 0.25}'Type', 'Futures')
```

输出结果为：

```
instnew =
        FinObj: 'Instruments'
    IndexTable: [1x1 struct]
          Type: {2x1 cell}
```

```
      FieldName: {2x1 cell}
     FieldClass: {2x1 cell}
      FieldData: {2x1 cell}
```

2. 显示 Instrument 型数据的函数 instdisp

【语法格式】

```
CharTable = instdisp(InstSet)
```

【输入参数】

```
InstSet          %准备显示的 Instrument 型数据
```

【输出参数】

```
CharTable        %显示 instdisp 的内容，为 char 型数组，显示格式是按照方阵的形式显示
```

【技巧与提示】

instdisp 函数的返回值 CharTable，是一个矩阵，其大小可以用 size 函数查看，注意在不同的 Type 数据类型间 MATLAB 自动插入空行，因而 ChartTable 中的观测数目是小于其行数的。

【例 7-25】 Instrument 型数据查看实例。将例 7-24 中的数据属性显示在 MATLAB 命令窗口中。

在 MATLAB 命令窗口中输入如下命令：

```
>>instdisp(instnew)
```

输出结果为：

```
Index Type   Strike OptionValue OptionType
1     Option 25     2.2         c
2     Option 30     1.8         c
3     Option 35     1.6         c
4     Option 25     2.1         p
5     Option 30     2.7         p
6     Option 35     3.6         p

Index Type    FuturePrice Positions DeliveryDate
7     Futures 31          L         0.25
```

3. 查询 Instrument 型数据的函数 instget

在 MATLAB 中，可以采用类似 SQL 语言的方式在 Instrument 型数据中查询，查询的方式也类似于 SQL 语言，同时语法表达上也有很高的自由度。

【语法格式】

```
[Data_1,Data_2,...,Data_n]=instget(InstSet,'FieldName',FieldList,
'Index', IndexSet, 'Type', TypeList)
```

【输入参数】

```
InstSet              %将要查询的 Instrument 型数据
```

```
FieldLish              %cell 型数据，将要查询的域变量列表
IndexSet               %用 Instrument 型数据的索引 Index 作为查询条件,必须同 TypeList
TypeList               %数据类型 Type 作为查询条件，必须同 IndexSet
```

【输出参数】

```
Data_n                 %结果输出，FieldList 中第 n 列所标识结果，空白项用 NaN 表示
```

【例 7-26】 Instrument 型数据的查询。在例 7-24 中的 Instrument 型数据 instnew 中，查询出所有看涨期权的价格及其对应的执行价格。

分析：本题目涉及数据查询的高级技巧，在 MATLAB 中，用 instget 进行数据查询的自由度仅仅局限在 FieldList、Index 和 Type 的属性，这里，期权是 Type 属性，价格是 Field 属性，但是看涨期权，是一个特殊的属性。

这里需要先选出来期权，价格和所有类型，然后用 MATLAB 提供的 find 函数查找相应的子类型数据。

在 MATLAB 命令窗口中输入如下命令：

```
>>[stk opva opty]=instget(instnew, 'FieldName', { 'Strike',
'OptionValue',..., 'OptionType'}, 'Type', 'Option');
>>subinst=[stk opva];            %将执行价和期权价格组合成一个矩阵
>> subinst(find(opty=='c'),:); %本行是结合 find 函数进行数据查询的关键
```

输出结果为：

```
ans =
   25.0000    2.2000
   30.0000    1.8000
   35.0000    1.6000
```

这样通过 instget 和 find 函数的组合实现了 SQL 语言中的组合条件查询，如能灵活应用此命令，则可以查找出满足任何条件的数据（Data）。

4. 提取 Instrument 型数据的函数 instgetcell

【语法格式】

```
[DataList,FieldList, ClassList] =instgetcell(InstSet,'FieldName',
FieldList, 'Index',IndexSet, 'Type', TypeList)
```

【输入参数】

同 instget 函数

【输出参数】

```
DataList               %将 FieldName 指定的域数据，以 cell 形式输出到 DataList 中
FielList               %即输出结果中的全部域
ClassList              %属性列表
```

【例 7-27】 Instrument 型数据的提取实例。取出例 7-24 中的 Instrument 型数据 instnew

中的执行价格和期权价格。

在 MATLAB 命令窗口中输入如下命令：

```
>>[datalist filedlist
classlist]=instgetcell(instnew,'FieldName',{'Strike', 'OptionValue'})
```

输出结果为：

```
datalist =
    [7x1 double]
    [7x1 double]
filedlist =
    'Strike'
    'OptionValue'
classlist =
    'dble'
    'dble'
```

这里，将注意力集中在返回值 datalist 上，由于其是 cell 型数据，用 celldisp 显示一个 cell 型数据。将这个 cell 型数据转化成矩阵的形式，在 MATLAB 命令窗口中继续输入如下命令：

```
>>datalist=[datalist{1}, datalist{2}]
```

输出结果为：

```
datalist =
   25.0000    2.2000
   30.0000    1.8000
   35.0000    1.6000
   25.0000    2.1000
   30.0000    2.7000
   35.0000    3.6000
       NaN       NaN
```

数据中存在 NaN 的数据，通过下面的方法提取出非空值。在 MATLAB 命令窗口中继续输入如下命令：

```
>>reshape(datalist(~isnan(datalist)),6,2)
```

输出结果为：

```
ans =
   25.0000    2.2000
   30.0000    1.8000
   35.0000    1.6000
   25.0000    2.1000
   30.0000    2.7000
   35.0000    3.6000
```

5. 修改 Instrument 型数据的函数 instsetfield

除了 instaddfield 完成添加数据（Data）之外，instsetfield 可以完成 Instrument 型数据的修改。

正如函数名字所示，instsetfield 完成的仅仅是对域的操作，而 instaddfield 完成的是对数据 Data 即观测的操作，需要注意两者的不同点。

【语法格式】

```
InstSet = instsetfield(InstSet, 'FieldName', FieldList,'Data', DataList)
InstSet=instsetfield(InstSet,'FieldName',FieldList,'Data',DataList,'Ind
ex', IndexSet, 'Type', TypeList)
```

【输入参数】

同 instaddfield

【输出参数】

```
InstSet          %变化后的 Instrument 型数据
```

7.5.2 Excel 数据的读写

前面已经介绍过，在桌面办公环境中最常见的数据组织方式并不是数据库，而是常见的 Excel。

作为一个办公级别的数据管理软件，Excel 在简单数据管理和图形表现方面非常优秀，但是作为高级运算，需要和 VBA 结合使用方可。但是 VBA 性能并不适合做大规模复杂运算。因此，以 Excel 作为展示窗口、MATLAB 作为计算平台就会将两者的优点结合到一起，发挥更佳的性能。

Excel 和 MATLAB 的混合编程，有两种方案，其中一种是动态交互方案。MATLAB 提供了和 Excel 链接的两种方案：Excel Link 和 Builder for Excel。这两种方案难度较大，需要读者对宏等概念有所了解。

这里介绍的重点是如果将 Excel 的数据读入 MATLAB 并实现 MATLAB 数据向 Excel 的写入，这些过程的实现均是基于文件读写的。

在 MATLAB 中，对 Excel 文件进行读入和写出命令分别是 xlsread 和 xlswrite 两个函数。

将 Excel 数据读入 MATLAB 的函数是 xlsread。

【语法格式】

```
num = xlsread(filename)
num = xlsread(filename, -1)
num = xlsread(filename, sheet)
num = xlsread(filename, 'range')
num = xlsread(filename, sheet, 'range')
num = xlsread(filename, sheet, 'range', 'basic')
num = xlsread(filename, ..., functionhandle)
[num, txt]= xlsread(filename, ...)
[num, txt, raw] = xlsread(filename, ...)
[num, txt, raw, X] = xlsread(filename, ..., functionhandle)
```

- num=xlsread(filename)，filename 是要读入的 Excel 文件，用单引号括起来的文件名，包含文件名后缀。此命令将指定文件中第一个 Sheet 的数值型数据读入 MATLAB 的工作空间，以矩阵形式存储。

- num=xlsread(filename，-1)，filename 是要读入的 Excel 文件，此时 MATLAB 会自动打开 Excel 并提示选择数据区域，单击确定后，将指定区域的数据读入 MATLAB。
- num=xlsread(filename，sheet)，filename 是要读入的 Excel 文件，sheet 是所需读入的工作表可以是整数或者字符串。关于参数 sheet 的取值，可以参考 xlsinfo 函数。
- num=xlsread(filename，'range')，filename 是要读入的 Excel 文件，读入默认 sheet1 中指定区域的数据。输入变量 range 的格式是将数据区域的左上和右下的坐标表示出来，中间用“:”进行连接。比如 A1:C4 是一个 4×3 的矩形区域。
- num=xlsread(filename，sheet，'range')，读入参数 sheet 所制定的工作表。
- num=xlsread(filename，sheet，'range'，'basic')，一般是解决 Excel 不是作为 COM Server 的情况下，在基本模式下导入数据。
- num=xlsread(filename, …, functionhandle)，filename 是将要读入的 Excel 文件，functionhandle 是对数据完成特定操作函数的句柄。中间三个参数一般设为空，即''。关于 functionhandle 函数的输入参数和输出参数都是一个结构型数组，由两个域构成，分别是 DataRange.Count 和 DataRange.Value。

DataRange.Count 是矩阵总的元素数目，是矩阵的行数和列数的乘积。

DataRange.Value 是按单下标方式标识元素的，可参见 sub2ind 函数，由于每个元素可能并不一定是数字，所以 DataRange.Value 是按照元胞数组的方式组织数据的。对其值的引用采用 DataRange.Value{k}的方式，注意是单下标。

一般来说，自定义函数的 M 文件中关于函数头的定义按照如下格式：

```
function [DataRange] = My_CallFcn ( DataRange )
```

可见输出变量也是 DataRange。但是需要注意的是，My_CallFcn 对数据的操作仅仅限于读入 MATLAB 工作空间的变量，其不改变原 Excel 文件中的数值。

此函数在处理数据筛选的过程中极其有用。如果原始数据是在 Excel 中组织的，而要选出来符合某些约束条件的数值，则可以在 My_CallFcn 函数中对数据进行操作，包括读入数据、进行运算、将结果输出。当然也可以自行读入数据，然后再单独进行数据操作。

- [num,txt]=xlsread(filename,…)将数据中的数字部分以矩阵形式读入，文本数据以 cell 型数据读入 MATLAB 工作空间。
- [num,txt,raw]=xlsread(filename,…)关于本函数的使用介绍请参考例 7-28。
- [num,txt,raw,X]=xlsread(filename, … ,functionhandle) 是 [num,txt,raw]=xlsread(filename,...) 形式的一种延伸，以单下标的方式表示了哪些数据被 functionhandle 对应的函数操作过。

这里，需要特别注意的是日期型变量的处理。由于 Excel 和 MATLAB 对待日期的起始点不同，因此前面介绍的 m2xdate 和 x2mdate 函数在处理二者之间日期型数据转换时就尤其重要。

【例 7-28】 Excel 型数据的读取实例。读入文本和数值型数据组成的 Excel 表格。

现有一 Excel 表格的 Sheet1 中有如下数据：

John	23	78	USA	M
Mercy	20	53	Britain	F
Kate	19	48	Canada	F
Kox	22	83	USA	M

数据区域是 A1:E4，文件名是 test.xls。第一列是人名，第二列是年龄，第三列是体重，第四列是国籍，第五列是性别。

在 MATLAB 命令行中输入如下命令：

```
>> [num, txt, raw] = xlsread('test.xls','','','')
```

输出结果为：

```
num =
    23    78
    20    53
    19    48
    22    83
txt =
    'John'      ''     ''    'USA'        'M'
    'Mercy'     ''     ''    'Britain'    'F'
    'Kate'      ''     ''    'Canada'     'F'
    'Kox'       ''     ''    'USA'        'M'
raw =
    'John'     [23]    [78]    'USA'        'M'
    'Mercy'    [20]    [53]    'Britain'    'F'
    'Kate'     [19]    [48]    'Canada'     'F'
    'Kox'      [22]    [83]    'USA'        'M'
```

继续输入：

```
>> whos
```

输出结果为：

```
  Name       Size            Bytes  Class     Attributes
  num        4x2               64  double
  raw        4x5             1342  cell
  txt        4x5             1278  cell
```

可见，在这种语法格式下调用 xlsread 函数，读入含有文本和数值型数据混合而成的 Excel 文件时，对于其中的数值型数据，存储在返回值 num 中，返回值 num 是一个数值型的矩阵，其类型属性是 double。

而对于 Excel 文件中的文本数据，以 cell 型数组形式组织，存储在返回值 txt。读者可注意到，txt 是 4×5 的 cell 型数组，可是其中原来是数字的部分是空的 cell 型数组。

返回值 raw 直接将 Excel 表格转换成一个维数相同的 cell 型二维数组，全部数据都是以 cell 型数据存储的。

至此，本节介绍了如何将数据从 Excel 中读入 MATLAB，其中对于数据从 MATLAB 写入 Excel 的函数 xlswrite 有类似操作，在此不做介绍，读者可参考帮助文档。

但需要指出的是在数据从 MATLAB 向 Excel 输出时，将要输出的变量不论是矩阵还是 cell 型数组，都会按照相应的格式写入 Excel 文件中。

办公环境中经常遇到复杂的数据统计，例如，一个 Excel 文件中包含了某只股票的交易代码和股票名称，同时又开、收、高、低四个价格，需要做出如下统计：在连续 *n* 天收盘价低于开盘价的条件下，接下来的交易日中收盘价高于开盘价的条件概率。

在 Excel 中完成统计功能相对复杂，而读入的数据中包含了文本和数字。这时利用例 7-24 中介绍的方法即可以在 MATLAB 环境中完成统计功能，并将结果返回到 Excel 中，大大提高了办公效率。

7.5.3 其他格式数据的读写

除了常见的 Excel 数据外，MATLAB 还支持其他格式的数据文件的读入，同时作为一个大型计算工具，MATLAB 提供了对 SQL 语言的支持，通过 Database Toolbox 提供了对数据库访问的支持。目前，主流数据库都能得到 MATLAB 的支持。

本节将主要讲解如何处理小规模数据，即以文件形式组织的数据。

常见的逗号作为分隔符的数据文件，使用函数 csvread 和 csvwrite 函数进行操作。

文本文件的自定义格式的读入，采用 textread 读入。

逗号分隔文本的读入函数为 csvread。

【语法格式】

```
M = csvread(filename)
M = csvread(filename, row, col)
M = csvread(filename, row, col, range)
```

【输入变量】

```
filename                    %读入的文件名，以单引号括起来
row                         %读入数据的开始行，以 0 为起点，即 0 代表第一行
col                         %读入数据的开始列，同上
range                       %读入数据的区域，类似 xlsread 函数
```

【输出变量】

```
M                           %存储读入数据的变量
```

【例 7-29】 逗号分隔符数据的读取实例。文件名为 test.mat 的文件包含如下数据，以逗号为分隔符。

```
02, 04, 06, 08, 10, 12
03, 06, 09, 12, 15, 18
05, 10, 15, 20, 25, 30
07, 14, 21, 28, 35, 42
11, 22, 33, 44, 55, 66
```

在 MATLAB 里输入如下命令并观察相应输出。

```
>> csvread('test.mat',1,3)
```

输出结果为：

```
ans =
    12    15    18
    20    25    30
    28    35    42
    44    55    66
>> csvread('test.mat',1,0)
```

输出结果为：

```
ans =
     3     6     9    12    15    18
     5    10    15    20    25    30
     7    14    21    28    35    42
    11    22    33    44    55    66
```

通过如上返回值读者应清楚 csvread 函数的使用规则了。相应的写入文件函数 csvwrite 有类似用法，读者可参考帮助文档。

在实际情况中，数据源可能是多种多样的，甚至可能是人工输入的，但有一个规范的格式，针对这种数据，MATLAB 提供了 textread 函数，进行数据读入的操作。

textread 的操作可以完成格式匹配，而格式是由用户自由定义的，因此为数据读入的工作提供了最大的自由度。

【语法格式】

```
[A,B,C,...]=textread('filename','format')
[A,B,C,...]=textread('filename','format',N)
[...]=textread(...,'param','value',...)
```

[A,B,C,...]=textread('filename','format')，filename 所指文件，按照 format 所确定的格式进行读入，关于 format 的具体值，请参考帮助文档。

[...]=textread(...,'param','value',...)，利用 param/value 对来决定对文件的读入。

【例 7-30】 自定义格式数据读取实例。采用自定义格式读入文件的所有数据。

```
Kingsberg   CFA1 0.75 25 Pass
```

数据存储在文件名是 test.txt 的文本文件中。包含姓名、CFA 考试级别、分数，年龄和是否通过等数据。请将文本文件内容读入 MATLAB 工作区。

在 MATLAB 命令行中输入如下命令：

```
>> [Names, Exam, Score, Age, State] = textread('test.txt', '%s %s %f %d %s')
```

输出结果为：

```
Names =     'Kingsberg'
Exam =     'CFA1'
Score =    0.7500
Age =    25
State = 'Pass'
>> whos
```

输出结果为：

```
Name        Size              Bytes    Class     Attributes
Age         1x1                   8    double
Exam        1x1                  68    cell
Names       1x1                  78    cell
Score       1x1                   8    double
State       1x1                  68    cell
```

可见成功地读入了 test.txt 文件中所包含的信息，通过 whos 命令可看到，数值型数据是作为 double 输入的，而 cell 型数据是作为字符串输入的。

第 8 章　利率期限结构和利率模型

利率期限结构是关于市场上资金需求价格和期限之间的关系，是为不含权利率型产品进行定价的基础，依据无套利技术，利用当前的利率期限结构为新的产品进行定价。

这种技术的前提是具备一个足够完善的市场，能够给出准确的利率期限结构。这点中国市场是不具备的。国内常采用的是 SHIBOR，但是并未得到市场的广泛接受。

在利率期限结构计算中采用的是 bootstrapping 方法，关于利率期限结构的实务中经常要对一些流动性、信用风险等进行补偿，同时剔除异常值点，还需要对曲线进行平滑和插值。

利率模型是对所有现金流进行定价的基础，本章介绍了 HL、BDT、HW、BK 和 HJM 模型，其中由于 HJM 模型的实践意义并不大，因此没有详细介绍，主要介绍了 BDT、HW 和 BK 模型，读者可仔细领会，并根据实际情况决定采用何种模型对现金流进行定价。通过本章的介绍，读者应当清楚利率期限结构的基本概念，同时掌握基本的计算方法，并且了解其在固定收益证券中的重要作用。

在利率期限结构的基础之上，本章着手应用无套利均衡的基本思想介绍含权债券的定价技术中用到的利率模型。

8.1 利率期限结构计算

8.1.1 利息债券收益率

在投资过程中，经常面临的一项风险是再投资风险，存在再投资风险的原因是由于付息债券在到期前的现金流需要再投资，而再投资的收益率和市场当时的利率水平有关。因此，用到期收益率并不能很好地描述这种再投资风险，因此引入了零息债券的概念。

零息债券是指发行后在到期时一次性还本付息的债券。到期前，不存在任何现金流的支付，因而这样的债券不面临再投资风险。

如果同时没有信用风险，则这种债券面临的就只有利率波动的风险。因此，这正是在债券定价中需要的折现率。在剔除了信用风险和再投资风险之后的利率，可以很好地描述利率波动的风险。

本节的主要目标是如何利用市场数据计算得到相应的零息债券收益率。

在有了不同时期的零息债券收益率之后，将这些不同期限的零息债券收益率用曲线连接起来，便构成利率期限结构曲线，在债券定价过程中，利率期限结构曲线占据了重要地位。相应地，在含权债券的定价中利率曲线的建模就成了整个含权证券的核心基础。在 MATLAB 中，有丰富的函数可以直接使用。

为让读者能够在实际应用中根据实际需要开发出符合自己需求的应用程序，本章的重点放到无套利模型的 MATLAB 实现上。

8.1.2 构建收益率曲线

在固定收益证券定价的过程中，利率期限结构起着重要的作用，固定收益的计算中有很大一部分工作是如何构建一个完整并且合理的利率期限结构。

一般来说，由于市场上存在众多的固定收益证券，利率期限结构应当是众多数据点的一个拟合结果。但从计算过程上来讲，假定特定期限的利率只对应着一个固定收益证券会为计算带来方便，并且不会影响其核心的计算过程。为此本节基于如上假设，利用市场的实际数据通过实例来展示成利率期限结构的计算过程。

【例 8-1】 利率期限结构构建实例。2008-4-22 国债市场数据如表 8-1 所示。

表 8-1 国债市场交易数据

本 金	年 份	息 票 率	价 格
100	0.25 年	8%	97.50
100	0.5 年	9%	94.90
100	1 年	8%	90.00
100	1.5 年	8%	96.00
100	2 年	12%	101.60

采用连续计息方式。

首先应当明确，对于前三个到期期限，除了到期本金支付，没有任何现金流。

【步骤 1】：求出 T=0.25 时的收益率。

根据公式：

$$PV=FV*e^{-rT}$$

有，对于第一个债券：

$$97.50=100*e^{-r_{0.25}*0.25}$$

因此，得到 $r_{0.25}$= 0.10127123 。

【步骤 2】：重复【步骤 1】，计算出第二个债券和第三个债券的到期收益率有：

$$r_{0.5}=0.10469296$$
$$r_1=0.10536052$$

对于以上三个债券，由于是贴现债券，所以得到的到期收益率就是零息债券收益率，下面将计算 1.5 年期的零息债券利率。

【步骤 3】：求出 1.5 年期零息债券利率。

由于 1.5 年的债券在 0.5 年和 1 年的时候有相应的 4 元的现金流，所以 1.5 年的债券可以看作由三个零息债券构成：

- 0.5 年的 4 元零息债券。
- 1 年的 4 元零息债券。
- 1.5 年的 100+4 元零息债券。

对于前两个 4 元零息债券，应当用前面计算出来的零息债券到期收益率计算，后面的 1.5 年的零息债券到期收益率就是需要求出的。

根据公式：

$$4e^{r_{0.5}*0.5}+4e^{r_1*1}+(100+4)e^{r_{1.5}*1.5}=96$$

代入相应的数据，得到 $r_{1.5}$=0.10680932。

同理可以得到 r_2=0.10808030。

至此，得到了一个 0～2 年的利率期限结构，如图 8-1 所示。

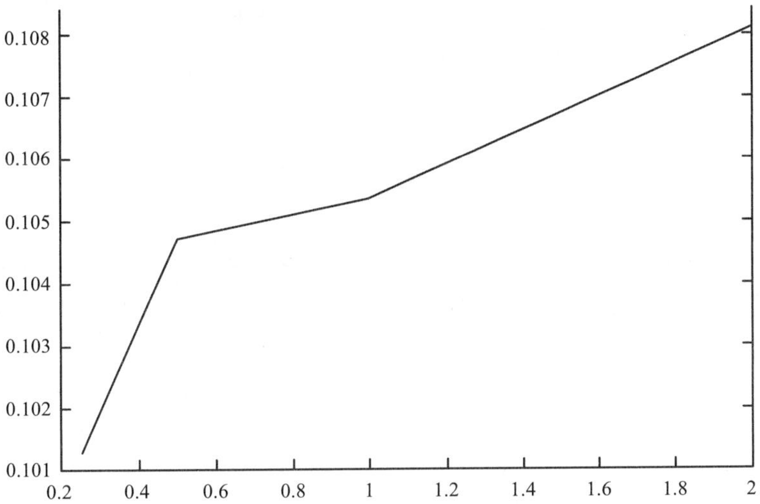

图 8-1　例 8-1 利率期限结构图

8.1.3　Bootstrapping 算法

本节解决如何从大量市场交易数据中计算当前时点的利率期限结构。

【例 8-2】　利率期限结构绘制实例。2003 年 8 月 15 日观察到的美国国债市场交易数据如表 8-2 所示，第一列是息票率，第二列是债券的市场交易价格，第三列是债券的到期日，请画出当时市场利率曲线图。

表 8-2　2003 年 8 月 15 日国债市场交易数据

息 票 率	债券价格	到 期 日
0.03	101.0544	2004-2-15
0.02125	100.9254	2004-8-15

续表

息票率	债券价格	到期日
0.015	99.8942	2005-2-15
0.065	109.0934	2005-8-15
0.05625	108.438	2006-2-15
0.02375	99.7848	2006-8-15
0.0625	111.7184	2007-2-15
0.0325	101.0841	2007-8-15
0.03	99.1692	2008-2-15
0.0325	99.271	2008-8-15
0.055	109.7707	2009-2-15
0.06	112.145	2009-8-15
0.065	114.9084	2010-2-15
0.0575	110.3894	2010-8-15
0.05	105.2934	2011-2-15
0.05	104.7607	2011-8-15
0.04875	103.4391	2012-2-15
0.04375	99.2806	2012-8-15
0.03875	95.0288	2013-2-15
0.0425	97.7693	2013-8-15

【步骤1】：将价格数据换算成到期收益率数据。利用第7章讲到的bndyield函数将价格序列转化成收益率序列。

在MATLAB命令窗口中输入如下命令：

```
>>settle='8-15-2003';
>> yield = bndyield(price, couponrate, settle, maturity);
```

其中，price是表8-2中的债券价格序列，couponrate是表8-2中的息票率序列，maturity是表8-2中的到期日序列，全部按列向量形式顺序写入MATLAB工作空间，得到如表8-3所示的到期收益率数据。

表8-3 国债到期收益率图

0.008819	0.011913	0.015716	0.018478	0.021407	0.024498
0.027175	0.029606	0.031997	0.034098	0.035299	0.037227
0.038827	0.040317	0.041708	0.042906	0.043859	0.044730
0.045246	0.045299				

【步骤2】：将收益率换算成零息票利率集。

在MATLAB的M文件编辑器中输入如下代码：

```
clear;clc; %清空工作空间，并清空命令窗口
couponrate=[0.03 0.02125 0.015 0.065 0.05625 0.02375 0.0625 0.0325 0.03
```

```
0.0325 0.055 0.06 0.065 0.0575 0.05 0.05 0.04875 0.04375 0.03875 0.0425];
    %对应债券的息票率
    price=[101.0544 100.9254 99.8942 109.0934 108.438 99.7848 111.7184 101.0841
99.1692 99.271 109.7707 112.145 114.9084 110.3894 105.2934 104.7607 103.4391
99.2806 95.0288 97.7693];
    %对应债券的价格
    yield=[0.008819 0.011913 0.015716 0.018478 0.021407 0.024498 0.027175
0.029606 0.031997 0.034098 0.035299 0.037227 0.038827 0.040317 0.041708
0.042906 0.043859 0.044730 0.045246 0.045299];
    %步骤 1 中 bndyield 函数求得的收益率
    time=0.5:0.5:10;                %构建现金流时间点，相对时间间隔 0.5 年
    time(1,2)=0.5;                  %由于计息方式的不同，而后续循环要用到，设定为 0.5
    zbt(1,1)=yield(1,1);            %零息票利率集的第一个值
    zbt(1,2)=yield(1,2)*2;          %由于计息方式的不同，进行的调整，为了后续循环简便
    for i=3:20                      %for 循环是计算零息票利率集的核心
       intfactor=1+0.5*zbt(1,1:(i-1));             %计算相应周期（半年）折现率
       cashflowdate=-2*time(1,1:(i-1));            %对应计息周期数目，半年计息
       disfact=sum(intfactor.^cashflowdate);       %折现因子的和
       sim=1/(2*time(i));                          %为表示方便设定此项
zbt(i)=2*((100+100*couponrate(i)*0.5)/(price(i)-100*couponrate(i)*0.5*disfa
ct))^sim-2;                         %在一直 zbt(i-1)的情况下，计算 zbt(i)
    end
    zbt(1,2)=zbt(1,2)/2;            %调整回 zbt(1,2)真实值，计息方式不同导致
    time(1,2)=1;                    %调整回因计息方式不同导致的不同
    plot(time,zbt,'r')              %时间为横轴，零息票利率集为纵轴画出曲线
```

运行程序，得到如图 8-2 所示的利率期限结构曲线。

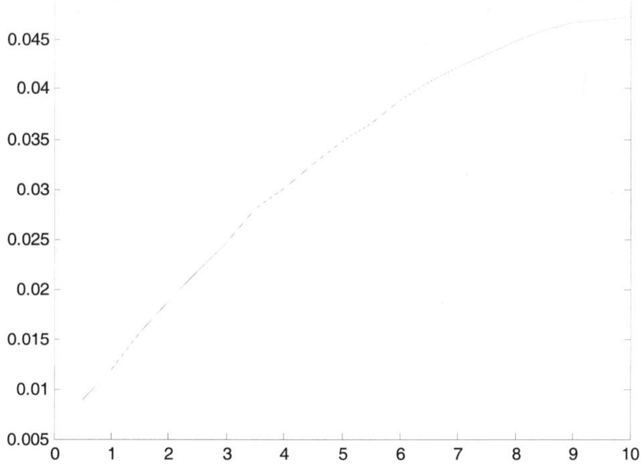

图 8-2　市场利率期限结构图 1

【技巧与提示】

在上述的计算过程中，应当注意以下几点。

（1）在步骤 2 中，需要的输入参量 couponrate、price、yield，其中 couponrate 和 price 是市场上的直接数据。yield 是根据 price、couponrate、settle、maturity 计算出来的，而 price、 couponrate、settle、maturity 都是市场已知数据。因而，从上面的分析知道，计算利率市场期限结构需要的基本数据为 couponrate、price、settle 和 maturity。

（2）在计算的过程中，由于小于或等于一年期债券是不付息债券，因而其半年计息的 BEY 是特殊计算的，这点体现在 for 循环前对 time（1,2）和 zbt（1,2）的调整，并且在 for 循环结束后，调整回原来的真实值。

（3）在 for 循环内部，黑体加粗的代码行用到了如下公式：

$$price(i)=\sum_{j=1}^{i-1}\frac{100*0.5*couponrate(i)}{[1+0.5*zbt(j)]^{2*time(j)}}+\frac{100*[1+0.5*couponrate(i)]}{[1+0.5*zbt(i)]^{2*time(i)}}$$

变形后解出 $zbt(i)$：

$$zbt(i)=2*\left\{\frac{100*[1+0.5*couponrate(i)]}{price(i)-\sum_{j=1}^{i-1}\frac{100*0.5*couponrate(i)}{[1+0.5*zbt(j)]^{2*time(j)}}}\right\}^{\frac{1}{2*time(i)}}-2$$

8.1.4 利率期限结构计算函数

鉴于利率期限结构的重要性，MATLAB 提供了两个函数，可以根据市场数据直接计算利率期限结构，分别为 zbtyield 和 zbtprice：

- zbtyield 根据到期收益率、息票率、结算日、到期日计算利率期限结构。
- zbtprice 根据价格、息票率、结算日、到期日计算利率期限结构。

前面已经证明，根据价格息票率，结算日和到期日可以得到到期收益率，因而两者是等价的。本节以 zbtprice 为例讲解，zbtyield 读者可自行参考帮助文档。

【语法格式】

```
[ZeroRates, CurveDates] = zbtprice(Bonds, Prices, Settle, OutputCompounding)
```

【输入变量】

```
Bonds                 %Bonds 是一个矩阵，为 N×6 或者 N×2 的矩阵
                      %[Maturity CouponRate Face Period Basis EndMonthRule]
                      %Maturity 债券到期日，一个 N 维列向量
                      %CouponRate 对应债券息票率
                      %Face 可选，债券面值
                      %Period 可选，债券付息频次，默认为 2
                      %Basis 可选，计息天数
                      %EndMonthRule 可选，月末法则
Prices                %债券价格向量
Settle                %债券结算日期，一般为当前日
OutputCompounding     %可选，零息票利率集的计息频次，不同于 Period，默认为 2
```

【输出变量】

```
ZeroRates             %零息票利率集
```

```
CurveDates              %对应日期
```

【技巧与提示】

zbtyield 用相似的输入输出变量，用法也基本一样。

【例 8-3】 zbtprice 函数实例。利用 zbtprice 函数，计算例 8-2 中的利率曲线结构。

在 MATLAB 的 M 文件编辑器中输入如下命令：

```
clear;clc;
couponrate=[0.03 0.02125 0.015 0.065 0.05625 0.02375 0.0625 0.0325 0.03
0.0325 0.055 0.06 0.065 0.0575 0.05 0.05 0.04875 0.04375 0.03875 0.0425];
%对应债券的息票率
price=[101.0544 100.9254 99.8942 109.0934 108.438 99.7848 111.7184 101.0841
99.1692 99.271 109.7707 112.145 114.9084 110.3894 105.2934 104.7607 103.4391
99.2806 95.0288 97.7693];
%对应债券的价格
maturity=cfdates('8-15-2003','8-15-2013');      %生成债券到期日，此题比较规则
bonds=[maturity', couponrate'];                  %构建 zbtprice 参数 Bonds
[zerorates dates]=zbtprice(bonds, price, '8-15-2003');     %求利率期限结构
plot(dates, zerorates, 'r');
dateaxis('x')
```

运行程序，得到如图 8-3 所示的利率期限结构曲线。

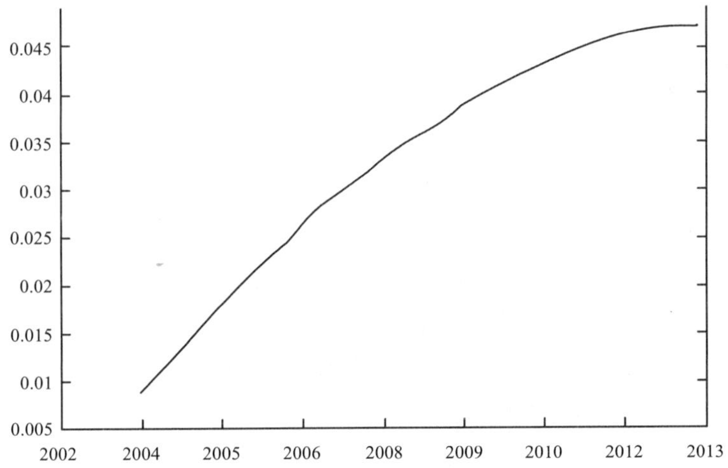

图 8-3 市场利率期限结构图 2

可见同前面讲到的 Bootstrapping 方法得到的结果是一样的，MATLAB 的 zbtprice 函数就是采用 Bootstrapping 法计算利率期限结构的。

8.1.5 远期利率计算

本节介绍如何利用利率期限结构计算远期利率，并介绍对冲基金是如何利用利率期限结构进行套利的。

利率远期是指，在当前约定未来某个时间段内，按照约定利率拆入或拆除一定量资金，一般交易所产品经过标准化后，变量只有未来某段时期的远期利率 FRA。

FRA 的确定并不是对未来利率的预测，而是根据当前利率期限结构进行套利活动导致的套利均衡，其定价应满足无套利均衡关系。

按照连续计息方式，FRA 应满足的关系为：

$$e^{r_{T_1}*T_1}e^{r_{FRA}*(T_2-T_1)}=e^{r_{T_2}*T_2}$$

化简后有：

$$r_{FRA}=\frac{r_{T_2}T_2-r_{T_1}T_1}{T_2-T_1}$$

在 MATLAB 中计算 FRA 的函数是 zero2fwd。

【语法格式】

```
[ForwardRates,CurveDates]=zero2fwd(ZeroRates,CurveDates,Settle,Compounding, Basis)
```

【输入变量】

```
ZeroRates          %利率期限结构表示的零息票利率集
CurveDates         %相应的日期
Settle             %当前结算日期，一般是作为利率期限结构曲线的起点
Compunding         %可选，计息方式，默认值为半年计息
```

【输出变量】

```
ForwardRates       %对应当前利率曲线的远期利率曲线结构图
CurveDates         %相应的远期利率日期
```

【技巧与提示】

一般来说，对于利率期限结构，市场上关注的是 1m、3m、6m、1y、2y、3y、5y、10y、20y、30y 这样几个时点，后面将会介绍相应的处理方法。

MATLAB 中计算远期利率的函数是 zero2fwd，其返回值 ForwardRates 的第一项即为即期利率，等于输入变量 ZeroRates 的第一项。

【例 8-4】 远期利率套利实例。美国国债市场 2008-4-24 日的利率期限结构数据，以及一天前，一周前和一个月以前的历史交易数据，如表 8-4 所示。

表 8-4 美国国债 2008-4-24 日利率期限结构数据

US Treasury Bonds				
期 限	当 前	一天前	一周前	一月前
3 M	1.19	1.17	1.19	1.20
6 M	1.62	1.57	1.53	1.50
2 Y	2.38	2.19	2.10	1.77

续表

US Treasury Bonds				
期　限	当　前	一 天 前	一 周 前	一 月 前
3 Y	2.29	2.13	2.04	1.64
5 Y	3.09	2.95	2.89	2.60
10 Y	3.82	3.73	3.73	3.50
30 Y	4.54	4.49	4.52	4.30

请计算不同期限的 FRA，给出套利策略。

【步骤 1】：需要对利率的一个整体走势和形状做出判断，从而将数据图表化。

在 MATLAB 的 M 文件编辑器中输入如下命令：

```
bonds =[0.2500    1.1900    1.1700    1.1900    1.2000
    0.5000    1.6200    1.5700    1.5300    1.5000
    2.0000    2.3800    2.1900    2.1000    1.7700
    3.0000    2.2900    2.1300    2.0400    1.6400
    5.0000    3.0900    2.9500    2.8900    2.6000
   10.0000    3.8200    3.7300    3.7300    3.5000
   30.0000    4.5400    4.4900    4.5200    4.3000];
%将原始数据输入变量 bonds 中
plot(bonds(:,1),bonds(:,2),'k+--');   hold on;
plot(bonds(:,1),bonds(:,3),'k*--');   hold on;
plot(bonds(:,1),bonds(:,4),'kx--');   hold on;
plot(bonds(:,1),bonds(:,5),'ko--');
%做出相应的利率期限结构图，并用不同的线型表示
%eof
```

执行上述脚本文件，按 F5 快捷键，得到如图 8-4 所示结果。

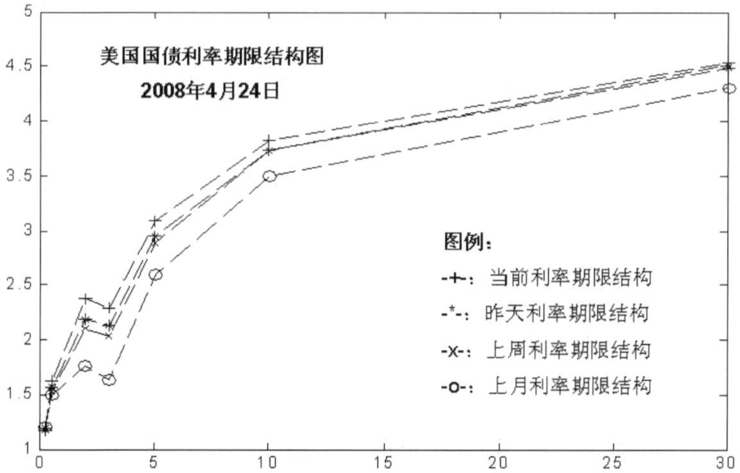

图 8-4　美国国债利率期限结构图（2008-4-24）

【步骤 2】：利用上述数据，作出 4 个不同日期的 FRA 结构图。

在 MATLAB 的 M 文件编辑器中输入如下命令：

```
clear;clc;
bonds =[0.2500    1.1900    1.1700    1.1900    1.2000
    0.5000    1.6200    1.5700    1.5300    1.5000
    2.0000    2.3800    2.1900    2.1000    1.7700
    3.0000    2.2900    2.1300    2.0400    1.6400
    5.0000    3.0900    2.9500    2.8900    2.6000
   10.0000    3.8200    3.7300    3.7300    3.5000
   30.0000    4.5400    4.4900    4.5200    4.3000];
%上述是债券市场数据
curvedates=datenum(['07-23-2008';'10-24-2008';'04-23-2010';'04-23-2011';
'04-23-2013';'04-23-2018';'04-23-2028']);
%注意日期输入前方的 0 不能省略，如'07-23-2008'不可写成'7-23-2008'
fwdone=zero2fwd(bonds(:,2),curvedates, '4-23-2008');
fwdtwo=zero2fwd(bonds(:,3),curvedates, '4-23-2008');
fwdthree=zero2fwd(bonds(:,4),curvedates, '4-23-2008');
fwdfour=zero2fwd(bonds(:,5),curvedates, '4-23-2008');
%分别求出来对应的 FRA 值
plot(curvedates,fwdone,'k+--');hold on;
plot(curvedates,fwdtwo,'k*--');hold on;
plot(curvedates,fwdthree,'kx--');hold on;
plot(curvedates,fwdfour,'ko--');
dateaxis('x');
%eof
```

按 F5 键执行以上脚本文件，得到美国国债市场 FRA 期限结构图（2008-4-24），如图 8-5 所示。

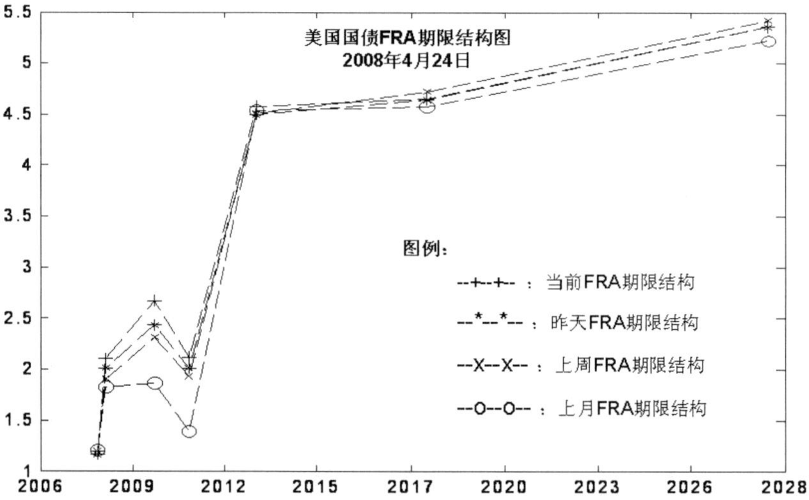

图 8-5 美国国债市场 FRA（2008-4-24）

【步骤 3】：根据上述计算结果，应当如何做套利？

根据利率期限结构和计算出的 FRA 期限结构图，应当完成如下两步套利：

（1）买入 FRA（2y ~ 3y）。

（2）卖出 FRA（3y ~ 5y）。

【技巧与提示】

例 8-4 仅仅揭示了利率期限结构曲线的一个应用，如何根据曲线判读出市场的无效率，进而进行套利活动是一个难点。

利率期限结构除了能够正确地为不含权债券进行定价外，还可以从中解读出宏观经济趋势。

在图 8-4 中可以看到最近一个月来，在 2y～3y 的时点处，曲线有一个大的向下凸出，但是凸出在逐渐回归，这意味着套利的作用使得市场逐渐回归均衡。

利率期限结构曲线之所以会有凸出，原因在于美国次贷危机导致的流动性和信用风险。利率曲线的上移意味着市场认为当前利率水平过低，将来很可能面临一系列的加息过程。作者在最近半年跟踪美国国债市场利率期限结构，见和讯网刊载文章 http://news.hexun.com/2008-04-25/105546939.html，标题为“美联储本轮降息或在下周见底”，可见市场预期和美联储行动的一致性。读者可参看原文。

由此可见利率期限结构曲线的重要作用，正是其重要性才使得本书将固定收益证券计算做如此篇幅的详细介绍。

8.1.6 期限结构曲线插值

正如 8.1.5 节所述，利率期限结构曲线的构建是建立在市场交易数据基础之上的，由于债券发行的不连续性，市场上并不存在所有时间点上的零息票利率集，市场中常见的是 1m、3m、6m、1y、2y、3y、5y、10y、20y 和 30y 这样几个利率期限结构。因此如何根据有限的点构建出一条联系的曲线，是本节主要讨论的内容。

【例 8-5】 基于利率期限结构的债券定价实例。利用表 8.4 所示零息票利率集计算下列债券的价值。

债券息票是 10%，付息日是每年的 3 月 1 日和 9 月 1 日期，债券到到期日是 2009 年 3 月 1 日，结算时间是 2008-4-24，并已知利率期限结构图如图 8-6 所示。

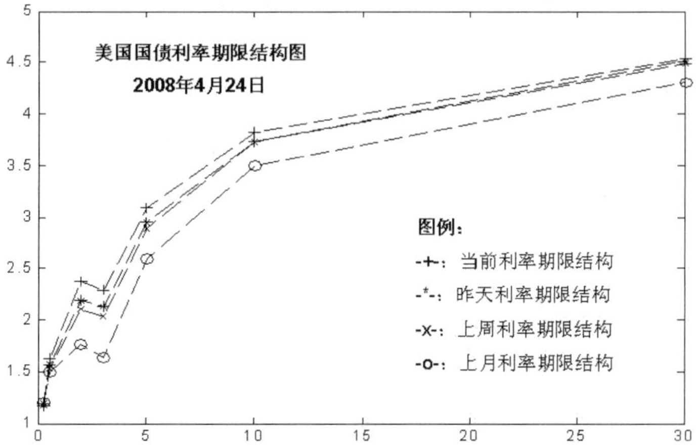

图 8-6 美国国债利率期限结构图

由题目知，此债券到期前有两笔现金流，分别是：

项目 \ 编号	1	2
时间	2008-9-1	2009-3-1
现金数量	5	105

因此需要知道 2008-9-1 日和 2009-3-1 日到期的零息票利率。根据现有的市场信息，能知道未来 3 个月、6 个月和 2 年的零息票利率，及 2008-7-24 日、2008-10-24 日和 2010-4-24 日的即期利率。

一个显然的想法是：利用 3 个月和 6 个月的零息票利率，采用线性插值的方法，求出 2008-9-1 的零息票利率。用同样的方法构造出 2009-3-1 的零息票利率，解法如下。

算出 2008-7-24 与 2008-9-1 之间的天数为 39 天。2008-9-1 与 2008-10-24 之间的天数为 53 天，所以，采用线性插值公式：

$$r_x = r_{3M} + (r_{6M} - r_{3M}) * \frac{T_1}{T_1 + T_2} = 1.19\% + (1.62\% - 1.19\%) * \frac{39}{39 + 53}$$

计算得 $r_{2008-9-1}$=1.37%。

同理，采用线性插值技术，得到 $r_{2009-3-1}$=1.7978% 。

因此在计算未来现金流的现值时，根据线性插值方法得到了对应现金流时点上的即期利率，所以这里按照实际/实际的方案进行计算，得到此债券的价格应为：

$$P = \frac{10}{(1+1.37\%)^{130/365}} + \frac{110}{(1+1.7978\%)^{311/365}} = 118.29$$

相应的利率期限结构的插值方法有很多种，业内的常见构建方法也有很多种，需要根据具体的使用目的不同而采用不同的方法。

对于插值方法，除最简单的线性插值方法外，还有样条等插值方法，可以根据不同的需要而采用不同的方法，关于这些方法的介绍在一般数值分析的资料中可以查找到。

8.2 基于利率期限结构定价技术

本节解决如何使用当前利率期限结构数据进行定价，主要解决 MATLAB 中如下工具的定价问题。

- bondbyzero 根据利率期限结构为债券进行定价。
- cfbyzero 根据利率期限结构为现金流进行定价。
- fixedbyzero 根据利率期限结构为固定利率票据进行定价。
- floatbyzero 根据利率期限结构为浮动利率票据进行定价。
- intenvprice 根据利率期限结构为金融工具进行定价。
- intenvsens 根据利率期限结构计算金融工具的敏感性。

- swapbyzero 根据利率期限结构为互换进行定价。

8.2.1　利率期限结构的表示

在 MATLAB 中使用一个 struct 型数据对利率期限结构进行描述，在 MATLAB 中使用函数 intenvset 来创建描述利率期限结构的 struct 型数据。

【语法格式】

```
    [RateSpec, RateSpecOld] = intenvset(RateSpec, 'Argument1',Value1,
'Argument2', Value2, ...)
    [RateSpec, RateSpecOld] = intenvset(RateSpec, 'Argument1', Value1,
'Argument2', Value2, ...)
```

【输入变量】

```
'Argumentn'         %是利率期限结构 struct 型数据 RateSpec 的域名，其可取值参见后面
Valuen              %对应域的数值
```

【输出变量】

```
RateSpec            %描述利率期限结构的一个 struct 型数据
RateSpecOld         %旧版本的数据结构
```

输入变量中的'Argumentn'是如下的域名：

```
Compounding: [ 1 | {2} | 3 | 4 | 6 | 12 | 365 | -1 ]
Disc: [ scalar | vector (NPOINTS x 1) ]
Rates: [ scalar | vector (NPOINTS x 1) ]
EndDates: [ scalar | vector (NPOINTS x 1) ]
StartDates: [ scalar | vector (NPOINTS x 1) ]
ValuationDate: [ scalar ]
Basis: [ {0} | 1 | 2 | 3 | 4 | 5 | 6 | 7 | 8 | 9 | 10 | 11 ]
EndMonthRule: [ 0 | {1} ]
```

Compounding 表示计息频率，一年中计息的次数，其中默认值是半年计息，当 Compounding=－1 时代表连续计息的情况。

Disc 代表相应的折现因子。

Rates 是同 StartDates 和 EndDates 对应的远期利率。在所有的 StartDates 都是当前日期时，Rates 就是对应期限的即期利率的数值，此时 Rates、Compouding 和 Disc 有如下关系：

$$\text{Disc}=\frac{1}{(1+\text{Rates}/\text{Compounding})^{\text{Compounding}}}$$

在 StartDates 是未来的某一时刻时，Rates 描述的是远期利率，但 StartDates 必须早于 EndDates。

EndDates 描述对应利率的结束时刻。

StartDates 描述对应利率的开始时刻。

ValuationDate 估值日期，一般为当前时间，默认值是 StartDates 中的最小值。

Basis 天数计算法则，默认值是 0，对应规则是实际/实际。

EndMonthRule 月末法则。

intenvset 函数中的'Argumentn'输入变量必须从上述字段中选取。在输入时'Argumentn'只需同对应的值配对即可，不用考虑不同'Argumentn'之间的前后顺序。

第二种用途是对当前利率期限结构的某些域进行修改。在给定的利率期限时间点同现金流的时间点不符合时是非常有用的，采用插值的办法得到现金流时间点上的利率值。

【例 8-6】 MATLAB 中利率期限结构数据的构建。已知利率期限结构如下：

```
0.1900    0.6200    1.3800    1.2900    2.0900    2.8200    3.5400
```

对应的期限分别为 2008-6-3、2008-9-3、2010-6-3、2011-6-3、2013-6-3、2018-6-3 和 2038-6-3。请利用 intenvset 函数构建相应的利率期限结构。

在 MATLAB 的 M 文件编辑器中输入如下命令：

```
    clear;clc;
    Compounding=2;
    Rates=[0.0119   0.0162   0.0238   0.0229   0.0309   0.0382   0.0454]';
    EndDates=['2008-09-03';'2008-12-03';'2010-06-03';'2011-06-03';'2013-06-
03';'2018-06-03';'2038-06-03'];
    EndDates=datenum(EndDates);
    StartDates=['2008-06-03'; '2008-06-03';'2008-06-03';'2008-06-03';
'2008-06-03';'2008-06-03';'2008-06-03'];
    StartDates=datenum(StartDates);
    ValuationDate=['2008-6-3'];
    ValuationDate=datenum(ValuationDate);
    Basis=0;
    EndMonthRule=1;
    [RateSpec, RateSpecOld] = intenvset('Compounding', Compounding ,…
'Rates' ,Rates ,'EndDates',EndDates,'StartDates',StartDates,'Basis',Basis,…
    'ValuationDate',ValuationDate,'EndMonthRule',EndMonthRule);
```

应当注意的是 Rates、EndDates 和 StartDates 必须以 $N\times1$ 的列向量形式输入，否则程序会报错。

在 MATLAB 命令行里输入 whos 命令，查看内存中的变量：

```
>>whos
  Name              Size            Bytes  Class     Attributes
  Basis              1x1                8  double
  Compounding        1x1                8  double
  EndDates           7x1               56  double
  EndMonthRule       1x1                8  double
  RateSpec           1x1             1748  struct
  RateSpecOld        1x1             1380  struct
  Rates              7x1               56  double
  StartDates         7x1               56  double
  ValuationDate      1x1                8  double
```

其中 RateSpec 就是生成的 struct 型数据，用以描述利率期限结构。在 MATLAB 命令窗口输入变量名 RateSpec，得到如下结果：

```
RateSpec =
        FinObj: 'RateSpec'
        Compounding: 2
        Disc: [7x1 double]
        Rates: [7x1 double]
        EndTimes: [7x1 double]
        StartTimes: [7x1 double]
        EndDates: [7x1 double]
        StartDates: [7x1 double]
        ValuationDate: 733562
        Basis: 0
        EndMonthRule: 1
```

在后面的利率模型中经常会遇到利率期限结构的输入，统一采用 intenvset 函数。

8.2.2 债券定价技术

bondbyzero 是 bond-by-zero 的缩写，是利用利率期限结构对债券进行定价的。

【语法结构】

```
Price = bondbyzero(RateSpec, CouponRate, Settle, Maturity,Period, Basis,
EndMonthRule, IssueDate, FirstCouponDate,LastCouponDate, StartDate, Face)
```

【输入变量】

```
RateSpec                %利率期限结构说明
CouponRate              %息票率
Settle                  %结算日
Maturity                %到期日，必须晚于计算日
Period                  %可选，计息频次，默认为 2，以下参数皆可选
Basis                   %天数计算法则
EndMonthRule            %月末法则
IssueDate               %发行日
FirstCouponDate         %首次付息日
LastCouponDate          %最后付息日
StartDate               %开始日期
Face                    %面值
```

【输出变量】

```
Price                   %债券价格
```

在进行定价时，往往给出的利率期限结构是特定时间点上的零息票利率值，而不是和相应债券的现金流发生时点上的利率值，因而需要采用 intenvset 的第二种形式，通过采用插值的方法确定现金流发生时点上的利率值。

【技巧与提示】

在 MATLAB 命令窗口中输入命令 type bondbyzero，找到如下的代码行：

```
% Make sure that RateSpec holds zero rates. Intepolate if it doesn't.
                if(any(ValuationDate ~= intenvget(RateSpec, 'StartDates')))
                RateSpec = intenvset(RateSpec, 'StartDates', ValuationDate);
                ZeroRates   = intenvget(RateSpec, 'Rates');
```

上述代码行即是解决债券现金流发生时间和利率期限结构时间点不匹配问题的，采用 intenvset 函数的第二种输入形式，参见代码行中的黑体部分。

【例 8-7】 bondbyzero 函数定价实例。当前时间为 2008-6-3，为债券结算日，债券到期日为 2015-3-1，息票率为 8%，利率期限结构采用例 8-6 中的利率期限结构，求债券价格。

在 MATLAB 命令窗口中输入如下命令：

```
>> price=bondbyzero(RateSpec,0.08,'2008-6-3','2015-3-1')
```

输出结果为：

```
price =  128.7120
```

可见根据当前利率期限结构得到的上述债券的价格为 128.7120。

8.2.3 现金流定价技术

上节展示了如何利用利率期限结构对债券这类规则现金流进行定价，本节主要是将这个结论推广到对于任意现金流的定价。

1．根据利率期限结构为现金流进行定价

在 8.2.2 节中解决的主要问题是利用期限结构对债券进行定价，本质上来说，也是对未来现金流进行定价。

在这里所要定价的现金流是不规则的，需要指定现金里的量和现金流的日期，在对不规则付息债券，或者有提前偿债条款（sinking fund）的债券进行定价时常采用本小节介绍的方法。

在 MATLAB 中为现金流定价的函数是 cfbyzero。

【语法格式】

```
Price = cfbyzero(RateSpec, CFlowAmounts, CFlowDates, Settle)
Price = cfbyzero(RateSpec, CFlowAmounts, CFlowDates, Settle, Basis)
```

【输入变量】

```
RateSpec              %利率期限结构说明
CFlowAmounts          %现金流数量
CFlowDates            %现金流日期
Settle                %结算日
Basis                 %天数计算规则，默认值为 0，对应规则为实际/实际
```

【输出变量】

```
Price                    %现金流现值，即其价格
```

【例 8-8】 利用利率期限结构的现金流定价实例。利用例 8-6 创建的利率期限结构 RateSpec 对如下现金流进行定价，当前日期为 2008-6-3。

现金流量：

```
10          15          6          7
```

对应现金流发生日期：

```
2008-10-3       2010-1-1        2012-1-6        2014-3-30
```

在 MATLAB 的 M 文件编辑器中输入如下命令：

```
cfamounts=[10 15 6 7];
cfdates=['2008-10-03';'2010-01-01';'2012-01-06';'2014-03-30'];
cfdates=datenum(cfdates)';
price=cfbyzero(RateSpec, cfamounts, cfdates, datenum('2008-6-3'))
```

输出结果为：

```
price =
   35.7525
```

注意：这里在 M 文件编辑器中的输入用到了前面的 RateSpec，如果只是输入上述脚本，则 MATLAB 会出现如下提示：

```
??? Undefined function or variable 'RateSpec'.
```

RateSpec 是没有定义的变量或者函数，读者需要将例 8-6 中的代码在 MATLAB 中运行一遍，得到 RateSpec 变量后方可进行本例所讲的定价过程。

2. 根据利率期限结构为固定和浮动息票率票据进行定价

MATLAB 中对票据进行定价还有两个函数：fixedbyzero 和 floatbyzero，分别是对固定利率票据和浮动利率票据进行定价。其计算同 bondbyprice 基本一样，这里只介绍其语法规范，具体使用时读者可根据实际情况酌情采用。

MATLAB 中对固定利率票据进行定价的 fixedbyzero 函数。

【语法格式】

```
Price = fixedbyzero(RateSpec, CouponRate, Settle, Maturity)
Price = fixedbyzero(RateSpec,CouponRate,Settle,Maturity,Reset,..., Basis,
Principal)
```

【输入变量】

```
RateSpec                 %利率期限结构说明
CouponRate               %息票率
Settle                   %结算日
```

```
Maturity                    %到期日
Reset                       %年支付次数（以下皆可选）
Basis                       %天数计算法则
Principal                   %本金，默认值是 100
```

【输出变量】

```
Price                       %固定利率票据价格
```

MATLAB 中对浮动利率票据进行定价的 floatbyzero 函数。

【语法格式】

```
Price = floatbyzero(RateSpec, Spread, Settle, Maturity)
Price = floatbyzero(RateSpec,Spread, Settle,Maturity, Reset,Basis,Principal)
```

【输入变量】

```
RateSpec                %利率期限结构说明
Spread                  %基点价差
Settle                  %结算日
Maturity                %到期日
Reset                   %年支付次数（以下皆可选）
Basis                   %天数计算法则
Principal               %本金，默认值是 100
```

【输出变量】

```
Price                   %固定利率票据价格
```

读者可根据实际问题进行选择。最基本的、同时也是灵活性最大的就是 cfbyzero，但是其数据的输入复杂程度也较高。

【例 8-9】 利用利率期限结构为固定利率债券定价。已知利率期限结构如例 8-6 所示。目前有一结算日期为 2008 年 8 月 6 日，到期日为 2013 年 3 月 1 日的固定利率债券，息票率为 4.5%，利用利率期限结构为其定价。

首先确保例 8-6 所生成的利率期限结构变量 RateSpec 可用，存储为 RateSpec.mat 文件。在 MATLAB 命令窗口输入如下命令：

```
load RateSpec.mat;
CouponRate=0.045;
Settle = '2008-08-06';
Maturity = '2013-03-01';
Price = fixedbyzero(RateSpec, CouponRate, Settle, Maturity)
```

输出结果为：

```
Price =  106.1423
```

8.2.4　互换定价技术

可以在 MATLAB 中根据当前利率期限结构完成对互换（Swap）的定价，使用的函数是 swapbyzero。

【语法格式】

```
[Price, SwapRate] = swapbyzero(RateSpec, LegRate, Settle,Maturity, LegReset,
Basis, Principal, LegType)
```

【输入变量】

```
RateSpec        %当前利率期限结构的说明
LegRate         %一个两列的矩阵，说明息票率（收到）和价差（相对于基准利率的基点差）
Settle          %结算日
Maturity        %到期日
LegReset        %可选，年互换频次，默认值为[1 1]，即双方都是每年向对方支付一次
Basis           %可选，天数计算规则，默认值为 0，对应规则为实际/实际
Principal       %可选，名义本金量，默认值是 100
LegType         %可选，LegRate 中的利率属性，1 为固定，0 为浮动，默认值为[1 0]
```

【输出变量】

```
Price           %互换价格
SwapRate        %互换率，是使得互换合约价值为 0 所应支付的固定利率
```

【技巧与提示】

在互换中支付的利率在这里用 leg 表示，在表示现金流支付的时候，支付和收取的现金流就如同两条腿一样支撑起互换，这里形象地称为 leg，即利率的意思。

【例 8-10】　互换定价实例。现有一互换，收到固定利率，支付浮动利率，收取固定利率。支付每年进行一次，名义本尽量是 RMB100，当前日期是 1-1-2000（即结算日），互换截止日期是 1-1-2003，固定利率是 6%，浮动利率是在现有利率基础上上浮 20bps，请计算其价值。

根据函数 swapbyzero 的形式计算：

```
[Price, SwapRate] = swapbyzero(RateSpec, LegRate, Settle,Maturity, LegReset,
Basis, Principal, LegType)
LegRate = [0.06 20];               %[CouponRate Spread]
Settle=datenum('1-1-2000')         %730486
Maturity=datenum('1-1-2003')       %731582
LegReset = [1 1];                  %每年支付一次
Basis=0                            %按照默认的天数计算法则实际/实际
Principal = 100
LegType = [1 0];                   %[固定 浮动]
```

下面需要解决的是 RateSpec 这个利率期限结构是如何得到的，这里采用 MATLAB 自带的一个利率期限结构。

在 MATLAB 命令窗口中输入如下命令：

```
>>load deriv
>>whos
```

在显示的结果中有一个变量为 ZeroRateSpec，这就是本题将要使用的利率期限结构。在 MATLAB 命令窗口中输入如下命令：

```
>>instdisp(ZeroRateSpec)  %显示前面 load 命令载入的一个变量
```

看到 ZeroRateSpec 这个 Instrument 型数据中的第五个产品就是这里要用到的互换。下面进行定价。在 M 文件编辑器中输入如下命令，并按 F5 快捷键提交运行。

```
clear;clc;
load deriv
Rate=ZeroRateSpec.Rates;                     %获取利率期限结构值
Fwd(1)=Rate(1);
Fwd(2)=(1+Rate(2))^2/(1+Rate(1))-1;
Fwd(3)=(1+Rate(3))^3/(1+Rate(2))^2-1;   %计算对应的远期利率
Receive=100*ones(1,3)*0.06;                  %收到的现金流
Pay=100*(Fwd+0.002);                         %支付的现金流
Net=Receive-Pay;                             %净收支
Time=1:3;                                    %时间
Price=sum(Net./(1+Rate(1:3))'.^Time)        %折现求和即得到价格
```

得到如下结果：

```
Price =   3.69230915
```

关于 Swap 的定价中需要说明如下问题：

- 固定利率对应的现金流是确定的，浮动利率的现金流是在当前利率期限结构决定的远期利率的基础上上浮指定的价差，在例 8-9 中是 20bps。
- 关于远期利率可以采用 8.1 节中介绍的 zero2fwd 函数进行计算，但是需要注意的是，zero2fwd 是采用连续计息的方式进行的，而这里从上述脚本代码中可以看出，是采用按照年计息的方式进行的。
- 算得远期利率后，在此基础上上浮 20bps 即得到需要支付的浮动现金流。这个计算的基础是无套利理论。

8.2.5 产品定价函数及敏感性分析函数

上面分别对不同产品的定价做了介绍，在 MATLAB 里，对于不同的利率型产品进行定价存在统一的函数，并且对不同产品的敏感性分析也有统一的逻辑框架，本节介绍相关函数的使用规范。

1. 产品定价函数

在 MATLAB 里提供了一个对产品进行统一定价的函数——intenvprice。

【语法格式】

```
Price = intenvprice(RateSpec, InstSet)
```

【输入变量】

```
RateSpec                    %利率期限结构说明
InstSet                     %金融产品属性说明
```

【输出变量】

```
Price                       %产品价格
```

输入变量中的 RateSpec 是关于利率期限结构的说明，同前面介绍的是一样的，主要涉及 intenvset 和 intenvget 两个函数。

2. 敏感性分析函数

在实务中，经常需要考虑金融产品价格对某些因素的敏感性，在利率型金融产品中，主要的影响因素是利率，因此有必要研究价格对利率的导数。在 MATLAB 中计算敏感性的函数为 intenvsens。

【语法格式】

```
[Delta, Gamma, Price] = intenvsens(RateSpec, InstSet)
```

【输入变量】

```
RateSpec                    %利率期限结构说明
InstSet                     %金融产品属性说明
```

【输出变量】

```
Delta                       %金融产品价格对利率的导数，采用有限差分的方法进行计算
Gamma                       %Delta 对利率的导数，同样采用有限差分的方法进行计算
Price                       %金融产品价格
```

利用 intenvsens 并不能解决所有常见金融产品的敏感性，intenvsens 可以解决如下 5 种金融产品的敏感性分析：Bond、CashFlow、Fixed、Float 和 Swap。

8.2.6　Instrument 型数据的构建

在 7.5 节中介绍了 MATLAB 中固定收益证券数据管理，其中涉及了一个新的结构性数据 Instrument 型数据。

本章 8.2.5 小节中关于定价和敏感性分析的统一框架中涉及一个 InstSet 输入变量，但是并未对其做进一步的说明。

intenvprice 函数使用的核心是关于 InstSet 这个对于金融产品属性说明的 Instrument 型数据的构建。

7.5 节初步介绍了相关函数的使用：instaddfield（创建 Instrument 型数据）、instdisp（显

示 Instrument 型数据）、instget（提取 Instrument 型数据）、instsetfield（在 Instrument 型数据中添加域变量）。

这里将要介绍的创建相关的 Instrument 型数据将是针对具体金融产品的。

在 MATLAB 中使用函数 instadd 可以实现对如下产品属性的描述：Bond、CashFlow、OptBond、OptEmBond、Fixed、Float、Cap、Floor、Swap、Swaption、OptStock、Barrier、Compound、Lookback、Asian，共 15 种常见金融产品。

MATLAB 也提供了专门的函数来完成相应的产品属性描述和数据结构的构建，这些函数分别是：Instbond、instcf、instoptbnd、instfixed、instfloat、instcap、instfloor、instswap、instoptstock、instbarrier、instcompound、instlookback、instasian、instswaption 和 instoptembnd。

整理成表，如表 8-5 所示。

表 8-5　instadd 函数创建的产品类型及其对应的特殊函数

产品属性	函数名	产品属性	函数名
Bond	instbond	Swap	instoptstock
CashFlow	instcf	Swaption	instbarrier
OptBond	instoptbnd	OptStock	instcompound
OptEmBond	instfixed	Barrier	instlookback
Fixed	instfloat	Compound	instasian
Float	instcap	Lookback	instswaption
Cap	instfloor	Asian'	instoptembnd
Floor	instswap		

本节以利率项 Cap 为例讲解 instadd 函数的使用，对于描述其他产品属性的 Instrument 型数据具体包含哪些域，读者可参考相关的帮助文档。

在 MATLAB 中构建一个能够完整描述利率项（Cap）的 Instrument 型数据需要 6 个变量，分别是执行利率（Strike）、结算日（Settle）、到期日（Maturity）、年支付频率（Reset）、计息天数规则（Basis）及名义本金量（Principal）。因此在构建描述利率项的 Instrument 型数据时必须设定 6 个域变量。

采用专用函数 instcap 构建描述利率项的 Instrument 型数据。

【语法格式】

```
ISet = instcap(Strike, Settle, Maturity, Reset, Basis, Principal)
ISet = instcap(ISet, Strike, Settle, Maturity, Reset, Basis, Principal)
[FieldList, ClassList, TypeString] = instcap
```

【输入变量】

```
Strike          %执行利率
Settle          %结算日
Maturity        %到期日
Reset           %年支付频次，默认为 1
Basis           %天数计算法则
```

```
Principal              %名义本金值，默认为 100
```

【输出变量】

```
ISet                   %包含有金融产品详细信息的变量，产品是用类型区分的
FieldList              %域变量名，是一个 cell 型数据
ClassList              %对应每个域变量的属性列表，可用值为'dble'、'date'和'char'
TypeString             %类型字符串，标识产品名字的，这里是'Cap'
```

【例 8-11】 Cap 定价实例。当前时间是 2008-6-6，一个利率顶 Cap 的到期日是 2008-9-1，执行利率是 7%，其他值按默认值计算，年支付频次为 1，天数计算规则是实际/实际，名义本金量是 100 元。请在 MATLAB 中构建一个标准的 Instrument 型数据，用来描述这个利率顶。

在 MATLAB 命令窗口中输入如下命令：

```
>>MyCap=instcap(0.07,'2008-6-6', '2008-9-1', 1, 0, 100)
```

输出结果为：

```
MyCap =
    FinObj: 'Instruments'
    IndexTable: [1x1 struct]
    Type: {'Cap'}
    FieldName: {{6x1 cell}}
    FieldClass: {{6x1 cell}}
    FieldData: {{6x1 cell}}
```

可以看到，MyCap 包含了这个利率顶的全部信息，在 MATLAB 中使用 instdisp 函数来显示这个结构型数据包含的全部 Cap 信息。

```
>>instdisp(MyCap)
```

输出结果为：

```
Index Type Strike Settle        Maturity       CapReset Basis Principal
1     Cap  0.07   06-Jun-2008  01-Sep-2008   1        0     100
```

从上述的结果中，读者应该清楚每个参数对应的意义。MyCap 这个结构型数据的每个单元都是 cell 型的，在引用内容时需要使用{}，这点需要读者注意。

而 instcap 函数语法格式中的第二种形式 ISet = instcap(ISet, Strike, Settle, Maturity, Reset, Basis, Principal)是向一个已经存在的结构型数据中添加一个新的金融工具。读者可以根据上面的例子自行向这个数据结构中继续添加。

上面所列的所有金融工具的信息都可以采用函数 instadd 来构建，利率顶（Cap）当然也不例外。

【语法格式】

```
InstSet = instadd('Cap', Strike, Settle, Maturity, Reset, Basis, Principal)
```

【输入变量】

```
'Cap'             %表示产品名称的字符串，根据产品不同会不同
Strike            %同 instcap
Settle            %同 instcap
Maturity          %同 instcap
Reset             %同 instcap
Basis             %同 instcap
Principal         %同 instcap
```

【输出变量】

```
InstSet           %同 instcap
```

当一个结构型数据中包含多个金融工具时，可采用第 7 章介绍的 instget 函数获取其中的某个产品或者某些产品的某些域值。

8.3 利率模型

8.3.1 利率模型分类

利率模型是对未来利率的预测，采用随机过程来描述利率的未来变动，分为均衡模型和套利模型两种。

（1）均衡模型

均衡模型属于规范模型，是关于利率"应该怎样"的描述，在均衡模型中，当期的利率期限结构是输出变量。

（2）套利模型

套利模型是实证模型，根据市场情况，告诉市场关于利率"不应该怎样"，这是与均衡模型的根本不同之处。套利模型，当期利率期限结构是输入变量。

从应用上看，套利模型的应用要远远超过均衡模型。套利模型的前提是存在即合理，如何使得利率波动符合当前的利率期限结构，是模型的核心，包括趋势的符合和波动率的符合。

单因素均衡模型的数学形式如下：

$$\mathrm{d}r = m(r)\mathrm{d}t + s(r)\mathrm{d}z$$

这里，r 是短期利率。根据 $m(r)$ 和 $s(r)$ 的具体表示形式不同，可分为不同的模型，但是两者都只同利率 r 相关，与时间无关。

- 当 $m(r)=\mu r, s(r)=\sigma r$ ，此模型被称为 Rendleman and Bartter 模型。
- 当 $m(r)=a(b-r), s(r)=\sigma$ ，此模型是著名的 Vasicek 模型。
- 当 $m(r)=a(b-r), s(r)=\sigma\sqrt{r}$ ，此模型为 CIR 模型。

均衡模型在此并不做详细介绍，有兴趣的读者可以参考相关书籍，本书主要介绍无套利模型。本章关注如下模型：

- Ho-Lee（HL）模型
- Hull-White（HW）模型
- Black-Karasinski（BK）模型
- Black-Derman-Toy（BDT）模型
- Heath-Jarrow-Morton（HJM）模型

其中，BK 模型是 HW 模型的对数正态分布形式；BDT 模型是 HL 模型的一个自然延伸；HJM 模型是应用广泛的一个模型，具有良好的分析性质。

在 MATLAB 的金融衍生品工具箱里支持的模型有 HW、BK、BDT 和 HJM 四类，其核心是叉树（二叉树或三叉树）的构建。在定价和应用的过程中采用风险中性定价方法。

8.3.2　HL 模型

HL 模型是 T.S.Y Ho 同 S.-B.Lee 在其 1986 年的著名论文"Term Structure Movements and Pricing Interest Rate Contingent Claims"（*Journal of Finance*）中介绍的一个随机模型。

其模型的形式为：

$$\mathrm{d}r = \theta(t)\mathrm{d}t + \sigma \mathrm{d}z$$

此处 σ 是短期利率的即时波动率，$\theta(t)$ 是时间的函数，通过对 $\theta(t)$ 的调整使得模型符合初始的利率期限结构，σ 为不变常量。

【技巧与提示】

模型里的 r 代表的含义是下面构建二叉树的关键。在 HL 模型中 r 的定义是即期利率的随机过程。比如，r 代表一年期的即期利率，则上述方程描述的是在未来任何一个时点 t 到 t+1 的零息利率。

在后面的 HL 模型二叉树构建过程中希望读者能仔细体会，利率期限结构模型的复杂，在于将一条曲线，拆解成了多个零息票利率的组合。

HL 模型的构建思想是将利率期限结构曲线分解，由于利率期限结构曲线是描述不同期限的零息票债券的即期利率的一个集合，这样 HL 将不同期限的即期利率作为研究对象，HL 模型描述的是不同期限即期利率的随机过程。

即期利率的漂移量 $\theta(t)$ 是随着时间改变的，以便于其符合当前利率期限结构曲线，即两年后的一年期即期利率其漂移量可能就不同于现在的漂移量，但是其方差 σ 是不变的。

在这里，首先讨论 σ 为常量的情况，然后再将 σ 推广到是时间函数的情况。

当前市场观察到的零息票利率集合如表 8-6 所示。

表 8-6　零息票利率债券数据

到　期	零息票利率	零息票债券价格
1	5.78%	94.54
2	6.20%	88.66

将 HL 模型 $dr = \theta(t)dt + \sigma dz$ 改写为离散形式，则这里取 $\Delta t = 1$，$\sigma = 1.5\%$，为方便接下来的讨论风险中性概率，如果没有特别指出，则都为 0.5。

由于利率在市场上并不是可以直接买卖的变量，而相对应的可以买卖的金融工具是债券，所以在构建 HL 模型时，将采用价格树和利率数相互比较，以方便读者理解。HL 模型价格两期二叉树图如图 8-7 所示。

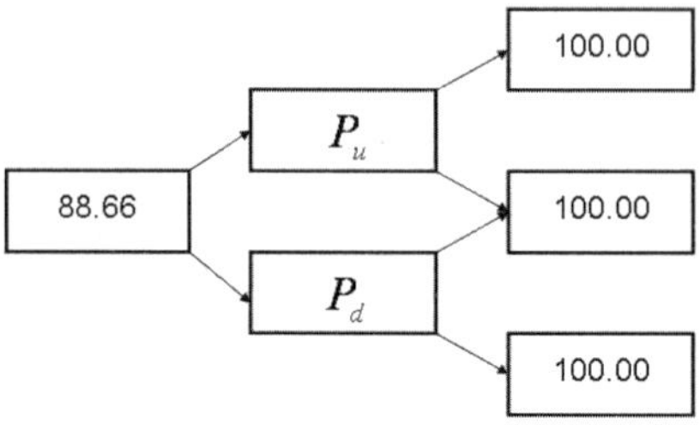

图 8-7　HL 模型价格两期二叉树图

这里，读者应当注意，图 8-7 表示的是两年期的零息债券的价格二叉树图，在 t=2 时，债券返回本金 100 元。从 t=0 时开始计时，过一年以后的价格应该是多少？即图 8-7 中的 P_u 和 P_d。

相应地，为计算得到这个价格，就需要知道一年以后的一年期即期利率的值是多少，用这个一年后的一年期即期利率折现得到相应的 P_u 和 P_d。

所以需要构建一个一年期即期利率的二叉树图来进行定价，如图 8-8 所示。

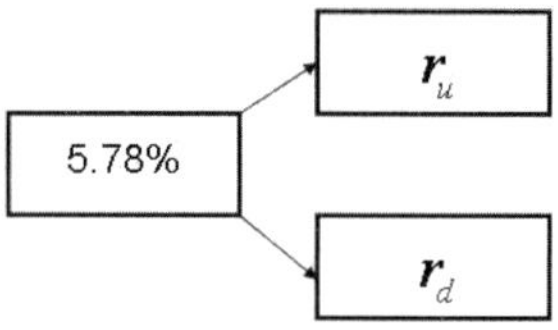

图 8-8　HL 模型利率单期二叉树图

设定风险中性概率为 0.5-0.5，则可知利率二叉树图 8-8 中 $r_u = 5.78\% + \mu(1)\Delta t + \sigma\sqrt{\Delta t}$，$r_d = 5.78\% + \mu(1)\Delta t - \sigma\sqrt{\Delta t}$。

r_u 和 r_d 是一年以后的一年期即期利率的可能取值，这个对应的是 t=2 时点上的现金流的折现率，因此，当前两年期零息债券的价格应当是 P_u 和 P_d 按照风险中性概率求得的平均值，以当前无风险利率 5.78%折现的结果。而风险中性概率为 0.5-0.5，因而，如下公式成立：

$$88.66 = \frac{\frac{1}{2}P_u + \frac{1}{2}P_d}{1 + 5.78\%}$$

将当前两年期零息债券在一年后的可能价格 P_u 和 P_d 用一年后的一年期即期利率表示（由于当前的两年期零息债券在一年后，就是一个一年期零息债券，因而其折现应当用一年后的一年期即期利率），根据风险中性定价技术，有如下结果：

$$P_u = \frac{\frac{100}{2} + \frac{100}{2}}{1 + r_u}, \quad P_d = \frac{\frac{100}{2} + \frac{100}{2}}{1 + r_d}$$

因而有：

$$88.66=\frac{\frac{1}{2}\left(\frac{100}{1+r_u}+\frac{100}{1+r_d}\right)}{1+5.78\%}$$

$$=\frac{\frac{1}{2}\left(\frac{100}{1+5.78\%+\mu(1)\Delta t+\sigma\sqrt{\Delta t}}+\frac{100}{1+5.78\%+\mu(1)\Delta t-\sigma\sqrt{\Delta t}}\right)}{1+5.78\%}$$

$$=\frac{\frac{1}{2}\left(\frac{100}{1+7.28\%+\mu(1)}+\frac{100}{1+4.28\%+\mu(1)}\right)}{1+5.78\%}$$

所以，可以得到 $\mu(1)=0.87\%$。

从上面的分析过程可以知到，为了构建一个和当前利率期限结构符合的二叉树图，$\mu(1)$ 用来调整二叉树，以使其符合当前利率期限结构。这里所说的符合是指不存在套利机会。利率期限结构在这里隐含在零息票债券的价格中。

因而可以得到 HL 模型对应的价格和利率二叉树图，分别如图 8-9 和图 8-10 所示。

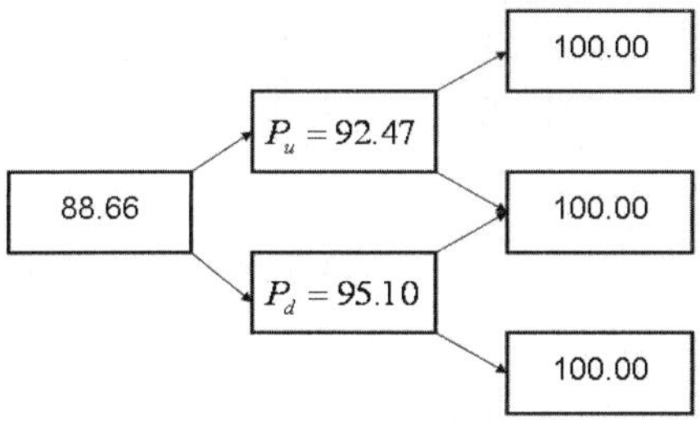

图 8-9　HL 模型价格两期二叉树图

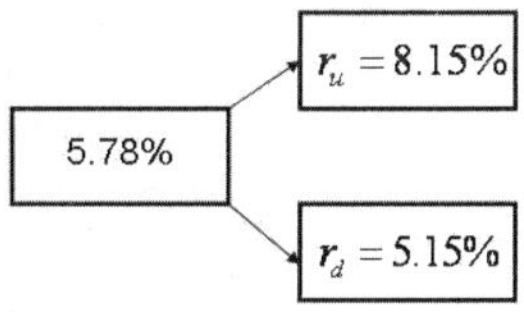

图 8-10　HL 模型利率单期二叉树图

现在市场上存在一个三年期零息债券，其价格为 82.78 元，对应的零息票利率为 6.5%，将上述两期的一年期即期利率二叉树图推广到两期。

首先，需要明确 HL 模型中的 $\sigma=1.5\%$ 代表任何期限的即期利率的标准差都是 $\sigma=1.5\%$，不管是一年期的即期利率，还是两年期的即期利率，或是三年期的即期利率。

为此，一个在当前时点 t=0 的角度看来是三年期零息票率的债券，在一年后就只是一个两年期的零息票债券，两年后就是一个一年期零息债券。问题的核心是确定其一年以后的状态价格。首先画出三年期零息债券的价格二叉树图（如图 8-11 所示）和两期的利率二叉树图（如图 8-12 所示）。

其中 $r_{ud}=r_{du}$，这样使得利率先上升后下降同先下降后上升得到同样的结果，称为“二叉树重构”技术（Recombine）。在后面的 HJM 模型中会发现，其二叉树并不是重构的。

在图 8-12 中，有如下方程式成立：

$$r_{uu}=r_u+\mu(2)+\sigma$$

$$r_{ud}=r_{du}=r_u+\mu(2)-\sigma=r_d+\mu(2)+\sigma$$

$$r_{dd}=r_d+\mu(2)-\sigma$$

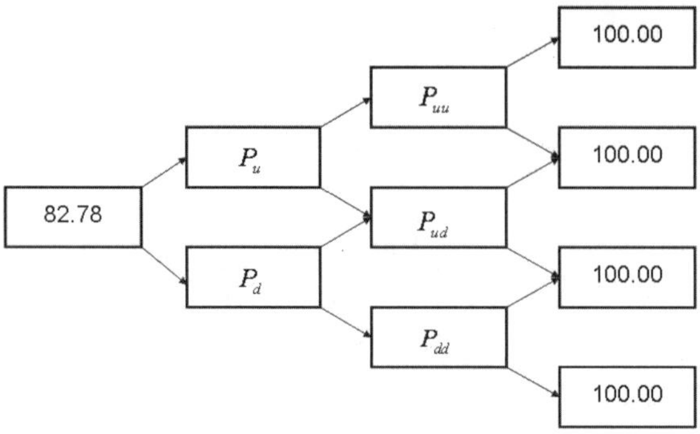

图 8-11　HL 模型价格三期二叉树图

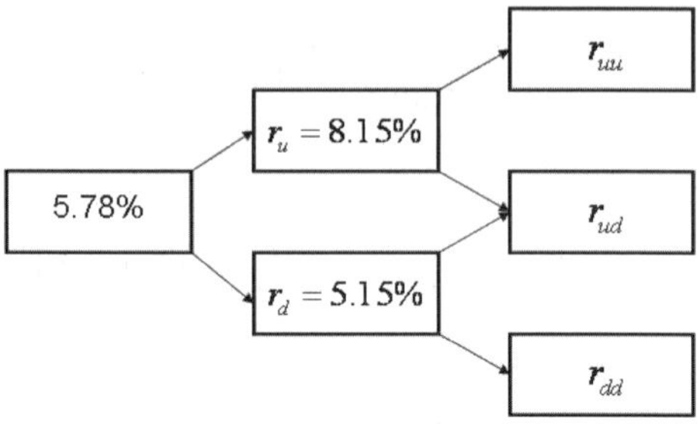

图 8-12　HL 模型利率两期二叉树图

将 r_u 和 r_d 代入，显然上式是成立的，因而图 8-12 是重构的。

在图 8-12 中，三年期零息债券现在的价格应该等于 P_u 和 P_d 在风险中性概率下的期望用当前一年期的无风险利率折现 $r_0 = 5.78\%$；而相应的 P_u 和 P_d 应该用 P_{uu}、P_{ud} 和 P_{dd} 在风险中性概率下的期望分别用 r_u 和 r_d 折现，这里 r_u 和 r_d 的值已经知道；P_{uu}、P_{ud} 和 P_{dd} 的是债券到期时的定额 100 元支付分别用 r_{uu}、r_{ud} 和 r_{dd} 进行折现得到结果。

$$82.78 = \frac{\frac{1}{2}P_u + \frac{1}{2}P_d}{1 + r_0} = \frac{\frac{1}{2}\left(\frac{\frac{1}{2}P_{uu} + \frac{1}{2}P_{ud}}{1 + r_u}\right) + \frac{1}{2}\left(\frac{\frac{1}{2}P_{ud} + \frac{1}{2}P_{dd}}{1 + r_d}\right)}{1 + r_0}$$

其中：

$$P_{uu} = \frac{100}{1 + r_{uu}} = \frac{100}{1 + r_u + \mu(2) + \sigma}$$

$$P_{ud} = \frac{100}{1 + r_{ud}} = \frac{100}{1 + r_u + \mu(2) - \sigma} = \frac{100}{1 + r_d + \mu(2) + \sigma}$$

$$P_{dd} = \frac{100}{1 + r_{dd}} = \frac{100}{1 + r_d + \mu(2) - \sigma}$$

如此一来，代入相关数据之后得到二叉树图，如图 8-13 和图 8-14 所示。

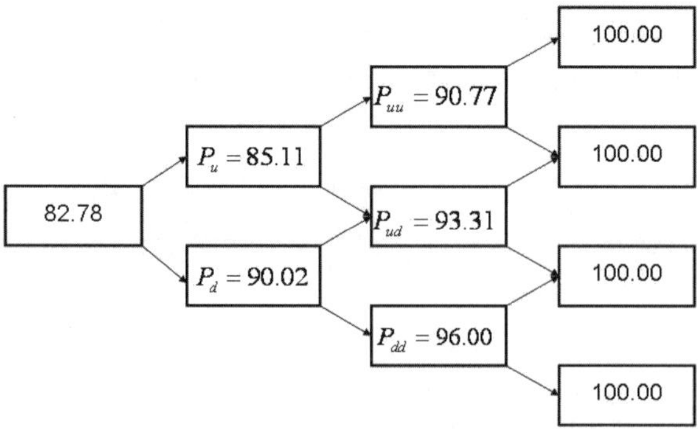

图 8-13　HL 模型价格三期二叉树图

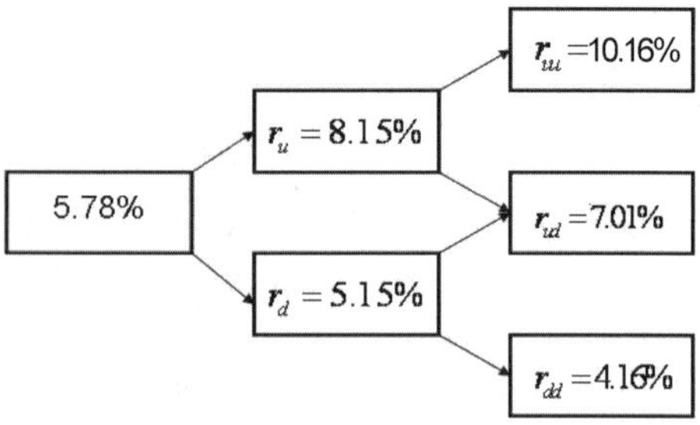

图 8-14　HL 模型利率二期二叉树图

如果市场上存在更多期限的数据，则可将上述模型继续推广到多期结果。

8.3.3 变方差 HL 模型

在 8.3.2 节中讨论了 HL 模型的一个简单情况，在 HL 模型中，只有其漂移率 $\theta(t)$ 是随时间改变的，其方差 σ 是始终保持恒定不变的，这个显然是不合理的。本节着重处理方差 σ 是变量的情况，注意本节提出的 σ 只同时间有关，同利率水平无关。

首先，应当清楚波动率期限结构的概念。在当前时点上，构建二叉树的过程并不是一个如 8.3.2 中所描述的一个等方差的过程，其方差应当满足当前的波动率期限结构。在这个基础上，构建无套利模型。

波动率期限结构是指不同到期期限的情况下的即时利率的波动率。然而这是一个随机变量，只能根据当前的波动率去估算。

解决的方法是，在当前时点上，根据历史数据得到不同期限，比如一年期零息票利率的波动率，同样两年期的也可以根据无套利模型，计算出一年以后的一年期即期利率的波动率。

下面结合实例给出变方差 HL 模型二叉树的构建方法。

在二叉树里风险中性概率下的均值和方差如下：

$$\hat{E}(r)=\frac{1}{2}r_u+\frac{1}{2}r_d$$

$$\hat{E}(r^2)=\frac{1}{2}r_u^2+\frac{1}{2}r_d^2$$

因而，得到方差：

$$\text{var}(r)=\hat{E}(r^2)-(\hat{E}(r))^2=\frac{1}{4}(r_u-r_d)^2$$

$$\sigma(r)=\sqrt{\text{var}(r)}=\frac{1}{2}(r_u-r_d)$$

这里的标准差称为基点差或者正则波动率。

【例 8-12】 HL 利率模型二叉树构建实例。构建如表 8-7 所示的下列数据的二叉树。

表 8-7 零息票债券数据

到 期 日	零息票率	零息票债券价格	正则波动率
1	5.78%	94.54	1.5%
2	6.20%	88.66	1.3%
3	6.43%	82.95	1.2%
4	6.52%	77.67	1.1%

由于在 HL 模型中不同时间的波动率是不同的，而又无法观测，但是在当前的时点上可以知道一年期的即期利率的波动率为 1.5%，两年期的波动率为 1.3%，依此类推。

通过无套利的方法进行对远期的波动率预测，这是本例的核心。

【步骤 1】: 构建第一阶段二叉树图。

构建二叉树的第一阶段需要两个方程。

首先是波动率方程，根据上面的结果有：

$$\frac{r_u - r_d}{2} = 1.5\%$$

由于此时的 1.5%波动率恰好是一年期即期利率的波动率，因而可直接由以上方程计算得到。但在后面读者将会看到，这个方程并不能使用，因为正则波动率一列并不是一年期即期利率的波动率，因而只能根据无套利方法进行处理。

第二个方程应是根据风险中性定价方法得到的，参考如图 8-15 所示的价格二叉树图和利率二叉树图。

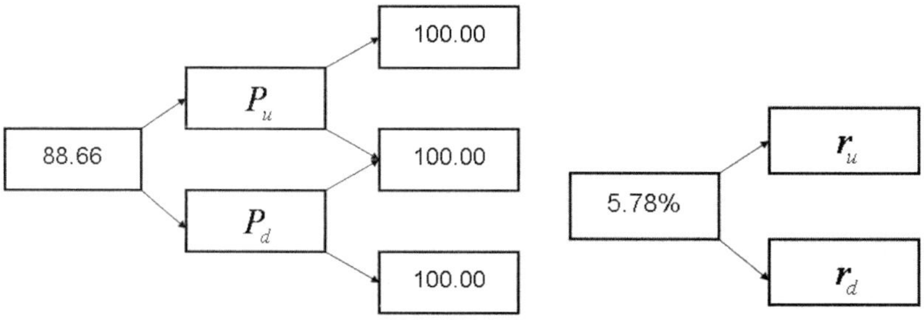

图 8-15　两年期零息债券价格二叉树和单期利率二叉树图

图 8-15 即图 8-7 和图 8-8，根据此图和风险中性定价方法，有如下方程成立：

$$88.66 = \frac{\frac{1}{2}P_u + \frac{1}{2}P_d}{1+5.78\%} = \frac{\frac{1}{2}\frac{100}{1+r_u} + \frac{1}{2}\frac{100}{1+r_d}}{1+5.78\%}$$

根据上述两个方程可以解得：

$$r_u = 0.08148471; \quad r_d = 0.05148471$$

得到的结果同图 8-10 所示的是相同的。由于在第一阶段，一年期即期利率的波动率和 8.3.2 节中的假设是相同的，因而必然得到相同的结果，但是第二阶段的二叉树结果就不同了。

在 8.3.2 节介绍的 HL 模型假设波动率始终恒定为 1.5%，而这里由于波动率会改变，因而并没有任何办法能够直接构建第二阶段的二叉树。因而应该从现在已知的正则波动率的结构入手进行。

【步骤 2】: 构建第二阶段二叉树图。

根据上述关于正则波动率的解释，在表 8.7 中，最后一列第二行的正则波动率为 1.3%，是指当前已知的两年期的即期利率的波动率是 1.3%，也就是说，一年以后的两年期即期利率是一个随机变量，在风险中性概率下其波动率为 1.3%。

设 R 为两年期的即期利率，则 $R_0 = 6.2\%$，而 R_1 是一年以后的两年期即期利率，是一个随机变量，在二叉树图中价格只有两种状态，而所在风险中性概率又为 0.5-0.5，设 R_1 的以 0.5 的概率取值为 R_u^2，以 0.5 的概率取值为 R_d^2。

根据正则波动率的定义有$1.3\% = \dfrac{R_u^2 - R_d^2}{2}$，这是为构建第二阶段的二叉树图建立的第一个方程，下面还需要第二个方程。

一年以后，两年期的即期利率的两个取值 R_u^2 和 R_d^2，在 t=1 的时点上看，这是一个两年后到期的零息债券；而站在 t=0 的角度上看，这是一个三年期的零息债券。

则一年以后，三年期零息债券的价格有两种可能（此时这个三年期零息债券成为一个两年期的零息债券，其折现率应当为 t=1 时刻的两年期即期利率）：

$$P_u^2 = \frac{100}{(1+R_u^2)^2}\ ; \qquad P_u^2 = \frac{100}{(1+R_d^2)^2}$$

而当前 t=0 时点上三年期零息债券的价格根据风险中性定价方法应当为：

$$82.95 = \frac{\frac{1}{2}P_u^2 + \frac{1}{2}P_d^2}{1+5.78\%}$$

上述方程组解得：R_u^2=0.08079181；$R_d^2 = 0.05479181$。可知，一年后这个在 t=0 时点上的三年期零息债券的价格有两种情况，分别为：

$$P_u^2 = \frac{100}{(1+R_u^2)^2} = 85.60830784$$

$$P_d^2 = \frac{100}{(1+R_d^2)^2} = 89.88071216$$

进而可知，根据风险中性定价技术这个三年期零息债券的价格为：

$$\frac{\frac{1}{2}P_u^2 + \frac{1}{2}P_d^2}{1+5.78\%} = 82.95$$

这个结果同用当前的三年期零息债券的收益率 6.43%折现的结果是相同的。

【技巧与提示】

这里的方程并不建议手工解，虽然有解析解，但非常复杂，建议采用 MATLAB 提供的 sym 函数和 solve 函数。其中 solve 可以解决方程组问题。sym 变量一般用来构建一个属性为 sym 的变量，是存储方程组用的。具体用法参见 MATLAB 帮助文档。

可是，需要解决的问题是一年期即期利率第二阶段的二叉树，而不是 R_u^2 和 R_d^2。下面让我们检查一下，到目前为止，已经知道了什么。

在第一步中，已经求得了一年后的一年期即期利率；而上面求得的 R_u^2 和 R_d^2 是一年后的两年期即期利率的可能取值情况；要求的是一年期即期利率第二阶段的二叉树，即一年后的单期二叉树应当如何？

按照无套利原则，在风险中性世界里即为风险中性概率期望以无风险利率折现，因而有如下方程：

$$P_u^2=\frac{\frac{1}{2}\frac{100}{1+r_{uu}}+\frac{1}{2}\frac{100}{1+r_{ud}}}{1+r_u}=\frac{\frac{1}{2}\frac{100}{1+r_{uu}}+\frac{1}{2}\frac{100}{1+r_{ud}}}{1+8.15\%}$$

$$P_d^2=\frac{\frac{1}{2}\frac{100}{1+r_{du}}+\frac{1}{2}\frac{100}{1+r_{dd}}}{1+r_d}=\frac{\frac{1}{2}\frac{100}{1+r_{du}}+\frac{1}{2}\frac{100}{1+r_{dd}}}{1+5.15\%}$$

以上两个方程的建立可参考图 8-11 和图 8-12。并且注意上述方程含有四个变量，分别为 r_{uu}、r_{ud}、r_{du}和 r_{dd}。要解出上述四个变量，还需要两个方程。

在本节开始的讨论中，假设 HL 模型中的方差只与时间有关，而与利率水平无关。即一年以后的一年期即期利率的正则波动率不论利率水平是 r_u 还是 r_d，应该都是一样的，因而有如下方程：

$$\frac{r_{uu}-r_{ud}}{2}=\frac{r_{du}-r_{dd}}{2}$$

最后一个方程需要实现二叉树图的重构，即利率的路径，“先升后降”和“先降后升”应该是相同的，即要求：

$$r_{ud}=r_{du}$$

在后面在 HJM 模型中读者会发现，重构并不是必需的，这里的一个自由度是通过重构消除的。对以上 4 个方程求解，得到如下结果：

$$r_{uu}=0.09120510$$
$$\mathrm{r}_{ud}=r_{du}=0.06921738$$
$$r_{dd}=0.04722966$$

二叉树图如图 8-16 所示。

同样可以得到单期的两年期即期利率二叉树图，如图 8-17 所示。

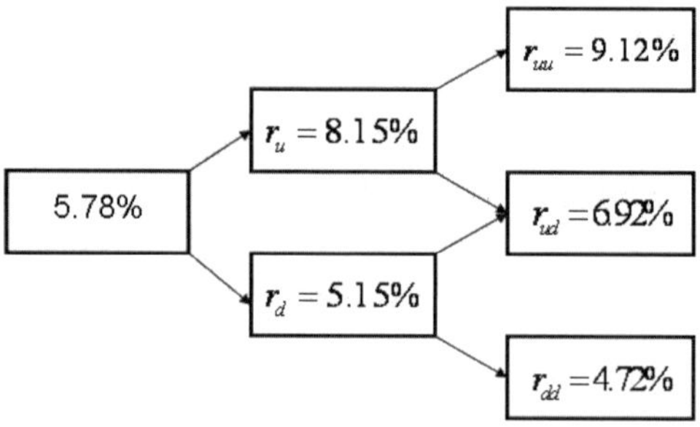

图 8-16 变方差 HL 模型一年期即期利率两期二叉树图

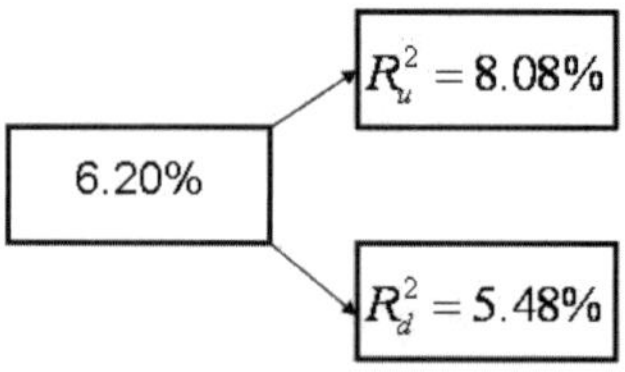

图 8-17 两年期即期利率二叉树图

【步骤 3】：构建第三阶段利率二叉树图。

模仿第二阶段利率二叉树图构建的过程，在一年期即期利率的二叉树图的构建过程中，一年期即期利率二叉树图本身的用途是在最后定价时使用，而其他期限（比如第二步的两年期）的利率二叉树图是结合一年期即期利率二叉树图本身来符合波动率期限结构的。因此，思路如下。

首先，设定符号 R_u^3 和 R_d^3 代表一年以后的三年期即期利率的状态，二叉树中，只有两种状态可取。一年以后即 t=1 时点上的一个三年期即期利率，站在 t=0 的时点上观察，应当涉及一个四年期的零息债券。对 t=0 时点上的四年期零息债券利用风险中性定价技术进行定价，存在如下方程：

$$77.67=\frac{\frac{1}{2}P_u+\frac{1}{2}P_d}{1+r_u}=\frac{\frac{1}{2}\frac{100}{(1+R_u^3)^3}+\frac{1}{2}\frac{100}{(1+R_d^3)^3}}{1+5.78\%}$$

其中 P_u 和 P_d 分别代表当前的四年期零息债券在一年以后的两种可能价格，其中的下脚标 u 和 d 并不是代表利率上升或者下降，而是当经济处于 u 状态时的价格，对应的利率处于 R_u^3 。对于脚标 d，存在同样的结果。

同第二步一样，需要耦合正则波动率条件，存在方程：

$$\frac{R_u^3-R_d^3}{2}=1.1\%$$

解如上方程得到结果：

$$R_u^3=0.07892281;\quad R_d^3=0.05692281$$

$$P_u^3=79.62122971;\quad P_d^3=84.69742229$$

又面临同样的问题，当前需要构建的是第三阶段的一年期即期利率二叉树图，而目前有的是一年后的三年期即期利率的两种可能；在图 8-17 中得到了一年后的两年期即期利率的两种可能。

此时待求的价格二叉树图和利率二叉树图分别如图 8-18 和图 8-19 所示。

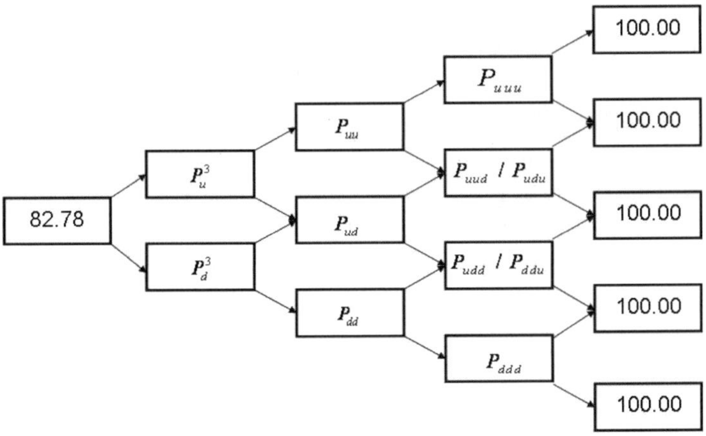

图 8-18　变方差 HL 模型四阶段价格二叉树图

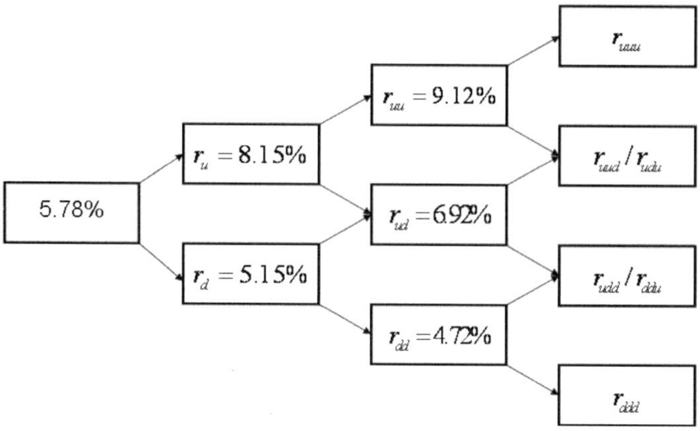

图 8-19　变方差 HL 模型三阶段利率二叉树图

图 8-18 和图 8-19 中价格和利率两个二叉树图的某些节点用“/”号隔开，此时并不知道二叉树是否是重构的及节点值是否是路径依赖的，读者稍后将会发现，二叉树图的重构将是一个约束条件。

根据风险中性定价技术，有如下结果：

$$P_u^3=\frac{\frac{1}{2}P_{uu}+\frac{1}{2}P_{ud}}{1+r_u}=\frac{\frac{1}{2}\left[\frac{1}{2}(P_{uuu}+P_{uud})/(1+r_{uu})\right]+\frac{1}{2}\left[\frac{1}{2}(P_{udu}+P_{udd})/(1+r_{ud})\right]}{1+r_u}$$

$$P_d^3=\frac{\frac{1}{2}P_{ud}+\frac{1}{2}P_{dd}}{1+r_u}=\frac{\frac{1}{2}\left[\frac{1}{2}(P_{udu}+P_{udd})/(1+r_{ud})\right]+\frac{1}{2}\left[\frac{1}{2}(P_{ddu}+P_{ddd})/(1+r_{dd})\right]}{1+r_u}$$

二叉树图的重构可以得到两个方程：

$$r_{uud}=r_{udu};\quad r_{udd}=r_{ddu}$$

同理，按照正则波动率相同有两个独立方程：

$$\frac{r_{uuu}-r_{uud}}{2}=\frac{r_{udu}-r_{udd}}{2}=\frac{r_{ddu}-r_{ddd}}{2}$$

以上共有 6 个方程，6 个未知数，因而得到的结果如下，二叉树图如图 8-20 所示。

$$r_{uuu}=0.11966665$$
$$r_{uud}=r_{udu}=0.07628639$$
$$r_{udd}=r_{ddu}=0.03290613$$
$$r_{ddd}=-0.01047413$$

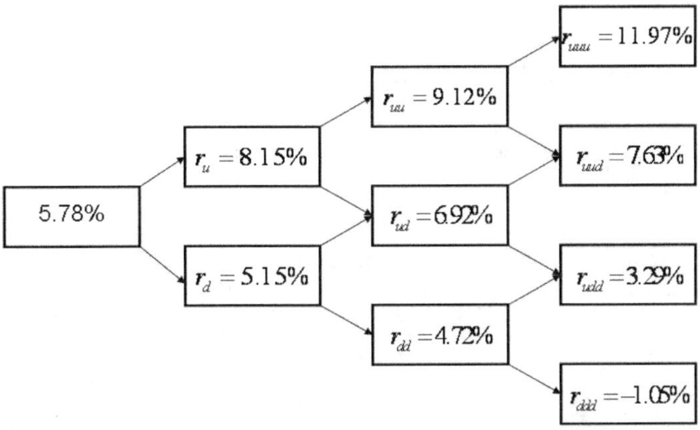

图 8-20　变方差 HL 模型三阶段利率二叉树图

8.3.4　HL 模型的意义

HL 模型是第一个无套利模型，有别于其他的均衡模型。上节用了大量篇幅介绍了 HL 模型下的二叉树构造，这将是后续章节的基础，对于 8.4.1 节和 8.4.2 节将要介绍的两个案例，仔细理解可知，这包含了所有无套利利率二叉树的基本思想。

在构建无套利利率二叉树模型的过程中，重要的两个方面是：

- 同当前利率期限结构符合，因而无套利。
- 同当前波动率期限结构符合。

这两个"符合"是构建二叉树模型的基础。

一般来说，波动率期限结构最好是从当前市场上交易的金融工具中的隐含波动率计算出来，这样完全符合无套利的基本思想。

后面将继续讲解 MATLAB 中提供的利率期限结构模型，在实例讲解过程中，读者会发现，其他模型多多少少是从 HL 模型衍生出来的，或者说是 HL 模型的某种改进。

图 8-20 中存在的问题是 $r_{ddd} = -1.05\% < 0$，而实际情况是不可能小于零的。因此，BDT 模型通过一个小的改进修正了 HL 模型。

8.4　BDT 模型

MATLAB 里支持的利率模型有 BDT、HW、BK、HJM。本节首先介绍一下各个函数的基本参数形式，后面的每一小节都会针对每个模型给出详细的推导和 MATLAB 中的实现方法。

在 MATLAB 中，构建四种模型叉树的函数分别如下：

- BDTTree = bdttree(VolSpec, RateSpec, TimeSpec)
- HWTree = hwtree(VolSpec, RateSpec, TimeSpec)
- BKTree = bktree(VolSpec, RateSpec, TimeSpec)
- HJMTree = hjmtree(VolSpec, RateSpec, TimeSpec)

其中，bdttree 和 hjmtree 是二叉树模型，而 hwtree 和 bktree 是三叉树模型。

从上面的语法格式可以看出，四个模型的输入形式是一样的，参数如下。

- VolSpec：波动率说明。
- RateSpec：即时利率说明。
- TimeSpec：时间说明。

但需要注意的是，参数的详细结构是不同的，在后续的介绍过程中会一一介绍。这些参数都是 struct 型的数据，而且对应每一个参数都有相应的专有函数构建相应的 struct 型数据。

8.4.1 BDT 模型的构建

前面在 8.3.3 节详细介绍了 HL 模型二叉树的构建过程，这里的 BDT 模型是 Black-Derman-Toy 提出的一种对 HL 模型的改进。

在图 8-20 中，读者应该已经发现，其最后阶段的利率二叉树图存在负数，即 $r_{ddd}=-1.05\%<0$，这显然是不合理的。

HL 模型假设即期利率服从正态分布，而 BDT 模型假设利率服从对数正态分布，这样就消除了图 8-20 中存在的负值得可能性。

【例 8-13】 BDT 利率模型二叉树构建实例。当前市场期限结构和正则波动率期限结构如表 8-8 所示。

表 8-8 BDT 模型数据

期　　限	即期利率	正则波动率
1	0.10	0.20
2	0.11	0.19
3	0.12	0.18
4	0.125	0.17

表中 0.20 代表的是一年期即期利率的波动率，0.19 代表的是两年期的即期利率的波动率，依此类推。

【技巧与提示】

本题采用的数据是 MATLAB 自带的数据集，在文件 deriv.mat 中，使用 load deriv 命令可以将文件中包含的所有变量导入 MATLAB 工作空间。其中本例采用的是 deriv.mat 文件中的 BDTTree 这个 struct 结构型数据集中的数据。便于将这里讲解的 BDT 模型同 MATLAB 标准算法进行比较。

请根据表 8-8 中数据构建 BDT 模型利率二叉树。

BDT 模型和前面介绍的 HL 模型是相同的，即风险中性概率都假设为 0.5-0.5。这里也是一样的。不同的是由于 BDT 模型假设了利率服从对数正态分布后，导致的正则波动率是利率取自然对数之后的波动率。因此有：

$$\sigma(\ln r)=\frac{\ln r_u-\ln r_d}{2}=\frac{\ln(r_u/r_d)}{2}$$

除此之外，同 HL 模型完全一样。

【步骤 1】：构建第一阶段利率二叉树。

二叉树的根部数据就是 0.1，因此，不用做任何修改。对于第一阶段二叉树的两个端点 r_u 和 r_d 需要使用两年期的即期利率和其对应的正则波动率，方程如下：

$$P_2=\frac{\frac{1}{2}P_u^2+\frac{1}{2}P_u^3}{1+r_0}$$

代入数据有：

$$\frac{100}{(1+0.11)^2}=\frac{\frac{1}{2}\frac{100}{1+r_u}+\frac{1}{2}\frac{100}{1+r_d}}{1+0.1}$$

同时正则波动率方程有：

$$\frac{\ln(r_u/r_d)}{2}=0.19$$

$$r_u=0.14318047;\quad r_d=0.09791560$$

【步骤 2】：构建第二阶段利率二叉树。

需要使用三年期即期利率及其相应的波动率。首先需要解决的是当前的三年期即期利率在 1 年后变成两年期即期利率 R_u 和 R_d 。

风险中性定价方程和正则波动率方程分别为：

$$\frac{100}{(1+12\%)^3}=\frac{\frac{1}{2}P_u+\frac{1}{2}P_d}{1+10\%}=\frac{\frac{1}{2}\frac{100}{(1+R_u^3)^2}+\frac{1}{2}\frac{100}{(1+R_d^3)^2}}{1+10\%}$$

$$\frac{\ln(R_u^3/R_d^3)}{2}=0.18$$

求得结果 $R_u^2=0.15415902$； $R_d^2=0.10755310$ ，求得对应的 P_u 和 P_d 为：

$$P_u=75.07039429;\quad P_d=81.52126023$$

所以对应的有方程：

$$P_u=\frac{\frac{1}{2}\frac{100}{1+r_{uu}}+\frac{100}{1+r_{ud}}}{2}$$

$$P_d=\frac{\frac{1}{2}\frac{100}{1+r_{ud}}+\frac{100}{1+r_{dd}}}{2}$$

注意到上述方程在这里直接利用了二叉树重构的条件，因而 $r_{ud}=r_{du}$。

正则波动率方程为：

$$r_{ud}^2=r_{uu}r_{dd}$$

因而解得方程组的解为：

$$r_{uu}=0.19414174$$
$$r_{ud}=0.13767200$$
$$r_{dd}=0.97627533$$

【步骤 3】：构建第三阶段利率二叉树图。

需要使用四年期的零息债券和其对应的正则波动率 0.17 构建方程。

$$\frac{100}{(1+12.5\%)^3}=\frac{\frac{1}{2}P_u+\frac{1}{2}P_d}{1+10\%}=\frac{\frac{1}{2}\frac{100}{(1+R_u^4)^3}+\frac{1}{2}\frac{100}{(1+R_d^4)^3}}{1+10\%}$$

$$\frac{\ln(R_u^4/R_d^4)}{2}=0.17$$

得到结果 R_u^4= 0.15698467;　R_d^4=0.11173703

因而得到 P_u = 64.56797733;　P_d =72.77693867

因而有：

$$P_u=\frac{0.5*P_{uu}+0.5*P_{ud}}{2}$$
$$=\frac{0.5*[(0.5*(P_{uuu}+P_{uud}))/(1+r_{uu})]+0.5*[(0.5*(P_{uud}+P_{udd}))/(1+r_{ud})]}{2}$$
$$=\frac{0.5*\left[\left(0.5*\left(\frac{100}{1+r_{uuu}}+\frac{100}{1+r_{uud}}\right)\right)/(1+r_{uu})\right]+0.5*\left[\left(0.5*\left(\frac{100}{1+r_{uud}}+\frac{100}{1+r_{udd}}\right)\right)/(1+r_{ud})\right]}{2}$$

$$P_d=\frac{0.5*P_{ud}+0.5*P_{dd}}{2}$$
$$=\frac{0.5*[(0.5*(P_{udu}+P_{udd}))/(1+r_{ud})]+0.5*[(0.5*(P_{ddu}+P_{ddd}))/(1+r_{dd})]}{2}$$
$$=\frac{0.5*\left[\left(0.5*\left(\frac{100}{1+r_{uud}}+\frac{100}{1+r_{udd}}\right)\right)\right][()/(1+r_{ud})]+0.5*\left[\left(0.5*\left(\frac{100}{1+r_{udd}}+\frac{100}{1+r_{ddd}}\right)\right)/(1+r_{dd})\right]}{2}$$

上述两个方程构成的方程组中存在四个变量。因波动率同利率水平无关，有如下两个方程成立：

$$r_{uud}^2=r_{uuu}r_{udd};\quad r_{udd}^2=r_{uud}r_{ddd}$$

上述方程组的解为：

$$r_{uuu}=0.21777499$$
$$r_{uud}=0.16051323$$
$$r_{udd}=0.11830787$$
$$r_{ddd}=0.08720000$$

8.4.2 BDT 模型的实现

到目前为止，都是根据正则波动率和当前利率期限结构构建 BDT 模型的二叉树。在下面介绍 bdttree 函数时，读者会发现，bdttree 和上述方法得到的结果是一样的。

【语法格式】

```
BDTTree = bdttree(VolSpec, RateSpec, TimeSpec)
```

【输入变量】

```
VolSpec                 %波动率期限结构说明
RateSpec                %利率期限结构说明
TimeSpec                %时间点说明
```

【输出变量】

```
BDTTree                 %二叉树，为一个 struct 型结构
```

在 MATLAB 命令窗口中输入命令 load deriv 显示载入的数据。输入 BDTTree，则显示 BDTTree 结构如下：

```
>>load deriv
>>BDTTree
```

输出结果为：

```
   FinObj  : 'BDTFwdTree'
  VolSpec  : [1x1 struct]
 TimeSpec  : [1x1 struct]
 RateSpec  : [1x1 struct]
     tObs  : [0 1 2 3]
     TFwd  : {[4x1 double]  [3x1 double]  [2x1 double]  [3]}
   CflowT  : {[4x1 double]  [3x1 double]  [2x1 double]  [4]}
  FwdTree  : {[1.1000]  [1.0979 1.1432]  [1.0976 1.1377 1.1942]  [1.0872...
1.1183 1.1606 1.2179]}
```

可见返回的 BDTTree 结构中包含了输入的三个参数，即 VolSpec、TimeSpec 和 RateSpec。同时 BDTTree 中最重要的就是 FwdTree，即远期短期利率树。

在命令窗口中用 treeviewer 命令查看生成的利率二叉树如下：

```
>>treeviewer(BDTTree)
```

输出结果如图 8-21 所示。

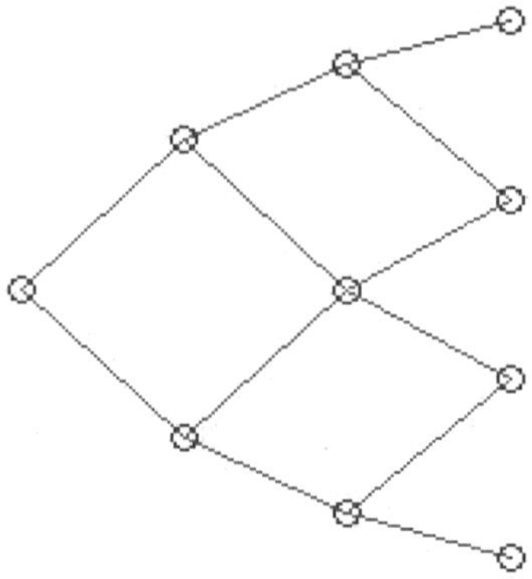

图 8-21　BDTTree 二叉树图

读者可以验证，结构中的 FwdTree 即使包含了二叉树图各个节点的利率数值，其构建方法同例 8-13 中所示方法是完全一致的。

8.5 HW 和 BK 模型

HW 模型是由 Hull 和 White 在 1990 年的一篇文章。“Pricing Interest Rate Derivative Securities” 中首次提出的，是 Vasicek 模型的一个扩展。

然而 HW 模型仍然存在利率可能为负的缺陷，因而 BK 模型对 HW 模型进行了改进，将模型对数化，而避免了利率为负的可能。这点有些类似 HL 模型和 BDT 模型的区别和联系，不同的是 HW 和 BK 模型是一个三叉树，而且是重构的。

8.5.1 三叉树的基本形态

一般情况下，采用标准三叉树形态如图 8-22 所示。

在实际应用中一般采用非标准化的三叉树模型，构成非标准化的三叉树图的基本单元有三个，如图 8-23 所示。

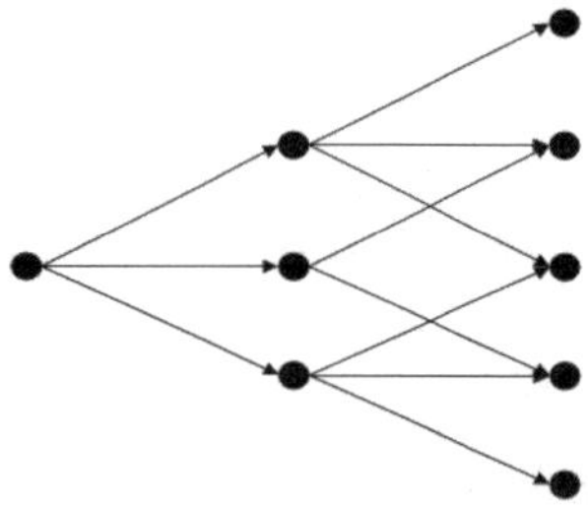

图 8-22　标准三叉树图

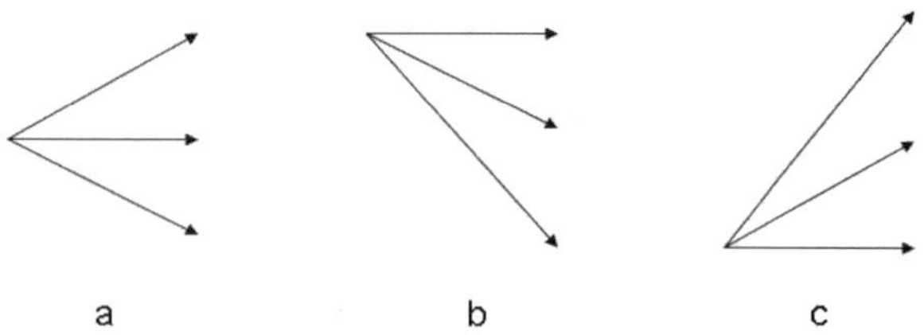

图 8-23　非标准三叉树基本单元

图 8-23（a）是上/平/下形式的标准三叉树图单元，图 8-23（b）是平/下/下形式的非标准三叉树图单元，图 8-23（c）是上/上/平形式的非标准三叉树图。

在 MATLAB 中采用的是非标准形式的三叉树图，这种类型的三叉树便于构造，给计算带来了方便。

8.5.2 HW 模型的构建

HW 模型于 1990 年发表后，一般采用如下的形式表示连续时间 HW 模型。

$$\mathrm{d}r = [\theta(t) - ar]\mathrm{d}t + \sigma \mathrm{d}z$$

其中 r 代表的是短期即期利率。假设 Δt 期间的利率 R，遵循同样的随机过程有:

$$\mathrm{d}R = [\theta(t) - aR]\mathrm{d}t + \sigma \mathrm{d}z$$

显然，上述模型具有均值回复的特性。

在构建三叉树的过程中，将过程分为两步，第一步不考虑 $\theta(t)$，即构建如下模型:

$$\mathrm{d}R^* = -aR^*\mathrm{d}t + \sigma \mathrm{d}z$$

相对应的三叉树图。构建的三叉树图需要满足的是波动率期限结构。

然后考虑 $\theta(t)$ 的变动以使得构建的三叉树图满足当前的利率期限结构，从而构建 R 服从的三叉树图。

【步骤 1】: 构建 R^* 所代表的随机过程相对应的二叉树图。

构建符合模型 $\mathrm{d}R^* = -aR^*\mathrm{d}t + \sigma \mathrm{d}z$ 的三叉树图。

假设 R^* 的初始值是 0。并且其改变量 $\Delta R = R^*(t + \Delta t) - R^*(t)$ 服从正态分布，其期望值是 MR^*，其方差为 $V = \dfrac{\sigma^2(1-\mathrm{e}^{-2a\Delta t})}{2a}$，其中 $M = \mathrm{e}^{-a\Delta t} - 1$。

定义 ΔR 为三叉树的分支间隔，从误差最小的角度，设定 $\Delta R = \sqrt{3V}$。关于这个指定并没有特定的要求，一般情况下，这样的假设有利于三叉树的重构并且可以使得误差最小。

在三叉树分支间隔确定的情况下，就多了重构的约束，这样自由度减少了。

因此，为符合相应的波动率（在 HW 模型中是常数波动率）能变动的只有风险中性概率值。这样，在 HW 模型中构建三叉树的三个自由度是由风险中性概率来决定的。

第一步中构建的三叉树应该如图 8-24 所示，定义节点 (i, j) 为 $t = i * h\Delta t$，$R^* = j * \Delta R$ 对应的节点，其中 i 为正整数，j 为整数，可正可负。三叉树构建过程必须保证在每一个分支上的风险中性概率都是正的。

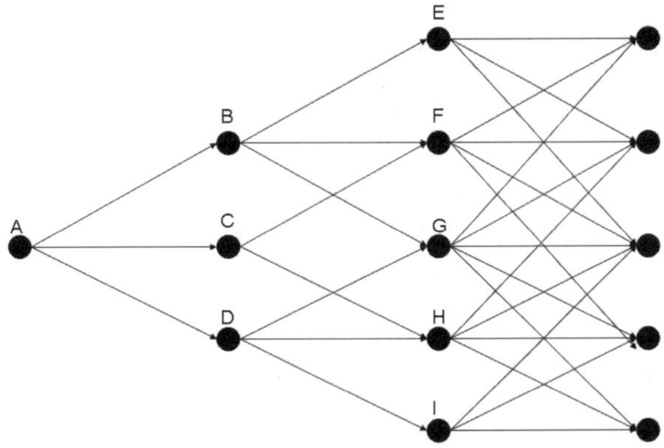

图 8-24 HW 模型三叉树（第一步）

当 $a>0$ 时，一般情况下图 8-23（a）是满足上述要求的；当 j 的数值比较大时，则三叉树的构建应当从标准的图 8-23（a）转换到图 8-23（b）；在 j 的数值是负数并且其绝对值较大时，三叉树的构建应当从标准的图 8-23（a）转换到图 8-23（c）。

这样的转化保证 j 存在一个最大值和最小值，当 j 达到最大或最小的时候，则需要将基本叉树单元在（a）、（b）或者（a）、（c）之间进行转换，以保证风险中性概率是正数。

Hull 和 White 证明当这个极大值 $j_{\max}$ 设定为不小于 $0.184/M$ 的最小整数，极小值 $j_{\min}=-j_{\max}$ 时，则可保证所有的风险中性概率均为正数。

定义 p_u、p_m 和 p_d 分别代表三叉树中最上方、中间和最下方分支的风险中性概率。风险中性概率的选择应当匹配下一期间内 ΔR^* 的期望和方差，并且风险中性概率应当具有归一化的性质，因此给出三个方程。

对于图 8-23（a）中所示的三叉树基本单元有：

$$p_u\Delta R-p_d\Delta R=MR^*=jM\Delta R$$
$$p_u\Delta R^2+p_d\Delta R^2=V+(jM\Delta R)^2$$
$$p_u+p_m+p_d=1$$

解上述方程得到结果：

$$p_u=\frac{1}{6}+\frac{1}{2}((jM)^2+jM)$$
$$p_m=\frac{2}{3}-(jM)^2$$
$$p_d=\frac{1}{6}+\frac{1}{2}((jM)^2-jM)$$

注意代入 $\Delta R=\sqrt{3V}$ 得最终结果。

同理，对于图 8-23（b）中所示的三叉树基本单元有：

$$-p_m\Delta R-p_d*2\Delta R=jM\Delta R$$
$$p_m\Delta R^2+p_d(2\Delta R)^2=V+(jM\Delta R)^2$$
$$p_u+p_m+p_d=1$$

解上述方程得到结果：

$$p_u=\frac{7}{6}+\frac{1}{2}((jM)^2-3jM)$$
$$p_m=-\frac{1}{3}-(jM)^2+2jM$$
$$p_d=\frac{1}{6}+\frac{1}{2}((jM)^2-jM)$$

对于图 8-23（c）中所示的三叉树基本单元有：

$$p_u * 2\Delta R + p_m * \Delta R = jM\Delta R$$
$$p_u(2\Delta R)^2 + p_m\Delta R^2 = V + (jM\Delta R)^2$$
$$p_u + p_m + p_d = 1$$

解上述方程得到结果：

$$p_u = \frac{1}{6} + \frac{1}{2}((jM)^2 - jM)$$
$$p_m = -\frac{1}{3} - (jM)^2 + 2jM$$
$$p_d = \frac{7}{6} + \frac{1}{2}((jM)^2 - 3jM)$$

【技巧与提示】

在 MATLAB 中构建 HW 三叉树的核心函数是 hwtengine，在命令窗口中输入命令 type hwtengine，查看函数代码，找到如下的代码块：

```
    % standard branching
            Probs{iLevel}(1,idxStardard)=1/6 + 1/2*(((j(idxStardard)*
M(iLevel)).^2) + j(idxStardard) * M(iLevel));
            Probs{iLevel}(2, idxStardard) = 2/3 - (j(idxStardard)*M(iLevel)).^2;
            Probs{iLevel}(3, idxStardard)=1/6 + 1/2*(((j(idxStardard)*
M(iLevel)).^2) - j(idxStardard) * M(iLevel));
    % upper nodes (nonstandard branching down)
            Probs{iLevel}(1, idxTop) = 7/6 + ((j(idxTop)*M(iLevel)).^2 +
3*j(idxTop)*M(iLevel))/2;
            Probs{iLevel}(2, idxTop) = -1/3 - (j(idxTop)*M(iLevel)).^2 -
2*j(idxTop)*M(iLevel);
            Probs{iLevel}(3, idxTop) = 1/6 + ((j(idxTop)*M(iLevel)).^2 +
j(idxTop)*M(iLevel))/2;
    % lower nodes (nonstandard branching up)
            Probs{iLevel}(1, idxBottom) = 1/6 + 1/2*(((j(idxBottom)*M(iLevel)).
^2) - j(idxBottom)*M(iLevel));
            Probs{iLevel}(2, idxBottom) = -1/3 - (j(idxBottom)*M(iLevel)).^2 +
2*j(idxBottom)*M(iLevel);
            Probs{iLevel}(3, idxBottom) = 7/6 + ((j(idxBottom)*M(iLevel)).^2 -
3*j(idxBottom)*M(iLevel))/2;
```

上述代码块即构建三种状态下三叉树基本单元的模块。

在构建三叉树的过程中一般设定 j 触及 $j_{\min}$ 或 $j_{\max}$，则三叉树基本单元由图 8-23（a）向图 8-23（b）或图 8-23（c）转换，即风险中性概率的求解方程组在上述三个结果之间转换。

【步骤 2】：构建 R 所代表的随机过程相对应的三叉树图。

第二步的核心即考虑变量 $\theta(t)$ 使得所构建的三叉树在使用风险中性概率定价时，应符合当前的利率期限结构。

将 R^* 的三叉树转化成 R 的三叉树在每一个时间节点上，调整对应的利率水平，而不改变其间隔 ΔR。

定义 $\alpha(t)=R(t)-R^*(t)$，采用迭代方法计算 $\alpha(t)$ 使得 R 的三叉树和初始利率期限结构完全匹配。

定义 $\alpha(i\Delta t)$ 是 R 的三叉树和 R^* 的三叉树在时间节点 $i\Delta t$ 的差值。

定义 $Q_{i,j}$ 的值为利率达到三叉树（i,j）节点，单位货币（通常为 1 货币单位）的现值同相应利率路径风险中性概率的乘积；否则为 0。

其本质是一个三状态的 Arrow-Debreu 证券。

假设波动率 $\sigma=0.01$，$a=0.1$，$\Delta t=1$ 年。在此假设下，$M=\mathrm{e}^{-a\Delta t}-1=-0.09516258$，$V=\sigma^2(1-\mathrm{e}^{-2a\Delta t})/(2a)=9.06346235*10^{-5}$ $\Delta R=\sqrt{3V}=0.01648951$，$j_{\max}=-j_{\min}=2$。将上述数据代入，则可求得图 8-24 中的各个节点的风险中性概率如表 8-9 所示。

表 8-9 HW 模型三叉树节点的风险中性概率数值

节 点	A	B	C	D	E	F	G	H	I
R*%	0	1.649	0	−1.649	3.298	1.649	0	−1.649	−3.298
p_u	0.1667	0.1236	0.1667	0.2188	0.8993	0.1236	0.1667	0.2188	0.0896
p_m	0.6667	0.6576	0.6667	0.6576	0.0111	0.6576	0.6667	0.6576	0.0111
p_d	0.1667	0.2188	0.1667	0.1236	0.0896	0.2188	0.1667	0.1236	0.8993

表 8-9 中有些列的概率并不归一，是由于取四位小数时四舍五入导致的误差。进而得到 HW 模型即期利率期限结构的数值如表 8-10 所示。

表 8-10 HW 模型即期利率期限结构

期 限	1	2	3	4
即期利率%	2.75	3.12	3.63	4.15

注意：上述表 8-10 中给出的利率期限结构中的数据是按照连续复利给出的结果。在 HW 三叉树中的利率是按年计息的复利结果，所以需要完成转换。

按照连续复利计息便于计算结果，最后得到的结果只要完成相应的转换即可。

下面用如上数据完成三叉树构建的第二步。

在图 8-24 中的节点 A 处，代表 $Q_{0,0}=1$，因此 α_0 的值是通过对 t=1 的债券进行折现得到的。因此 α_0 直接设定为利率期限结构的对应值，即 t=1 的即期利率。

将利率期限结构中的连续复利转化为按年计息的复利有，$\alpha_0=\mathrm{e}^{0.0275}-1$=2.788%，即图 8-25 中的 A 节点的利率值。

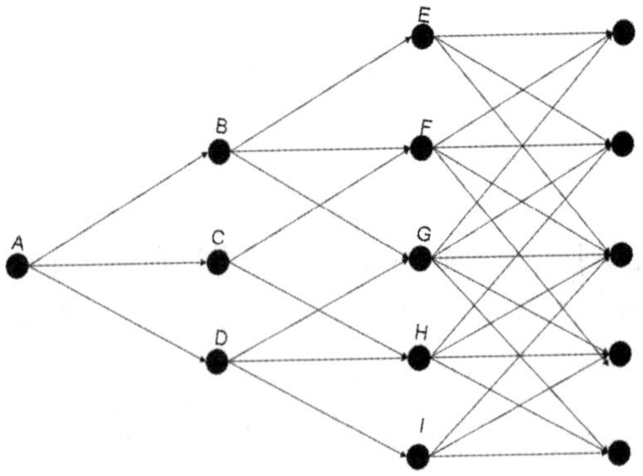

图 8-25 完整 HW 模型三叉树图

接下来的目标是如何确定

$Q_{1,1}, Q_{1,0}$ 和 $Q_{1,-1}$。由于 $\alpha_0 = 2.788\%$，因此有如下结果：

$$Q_{1,1} = p_u \mathrm{e}^{r_A} == 0.1667 * \mathrm{e}^{-0.0312} = 0.16214578$$
$$Q_{1,0} = p_m \mathrm{e}^{r_A} == 0.6666 * \mathrm{e}^{-0.0312} = 0.64858312$$
$$Q_{1,-1} = p_d \mathrm{e}^{r_A} == 0.1667 * \mathrm{e}^{-0.0312} = 0.16214578$$

根据利率期限结构得知，两年后 1 美元的现值是 $\mathrm{e}^{-2*0.0312} = 0.93950701$。根据风险中性定价技术有如下结论：

$$\mathrm{e}^{-2*0.0312} = Q_{1,1}\frac{1}{1+r_B} + Q_{1,0}\frac{1}{1+r_C} + Q_{1,-1}\frac{1}{1+r_D}$$

其中

$$r_B = \alpha_1 + \Delta R = \alpha_1 + 0.01648951$$
$$r_C = \alpha_1$$
$$r_D = \alpha_1 - \Delta R = \alpha_1 - 0.01648951$$

其中 r_B、r_C 和 r_D 均是以年为计息周期的复利数值。解得 $\alpha_1 = 0.03494523$，因此得到二叉树的第二阶段的三个点 B、C 和 D 的利率数值分别为：

$$r_B = \alpha_1 + \Delta R = 0.05143483$$
$$r_C = 0.03494532$$
$$r_D = \alpha_1 - \Delta R = 0.01845581$$

将上述连续计息的利率数值转化成相应的按年计息的利率得：

$$r_B = \alpha_1 + \Delta R = 0.05278057$$
$$r_C = 0.03556308$$
$$r_D = \alpha_1 - \Delta R = 0.01862717$$

【技巧与提示】

在 MATLAB 里输入命令 type hwtengine，可找到如下代码：

```
FR{iLevel}(:) = 1 ./ rate2disc(Compound, r, tSpan(iLevel+1), tSpan(iLevel));
```

由此可以得到，hwtengine 函数内部的计算完全是按照连续利率计息的；而得到的二叉树节点利率的计息周期是按照 Δt 为计息周期的复利。

这样处理由于 Δt 未必是年，有可能是天，为便于计算而采用的这种方式。内部采用统一的连续计息公式同样也是便于计算。

同理可以计算剩余节点的 Q 值和 α 值，这样可得到完整的 HW 模型三叉树如图 8-25 所示的 9 个节点的风险中性概率数据，如表 8-11 所示。

表 8-11 完整 HW 模型节点的风险中性概率数据

节　点	A	B	C	D	E	F	G	H	I
$R\%$	2.788	5.278	3.556	1.863	8.290	6.519	4.777	3.063	1.378

续表

节　　点	A	B	C	D	E	F	G	H	I
p_u	0.1667	0.1236	0.1667	0.2188	0.8993	0.1236	0.1667	0.2188	0.0896
p_m	0.6667	0.6576	0.6667	0.6576	0.0111	0.6576	0.6667	0.6576	0.0111
p_d	0.1667	0.2188	0.1667	0.1236	0.0896	0.2188	0.1667	0.1236	0.8993.

得到的三叉树如图 8-26 所示。

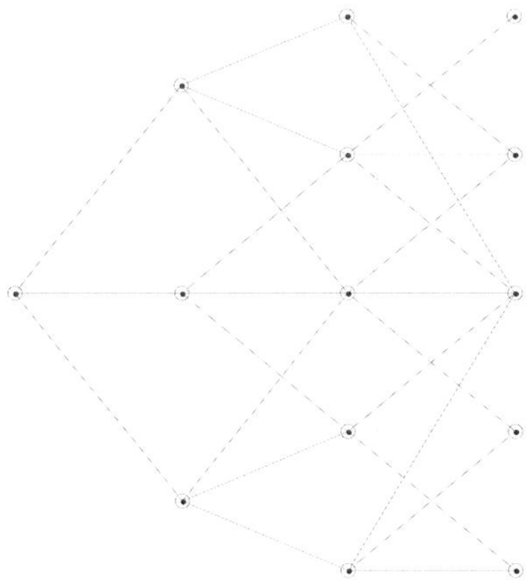

图 8-26　HW 模型三叉树图

8.5.3　HW 模型的 Q 参数

假设对于任意的 $i \leqslant m(m \geqslant 0)$，$Q_{i,j}$ 的值已经确定下来，接下来要求解的为 α_m，以便于利用利率三叉树对在 $(m+1)\Delta t$ 到期的债券进行定价时，能够符合当前的利率期限结构曲线所做的定价。

在节点 (m,j) 的利率是 $\alpha_m + j\Delta R$，所以 $(m+1)\Delta t$ 到期的零息票债券的价格可以表述为如下形式：

$$P_{m+1} = \sum_{j=-j_{\max}}^{j=j_{\max}} Q_{m,j} \exp[-(\alpha_m + j\Delta R)\Delta t]$$

这里 P_{m+1} 是根据利率期限结构计算出来的零息票债券价格，解得：

$$\alpha_m = \frac{\ln\left(\sum_{j=-j_{\max}}^{j=j_{\max}} Q_{m,j} \exp(-j\Delta R\Delta t) - \ln(P_{m+1}\right)}{\Delta t}$$

一旦 α_m 确定之后，可以采用如下的公式计算 $Q_{m+1,j}$：

$$Q_{m+1,j} = \sum_{k}^{j} Q_{m,k} q(k,j) \exp[-(\alpha_m + k\Delta R)\Delta t]$$

这里 $q(k,j)$ 是根据 8.5.2 节中关于节点的风险中性概率计算公式得到的，是表示从节点 (m,k) 到节点 $(m+1,j)$ 的转移概率。

由于是三叉树，一般情况下，$q(k,j)$ 的大部分值是 0，求和只需要对 $q(k,j)\neq 0$ 的值进行求和即可。

8.5.4 BK 模型简介

HW 模型是对单因素利率模型的一个强有力概括，提供了一个统一的方法对单因素模型构建三叉树。

上面介绍的 HW 模型中的两步法即是对此方法的一个讨论。本节将对这个模型进行推广，并简单介绍 BK 模型。

在 MATLAB 中对 HW 和 BK 模型的实现都是基于上述方法的，其核心代码包含在函数 hwtengine 中，读者可通过 type 命令查看其代码，其算法即上文所示算法。

假设利率模型是如下形式：

$$\mathrm{d}f(r)=[\theta(t)-af(r)]\mathrm{d}t+\sigma\mathrm{d}z$$

这种模型并不能概括所有的无套利模型，读者可能注意到其不确定项的方差 σ 是恒定的，典型的就是 HW 和 BK 模型。

这个是模型的核心特征，并且模型的另外一个特征即均值回复的性质。当 $f(r)=r$ 时，即为 HW 模型；当 $f(r)=\ln(r)$ 时，即为 BK 模型。

如前文所示，假设时间 Δt 时间内的利率 R 服从同样的随机过程：

$$\mathrm{d}f(R)=[\theta(t)-af(R)]\mathrm{d}t+\sigma\mathrm{d}z$$

令 $x=f(R)$，则

$$\mathrm{d}x=[\theta(t)-ax]\mathrm{d}t+\sigma\mathrm{d}z$$

第一步设定 $\theta(t)=0$，通过调整方差和期望，构建相对应的三叉树模型；第二步在第一步的基础上，加上平移量 α_i，使得三叉树符合当前利率期限结构。

α_i 和 $Q_{i,j}$ 通过如下方法确定。设定 $Q_{0,0}=1$，假设函数 g 是函数 f 的反函数，即 $g=f^{-1}$。因此，在节点 $(m\Delta t,j)$ 的利率是：

$$g(\alpha_m+j\Delta x)$$

在 $(m+1)\Delta t$ 到期的零息债券价格可以表述为：

$$P_{m+1}=\sum_{j=-j_{\max}}^{j=j_{\max}}Q_{m,j}\exp(-g(\alpha_m+j\Delta x)\Delta t)$$

因而可求得 α_m。在此之后，根据如下公式可以求得 $Q_{m+1,j}$：

$$Q_{m+1,j}=\sum_k Q_{m,k}q(k,j)\exp(-g(\alpha_m+k\Delta x)\Delta t$$

这里 $q(k,j)$ 是根据 8.5.2 节中关于节点的风险中性概率计算公式得到的，是表示从节点 (m,k) 到节点 $(m+1,j)$ 的转移概率。

当函数 f 的形式为对数函数时，即 BK 模型 $d\ln(r)=[\theta(t)-a\ln(r)]dt+\sigma dz$ 。

8.5.5 HW 和 BK 模型的实现

如前文所讲，BK 模型只是 HW 模型的一个修正，这点在 MATLAB 中是统一通过 hwtengine 函数实现的。其实现的具体函数分别为 bktree 和 hwtree。

HW 模型的实现函数如下：

【语法格式】

```
HWTree = hwtree(VolSpec, RateSpec, TimeSpec)
```

【输入变量】

```
VolSpec         %波动率期限结构的说明，为 struct 型数据
RateSpec        %利率期限结构的说明，为 struct 型数据
TimeSpec        %对应期限的说明
```

【输出变量】

```
HWTree          %HW 模型三叉树所需数据，为 struct 型数据
```

BK 模型的实现函数如下：

【语法格式】

```
BKTree = bktree(VolSpec, RateSpec, TimeSpec)
```

【输入变量】

```
VolSpec         %波动率期限结构的说明，为 struct 型数据
RateSpec        %利率期限结构的说明，为 struct 型数据
TimeSpec        %对应期限的说明
```

【输出变量】

```
BKTree          %HW 模型三叉树所需数据，为 struct 型数据
```

在使用上述参数时，关于输入变量和输出变量的详细结构，读者可参考帮助文档。对于每一个输入变量，每个模型都有专门的函数进行构造，这些函数的具体使用规范请读者自行参考帮助文档。

【例 8-14】 HW 模型二叉树实例。按照连续计息规范，估值日期是 01-01-2008，开始日期同样是 01-01-2008。波动率曲线日期分别为 12-31-2008、12-31-2009、12-31-2010、12-31-2011。均值回复参数对应的日期分别为 01-01-2011，均值回复参数为 0.1。对应上述日期的利率分别为 2.75%、3.12%、3.63%、4.15%。利用以上参数生成 HW 二叉树。

根据 hwtree 函数的格式，需要输入三个参数，因此核心是三个参数的构建。三个输入参数的生成分别涉及 hwtimespec、intenvset、hwvolspec。在 M 文件编辑器中输入如下代码：

```
%输入数据
Compounding = -1;
```

```
ValuationDate = '01-01-2008';
StartDate = ValuationDate;
VolDates = ['12-31-2008'; '12-31-2009'; '12-31-2010';
'12-31-2011'];
VolCurve = 0.01;
AlphaDates = '01-01-2011';
AlphaCurve = 0.1;
Rates = [0.0275; 0.0312; 0.0363; 0.0415];
%HW 模型的波动率说明
HWVolSpec = hwvolspec(ValuationDate, VolDates, VolCurve,...
AlphaDates, AlphaCurve);
%利率期限结构说明
RateSpec = intenvset('Compounding', Compounding,...
                     'ValuationDate', ValuationDate,...
                     'StartDates', ValuationDate,...
                     'EndDates', VolDates,...
                     'Rates', Rates);
%HW 模型时间的说明
HWTimeSpec = hwtimespec(ValuationDate, VolDates, Compounding);
%生成 HW 模型二叉树
HWTree = hwtree(HWVolSpec, RateSpec, HWTimeSpec)
```

得到的结果如下所示：

```
HWTree =
    FinObj:  'HWFwdTree'
   VolSpec:  [1x1 struct]
  TimeSpec:  [1x1 struct]
  RateSpec:  [1x1 struct]
      tObs:  [0 0.9973 1.9973 2.9973]
      dObs:  [733408 733773 734138 734503]
    CFlowT:  {[4x1 double]  [3x1 double]  [2x1 double]  [3.9973]}
     Probs:  {[3x1 double]  [3x3 double]  [3x5 double]}
   Connect:  {[2]  [2 3 4]  [2 2 3 4 4]}
   FwdTree:  {1x4 cell}
```

利用 treeviewer 函数查看得到的结果，如图 8-27 所示。

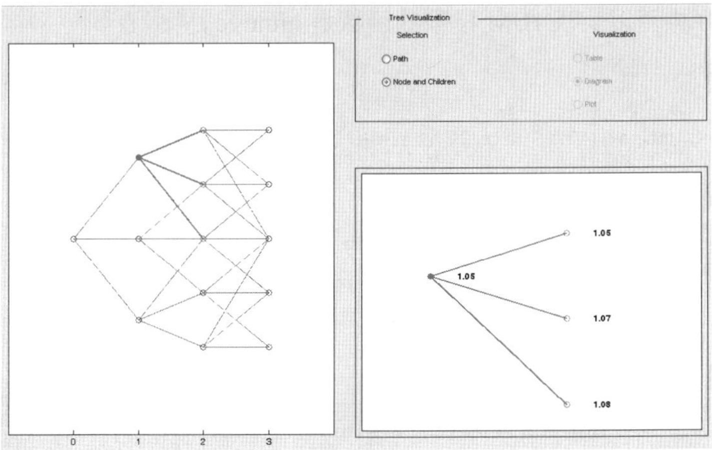

图 8-27　HW 模型二叉树图

8.6 HJM 模型

8.6.1 HJM 模型简介

前面介绍的无套利模型都是基于单因子的，即模型中只存在一个不确定性因素。本节将要介绍的 HJM 模型是一种多因子模型。

HL、HW 等模型都是基于短期利率的模型，而 HJM 模型的研究对象是远期利率，因此有着本质的不同。

对于单因子的 HJM 模型，在某些约束条件下，等同于前面介绍的单因子无套利模型。因此从实用的角度，前面介绍的无套利模型更具有实际意义。

从另外一个角度考虑，HJM 模型在多因子的情况下，其风险中性概率是固定不变的，造成了其利率树并不是重构的，因而造成分支过多。

在单因子的情况下，其节点个数为 2^n，其中 n 为相应的时间区间个数；当是双因子模型的情况下，其节点个数为 4^n，在 n=30 步的情况下，这大约是 10^{18} 个节点，如果每一个节点的数值在计算机中以双精度 8 个字节的长度存储，则需要 $8*10^9$GB 的内存，这是一般的计算机无法提供的，可见，在实践过程中 HJM 模型并不是一个简易的应用模型。

因而，一般情况下，采用的是蒙特卡罗模拟的方式，但是计算的复杂度仍然很高，在得到一个精度可以允许的解时，需要消耗大量的计算资源。

因此本节只介绍 HJM 模型的使用，并不介绍其算法和实际的应用，有需要的读者可以自行参考相应的书籍。

8.6.2 HJM 模型的实现

在 MATLAB 中，HJM 模型是采用二叉树的方式表示的，且风险概率是等概率的模型。HJM 模型在 MATLAB 中最多只支持三个变量。

在实践中，超过三个变量的模型也是没有意义的，由于利率期限结构只是一个二维平面上的曲线，其变动因子也只有三个，因此三个变量就足够符合任何形状的曲线了。

在 MATLAB 中用以实现 HJM 模型的函数是 hjmtree。

【语法格式】

```
HJMTree = hjmtree(VolSpec, RateSpec, TimeSpec)
```

【输入变量】

```
VolSpec          %波动率期限结构说明，为 struct 型数据
RateSpec         %利率期限结构说明，为 struct 型数据
TimeSpec         %时间说明，为 struct 型数据
```

【输出变量】

```
HJMTree          %输出 HJM 利率树，为 struct 型数据
```

【例 8-15】 HJM 模型二叉树生成实例。按照连续计息规范，当前估值日期为

01-01-2000。描述利率期限结构的数据：开始的日期分别为 01-01-2000、01-01-2001、01-01-2002、01-01-2003、01-01-2004；结束日期为 01-01-2001、01-01-2002、01-01-2003、01-01-2004、01-01-2005；对应的远期利率分别为 0.1、0.11、0.12、0.125、0.13；对应的波动率分别为 0.2、0.19、0.18、0.17、0.16。根据以上数据计算 HJM 模型下的二叉树。

利用 hjmtree 生成二叉树，需要三个参数，分别是对波动率的说明、利率期限结构的说明和时间的说明。在 M 文件编辑器中输入如下代码：

```
Compounding = 1;%连续计息规范
ValuationDate = '01-01-2000';%估值日期
StartDate = ['01-01-2000'; '01-01-2001'; '01-01-2002'; '01-01-2003'...
    ; '01-01-2004'];%开始日期
EndDates = ['01-01-2001'; '01-01-2002'; '01-01-2003'; '01-01-2004'; ...
    '01-01-2005'];%结束日期
Rates = [.1; .11; .12; .125; .13];%远期利率说明
Volatility = [.2; .19; .18; .17; .16];%波动率说明
CurveTerm = [1; 2; 3; 4; 5]; %期限说明
%利用 hjmvolspec 函数创建波动率结构说明
HJMVolSpec = hjmvolspec('Stationary', Volatility , CurveTerm);
%创建利率期限结构说明
RateSpec = intenvset('Compounding', Compounding,...
         'ValuationDate', ValuationDate,...
         'StartDates', StartDate,...
         'EndDates', EndDates,...
         'Rates', Rates);
%创建时间结构说明
HJMTimeSpec = hjmtimespec(ValuationDate, EndDates, Compounding);
%生成 HJM 模型二叉树
HJMTree = hjmtree(HJMVolSpec, RateSpec, HJMTimeSpec);
treeviewer(HJMTree)
```

运行如上代码得到 HJM 模型二叉树图，如图 8-28 所示。

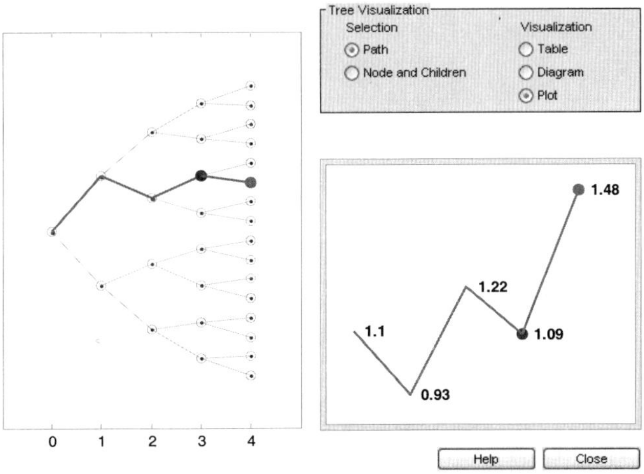

图 8-28　HJM 模型二叉树图

8.7 利率模型定价

在本章开篇介绍利率期限结构的构建技术，主要是为 8.2 节的定价准备的。本节同样是利用前面介绍的无套利利率模型对产品进行定价。无套利利率模型定价的产品主要是基于利率的衍生品。

8.7.1 利率模型的输入变量

回顾一下前面介绍的无套利利率模型的基本形式：

```
BDTTree = bdttree(VolSpec, RateSpec, TimeSpec)
HWTree = hwtree(VolSpec, RateSpec, TimeSpec)
BKTree = bktree(VolSpec, RateSpec, TimeSpec)
HJMTree = hjmtree(VolSpec, RateSpec, TimeSpec)
```

可见上述模型有共同的输入变量（形式上是相同的，细节并不相同），这些 struct 型输入变量都由相应的函数来构建。

1. BDT 模型参数输入函数

波动率（VolSpec）参数输入函数：

【语法格式】

```
VolSpec = bdtvolspec(ValuationDate, VolDates, VolCurve)
VolSpec = bdtvolspec(ValuationDate, VolDates, VolCurve, InterpMethod)
```

【输入变量】

```
ValuationDate          %估值日期，一般情况为当前日期
VolDates               %相应波动率期限结构对应的日期
VolCurve               %对应波动率期限结构数值
InterpMethod           %可选，波动率期限结构插值方法
```

【输出变量】

```
VolSpec                %为描述波动率期限结构的 struct 型数据
```

可见有两种形式，两种形式本质是一样的。InterpMethod 是对离散的波动率期限结构进行插值，以便得到相应的曲线插值数值，一般存在如下 5 种插值方式：

```
'nearest'      最近邻点插值法
'linear'       线性插值法（默认值）
'spline'       三次样条插值
'pchip'        三次埃米插值（p 样条插值）
'cubic'        同 pchip 插值方法
```

读者可根据需要而自行选择相应的插值方法。关于这些插值方法的介绍，读者可根据需要自行查阅数值分析类的资料。

利率（RateSpec）参数输入函数：

【语法格式】

```
    [RateSpec, RateSpecOld] = intenvset(RateSpec, 'Argument1',Value1,
'Argument2', Value2, ...)
    [RateSpec, RateSpecOld] = intenvset(RateSpec, 'Argument1', Value1,
'Argument2', Value2, ...)
```

【输入变量】

```
'Argumentn'      %是利率期限结构 struct 型数据 RateSpec 的域名，其可取值参见后面的讨论
Valuen           %对应域的数值
```

【输出变量】

```
RateSpec         %描述利率期限结构的一个 struct 型数据
RateSpecOld      %老版本的数据结构
```

关于 intevset 的使用，请参考 8.2.1 小节的讲解。

【例 8-16】 intenvset 函数使用实例。在 MATLAB 中查看 intenvset 函数的返回值结构。

这里采用 MATLAB 自带的数据结构进行观察。
在 MATLAB 命令窗口中输入如下命令：

```
>>load deriv            %在如 MATLAB 自带的数据 deriv.mat
>>whos                  %列出内存内的全部变量，找到变量 HJMTree
>>HJMTree.RateSpec
ans =
FinObj: 'RateSpec'
Compounding: 1
Disc: [4x1 double]
Rates: [4x1 double]
EndTimes: [4x1 double]
StartTimes: [4x1 double]
EndDates: [4x1 double]
StartDates: [4x1 double]
ValuationDate: 730486
Basis: 0
EndMonthRule: 1
```

上述 ans 的结果返回了结构性数据 HJMTree.RateSpec 中的各个域（即变量）的情况，即在 intenvset 中的输入变量中'Argumentn'的值。

2. HW、BK 和 HJM 模型参数输入函数

各个模型都有相应的输入变量函数，其命名方式有一个统一规则，即模型名称+volspec/timespec。当是模型名称+volspec 的形式时，则是构建波动率期限结构；当是模型名称+timespec 的形式时，则是时间结构说明。

对模型输入参数的总结如表 8-12 所示。

表 8-12　利率模型输入参数总结

	BDT	HW	BK	HJM
RateSpec	intenvset	intenvset	intenvset	intenvset
VolSpec	bdtvolspec	hwvolspec	bkvolspec	hjmvolspec
TimeSpec	bdttimespec	bwtimespec	bktimespec	hjmtimespec

8.7.2　产品的定价

在 MATLAB 中，根据相对应的利率模型可以对或有现金流进行定价，本节中讲述根据上面介绍的利率模型对利率型产品进行定价，并说明什么样的产品可以用这些模型进行定价。

1．基于 BDT 模型的产品定价

利用 BDT 模型可以对含权和不含权的现金流型产品进行定价，定价的函数为 bdtprice。

【语法格式】

```
Price = bdtprice(BDTTree, InstSet)
Price = bdtprice(BDTTree, InstSet, Options)
[Price, PriceTree] = bdtprice(BDTTree, InstSet, Options)
```

【输入变量】

```
BDTTree         %BDT 模型构建的利率树
InstSet         %金融产品属性说明，参考 7.2.6 节关于 Instrument 型数据的构建
Options         %可选，模型控制参数，由 derivset 函数构建
```

【输出变量】

```
Price           %金融产品价格
PriceTree       %价格树
```

bdtprice 函数可以对如下金融产品进行定价：Bond、CashFlow、OptBond、Fixed、Float、Cap、Floor、Swap、Swaption。这涉及不同的 InstSet 输入变量，具体的产品构建说明请参考 8.2.6 节，或者相应的 instX 函数类，如 instbond、instfixed 等。

和 instadd 函数是金融产品的统一定价模型一样，在这里，bdtprice 也是一个统一的形式，对不同的产品，有专用的定价函数，总结如表 8-13 所示。

表 8-13　基于 BDT 模型的产品定价函数

<table>
<tr><td>产　品</td><td>Bond</td><td>Cap</td><td>Floor</td><td>CashFlow</td><td>Fixed</td><td>Float</td></tr>
<tr><td>函　数</td><td>bondbybdt</td><td>capbybdt</td><td>floorbybdt</td><td>cfbybdt</td><td>fixedbybdt</td><td>floatbybdt</td></tr>
<tr><td>产　品</td><td>Bond Option</td><td colspan="2">Embedded option bond</td><td colspan="2">Swaption</td><td>Swap</td></tr>
<tr><td>函　数</td><td>optbndbybdt</td><td colspan="2">optembndbybdt</td><td colspan="2">swaptionbybdt</td><td>swapbybdt</td></tr>
</table>

在实际应用时，读者可参考 MATLAB 自带的帮助文档。

2. 基于 HW 模型的产品定价

利用 HW 模型同样可以对含权和不含权的现金流型产品进行定价，定价的函数为 hwprice。

【语法格式】

```
Price = hwprice(HWTree, InstSet)
Price = hwprice(HWTree, InstSet, Options)
[Price, PriceTree] = hwprice(HWTree, InstSet, Options)
```

【输入参数】

```
HWTree          %HW 模型构建的利率树
InstSet         %同 bdtprice
Options         %同 bdtprice
```

【输出参数】

```
Price           %同 bdtprice
PriceTree       %同 bdtprice
```

hwprice 函数可对如下金融产品进行定价：Bond、CashFlow、OptBond、Fixed、Float、Cap、Floor、Swap、Swaption。

对于这些产品的专用定价函数，和基于 bdt 模型的定价函数是类似的，总结如表 8-14 所示。

表 8-14　基于 HW 模型的产品定价函数

<table>
<tr><td>产　品</td><td>Bond</td><td>Cap</td><td>Floor</td><td>CashFlow</td><td>Fixed</td><td>Float</td></tr>
<tr><td>函　数</td><td>bondbyhw</td><td>capbyhw</td><td>floorbyhw</td><td>cfbyhw</td><td>fixedbyhw</td><td>floatbyhw</td></tr>
<tr><td>产　品</td><td>Bond Option</td><td colspan="2">Embedded option bond</td><td colspan="2">Swaption</td><td>Swap</td></tr>
<tr><td>函　数</td><td>optbndbyhw</td><td colspan="2">optembndbyhw</td><td colspan="2">swaptionbyhw</td><td>swapbyhw</td></tr>
</table>

3. 基于 BK 模型的产品定价

利用 BK 模型同样可以对含权和不含权的现金流型产品进行定价，定价的函数为 bkprice。

【语法格式】

```
Price = bkprice(HWTree, InstSet)
Price = bkprice(HWTree, InstSet, Options)
[Price, PriceTree] = bkprice(HWTree, InstSet, Options)
```

【输入参数】

```
BKTree          %BK 模型构建的利率树
InstSet         %同 bdtprice
Options         %同 bdtprice
```

【输出参数】

```
Price          %同 bdtprice
PriceTree      %同 bdtprice
```

bkprice 函数可对如下金融产品进行定价：Bond、CashFlow、OptBond、Fixed、Float、Cap、Floor、Swap、Swaption。

对于这些产品的专用定价函数，和基于 bdt 模型的定价函数是类似的，总结如表 8-15 所示。

表 8-15　基于 BK 模型的产品定价函数

产　品	Bond	Cap	Floor	CashFlow	Fixed	Float
函　数	bondbybk	capbybk	floorbybk	cfbybk	fixedbybk	floatbybk
产　品	Bond Option	Embedded option bond		Swaption		Swap
函　数	optbndbybk	optembndbybk		swaptionbybk		swapbybk

4. 基于 HJM 模型的产品定价

利用 HJM 模型同样可以对含权和不含权的现金流型产品进行定价，定价的函数为 hjmprice。

【语法格式】

```
Price = hjmprice(HWTree, InstSet)
Price = hjmprice(HWTree, InstSet, Options)
[Price, PriceTree] = hjmprice(HWTree, InstSet, Options)
```

【输入参数】

```
HJMTree        %HJM 模型构建的利率树
InstSet        %同 bdtprice
Options        %同 bdtprice
```

【输出参数】

```
Price          %同 bdtprice
PriceTree      %同 bdtprice
```

hjmprice 函数可对如下金融产品进行定价：Bond、CashFlow、OptBond、Fixed、Float、Cap、Floor、Swap、Swaption。

对于这些产品的专用定价函数，和基于 bdt 模型的定价函数是类似的，总结如表 8-16 所示。

表 8-16　基于 HJM 模型的产品定价函数

产　品	Bond	Cap	Floor	CashFlow	Fixed	Float
函　数	bondbyhjm	capbyhjm	floorbyhjm	cfbyhjm	fixedbyhjm	floatbyhjm
产　品	Bond Option	Embedded option bond		Swaption	Swap	
函　数	optbndbyhjm	optembndbyhjm		swaptionbyhjm	swapbyhjm	

【例 8-17】 HW 模型为产品定价实例。在 MATLAB 中自带的 deriv 文件中包含了一些例子，可以用来检测上述定价函数。

在 MATLAB 命令窗口中做如下操作：

```
load derive  %载入变量
%将其中的 Bond 和 Cap 选出来，构成新的产品说明数据
HWInstSpec=instselect(HWInstSet,'Type',{'Bond', 'Cap'});
%可用 instdisp(HWInstSpec)命令查看选择出来的金融产品的详细信息
[Price PriceTree]=hwprice(HWTree, HWInstSepc)
    Price =
      100.9188
       99.3296
        0.5837
    PriceTree =
         FinObj: 'HWPriceTree'
          PTree: {[3x1 double]  [3x3 double]  [3x5 double]  [3x5 double]
[3x5 double]}
         AITree: {[3x1 double]  [3x3 double]  [3x5 double]  [3x5 double]
[3x5 double]}
           tObs: [0 1 2 3 4]
        Connect: {[2]  [2 3 4]  [2 2 3 4 4]}
          Probs: {[3x1 double]  [3x3 double]  [3x5 double]}
```

可见对于三个产品的定价分别给出 100.9188、99.3296 和 0.5837。用 treeviewer 函数可以查看生成的价格树，如图 8-29 所示。

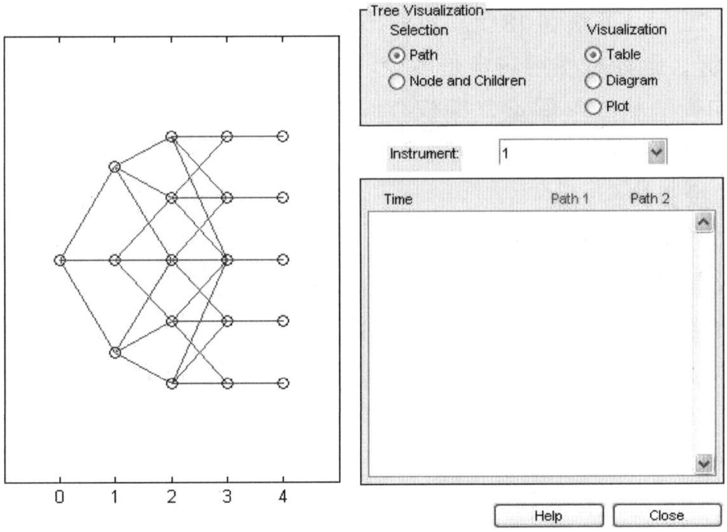

图 8-29 hwprice 函数生成的价格树图

第 9 章 衍生品计算

在当今证券市场，衍生品越来越复杂，构建不同特性的衍生品成为金融工程的一个重要研究方向。在面对这些复杂的金融产品时，如何定价就成了一个问题。本章遵循无套利理论，对目前主流的金融产品定价技术进行详细讲解。

首先介绍基于 Black-Scholes 方法对欧式期权进行的定价。在此基础上，引出无风险套利的概念，并对 MATLAB 中涉及的相关函数进行介绍；接下来对于某些奇异期权讲解其数值解的定价过程，目前市场上常用的衍生品模型 CRR、EQP 将是这部分的核心内容。最后将上述模型在 MATLAB 中的实现做详细讨论。

9.1 无套利和 Black-Scholes 方程

9.1.1 单步二叉树模型

本节从单步二叉树引出无风险套利思想，单步二叉树图如图 9-1 所示。

在时间为 t=0 的时点上，有价格为 20 元的股票；在 t=1 时刻，假设股票的价格只有两种可能：上涨到 22 元、下跌到 18 元。目前市场上存在以此股票为标的资产的看涨期权 C，执行价格为 20 元，则期权费用应当是多少，市场才能处在无套利均衡的状态？假设，期权存续期为一年，按照连续复利计息的年利率为 10%。

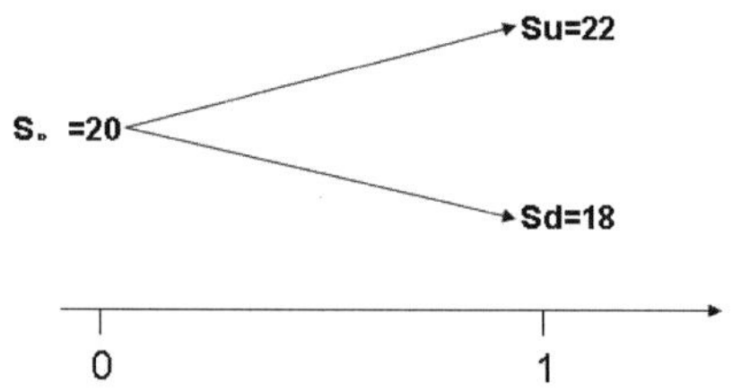

图 9-1 单步二叉树图

考虑下面的投资符合：

- 持有 0.25 份股票的多头现货资产。
- 持有一份看涨期权的空头。

如果股票价格在期权存续期内由初始价格 20 元上涨到期末的 22 元，则现货多头的价值为 0.25*22=5.5 元。而此时由于股票价格高于期权的执行价，且在到期日，期权的价值就是其内在价值，由于是做空一份看涨期权，所以价值为 – 1。这样投资组合的价值为 5.5 – 1=4.5 元。

如果股票价格在期权存续期内由初始价格 20 元下跌到期末的 18 元，则现货多头的价值为 0.25*18=4.5，而此时由于期权处于虚值状态，所以其价值为 0，这样投资组合的价值为 4.5 – 0=4.5 元。

可见上面的投资组合使得不论期末股票价格如何变动，投资组合的价值都是 4.5 元，不存在任何的不确定性，虽然股票价格是上涨还是下跌是随机的。这个投资组合同市场的变动无关，在任何情况下，获得的收益都将是 4.5 元，那么这项投资应该获得的是无风险收益。

而初始的投资组合的价值应当是 $0.35*20-f$，其中 f 是期权的价格。这样，投资组合的期末价值根据无风险利率折现到 t=0，就应当是目前投资组合的价值，因此有如下结果：

$$0.35*20-f=4.5*\exp(-r*t)$$

由 r=10%，t=1，有 f=2.92823162。

上述计算过程，向大家展示的是无风险套利思想：如果有两项资产，之间存在相关关系，则可以用对冲的方法来降低风险。如果一个投资组合的未来收益是确定的，那么其获取的投资回报一定是无风险的收益率。

9.1.2 风险中性定价

回顾一下上面的定价过程，定义如下变量：

$u=1+\dfrac{\Delta S}{S}$，即 1+股票上涨的百分比；$d=1-\dfrac{\Delta S}{S}$，即 1－股票下跌的百分比；$\overline{r}=1+r_f$，其中 r_f 是无风险利率。

为了不发生无风险套利的机会，必然存在如下不等式关系：

$$d<\overline{r}<u$$

采用上一节用到的复制技术，用 Δ 份股票多头和 L 数量的无风险证券空头来复制这个期权，有如下公式。

当股票价格上升时：

$$\Delta uS-\overline{r}L=c_u=\max(uS-X,0)$$

当股票价格下跌时：

$$\Delta dS-\overline{r}L=c_d=\max(dS-X,0)$$

以 Δ 和 L 为未知数，解得上述方程组有：

$$\Delta=\frac{c_u-c_d}{S(u-d)}$$

$$L=\frac{dc_u-uc_d}{\overline{r}(u-d)}$$

可以证明 $dc_u-uc_d=d\max(uS-X,0)-u\max(dS-X,0)>0$，所以无风险证券在组合头寸中一定是空头。

由以上结果有，当前的一个看涨期权是由 Δ 份股票多头和 L 数量的无风险证券空头来复制的，即 $c=\Delta S-L=\overline{r}^{-1}[pc_u+(1-p)c_d]$。

其中 $c_u=\max(uS-X,0)$，$c_d=\max(dS-X,0)$，$p=\dfrac{\overline{r}-d}{u-d}$，$1-p=\dfrac{u-\overline{r}}{u-d}$。

可见，期权的定价公式类似将到期时期权的价值，按照 p 和 1-p 的概率求期望，并将期望以无风险利率折现，即得到期权的价值。这里的 p 和 1-p 并不是价格上涨和下跌的真实概率，这里得到的 p 和 1-p 即是风险中性概率。后续章节介绍 CRR 和 EQP 模型时，将会直接引用本节介绍的风险中性定价技术。

9.1.3 套利的数学模型

在当今的金融学中，套利的思想几乎在各个领域都存在。其基本思想是同样的资产具有同样的价格，即一价定律，如果存在完全一样的资产，但价格不一样，则市场上的投机力量会“低买高卖”，最终市场的供求重新达到平衡时，两者的价格会趋同。在现实经济中，由于摩擦、交易成本和管制的存在，这种套利机会有时是不能完成的。

从数学的角度来看，如果存在如下两样资产，其回报率可以写成如下的形式：

$$r_X = u_X + \sigma_X * \varepsilon$$
$$r_Y = u_Y - \sigma_Y * \varepsilon$$

其中，u_X 是资产 X 在某一时间段 T 内回报率的期望值，u_Y 是资产 Y 在同一时间段内资产回报率的期望值；σ_X、σ_Y 分别是 X 和 Y 资产回报率的标准差。ε 是服从正态分布的随机变量，期望值是 0，方差为 1。

根据上述模型如果将资产 X 和资产 Y 进行线性组合，则其收益率 r_X 和 r_Y 将会按照相同的线性比例进行加权平均。如果投资组合为 $P = \omega_X X + \omega_Y Y$，则投资组合的收益率为：

$$r_P = \omega_X * r_X + \omega_Y * r_Y = (\omega_X * \mu_X + \omega_Y * \mu_Y) + (\omega_X * \sigma_X - \omega_Y * \sigma_Y) * \varepsilon$$

可见，上面投资组合收益率的表达式中，随机变量 ε 前面的系数 $\omega_X * \sigma_X - \omega_Y * \sigma_Y$ 如果为 0，则投资组合的回报率是确定的，则此时投资回报率一定是无风险收益率。两项资产的期望回报率的加权平均 $\omega_X * \mu_X + \omega_Y * \mu_Y$，就是无风险收益率。

从理论上来说，只要两项资产的回报率是完全相关的，则就可能通过两者的线性组合，使得组合的方差为 0，从而实现无风险投资组合的构建。如果资产的回报率不是完全线性相关的，则可以通过组合降低方差。

严格来说，无风险套利是从具有严格相关关系的资产出发，构建无风险投资组合的过程。而目前出现的统计套利等，则是在非严格相关的两项资产间进行风险套利的过程。投资组合是利用负相关资产构建投资组合，以使得均值-方差达到最优水平。

本节讨论的套利过程的数学模型，只是从最简单的完全负相关的两项资产出发，构建无风险投资组合。

这里蕴涵的无风险套利的思想在后面的 Black-Scholes 模型及叉树数值方法中都会涉及，并构成了整个资产定价模型的基础。关于均值-方差资产组合理论，可以参考马科维茨的资产组合理论。

9.1.4 Black-Scholes 模型假设

基于如下假设，9.1.5 节给出 Black-Scholes 方程的具体构建过程，在此过程中会用到这上三个假设，希望读者能够注意三个假设是如何在 Black-Scholes 方程的推导中起作用的。

（1）模型基本假设

- 股票价格服从几何正态分布。
- 证券允许卖空。
- 不考虑税收和交易成本。
- 在期权存续期内，股票没有分红（后面单独考虑分红的处理）。
- 不存在无风险套利机会。
- 证券连续交易。
- 无风险收益率在期权存续期内是常数，及无风险利率具有水平的期限结构。

（2）股票价格服从几何正态分布

股票价格服从几何正态分布是指股票的价格满足如下的随机过程：

$$\mathrm{d}S = \mu S\mathrm{d}t + \sigma S\mathrm{d}z$$ ①

（3）Ito 引理

Ito 引理是随机微分方程的基本定理，描述的是对随机变量的微分法则。当随机变量 S 遵循上述的几何布朗运动是，若 f 是一个二次连续可微的函数，则其微分法则为：

$$\mathrm{d}f(S,t) = (\frac{\partial f}{\partial S}\mu S + \frac{\partial f}{\partial t} + \frac{1}{2}\frac{\partial^2 f}{\partial S^2}\sigma^2 S^2)\mathrm{d}t + \frac{\partial f}{\partial S}\sigma S * \mathrm{d}z$$

对上述公式的证明这里从略，感兴趣的读者可以在专业书籍中找到相应的严格证明。

9.1.5 Black-Scholes 方程

根据上述假设，下面推导 Black-Scholes 模型。

标的资产服从几何布朗运动，设 S 为标的资产价格，则有：

$$\mathrm{d}S = \mu S\mathrm{d}t + \sigma S\mathrm{d}z$$

设基于此标的资产的衍生品价格为 $f(S,t)$，根据上述 Ito 引理得到衍生品价格 f 满足的随机过程：

$$\mathrm{d}f = (\frac{\partial f}{\partial t} + \mu S\frac{\partial f}{\partial S} + \frac{1}{2}\sigma^2 S^2\frac{\partial^2 f}{\partial S^2})\mathrm{d}t + \sigma S\frac{\partial f}{\partial S}\mathrm{d}z$$

仿照本章开篇引入的单步二叉树模型构建一个投资组合，做空上述衍生品，同时做多 Δ 份标的资产，则投资组合的初始价值为：

$$\Pi = \Delta S - f$$

对上式进行微分，并将 $\mathrm{d}f$ 和 $\mathrm{d}S$ 代入，有：

① 关于股票价格遵循的几何布朗运动可参考 John Hull 的 *Options, Futures, and other Derivatives* 第 6 版第 13 章的相关内容。

$$\mathrm{d}\prod=\sigma S(\Delta-\frac{\mathrm{d}f}{\mathrm{d}S})\mathrm{d}z+[\mu S(\Delta-\frac{\mathrm{d}f}{\mathrm{d}S})-\frac{\mathrm{d}f}{\mathrm{d}t}-\frac{1}{2}\sigma^2S^2\frac{\mathrm{d}^2f}{\mathrm{d}S^2}]\mathrm{d}t$$

上式中，投资组合的不确定性来源于上式中的第一项。由于含有 dz 是随机变量项，如果能将此项消除，则可得到投资组合价值增量 $\mathrm{d}\prod$ 的一个确定性的表达式。这用到的思想就是前面介绍的无风险套利思想。

需要注意的是，若令 $\Delta-\frac{\mathrm{d}f}{\mathrm{d}S}=0$，则不仅消除了由于随机性造成的影响，而且，第二个括号中的第一项也为 0，这意味着什么？

在假定标的资产服从几何布朗运动时，引入的 μ 是对于标的资产收益率的预期。μ 同投资者个人偏好相关。若现在 $\Delta-\frac{\mathrm{d}f}{\mathrm{d}S}=0$，使得模型中不含有任何同投资者个人预期相关的变量，使得模型对于任何投资者都一样，将投资者引入一个风险中性世界。

这就是 Black-Scholes 模型两个核心思想：无风险套利和风险中性。下面将要介绍的叉树模型则利用了公式中的风险中性。

上式中若 $\Delta-\frac{\mathrm{d}f}{\mathrm{d}S}=0$，则资产的收益应当是无风险收益，因而在单利计息下有如下无套利均衡：

$$\mathrm{d}\prod=r\prod\mathrm{d}t$$

即

$$r\prod\mathrm{d}t=[-\frac{\mathrm{d}f}{\mathrm{d}t}-\frac{1}{2}\sigma^2S^2\frac{\mathrm{d}^2f}{\mathrm{d}S^2}]\mathrm{d}t$$

由于 $\Delta-\frac{\mathrm{d}f}{\mathrm{d}S}=0$，所以 $\Delta=\frac{\mathrm{d}f}{\mathrm{d}S}$，代入 $\prod=\Delta S-f$，有 $\prod=\frac{\mathrm{d}f}{\mathrm{d}S}S-f$，代入并整理有：

$$\frac{\partial f}{\partial t}+rS\frac{\partial f}{\partial S}+\frac{1}{2}\sigma^2S^2\frac{\partial^2f}{\partial S^2}=rf$$

上式即为著名的 Black-Scholes 方程。

上述偏微分方程是建立在本节开始所提出的假设上的，Black-Scholes 模型描述了当标的资产价格服从几何布朗分布式时，其衍生品价格应当满足的方程。

然而满足上述偏微分方程的解有无穷多个，应当根据实际问题和衍生品设计条款，确定边界条件，才能最终唯一确定。

对于欧式期权，上述方程存在解析解：

$$c=S_0*N(d_1)-K\mathrm{e}^{-rT}*N(d_2)$$
$$p=Ke^{-rT}*N(-d_2)-S_0*N(-d_1)$$

其中，带下标的参数 d_1 和 d_2 为：

$$d_1=\frac{\ln(S_0/K)+(r+\sigma^2/2)T}{\sigma\sqrt{T}}$$

$$d_2 = \frac{\ln(S_0 / K) + (r - \sigma^2 / 2)T}{\sigma\sqrt{T}} = d_1 - \sigma\sqrt{T}$$

9.2 欧式期权的影响因素

在上节导出的欧式期权的解析解中，影响期权价格的因素有标的资产的价格、波动率、到期期限、无风险利率等。

在研究过程中，将期权价格对上述不同因素的偏导数定义为不同的希腊字母，用以描述这些因素对期权价格的影响。

9.2.1 欧式期权定价函数

在 MATLAB 中，对欧式期权定价的函数是 blsprice。

【语法格式】

```
[Call, Put] = blsprice(Price, Strike, Rate, Time, Volatility, Yield)
```

【输入参数】

```
Price:        %标的资产在目前时点上的价格
Strike:       %期权到期日的执行价格
Rate:         %为标量，年华的无风险利率，不考虑期限结构，并为连续计息
Time:         %以年为单位的时间计量，以小数形式表示
Volatility:   %标的资产价格的波动率，应以带入年波动率
Yield:        %（可选）在期权存续期内，标的资产的分红率，应为年化的连续计息的分红率
```

【输出参数】

```
Call:         %欧式看涨期权的价格
Put:          %欧式看跌期权的价格
```

【例 9-1】 股票欧式期权价格计算实例。股票当前价格为 49 元，执行价格为 50 元，无风险利率为 8.5%，期权存续期为 0.3 年，波动率为 0.6，期权存续期内无红利，计算该欧式期权的价格。

在 MATLAB 命令窗口中输入如下命令：

```
>>[cprice pprice] = blsprice(49, 50, 0,085, 0.3, 0.6, 0)
cprice =    6.5088
pprice =    6.2499
```

可见，使用 blsprice 命令可以很方便地求得期权的价格，其中欧式看涨期权的价格是 cprice=6.5088，欧式看跌期权的价格是 6.2499。

【技巧与提示】

在 MATLAB 命令窗口输入 type blsprice，显示 blsprice 的 M 文件源码，找到如下所示

的代码行：

```
[S, X, r, T, sig, q] = deal(S(:), X(:), r(:), T(:), sig(:), q(:));
```

这行代码是将输入参数全部变为列向量，由于在用户参数输入的过程中，不同的用户有不同的习惯，因而在 MATLAB 中使用这种方法将格式标准化：将行向量转变为列向量，将列向量直接保留。而不用采用 if-else 语句判断，从而提高程序效率。

上面这条语句，可以对多个不同的期权同时进行定价。对于每一个期权，有 6 个变量：标的资产价格 S、执行价格 X、无风险利率 r、到期时间 T、波动率 sig 和分红率 q。

MATLAB 的数据组织方式将每一列作为一个变量，每一行作为一个完整的观测。这样，在一个矩阵中，每一行代表一个期权的 6 个变量的取值，每一列代表不同期权同一个变量的取值。下面的代码也是在上述 blsprice 的源文件中找到的，可以看到，blsprice 在处理期权价格时的数据组织结构。

```
call(i) = S(i) .* exp(-q(i).*T(i)) .* normcdf( d1) - ...
    X(i) .* exp(-r(i).*T(i)) .* normcdf( d2);
put (i) = X(i) .* exp(-r(i).*T(i)) .* normcdf(-d2) - ...
    S(i) .* exp(-q(i).*T(i)) .* normcdf(-d1);
```

用 blsprice 函数可以方便地一次性绘出同一个标的资产的不同执行价格，以及不同到期期限的期权价格，并做相互比较，具体代码留给读者按照本提示自行练习。

9.2.2 欧式期权的希腊字母

下面对欧式期权中常用的希腊字母（Greek Letters）进行介绍。

（1）Delta

Delta 是期权价格对股票价格的一阶偏导数。在求导的过程中要注意对于正态分布函数中含有的标的资产价格也需求导。描述标的资产价格变动对期权价格的一阶小影响。用数学公式表示为：

$$\text{Delta} = \frac{\partial c}{\partial s} = N(d_1)$$

（2）Gamma

Gamma 是期权价格对股票价格的二阶偏倒数，描述 Delta 与标的资产价格变动之间的关系。上述两个希腊字母类似债券的久期和凸性。用数学公式表示为：

$$\text{Gamma} = \frac{\partial^2 c}{\partial s^2} = \mathrm{e}^{-qT}\frac{\phi(d_1)}{s\sigma\sqrt{T}}$$

（3）Vega

Vega 是期权价格对波动率的一阶偏导数，描述标的资产价格同期权价格之间的关系。用数学公式表示为：

$$\text{Vega} = \frac{\partial c}{\partial \sigma} = s\mathrm{e}^{-qT}\phi(d_1)\sqrt{T}$$

（4）Theta

Theta 是期权价格对时间 t 的导数，t 为期权的存续期，描述期权寿命和期权价格之间的关系。用数学公式表示为：

$$\text{Theta}=\frac{\partial c}{\partial t}=-\mathrm{e}^{-qT}\frac{s\phi(\mathrm{d}_1)\sigma}{2\sqrt{T}}-rK\mathrm{e}^{-rT}\Phi(d_2)+qs\mathrm{e}^{-qT}\Phi(d_1)$$

（5）Rho

Rho 是期权价格对无风险利率的倒数，描述期权价格和无风险利率水平之间的关系。用数学公式表示为：

$$\text{Rho}=\frac{\partial c}{\partial r}=KT\mathrm{e}^{-rT}\Phi(d_2)$$

（6）Lambda

Lambda 是期权价格变动百分比和标的资产价格变动百分比之间的关系，描述当标的资产价格变动一个百分点时，期权价格变动的百分比。用数学公式表示为：

$$\text{Lambda}=\frac{\partial c}{\partial s}*\frac{s}{c}=\text{Delta}*\frac{s}{c}$$

在衡量期权的价格变动风险时，一般从以上 6 个希腊字母出发，可以详细描述因素变动时对期权价格造成的影响。这些希腊字母可以用来进行风险控制。

上述的希腊字母中 Theta、Delta 和 Gamma 实际上对应于 Black-Scholes 公式 $\frac{\partial f}{\partial t}+rS\frac{\partial f}{\partial S}+\frac{1}{2}\sigma^2S^2\frac{\partial^2 f}{\partial S^2}=rf$ 中的系数。

现将常见希腊字母总结如表 9-1 所示。

表 9-1　期权常见希腊字母

	看涨期权	看跌期权
Value	$\mathrm{e}^{-qT}S\phi(d_1)-\mathrm{e}^{-rT}K\phi(d_2)$	$\mathrm{e}^{-rT}K\phi(-d_2)-\mathrm{e}^{-qT}S\phi(-d_1)$
Delta	$\mathrm{e}^{-qT}\phi(d_1)$	$-\mathrm{e}^{-qT}S\phi(-d_1)$
Gamma	$\mathrm{e}^{-qT}\frac{\phi(d_1)}{S\sigma\sqrt{T}}$	
Vega	$S\mathrm{e}^{-qT}\phi(d_1)\sqrt{T}$	
Theta	$-\mathrm{e}^{-qT}\frac{S\phi(d_1)\sigma}{2\sqrt{T}}-rK\mathrm{e}^{-rT}\phi(d_2)+qS\mathrm{e}^{-qT}\phi(d_1)$	$-\mathrm{e}^{-qT}\frac{S\phi(d_1)\sigma}{2\sqrt{T}}+rK\mathrm{e}^{-rT}\phi(-d_2)-qS\mathrm{e}^{-qT}\phi(-d_1)$
Rho	$KT\mathrm{e}^{-rT}\phi(d_2)$	$-KT\mathrm{e}^{-rT}\phi(-d_2)$

其中：

$$d_1=\frac{\ln(S/K)+(r-q+\sigma^2/2)T}{\sigma\sqrt{T}}，\quad d_2=\frac{\ln(S/K)+(r-q-\sigma^2/2)T}{\sigma\sqrt{T}}$$

9.3 欧式期权的风险度量

MATLAB 中对于欧式期权的希腊字母度量都是基于上述欧式期权价格的显示解析解的。因此本节介绍的各种希腊字母计算技术仅仅适用于欧式期权的情况，对于美式期权和其他形式的期权，由于没有数值解，因而是无法解析表示的，但是仍然可以采用数值计算的方法，得到相应的希腊字母。这部分知识将在介绍完二叉树模型之后给予详细介绍。

MATLAB 中，基于 Black-Scholes 模型的函数都是以 bls-作为前缀，后面跟相应的计算指标。例如，blsprice 用来计算欧式期权价格的计算，blsdelta 用来计算欧式期权的 Delta 值，blsgamma 用来计算欧式期权的 Gamma 值等。

模型计算函数基本都是以模型的缩写做前缀，后跟具体计算函数，例如 crrtree 等。

在 MATLAB 命令行出口输入 type blsdelta，找到如下的代码行：

```
cd = exp(-q.*t).*normcdf(d1);
pd = cd - exp(-q.*t);
```

在 MATLAB 中，这两行代码位于 blsdelta.m 的最后两行，可以看到，对于看涨和看跌期权，blsdelta 是按照解析解的形式将相应的值直接代入获取的。

9.3.1 欧式期权希腊字母函数

1. 欧式期权 Delta 值的计算

【语法格式】

```
[CallDelta, PutDelta] = blsdelta(Price, Strike, Rate, Time, Volatility,
Yield)
```

【输入参数】

同 9.2.1 节的 blsprice()函数。

【输出参数】

```
CallDelta        %欧式看涨期权 Delta 值
PutDelta         %都是看跌期权 Delta 值
```

【例 9-2】 欧式期权 Delta 值计算实例。现有欧式期权，其标的资产价格为 25 元，执行价格为 28 元，无风险利率为 8.25%，存续期为 0.3 年，波动率为 0.45，存续期内无股票红利，计算该欧式期权的 Delta 值。

在 MATLAB 命令窗口中输入如下命令：

```
>>[cdelta pdelta] = blsdelta(25, 28, 0.0825, 0.3, 0.45)
cdelta =    0.4067
pdelta =   -0.5933
```

可见，看涨欧式期权的 Delta 值为 0.4067，看跌欧式期权 Delta 值为 – 0.5933。

2. 欧式期权 Gamma 值的计算

【语法格式】

```
Gamma= blsgamma(Price, Strike, Rate, Time, Volatility, Yield)
```

【输入参数】

同 9.2.1 节的 blsprice()函数。

【输出参数】

```
Gamma                %欧式期权 Gamma 值
```

【例 9-3】 欧式期权 Gamma 值计算实例。现有欧式期权，其标的资产价格为 35.5 元，执行价格为 36 元，无风险利率为 8.25%，存续期为 0.3 年，波动率为 0.45，存续期内无股票红利，计算该欧式期权的 Gamma 值。

在 MATLAB 命令窗口中输入如下命令：

```
>>gamma = blsgamma(35.5, 36, 0.0825, 0.3, 0.45)
gamma =    0.0450
```

可见，此欧式期权的 Gamma 值为 0.0450。

3. 欧式期权 Vega 值的计算

【语法格式】

```
Vega = blsvega(Price, Strike, Rate, Time, Volatility, Yield)
```

【输入参数】

同 9.2.1 节的 blsprice()函数。

【输出参数】

```
Vega                 %欧式期权 Vega 值
```

【例 9-4】 欧式期权 Vega 值计算实例。对例 9-3 中的欧式期权，求其 Vega 值。

在 MATLAB 命令窗口中输入如下命令：

```
>>vega = blsvega(35.5, 36, 0.0825, 0.3, 0.45)
vega =    7.6498
```

可见，上述欧式期权的 Vega 值是 7.6498。

4. 欧式期权 Theta 值的计算

【语法格式】

```
 [CallTheta, PutTheta] = blstheta(Price, Strike, Rate, Time, Volatility,
Yield)
```

【输入参数】

同 9.2.1 节的 blsprice()函数。

【输出参数】

```
CallTheta          %欧式看涨期权的 Theta
PutTheta           %欧式看跌期权的 Theta
```

5. 欧式期权 Rho 值的计算

【语法格式】

```
[CallRho, PutRho]= blsrho(Price, Strike, Rate, Time, Volatility,... Yield)
```

【输入参数】

同 9.2.1 节的 blsprice()函数。

【输出参数】

```
CallRho            %欧式看涨期权的 Rho
PutRho             %欧式看跌期权的 Rho
```

6. 欧式期权 Lambda 值的计算

【语法格式】

```
[CallEl, PutEl] = blslambda(Price, Strike, Rate, Time, Volatility, Yield)
```

【输入参数】

同 9.2.1 节的 blsprice()函数。

【输出参数】

```
CallEl             %欧式看涨期权的 Lambda
PutEl              %欧式看跌期权的 Lambda
```

9.3.2 期货期权定价函数

顾名思义，期货期权就是以期货为标的资产的期权。在 MATLAB 中计算期货期权价格的函数是 blkprice。blkprice 给出的仍然是解析解，因此只适用于基于期货标的资产的欧式期权价格的定价。

【语法格式】

```
[Call, Put] = blkprice(Price, Strike, Rate, Time, Volatility)
```

【输入参数】

同 9.2.1 节的 blsprice()函数。

【输出参数】

```
Call               %期货的欧式看涨期权的价格
```

```
Put                    %期货的欧式看跌期权的价格
```

【技巧与提示】

在 MATLAB 的命令窗口中输入 type blkprice，查看 blkprice 的源代码，找到下面的代码：

```
[call, put] = blsprice(F, X, r, T, sigma, r)
```

可见，在假设期货价格遵循几何布朗欲动时，其定价的核心仍然是 blsprice 函数给出的解析解。这部分工作由 Black 在 1976 年完成。因此这里的函数以 blk-作为前缀，而不是 bls，这点需要注意。

9.3.3 隐含波动率计算

在公式 $dS = \mu Sdt + \sigma Sdz$ 中提到的欧式期权的显示解析解中，为了确定一个期权的价格，需要有 6 个变量：标的资产价格 S、执行价格 X、无风险利率 r、持续期间 T、波动率 V_{01}、分红比率 *Yield*。这 6 个量有什么不同呢？

标的资产的价格 S 和无风险利率是从市场上直接观察到的，可以从标的资产的交易数据和国债的利率期限结构中直接获取。

执行价格 X 和持续期间 T 是根据期权合约人为约定的，也是确定的。对于分红比率一般情况下，上市公司的分红比率都很规律。那么这样存在一个问题：波动率 V_{01} 是怎么得到的？

有很多模型可以得到波动率 V_{01} 这个参数，但各模型都依赖历史数据，是一个统计结果，这样当采用的样本不同时，将会得到不同的波动率，从而导致同一个期权不同的价格。然而市场上期权交易价格只有一个！

从市场交易数据期权的价格出发，计算出来同价格相对应的波动率叫作隐含波动率，MATLAB 中提供了相应的计算隐含波动率的函数 blsimpv 和 blkimpv，用来分别计算欧式期权的隐含波动率和期货期权的隐含波动率。

【语法格式】

```
    Volatility = blsimpv(Price, Strike, Rate, Time, Value, Limit,Yield,...
Tolerance, Class)
```

【输入参数】

```
Price                  %标的资产现价
Strike                 %欧式期权执行价格
Rate                   %无风险收益率
Time                   %期权的到期时间
Value                  %欧式期权的价格
Limit                  %(可选)用以表示欧式期权波动率上限，默认值为 10
Yield                  %(可选)标的资产分红率，折合成年收益率
Tolerance              %(可选)可以忍受的隐含波动率，默认值为 1000000
Type                   %(可选)搜视期权的种类，欧式看涨期权则输入{'call'}，欧式看跌
                       %期权则输入{'put'}，默认值为欧式看涨期权
                       %需保证 Rate、Time 和 Yield 使用同样的时间度量
```

【输出参数】

```
Volatility        %欧式期权的隐含波动率，有 Type 参数控制看涨或者看跌期权的隐
                  %含波动率
```

【技巧与提示】

在面对复杂计算的时候，最简单的方法是查看相应函数的算法，这对债券领域的计算尤其重要，目前在国内债券交易中，报价显示只显示到小数点后两位，而交割计算时需精确到小数点后面 8 位数，在 MATLAB 中已经足够精确。查看源码对于套利中的精确计算是很重要的一项基本内容。

在 MATLAB 命令窗口中输入 type blsimpv，并找到如下行代码：

```
[volatility(i), fval, exitFlag] = fzero(@objfcn, [0 limit], options, S(i),
X(i), r(i), T(i), value(i), q(i), optionClass(i));
```

此行代码即 blsimpv 函数的核心代码，用来测试对应期权价格的隐含波动率，可以看到 fzero 函数中的[0 limit]参数，这里的 limit 即 blsimpv 中的参数 Limit，是指定 fzero 在这个区间求函数的零点。由于 fzero 的存在，尽量不要在深层循环中引用 blsimpv 函数，而应采用其他算法解决方程零点的求解问题，以提高效率。

【例 9-5】 欧式期权隐含波动率计算实例。现有一欧式看涨期权，标的资产当前价格为 53，期权执行价格为 50，无风险利率是 0.085，期权寿命 0.3 年，期权价格为 5，求此看涨期权的隐含波动率。

在 MATLAB 命令窗口中输入：

```
>>Volatility = blsimpv(53, 50, 0.085, 0.3, 5)
Volatility =    0.2036
```

可见，上述欧式看涨期权的隐含波动率是 0.2036。

9.4 期权价格的数值求解

在本章开篇通过一个简单的一步二叉树引出了无风险套利的概念，并通过对 Black-Scholes 模型的讨论引入了风险中性的概念。本节首先通过将一步二叉树拓展到多期模型，然后给出 CRR 和 EQP 模型的应用。

9.4.1 多期二叉树模型

本小节的目标是将单期二叉树模型拓展到多期模型，即构造如图 9-2 所示的股票价格二叉树图。

在第 8 章中关于利率二叉树的构建中，要求重构的树图（比如 HW 模型）和不要求重构的树图（比如 HJM 模型）的复杂度是完全不一样的，一个是多项式，一个是指数复杂度。这里，模型要求股票价格二叉树也必须是重构的。

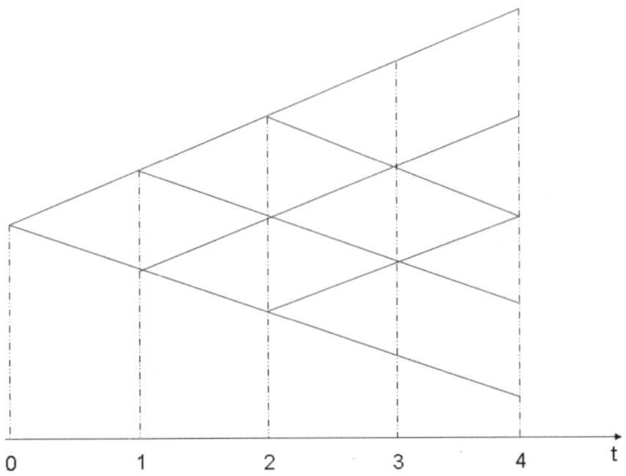

图 9-2 股票价格多期二叉树图

这个要求是保证定价过程中，期权的价格是与路径无关的，即价格先上升后下降和先下降后上升得到的期权价格是一样的。所以有如下结果：

$$u_n d_{n+1} = d_n u_{n+1}$$

这个条件就可以使所构造的股票价格二叉树是重构的，会极大地减少树图的复杂程度。在上述等式取不同值的时候就可得到不同的模型。

当 $u_n d_{n+1} = d_n u_{n+1} = 1$ 时，是 CRR 模型，是由 Cox、Ross 和 Rubinstein 在 1979 年发表在 *Journal of Financial Economics* 上的。

其特点是二叉树重构，其上升幅度 u 和下降幅度 d 只同股票价格的波动率相关，其风险中性概率 p 是与波动率和无风险利率相关的。在考虑利率期限结构时，其风险中性概率是不停地变动的。

当 $u_n d_{n+1} = d_n u_{n+1} = e^{(r-q-\sigma^2/2)}$ 时，则是 EQP 模型，其含义是等概率模型。在 EQP 模型下，其风险中性概率是固定不变的 p=0.5。而其上升幅度 u 和下降幅度 d，则和利率期限结构，股票派息率以及股票价格的波动率是相关的。

这里需要注意 u_n、u_{n+1} 并不一定相等，但是仍能保证股票价格的多期二叉树图是重构的。但是如果波动率不是常数，则二叉树一般情况下是不可能重构的。

关于这点会在 CRR 和 EQP 模型的总结中做详细的对比，并同前面构建利率模型时的波动率期限结构（VolSpec）再做对比。

当然，可以从 9.1.2 节关于风险中性定价技术的介绍中知道，这里的 u、d 和风险中性概率 p 都是与股票价格无关的，因而是路径无关的，这点对于期权定价是至关重要的。

在多期二叉树中，每一个单期的二叉树单元，都应保证如下的约束条件成立：

- 险中性概率下的期望收益率应当是无风险利率。
- 风险中性概率下的方差应当是对应时间段内的方差。

在 9.1.5 节中，Black-Scholes 模型假设股票服从布朗运动，因此，股票价格对数的波动率，即股票价格的方差是和时间区间成正比的，而标准差是与时间区间的平方根成正比的，因此方差具有可加性，而标准差是不具有可加性的。

如果股票价格年波动率是 σ^2，则在时间区间 Δt 内的波动率是 $\sigma^2\Delta t$。理解这点对下面构建约束方程有很重要的意义。

1. 风险中性概率下的期望收益率应当是无风险利率

构建二叉树时，已知时间区间 Δt 的期初时刻的股票价格 S，而在期末的价格只有两种可能：上涨时的价格 uS 和下降时的价格 dS。而风险中性概率下的期望收益率应单个等于无风险利率，因而存在如下的约束方程：

$$S\,\mathrm{e}^{(r-q)\Delta t} = pSu + (1-p)Sd$$

即

$$\mathrm{e}^{(r-q)\Delta t} = pu + (1-p)d$$

其中，r 是 Δt 区间内的年化的无风险利率，无风险利率在时间区间的期初就可以确定下来；q 是连续的股票派息率；S 是股票的期初价格。

2. 风险中性概率下的方差应当是对应时间段内的方差

而为满足方差的一致性有如下的约束方程：

$$E\left(\frac{S_{t+\Delta t}}{S_t}\right)^2 - E^2\left(\frac{S_{t+\Delta t}}{S_t}\right) = \sigma^2\Delta t \text{ ②}$$

在二叉树模型中，假设股票价格在 $t+\Delta t$ 时刻，只有两种可能：uS 或者 dS，而对应的风险中性概率分别为 p 和 1-p。上述方程等号左边的第二项是收益率的期望，所以代入有：

$$pu^2 + (1-p)d^2 - \mathrm{e}^{2(r-q)\Delta t} = \sigma^2\Delta t$$

因此，得到的两个约束条件整理如下：

$$\mathrm{e}^{(r-q)\Delta t} = pu + (1-p)d$$
$$pu^2 + (1-p)d^2 - \mathrm{e}^{2(r-q)\Delta t} = \sigma^2\Delta t$$

上述方程中，r 是由利率期限结构确定的；Δt 是人为确定的，当其足够小时，二叉树定价的结果是和 Black-Scholes 模型给出的结果趋同的；q 是股票的派息率；σ^2 是根据价格的历史数据统计得到的。这样上述模型中有三个变量：u、d 和 p。因此要得到一个确定的解，还需要一个约束方程。

第二个和第三个约束方程的不同形式就决定了不同的模型（是 CRR 模型还是 EQP 模型）。

9.4.2 CRR 模型

股票期权定价的步骤分为如下两步。

【步骤 1】：构建对应的股票价格多期二叉树图。

② 注意，此方程仅对 CRR 模型成立，对 EQP 模型是不成立的。

【步骤 2】: 从到期日的股票价格，计算出期权的价格，并按照风险中性概率求期望，用无风险利率折现，逆向求解。

在 MATLAB 中，上述两步分别是由相应的二叉树构建函数和基于二叉树的定价函数给出的。在 CRR 模型的框架下，实现上述两步功能的函数分别是 crrtree 和 crrprice。

在 9.3.2 节中，已经给出了二叉树构建过程中的两个约束条件：

$$e^{(r-q)\Delta t} = pu + (1-p)d$$
$$pu^2 + (1-p)d^2 - e^{2(r-q)\Delta t} = \sigma^2 \Delta t$$

而上述方程有三个未知数：u、d 和 p。在 CRR 模型框架内，第三个约束条件是：

$$ud = 1$$

这个约束条件是由 Cox、Ross 和 Rubinstein 在 1979 年发表在 *Journal of Financial Economics* 上的。

根据上述三个方程解得：

$$p = \frac{a-d}{u-d}$$
$$u = e^{\sigma\sqrt{\Delta t}}$$
$$d = e^{-\sigma\sqrt{\Delta t}}$$

其中 $a = e^{(r-q)\Delta t}$。

9.4.3 EQP 模型

上述 CRR 模型中给出的第三个约束条件并不是构建二叉树的唯一的约束条件形式，可以直接令 p=0.5，这就是 EQP（等概率模型）所给出的第三个约束条件。

其风险中性概率在任何情况下，都是 0.5 的固定值。这样求得的结果如下：

$$p = 0.5$$
$$u = e^{(r-q-\sigma^2/2)\Delta t+\sigma\sqrt{\Delta t}}$$
$$d = e^{(r-q-\sigma^2/2)\Delta t-\sigma\sqrt{\Delta t}}$$

其缺陷是，在 EQP 模型下，其期权的希腊字母并不是很容易计算的。其优势在于风险中性概率就是 0.5 的固定值。

同时需要注意，从 u 和 d 的表达式中可以看到，在考虑期限结构的情况下，在不同的时间区间内的风险中性利率是不一样的，EQP 模型下的股票价格二叉树图仍然是重构的。

但是如果波动率不是常数，则其二叉树必然不是重构的。最重要的是 u 和 d 表达式的指数项中，Δt 项前的系数可以是改变的，因为具有时间的线性可加性，而 $\sqrt{\Delta t}$ 前的系数必须是常数，因为 $\sqrt{\Delta t}$ 不具备线性可加性。

9.4.4 ITT 模型

ITT 模型是隐含三叉树模型，在后面将会看到，其等价于有限差分法。

ITT 模型考虑了不同期限的即期利率具有不同的波动率期限结构，将波动率期限结构考虑在内而构建的模型。对于模型的具体含义，读者可参考相关资料，这里给出 MATLAB 中 ITT 模型的用法。

【语法格式】

```
ITTTree=itttree(StockSpec, RateSpec, TimeSpec, StockOptSpec)
```

【输入变量】

```
StockSpec          %股票说明，具体参考 stockspec 函数
RateSpec           %利率期限结构说明，具体参考 intenvset 函数
TimeSpec           %时间序列说明，具体参考函数 itttimespec
StockOptSpec       %股票期权说明，具体参考函数 stockoptsepc
```

【输出变量】

```
ITTTree            %struct 型数据，隐含三叉树模型
```

其中，大家比较熟悉的是 TimeSpec 和 RateSpec 两个参数。

关于 StockSpec，主要涉及股票价格、波动率、分红类型和数量、除息日等；StockOptSpec 主要涉及股票期权的价格、执行价格、期限、期权类型说明，主要用以构建波动率期限结构。读者可根据需要参考帮助文档。

9.5 MATLAB 中的 CRR 模型

9.5.1 资产价格二叉树

在 9.4.1 节中给出了股票价格的重构二叉树，如图 9-3 所示。

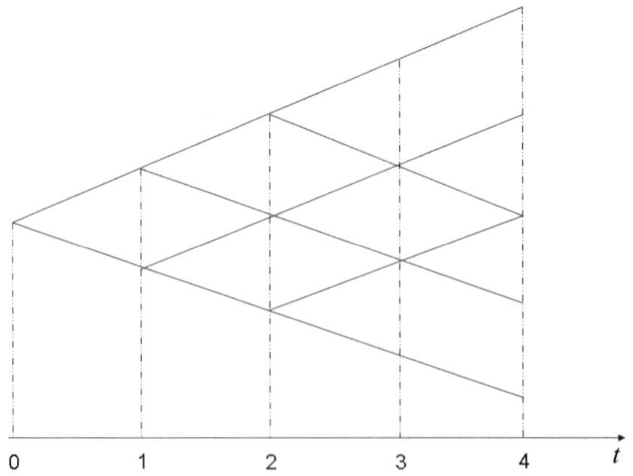

图 9-3 股票价格多期二叉树图

定义横轴（时间轴）上的每个时刻对应于时间水平 i，对应时间水平 i 上的价格节点数目是 i+1 个，从上向下分别编码为 1、2、3、…、i+1，因此任何一个点可由两个坐标值唯一确定。

在此基础上标识每个节点上的价格数值，则 $Su^i d^{2j-2}$ 表示的是在时间水平 i 上，从上到下第 j 个点的价格数值。$j \in (1,2,\cdots, i+1)$，这里需要注意 $ud=1$。

在 MATLAB 里 CRR 模型是用 crrtree 函数实现的。在 MATLAB 里实现 CRR 和 EQP 模型采用的是同一个私有函数 binstocktree。

【语法格式】

```
[CRRTree] =  crrtree(StockSpec, RateSpec, TimeSpec)
```

【输入变量】

```
StockSpec            %描述股票价格运动信息的结构型变量，参见 stockspec 函数
RateSpec             %利率期限结构，参见 intenvset 函数
TimeSpec             %时间说明，参见 crrtimespec 函数
```

【输出变量】

```
CRRTree              %包含 CRR 模型二叉树信息的结构型变量
```

二叉树构建的过程中，需要使得收益率在每一时间段内的期望和方差是符合的。

在本章开始，Black-Scholes 模型的假设是股票价格服从布朗运动：

$$dS = \mu S dt + \sigma S dz$$

上述方程写成离散化的形式有：

$$\frac{\Delta S}{S} = \mu \Delta t + \sigma \varepsilon \sqrt{\Delta t}$$

上式左边表示的正好是股票的在时间 Δt 内的收益率，在风险中性世界里 $\mu = r_f$，所以有如下结果：

$$\frac{\Delta S}{S} \sim \phi(r_f \Delta t, \sigma\sqrt{\Delta t})$$

其中 $\phi(r_f \Delta t, \sigma\sqrt{\Delta t})$ 代表期望为 $r_f \Delta t$、方差为 $\sigma\sqrt{\Delta t}$ 的正态分布的概率密度函数。

CRR 模型的核心在于，使得收益率的期望和方差符合上述的正态分布收益率的期望和方差，其约束方程的建立是从收益率的角度出发的。因而有：

$$\mathrm{e}^{(r-q)\Delta t} = pu + (1-p)d$$
$$pu^2 + (1-p)d^2 - \mathrm{e}^{2(r-q)\Delta t} = \sigma^2 \Delta t$$

CRR 模型框架下的第三个约束方程在前面已经指出是：

$$ud = 1$$

根据上述三个方程，解得：

$$p=\frac{a-d}{u-d}$$
$$u=\mathrm{e}^{\sigma\sqrt{\Delta t}}$$
$$d=\mathrm{e}^{-\sigma\sqrt{\Delta t}}$$

其中 $a=\mathrm{e}^{(r-q)\Delta t}$ 。

【例 9-6】 股票价格 CRR 模型下的二叉树构建实例。现有一期权，标的资产价格是 100 元，估值日期为 2003-1-1，到期日为 2007-1-1。假设标的资产波动率 $\sigma=0.1$，利率期限结构是水平的，为 5%，将时间区间分成 4 段。请构建四期二叉树图。没有股息支付，即 q=0。

首先根据公式计算模型参数。

由于 r=5%和 $\sigma=0.1$ 都是固定不变的常量，因此 u、d 和 p 都是固定不变的，这使得构建 $\boldsymbol{S}$ 矩阵（股票价格矩阵）及 $\boldsymbol{P}$ 矩阵和 $\boldsymbol{Q}$ 矩阵是一件很容易的事情。由公式

$$p=\frac{a-d}{u-d}$$
$$u=\mathrm{e}^{\sigma\sqrt{\Delta t}}$$
$$d=\mathrm{e}^{-\sigma\sqrt{\Delta t}}$$

得 p=0.7309，u=1.1052，d=0.9048，其中 $\Delta t=1$ 。

构建 $\boldsymbol{S}$ 矩阵，在 M 文件编辑器中输入如下代码并执行：

```
u=exp(0.1);
d=1/u;a=exp(0.05);p=(a-d)/(u-d);
S=zeros(5,5);S(1,1)=100;
for j=2:5
    for i=1:j
        S(i,j)=S(1,1)*u^(j-1)*d^(2*i-2);
    end;
end;
S
```

MATLAB 命令窗口中显示如下：

```
S =
  100.0000  110.5171  122.1403  134.9859  149.1825
         0   90.4837  100.0000  110.5171  122.1403
         0         0   81.8731   90.4837  100.0000
         0         0         0   74.0818   81.8731
         0         0         0         0   67.0320
```

上述 $\boldsymbol{S}$ 矩阵就是股票价格的二叉树图矩阵。

本题二叉树的构建是采用 MATLAB 自带的数据实现的，读者可使用如下命令进行验证：

```
>>load deriv
>>CRRTree.STree{1 :5}
```

在 MATLAB 命令窗口中的输出和上述脚本构建的 ***S*** 矩阵是完全一样的。只是在 CRRTree 中数据是用 cell 存储的，这里是用矩阵存储的。

9.5.2 定价函数

如第 7 章所示，定义 Arrow-Debreu[③]证券：

定义 $Q_{i,j}$ 的值为价格达到二叉树（i,j）节点，单位货币（通常为 1 货币单位）的现值同相应价格路径风险中性概率的乘积；否则为 0。其本质是一个两状态的 Arrow-Debreu 证券。

在上述 Arrow-Debreu 证券的定义下，存在如下关系。

从逆向的定价公式我们有如下的结论：

$$c_0=\frac{p_u}{\overline{r}_1}c_{11}+\frac{p_d}{\overline{r}_1}c_{12}=Q_{11}c_{11}+Q_{12}c_{12}$$

其中 $\overline{r}_1=1+r_1^f$，r_1^f 为第一期的无风险利率；定义 $Q_{11}=\frac{p_u}{\overline{r}_1};Q_{12}=\frac{p_d}{\overline{r}_1}$。

同理有：

$$c_{11}=\frac{p_u}{\overline{r}_2}c_{21}+\frac{p_d}{\overline{r}_2}c_{22}$$

$$c_{12}=\frac{p_u}{\overline{r}_2}c_{22}+\frac{p_d}{\overline{r}_2}c_{23}$$

代入公式 $c_0=\frac{p_u}{\overline{r}_1}c_{11}+\frac{p_d}{\overline{r}_1}c_{12}$ 整理有：

$$c_0=\frac{p_u}{\overline{r}_1}(\frac{p_u}{\overline{r}_2}c_{21}+\frac{p_d}{\overline{r}_2}c_{22})+\frac{p_d}{\overline{r}_1}(\frac{p_u}{\overline{r}_2}c_{22}+\frac{p_d}{\overline{r}_2}c_{23})$$

$$=Q_{11}\frac{p_u}{\overline{r}_2}c_{21}+(Q_{11}\frac{p_d}{\overline{r}_2}+Q_{12}\frac{p_u}{\overline{r}_2})c_{22}+Q_{12}\frac{p_d}{\overline{r}_2}c_{23}$$

同样，如定义 c_{ij} 前面的系数分别为 Q_{ij}，则会有如下公式：

$$Q_{21}=\mathrm{Q}_{11}\frac{p_u}{\overline{r}_2}$$

$$Q_{22}=Q_{11}\frac{p_d}{\overline{r}_2}+Q_{12}\frac{p_u}{\overline{r}_2}$$

$$Q_{23}=Q_{12}\frac{p_d}{\overline{r}_2}$$

Arrow-Debreu 证券递推关系如图 9-4 所示，由图 9-4 可知，上述递推公式的本质是：下一时间水平上的 Arrow-Debreu 证券的价格 $Q_{i+1,j}$，可以用前一时间水平上的 Arrow-Debreu 证券的价格 $Q_{i,j}$ 和 $Q_{i,j-1}$ 表示出来。同时需要的参数是 p_u^i、p_d^i 和 $\overline{r}_i=1+r_i^f$。

③ 这个定义并不是标准的 Arrow-Debreu 证券的定义，纯粹是为了后续公式形式上的简捷和统一。

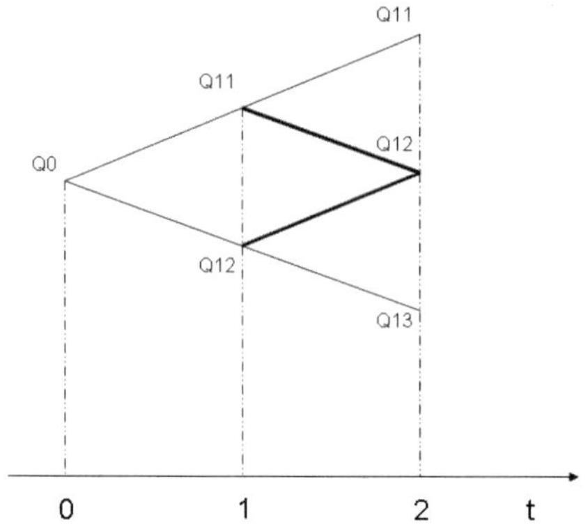

图 9-4　Arrow-Debreu 证券递推关系图

$$Q_{i+1,j} = \frac{p_u^i}{\overline{r_i}} Q_{i,j} + \frac{p_d^i}{\overline{r_i}} Q_{i,j-1}$$

注意：上式成立的条件是 $i \neq j$ 且 $j \neq 1$。当条件不成立时，参见例 9-7 的代码。在图 9-4 中就是黑色线段标示的单元。

假定在 t=0 的时间水平上，$Q_{0,1}=1$，则递推关系可以延续下去。直到期权的到期日。到期日的看涨期权价格 $c^T = \max(S^T - X,0)$，将其表示为在二叉树上不同的节点的数值有 $c_{N,i}^T = \max(S_{N,i}^T - X,0) = \max(Su^N d^{i-1} - X,0)$

而由前面 Q 的递推关系可以得到 $Q_{N,i}, \forall i \in (1,2\cdots\cdots,N+1)$，所以最终看涨期权的价格 c 可以表示为：

$$c = \sum_{i=1}^{N+1} Q_{N,i} * c_{N,i}^T = \sum_{i=1}^{N+1} Q_{N,i} * \max(Su^N d^{i-1} - X,0)$$

从上面的分析可以看出，CRR 模型在计算的过程中，由于上升和下降的幅度只同波动率常数有关，因而其是固定的，而风险中性概率在这个过程中与利率期限结构有关，在利率期限结构不是常数的时候，其值会变化，因此需要一个风险中性概率矩阵 P，可以设定其为上三角矩阵。

在决定了风险中性概率矩阵之后，需要由此计算出 $\boldsymbol{Q}$ 矩阵，即 Arrow-Debreu 证券矩阵，根据递推关系 $Q_{i+1,j} = \frac{p_u^i}{\overline{r_i}} Q_{i,j} + \frac{p_d^i}{\overline{r_i}} Q_{i,j-1}$ 和初值 $Q_{0,1}=1$ 即可得到。

最后根据到期日的期权价值和股票价格之间的关系 $c_{N,i}^T = \max(S_{N,i}^T - X,0) = \max(Su^N d^{i-1} - X,0)$ 确定到期日的期权价值向量，这个向量同 $\boldsymbol{Q}$ 矩阵的最后一列点乘，并将向量元素求和，即可得到期权的价格。求得 $\boldsymbol{Q}$ 矩阵之后，可以算出在最后时点之前的任意时点到期的期权价格。

在计算的过程中，$\boldsymbol{P}$ 和 $\boldsymbol{Q}$ 矩阵是中间过渡矩阵，不会在最终结果显示出来，最终结果是价格矩阵 $\boldsymbol{S}$ 和描述期权价格二叉树的上三角矩阵 $\boldsymbol{C}$。

在 CRR 模型下期权的定价需要涉及四个矩阵，在程序构架时，以这四个矩阵为核心设计算法会非常方便。在 MATLAB 中，CRR、EQP 和 ITT 模型实现的算法也是采用上述四个核心矩阵的。

回顾一下第 7 章的利率模型，对 Arrow-Debreu 证券的讨论主要集中在 HW 模型，由于是三叉树，如果只是描述会非常困难，所以引入了 $\boldsymbol{Q}$ 矩阵。

类似地，在利率二叉树图中，也可引入相应的 $\boldsymbol{Q}$ 矩阵来描述 BDT 和 BK 模型。唯一不同的就是，二叉树和三叉树的 $\boldsymbol{Q}$ 矩阵元素间的递推关系不同。

【例 9-7】 CRR 模型为欧式看涨期权定价实例。利用【例 9-6】的结果，求以此股票为标的资产的看涨期权的价格，看涨期权的执行价格为 105，当前日期为 2003-1-1，期权到期日为 2005-1-1。

在例 9-6 中已经创建了相应的 $\boldsymbol{S}$ 矩阵。

根据树图的特性，P 的构建不能采用矩阵的形式，这里采用 cell 型数据来构建：

在 MATLAB 命令窗口中输入如下命令：

```
    >>cellx={[0.7309;0.2691],[0.7309 0.7309;0.2691 0.2691],[0.7309 0.7309
0.7309;0.2691... 0.2691 0.2691],[0.7309 0.7309 0.7309 0.7309;0.2691 0.2691
0.2691 0.2691]}
    cellx =
       [2x1 double]    [2x2 double]    [2x3 double]    [2x4 double]
```

上述 cellx 存储了在每一个阶段对应节点的每个节点上升和下降的概率。本例中由于利率期限结构是水平的，因此在 p 都相等的情况下，这样做意义并不大，但是在考虑非水平的利率期限结构时，用元胞数组来存储在每个节点上的风险中性概率就比较重要了。

下一步构建 $\boldsymbol{Q}$ 矩阵，在 MATLAB 的 M 文件编辑器中输入如下代码：

```
    cellx={[0.7309;0.2691],[0.7309 0.7309;0.2691 0.2691],[0.7309 0.7309...
0.7309;0.2691 0.2691 0.2691],[0.7309 0.7309 0.7309 0.7309;...
    0.2691 0.2691 0.2691 0.2691]};
    Q=zeros(5,5);Q(1,1)=1;
    for j=2:5
       for i=1:j
          if(i==1)
             Q(1,j)=Q(1,j-1)*(cellx{j-1}(1,1))/exp(0.05);
          end;
          if(i==j)
             Q(i,j)=Q(j-1,i-1)*(cellx{j-1}(2,i-1))/ exp(0.05);
          end;
          if(i~=1&&i~=j)       Q(i,j)=Q(i-1,j-1)*(cellx{j-1}(2,i-1))/1.05+
Q(i,j-1)*cellx{j-1}(1,i)/... exp(0.05);
          end;
       end;
    end;
    Q
    %注意：在构建 Q 矩阵的过程中，MATLAB 描述的利率期限结构一律都是按连续计息方式计算的
```

在 MATLAB 命令窗口中显示如下：

```
Q =
   1.0000    0.6953    0.4834    0.3361    0.2337
        0    0.2560    0.3562    0.3715    0.3444
        0    0         0.0655    0.1368    0.1903
        0    0         0         0.0168    0.0467
        0    0         0         0         0.0043
```

在 MATLAB 命令窗口中输入如下命令：

```
c=sum(Q(:,3).*max(S(:,3)-100,0))
```

得到一个执行价格为 105 的看涨期权的价格为 8.2852。

在 MATLAB 中实现上述算法的函数是 crrprice。

【语法格式】

```
Price = crrprice(CRRTree, InstSet)
[Price, PriceTree] = crrprice(CRRTree, InstSet)
[Price, PriceTree] = crrprice(CRRTree, InstSet, Options)
```

【输入变量】

```
CRRTree          %CRR 模型下的价格树
InstSet          %金融产品属性信息
Options          %可选，模型控制参数，参考 derivset 函数
```

【输出变量】

```
Price            %金融产品价格
PriceTree        %金融产品价格树图
```

在 M 文件编辑器中输入如下命令行，按 F5 快捷键提交执行：

```
clear;clc
load deriv
InstCRR=instselect(CRRInstSet,'Index',1);
Price=crrprice(CRRTree,InstCRR)
```

在 MATLAB 命令窗口中得到如下输入：

```
Price =    8.2863
```

而在例 9-7 中对同样的期权定价的结果是 8.2852，与 8.2863 十分接近，造成误差是由于手工输入包含风险中性概率的元胞数组 cellx 时造成的舍入误差。

至此，CRR 模型中标的资产价格矩阵、$\boldsymbol{Q}$ 矩阵和风险中性概率矩阵 $\boldsymbol{P}$ 的算法都讲解完毕。读者在自行编程解决问题时，以这三个矩阵为核心，特别是 $\boldsymbol{Q}$ 矩阵的创建是定价算法的核心，读者应仔细体会其中的思路。在 MATLAB 的核心代码中，算法也是如此实现的。

9.5.3 其他定价函数

在例 9-7 中利用 CRR 模型实现了对一个看涨期权的定价，基于 CRR 模型还可以对如下金融产品进行定价：OptStock、Barrier、Asian、Lookback、Compound。

对不同产品的定价是由 crrprice 输入变量中的 InstSet 中包含的金融产品信息决定的。具体产品构建信息参考 instadd 函数。

对这些产品还有着专用的定价函数总结如表 9-2 所示。

表 9-2 基于 CRR 模型的专用定价函数

产　品	OptStock	Barrier	Asian
函　数	optstockbycrr	barrierbycrr	asianbycrr
产　品	Compound		Lookback
函　数	compoundbycrr		lookbackkbycrr

关于这些函数的使用读者可自行参考帮助文档。

9.5.4 希腊字母计算

在标准的 Black-Scholes 模型下、在 CRR 模型下如何计算相应的希腊字母在前面已经讲解过了，离散形式下的解在此不给出详细讲解，感兴趣的读者可参考相关书籍。

计算期权希腊字母的函数在 9.2.2 节中已经给出了基于 Black-Scholes 模型的结果，这里给出基于 CRR 模型的结果。

在 MATLAB 中，基于 CRR 模型的希腊字母计算使用函数 crrsens。

【语法格式】

```
[Delta, Gamma, Vega] = crrsens(CRRTree, InstSet)
[Delta, Gamma, Vega, Price] = crrsens(CRRTree, InstSet)
[Delta, Gamma, Vega, Price] = crrsens(CRRTree, InstSet, Options)
```

【输入变量】

```
CRRTree          %基于 CRR 模型的二叉树
InstSet          %金融产品属性信息描述变量
Options          %模型控制参数，参见 derivset 函数
```

【输出变量】

```
Delta            %金融产品的 Delta
Gamma            %金融产品的 Gamma
Vega             %金融产品的 Vega
Price            %金融产品的价格
```

9.6 MATLAB 中的 EQP 模型

在 9.4.3 节中初步介绍了 EQP 模型，EQP 模型又被称为等概率模型。EQP 模型和 CRR 模型有相似的地方，两者都是二叉树模型，但是两者又存在很大的不同。

本节的重点放到二叉树图的构建上，关于定价和希腊字母的计算，EQP 和 CRR 的原理类似，读者可类比阅读。

9.6.1 资产价格二叉树

在 9.4.1 节中给出了股票价格的重构二叉树，如图 9-5 所示。

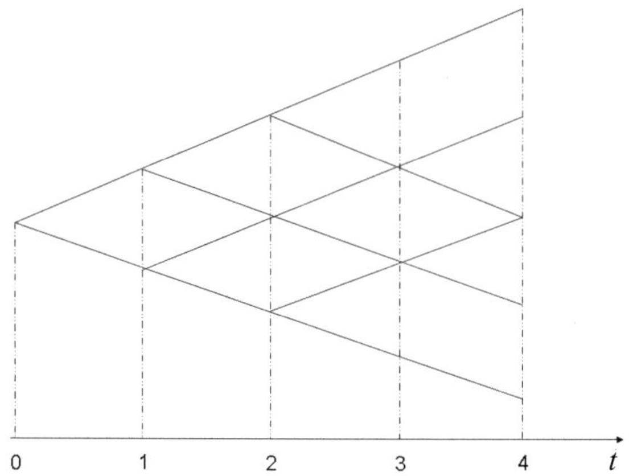

图 9-5 股票价格多期二叉树图

定义横轴时间轴上的每个时刻对应于时间水平 i，对应时间水平 i 上的价格节点数目应当是 $i+1$ 个，从上向下分别编码为 1、2、3、…、$i+1$，因此任何一个点可由两个坐标唯一确定。

在此基础上，标识每个节点上的价格数值，则 $Su^{j-i+1}d^{i-1}$ 表示的是在时间水平 i 上，从上到下第 j 个点的价格数值。$j \in (1,2,\cdots, i+1)$，这里需要注意 $ud=1$。

在 MATLAB 里实现 EQP 模型的实现是用 eqptree 函数。crrtree 和 eqptree 均基于同一个私有函数 binstocktree。

【语法格式】

```
[EQPTree] = eqptree(StockSpec, RateSpec, TimeSpec)
```

【输入变量】

```
StockSpec          %描述股票价格运动信息的结构型变量，参见 stockspec 函数
RateSpec           %利率期限结构，参见 intenvset 函数
TimeSpec           %时间说明，参见 crrtimespec 函数
```

【输出变量】

```
EQPTree            %包含 EQP 模型二叉树信息的结构型变量
```

Black-Scholes 模型中，假设股票价格服从布朗运动：

$$dS = \mu S dt + \sigma S dz$$

对于一个服从上述随机过程的随机变量来说，$\ln\frac{S_T}{S_0}$ 服从正态分布。

$$\ln\frac{S_T}{S_0} \sim \phi((\mu-\sigma^2/2)\Delta t, \sigma\sqrt{\Delta t})$$

其中 $\phi((\mu-\sigma^2/2)\Delta t, \sigma\sqrt{\Delta t})$ 代表期望为 $(\mu-\sigma^2/2)\Delta t$ 、方差为 $\sigma\sqrt{\Delta t}$ 的正态分布的概率密度函数。

EQP 模型的核心在于使得股票收益率在风险中性概率下的期望为无风险概率（在有派息率的情况下需要减去派息率），而方差则是通过 $\ln\frac{S_T}{S_0} \sim \phi((\mu-\sigma^2/2)\Delta t, \sigma\sqrt{\Delta t})$ 得到的。

1．计算股票收益率在风险中性概率(0.5, 0.5)下的期望

$$Se^{(r-q)\Delta t} = pSu + (1-p)Sd$$

即

$$e^{(r-q)\Delta t} = pu + (1-p)d = \frac{1}{2}(u+d)$$

2．方差的计算

在二叉树情况下，令 $r_u = \ln\frac{uS_0}{S_0}$， $r_d = \ln\frac{dS_0}{S_0}$，则有如下方程：

$$E(r) = \frac{1}{2}r_u + \frac{1}{2}r_d$$
$$E(r^2) = \frac{1}{2}r_u^2 + \frac{1}{2}r_d^2$$

所以有如下结果：

$$\sigma^2\Delta t = E(r^2) - E^2(r) = \frac{1}{2}r_u^2 + \frac{1}{2}r_d^2 - (\frac{1}{2}r_u + \frac{1}{2}r_d)^2$$
$$= \frac{1}{4}(r_u - r_d)^2 = \frac{1}{4}(\ln(\frac{Su}{Sd}))^2$$

整理有：

$$\frac{u}{d} = e^{2\sigma\sqrt{\Delta t}}$$

因而得到方程组：

$$(u+d) = 2e^{(r-q)\Delta t}$$
$$\frac{u}{d} = e^{2\sigma\sqrt{\Delta t}}$$

解之，得到方程组的解：

$$u = \frac{2e^{(r-q)\Delta t} * e^{2\sigma\sqrt{\Delta t}}}{1+e^{2\sigma\sqrt{\Delta t}}}$$
$$d = \frac{2e^{(r-q)\Delta t}}{1+e^{2\sigma\sqrt{\Delta t}}}$$

在这里直接代入了 EQP 的第三个约束条件：风险中性概率 p=0.5。

9.6.2 二叉树的等价式

为何要使得股票收益率在风险中性概率下的期望为无风险概率，而不是直接从 $\ln\frac{S_T}{S_0} \sim \phi((\mu-\sigma^2/2)\Delta t, \sigma\sqrt{\Delta t})$ 入手，求得期望？

其实，这样也是可以的，在 $\Delta t \to 0$ 时，得到的结果应当是相等的。在 MATLAB 中采用的是股票收益率在风险中性下的期望为无风险利率，股票价格对数的方差符合 $\ln\frac{S_T}{S_0} \sim \phi((\mu-\sigma^2/2)\Delta t, \sigma\sqrt{\Delta t})$。其中 $\mu = r - q$，r 为无风险利率，q 为派息率。

在 John Hull 的教科书中采用的是统一的框架 $\ln\frac{S_T}{S_0} \sim \phi((\mu-\sigma^2/2)\Delta t, \sigma\sqrt{\Delta t})$ 的期望和方差，在 p=0.5 时，有：

$$E(r) = \frac{1}{2}r_u + \frac{1}{2}r_d$$
$$E(r^2) = \frac{1}{2}r_u^2 + \frac{1}{2}r_d^2$$

期望满足的方程：

$$\frac{1}{2}\ln ud = (\mu - \sigma^2/2)\Delta t$$

方差满足的方程：

$$\begin{aligned}\sigma^2\Delta t = E(r^2) - E^2(r) &= \frac{1}{2}r_u^2 + \frac{1}{2}r_d^2 - (\frac{1}{2}r_u + \frac{1}{2}r_d)^2 \\ &= \frac{1}{4}(r_u - r_d)^2 = \frac{1}{4}(\ln(\frac{Su}{Sd}))^2\end{aligned}$$

整理有：

$$ud = \mathrm{e}^{2(\mu-\sigma^2/2)\Delta t}$$
$$\frac{u}{d} = \mathrm{e}^{2\sigma\sqrt{\Delta t}}$$

解得：

$$u = \mathrm{e}^{(r-q-\sigma^2/2)\Delta t + \sigma\sqrt{\Delta t}}$$
$$d = \mathrm{e}^{(r-q-\sigma^2/2)\Delta t - \sigma\sqrt{\Delta t}}$$

MATLAB 中采用的算法是 9.6.1 节介绍的，本节中的做法是 John Hull 的教科书中介绍的，两者在 $\Delta t \to 0$ 时是等价的。

这点可以通过查询 binstocktree 的源码验证。

【技巧与提示】

在 MATLAB 命令窗口中输入命令 type binstocktree，找到如下代码：

```
if strcmpi(method, 'crr')
   % CRR up and down factors
   u = exp(Sigma * sqrt(dT));
   u = u * ones(NumPeriods,1);
   d = 1 ./ u;
else
   % EQP up and down factors
   if strcmpi(DivType, 'continuous')
      EQPRates = RiskFreeRates - DivAmounts;
   else
      EQPRates = RiskFreeRates;
   end
   Expon = exp(2 * Sigma * sqrt(dT));
   d = 2 * exp(EQPRates * dT)/(1 + Expon);
u = d * Expon;
```

从上述代码可知，MATLAB 内部在 CRR 模型和 EQP 模型的构建过程中，采用的是上面介绍的算法和公式。当然，读者在自行开发程序时，可以考虑采用 John Hull 的教科书提供的标准统一框架。

在求得上述参数 u 和 d 后，又已知风险中性概率 p 在 EQP 框架下是恒定的 0.5，下面关注的问题是如何在求得这些参数后构建价格矩阵 $\boldsymbol{S}$。u 和 d 的解析表达式如下：

$$u = \frac{2\mathrm{e}^{(r-q)\Delta t} * \mathrm{e}^{2\sigma\sqrt{\Delta t}}}{1+\mathrm{e}^{2\sigma\sqrt{\Delta t}}}$$

$$d = \frac{2\mathrm{e}^{(r-q)\Delta t}}{1+\mathrm{e}^{2\sigma\sqrt{\Delta t}}}$$

可见，p 是固定的 0.5，但是在利率期限结构不是水平的情况下，u 和 d 的值是与利率水平相关的，但是与股票价格无关。

而在 CRR 模型中，风险中性概率是同利率期限结构相关的，而 u 和 d 是与利率水平无关的，这是由于两者在方差和期望两个约束条件之外的第三个约束条件设置不同造成的。因此 EQP 模型比较复杂的原因是要根据当前利率期限结构构造价格矩阵。

按照 9.5.1 节介绍的节点编址技术，有 $Su^{j-i+1}d^{i-1}$，此公式在边界时需要特殊处理。

【例 9-8】 EQP 模型下的二叉树构建实例。考虑如下信息：先有一股票，当前价格为 100，波动率为 10%，没有股利支付，并且当前利率期限结构为水平，大小为 5%，当前时间是 2003-1-1，到期日为 2007-1-1，将时间区间分成 4 份，求四阶段的股票价格二叉树图。

首先将数据代入求得必需的参数 u 和 d，这里注意，由于利率期期限结构为水平，而 σ 也是固定不变的，所以 u 和 d 都是固定不变的。

在 M 文件编辑器中输入如下代码，按 F5 快捷键提交运行：

```
d=2*exp(0.05)/(1+exp(2*0.1));
u=exp(2*0.1)*2*exp(0.05)/(1+exp(2*0.1));
p=0.5;
S(1,1)=100;
for j=2:5
    for i=1:j
        S(i,j)=S(1,1)*u^(j-i)*d^(i-1);
    end;
end;
S
```

在 MATLAB 命令窗口中显示如下：

```
S =
  100.0000  115.6049  133.6450  154.5002  178.6098
         0   94.6493  109.4192  126.4940  146.2333
         0         0   89.5849  103.5646  119.7257
         0         0         0   84.7915   98.0231
         0         0         0         0   80.2545
```

至此，价格二叉树构造完毕。

9.6.3 定价函数

以上介绍了 EQP 模型标的资产价格二叉树的构建，在获得如上参数后下一步的核心是构造 $\boldsymbol{Q}$ 矩阵，由于 p=0.5 是恒定的，因此构造风险中性概率矩阵 $\boldsymbol{P}$ 的意义并不大，直接构造 $\boldsymbol{Q}$ 矩阵即可。

由于仍然是二叉树，因此递推关系 $Q_{i+1,j}=\frac{p_u^i}{\overline{r_i}}Q_{i,j}+\frac{p_d^i}{\overline{r_i}}Q_{i,j-1}$ 对于非边界点仍然成立，只是所有风险中性概率都是 0.5，$\overline{r_i}=\exp(0.05)$。

【例 9-9】 EQP 模型为欧式看涨期权定价实例。当前日期是 2003-1-1，有一个基于例 9-8 中股票的看涨期权，到期日是 2005-1-1，求其价格。其执行价为 105。

首先构造 $\boldsymbol{Q}$ 矩阵。在 M 文件编辑器中输入如下代码，按 F5 快捷键提交运行：

```
%构造 Q 矩阵，并且注意边界条件
Q=zeros(5,5);
Q(1,1)=1;
for j=2:5
    for i=1:j
        if(i==1)
            Q(i,j)=Q(i,j-1)*0.5/exp(0.05);
        end;
        if(i==j)
            Q(i,j)=Q(i-1,j-1)*0.5/exp(0.05);
        end;
        if(i~=1&&j~=i)
            Q(i,j)=(Q(i-1,j-1)+Q(i,j-1))*0.5/exp(0.05);
        end;
```

```
    end;
end;
Q
```

在 MATLAB 命令窗口得到如下结果：

```
Q =
    1.0000    0.4756    0.2262    0.1076    0.0512
         0    0.4756    0.4524    0.3228    0.2047
         0         0    0.2262    0.3228    0.3070
         0         0         0    0.1076    0.2047
         0         0         0         0    0.0512
```

由于期权是 2005-1-1 到期，因此结合例 9-8 求出的 S 矩阵和例 9-9 求出的 $\boldsymbol{Q}$ 矩阵，得到如下的计算看涨期权的公式：

```
c=sum(max(S(:,3)-105,0).*Q(:,3))
```

在 MATLAB 命令窗口中输入如上命令得到 $c=8.4791$。

在 MATLAB 中完成上述算法的函数是 eqpprice。

【语法格式】

```
Price = eqpprice(EQPTree, InstSet)
[Price, PriceTree] = eqpprice(EQPTree, InstSet)
[Price, PriceTree] = crrprice(EQPTree, InstSet, Options)
```

【输入变量】

```
EQPTree             %基于 EQP 模型的二叉树
InstSet             %金融产品信息属性说明变量
Options             %模型控制变量，参考 derivset 函数
```

【输出变量】

```
Price               %金融产品价格
PriceTree           %金融产品价格树
```

【例 9-10】 eqpprice 函数定价实例。利用 eqpprice 函数，重新计算例 9-9 中的期权产品价格。

计算中所需参数 EQPTree 和 InstSet 都在 MATLAB 自带的文件 deriv 中。

在 M 文件编辑器中输入如下代码，按 F5 快捷键提交运行：

```
load deriv
InstSub=instselect(EQPInstSet,'Index',1);
Price=eqpprice(EQPTree,InstSub)
```

在 MATLAB 命令窗口显示如下：

```
Price =  8.4791
```

可见同【例 9-9】计算的结果是完全一致的。

用 instdisp 命令查看 InstSub，即可得知 InstSub 正是需要定价的看涨期权。

9.6.4 其他定价函数

同其他模型一样，EQP 模型有其专有的定价函数，可分别对亚式期权、障碍期权等进行定价，基于 EQP 模型下专用定价函数如表 9-3 所示。

表 9-3 基于 EQP 模型下专用定价函数

产　品	OptStock		Barrier	Asian
函　数	optstockbycrr		barrierbycrr	asianbycrr
产　品	Compound			Lookback
函　数	Compoundbycrr			lookbackkbycrr

在使用上，上述专用定价函数等同于 CRR 模型下的定价函数。类似地，也存在计算相应希腊字母的函数，读者可根据需要查阅帮助文档。

9.7 有限差分法定价

前面几节介绍了金融产品中的常见的模型定价技术。回顾 Black-Scholes 方程，其描述了衍生品价格是如何随着标的资产的价格进行变动的，根据无套利技术，得到一个无套利方程，使用一个偏微分方程来描述期权价格的变动。同时，对不同的期权其区别是到期时的收益，即边界条件。

从上面的分析来看，理论上应该适用于解偏微分方程的方法都能够在期权定价中得到应用。本节从这个角度出发，介绍有限差分法。

9.7.1 有限差分法简介

有限差分法定价技术是采用解衍生品价格所满足的偏微分方程为衍生品定价的方法，主要涉及偏微分方程的形式和边界约束条件。

本章开篇大部分篇幅通过无套利思想建立了 Black-Scholes 模型，描述当标的资产价格符合布朗运动时其衍生品价格应服从的偏微分方程。

在 Black-Scholes 模型的推导过程中，并没有假定是某种金融衍生品，而是以一个统一的数学模式建立起一套统一的分析框架。

不同的金融产品体现在方程边界条件上。读者在高级课程中将会知道，Black-Scholes 的结果作为一个描述衍生品价格运动的随机微分方程，其形式的建立是以等价鞅测度的存在为基础的，这里直接假设 Black-Scholes 模型成立，下一步的目标是求解这个偏微分方程。

微分方程的本质是一组描述变量及变量与变量之间关系的方程，其基本的数值解法是将微分方程转化成差分方程，在差分方程的基础上结合边界条件求得其解。

一般的偏微分方程是建立给定初值而求终值，而 Black-Scholes 的结果是给定期权到期日的价格，以标的资产价格为 0 和极大值的情况下的价格边界，而求初值的问题，因此是一个倒向微分方程。

9.7.2 自变量的离散化

9.1.5 节得到了欧式看涨（看跌期权）在 Black-Scholes 假设下所满足的偏微分方程具备如下的形式：

$$\frac{\partial f}{\partial t}+rS\frac{\partial f}{\partial S}+\frac{1}{2}\sigma^2S^2\frac{\partial^2 f}{\partial S^2}=rf$$

可以看到，Black-Scholes 假设下的衍生品价格微分方程中，存在两个一阶导数项、一个对标的资产价格的二阶导数项，以及衍生品价格本身。

两个自变量分别是时间 t 和标的资产价格 S。首先第一步将两个自变量离散化，得到一个自变量张成的二维平面空间，构建对应的格点。

将时间 t 等间隔的分成 N 个区间，总共有 N+1 个点，分别为 0，1，…，N；将标的资产价格 S 等间隔的分成 M 个区间，总共有 M+1 个点，分别为 0，1，…，M：这样就构成了如图 9-6 所示的二维格点。

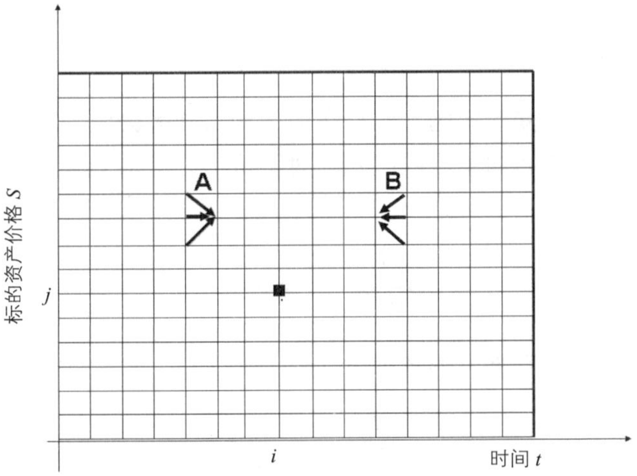

图 9-6 有限差分法格点图

节点(i,j)的含义是，距离初始 t=0 的时间为 $t_i=i\Delta t$，其中 $\Delta t=\frac{t}{N}$，价格为 $S_j=j\Delta S$，其中 $\Delta S=\frac{S_{\max}}{N}$，$S_{\max}$ 是一个足够大的值。

在节点(i,j)的衍生品价格定义为 $f_{i,j}$。

读者需注意图 9-6 中的点的含义，基本单元 A 和 B 在后面介绍差分方程的解法时会用到，这里只需对图 9-6 有一个感性的认识即可。

微分方程的解法并不是本书的重点，关于微分方程的数值解法在大多数数值计算的书中都有。9.7.3 节通过隐式差分法的介绍为读者展现如何在 MATLAB 中使用偏微分方程数值解法为期权进行定价。

微分方程数值解法根据离散方式不同，分成隐式差分和显式差分法，读者可根据需要查阅相应资料。

9.7.3 隐式差分解法

在实际应用中，首先需要完成将连续的偏微分方程化成离散的差分方程。遵循如下原则：

- 一阶导数按照导数定义写成变量差分的形式。
- 二阶导数是相应的一阶导数的差分。
- 未知函数本身，不做任何变化。

Black-Scholes 方程形式如下：

$$\frac{\partial f}{\partial t}+rS\frac{\partial f}{\partial S}+\frac{1}{2}\sigma^2S^2\frac{\partial^2 f}{\partial S^2}=rf$$

对一阶导数写成差分形式有：

$$\frac{\partial f}{\partial S}=\frac{f_{i,j+1}-f_{i,j}}{\Delta S} \text{ 或者 } \frac{\partial f}{\partial S}=\frac{f_{i,j}-f_{i,j-1}}{\Delta S}$$

$$\frac{\partial f}{\partial t}=\frac{f_{i,j}-f_{i-1,j}}{\Delta t}$$

由于价格是一个随机变量，因此，存在前向和后向差分法。而对于时间来说是单向流逝的，所以不存在前向和后向差分的区别。对于价格，除前向和后向差分法之外，还可以采用均值近似的方法：

$$\frac{\partial f}{\partial S}=\frac{f_{i,j+1}-f_{i,j-1}}{2\Delta S}$$

对于二阶导数，在后向差分的情况下，在节点（i,j）的差分形式是：

$$\frac{\partial f}{\partial S}=\frac{f_{i,j}-f_{i,j-1}}{\Delta S}$$

在节点（$i,j+1$）的后向差分是：

$$\frac{f_{i,j+1}-f_{i,j}}{\Delta S}$$

因此根据变换原则有二阶导数的差分形式：

$$\frac{\partial^2 f}{\partial S^2}=\frac{\dfrac{f_{i,j+1}-f_{i,j}}{\Delta S}-\dfrac{f_{i,j}-f_{i,j-1}}{\Delta S}}{\Delta S}=\frac{f_{i,j+1}+f_{i,j-1}-f_{i,j}}{\Delta S^2}$$

将上述三个导数的差分形式代入 Black-Scholes 方程得到衍生品价格服从的差分方程为：

$$\frac{f_{i,j+1}-f_{i,j}}{\Delta t}+rS_j\frac{f_{i,j}-f_{i,j-1}}{\Delta S}+\frac{1}{2}\sigma^2S_j^2\frac{f_{i,j+1}+f_{i,j-1}-f_{i,j}}{\Delta S^2}=rf_{i,j}$$

根据前面格点的构造有 $S_j=j\Delta S$，代入上述方程整理有：

$$a_j f_{i,j-1} + b_j f_{i,j} + c_j f_{i,j+1} = f_{i+1,j}$$

其中:

$$a_j = \frac{1}{2} rj\Delta t - \frac{1}{2}\sigma^2 \Delta t$$

$$b_j = 1 + r\Delta t + \sigma^2 j^2 \Delta t$$

$$c_j = -\frac{1}{2} rj\Delta t - \frac{1}{2}\sigma^2 \Delta t$$

根据差分方程 $a_j f_{i,j-1} + b_j f_{i,j} + c_j f_{i,j+1} = f_{i+1,j}$ 可知，标的资产在 $t = i+1$ 时的价格是 $t = i$ 时三个临近价格 $j-1, j, j+1$ 的加权平均，其权重 $a_j + b_j + c_j = 1 + r\Delta t$ 。

某一时刻的价格是与其前一期的价格密切相关的。在图 9-6 中就是 A 单元表示的形式。

9.7.4 方程的边界条件

在 Black-Scholes 构建了衍生产品价格所满足的偏微分方程，并采用隐式差分方法转化为差分方程之后，欲得到其解，则还应给定边界值条件。这里以看跌期权为例，介绍 Black-Scholes 方程所满足的边界条件。

在图 9-6 中，在到期日，即格点的右边界上，期权的价格是确定的:

$$f_{N,j} = \max(K - j\Delta S, 0)$$

在股票价格为 0 时，看跌期权的价格应当是执行价格 K 的贴现值:

$$f_{i,0} = K\mathrm{e}^{-r(N-i)\Delta t}$$

还缺一个边界条件，就是格点的上边界条件应当是什么? 从不严格的意义上来说，在股票价格很高的情况下（S 远远大于 K），看跌期权的价格应当为 0。若 $S_{\max}$ 是一个足够大的值，则下式成立:

$$f_{i,M} = 0$$

从本质上说，上边界的约束条件是微分方程的自由边界问题，其准确形式为:

$$\lim_{S \to +\infty} f_{i,+\infty} = 0 \Leftrightarrow \lim_{M \to +\infty} f_{i,M} = 0$$

通过上面的分析，偏微分方程的边界条件已经具备，方程的离散形式是:

在 $1 \leqslant i \leqslant N-1$ 且 $1 \leqslant j \leqslant M-1$ 时，

$$a_j f_{i,j-1} + b_j f_{i,j} + c_j f_{i,j+1} = f_{i+1,j}$$

$$a_j = \frac{1}{2} rj\Delta t - \frac{1}{2}\sigma^2 \Delta t$$

$$b_j = 1 + r\Delta t + \sigma^2 j^2 \Delta t$$

$$c_j = -\frac{1}{2}rj\Delta t - \frac{1}{2}\sigma^2 \Delta t$$

在 $i = N$ 时，$f_{N,j} = \max(K - j\Delta S, 0)$。

在 $j = 0$ 时，$f_{i,0} = K\mathrm{e}^{-r(N-i)\Delta t}$。

在 $j = M$ 时，$f_{i,M} = 0$。

在确定了上述边界条件后，对于第 i 列和第 i+1 列的衍生品价格作为列向量，将上述递推关系式写成矩阵乘法形式，并考虑边界条件，有：

$$\begin{pmatrix} b_1 & c_1 & \cdots & 0 & 0 & 0 \\ a_2 & b_2 & c_2 & \cdots & 0 & 0 \\ 0 & a_3 & b_3 & c_3 & \cdots & 0 \\ 0 & 0 & \cdots & \cdots & \cdots & 0 \\ 0 & 0 & \cdots & a_{M-2} & b_{M-2} & c_{M-2} \\ 0 & 0 & 0 & \cdots & a_{M-1} & b_{M-1} \end{pmatrix} \times \begin{pmatrix} f_{i,1} \\ f_{i,2} \\ \vdots \\ \vdots \\ f_{i,M-2} \\ f_{i,M-1} \end{pmatrix} = \begin{pmatrix} f_{i+1,1} \\ f_{i+1,2} \\ \vdots \\ \vdots \\ f_{i+1,M-2} \\ f_{i+1,M-1} \end{pmatrix} - \begin{pmatrix} a_1 f_{i+1,0} \\ 0 \\ \vdots \\ \vdots \\ 0 \\ c_{M-1} f_{i+1,M} \end{pmatrix}$$

令 $$\boldsymbol{L} = \begin{pmatrix} b_1 & c_1 & \cdots & 0 & 0 & 0 \\ a_2 & b_2 & c_2 & \cdots & 0 & 0 \\ 0 & a_3 & b_3 & c_3 & \cdots & 0 \\ 0 & 0 & \cdots & \cdots & \cdots & 0 \\ 0 & 0 & \cdots & a_{M-2} & b_{M-2} & c_{M-2} \\ 0 & 0 & 0 & \cdots & a_{M-1} & b_{M-1} \end{pmatrix}, \boldsymbol{f}^i = \begin{pmatrix} f_{i,1} \\ f_{i,2} \\ \vdots \\ \vdots \\ f_{i,M-2} \\ f_{i,M-1} \end{pmatrix}, \boldsymbol{f}^{i+1} = \begin{pmatrix} f_{i+1,1} \\ f_{i+1,2} \\ \vdots \\ \vdots \\ f_{i+1,M-2} \\ f_{i+1,M-1} \end{pmatrix}, \boldsymbol{g}^{i+1} = \begin{pmatrix} a_1 f_{i+1,0} \\ 0 \\ \vdots \\ \vdots \\ 0 \\ c_{M-1} f_{i+1,M} \end{pmatrix}$$

则可根据表达式知 $\boldsymbol{L}$ 矩阵是$(M\text{-}1)\times(M\text{-}1)$维的，并且其值是固定不变的，并不随着时间即 i 的改变而改变，则上式可简化成为：

$$\boldsymbol{L}\boldsymbol{f}^i = \boldsymbol{f}^{i+1} - \boldsymbol{g}^{i+1}$$

以上的递推关系即采用隐式差分法求偏微分方程数值解的方法，其中的递推关系项存在一个 $\boldsymbol{g}^{i+1}$ 项，因而不能写成矩阵连乘的形式。

从另外一个方面看，由于给出的用矩阵形式表示的递推关系是正向的，而 Black-Scholes 方程是一个倒向微分方程，因此上述结果涉及矩阵求逆的解法。

【例 9-11】 有限差分法定价实例。已知股票价格是 50 元，欧式看跌期权执行价格为 50 元，到期日为 5 个月，股票价格年波动率为 40%，无风险利率 10%，利用隐式差分法求解欧式看跌期权的价格。

【步骤 1】：应首先构建如图 9-6 所示之离散格点。

【步骤 2】：应确定边界条件。

【步骤 3】：根据边界条件和递推关系，从 t=T 逆向导出 t=0 时的欧式看跌期权价格。

建立如下脚本，按 F5 快捷键提交执行。

```
%初始化
S0=50;k=50;T=5/12;sigma=0.4;r=0.1;
Smax=100;ds=0.5;dt=T/200;
M=round(Smax/ds);
ds=Smax/M;
N=round(T/dt);
dt=T/N;
%构造价格矩阵的边界条件
Matrix=zeros(M+1,N+1);
Matrix(:,N+1)=max(k-linspace(0,Smax,M+1),0);
Matrix(1,:)=k*exp(-r*dt*(N-(0:N)));
Matrix(M+1,:)=0;
%构造 L 矩阵
i=0:N;
j=0:M;
a=0.5*(r*dt*j-sigma^2*dt*j.^2);
b=1+sigma^2*dt*j.^2+r*dt;
c=-0.5*(r*dt*j+sigma^2*dt*j.^2);
L=diag(a(3:M),-1)+diag(b(2:M))+diag(c(2:(M-1)),-1);
%倒向递归求解
for loop=N:-1:1;
    tmp=zeros(M-1,1);
    tmp(1)=a(2)*Matrix(1,loop+1);
    tmp(M-1)=c(M)*Matrix(M+1,loop+1);
    Matrix(2:M,loop)=inv(L)*(Matrix(2:M,loop+1)-tmp);
end;
Price=Matrix(:,1)
```

上述脚本的输出结果 Price 就是对应的不同执行价格下的期权价格。

第 10 章　投资组合管理与风险控制

随着金融产业的发展，资产组合的风险控制因不断爆发的金融危机而显现得愈发重要。在成功的投资活动中，风险控制是至关重要的，根据历史数据统计出的结果虽然有一定的局限性，但是对投资行为的指导意义也是明显的。

经历 2008 年全球金融危机后，金融行业在测量和验证风险上提出了日益严格的要求，而在测量和验证风险及计算金融等定量分析方面，MATLAB 是一个非常受欢迎的平台。

本章在介绍资产组合理论后，按照资产组合数学基础、资产组合有效前沿和资产配置的顺序，结合 MATLAB 内置函数进行讲解。

10.1 投资组合基础概念

本节主要介绍与资产组合管理有关的几个基本概念，以及在 MATLAB 计算环境中的处理方法。这几个基本概念涉及基本的数据格式转换和方差及协方差矩阵的计算、相关系数等。

10.1.1 价格序列和收益率序列间的相互转换

在市场上，见到的直接数据一般是金融产品的价格序列，而计算过程中常常用到收益率序列，因此实现两者的相互转换会为计算带来很大的方便，特别是在固定收益证券的计算过程中。

在 MATLAB 中实现此类计算的函数是 ret2tick 和 tick2ret。

ret2tick 函数将收益率序列转化成价格序列。

【语法格式】

```
[TickSeries,TickTimes]=ret2tick(RetSeries)
[TickSeries,TickTimes]=ret2tick(RetSeries,StartPrice,RetIntervals,Start
Time, Method)
```

【输入变量】

```
RetSeries        %收益率序列
StartPrice       %可选，初始价格，默认值为 1
RetIntervals     %收益率时间区间
StartTime        %开始时间
Method           %收益率计算方法，用字符串'Simple'和'Continuous'表示
```

【输出变量】

```
TickSeries        %价格序列
TickTimes         %价格时间序列，同 TickSeries 相对应
```

【技巧与提示】

在 ret2tick 函数中，输入变量 Method 为 Simple 时，收益率和价格之间的转换关系是：

$$P_{t+1} = P_t(1 + r_t)$$

当输入变量 Method 为 Continuous 时，收益率和价格之间的转换关系为：

$$P_{t+1} = P_t e^{r_t}$$

注意：r_t 是在对应时间区间内的总收益率，并不是年化收益率，因而上述价格–收益率关系并不显示包含时间。

输入变量中的 StartTime 和 RetIntervals 是用来决定输入变量 TickTimes 的。TickTimes=StartTime+[0 RetIntervals(:)']，可见 RetInterval 和 TickTimes 的维数应当差 1。

【例 10-1】　收益率序列转化成价格序列实例。现有一基金，在如下报告日期时，其收益率如表 10-1 所示。

表 10-1　收益率序列

2005-5-1	2006-1-1	2006-3-5	2007-8-3	2008-6-2
NaN	13.86%	27.34%	35.83%	-20.13%

请将如上收益率序列转化成对应的价格序列，即求对应日期的基金净值。

在 M 文件编辑器中输入如下代码，按 F5 快捷键提交执行。

```
clear;clc
time=['2005-5-1';'2006-1-1';'2006-3-5';'2007-8-3';'2008-6-2'];
StartPrice=1;
RetIntervals=diff(datenum(time));
StartTime=datenum('2005-5-1');
Method='Simple';
RetSeries=[13.86    27.34    35.83    -20.13]'/100;
[TickSeries, TickTimes] = ret2tick(RetSeries, StartPrice,RetIntervals,
StartTime, Method)
```

在命令窗口中得到如下结果：

```
TickSeries =
    1.0000
    1.1386
    1.4499
    1.9694
    1.5730
TickTimes =
      732433
```

```
732678
732741
733257
733561
```

【技巧与提示】

一般情况下，给出的都是日期值，要得到对应的时间区间，最简单的办法是用差分函数 diff，diff 差分默认的是前向差分。

tick2ret 函数将价格序列转换成收益率序列。

【语法格式】

```
[RetSeries,RetIntervals]=tick2ret(TickSeries)
[RetSeries,RetIntervals]=tick2ret(TickSeries,TickTimes,Method)
```

【输入变量】

```
TickSeries      %同 ret2tick 的输出变量
TickTimes       %同 ret2tick 的输出变量
Method          %同 ret2tick 的输入变量
```

【输出变量】

```
RetSeries       %同 ret2tick 的输入变量
RetIntervals    %同 ret2tick 的输入变量
```

【例 10-2】 价格序列转化成收益率序列实例。现有一基金，在下列日期的净值如表 10-2 所示。求出对应区间的收益率，并同例 10-1 比较。

表 10-2 基金净值时间序列

2005-5-1	2006-1-1	2006-3-5	2007-8-3	2008-6-2
1.0000	1.1386	1.4499	1.9694	1.5730

在 M 文件编辑器中输入如下代码，并按 F5 快捷键提交执行。

```
clear;clc
TickTimes=datenum(['2005-5-1';'2006-1-1';'2006-3-5';'2007-8-3';'2008...
-6-2']);
Method='Simple';
TickSeries=[1.0000  1.1386  1.4499  1.9694  1.5730]';
[RetSeries,RetIntervals]=tick2ret(TickSeries,TickTimes,Method)
```

在 MATLAB 命令窗口中得到如下结果：

```
RetSeries =
    0.1386
    0.2734
    0.3583
   -0.2013
RetIntervals =
   245
```

```
  63
 516
 304
```

在 MATLAB 命令窗口中输入如下命令：

```
>>diff(datenum(['2005-5-1';'2006-1-1';'2006-3-5';'2007-8-3';'2008-6-2']))
ans =
   245
    63
   516
   304
```

可见 tick2ret 函数的返回值 RetIntervals 直接是输入变量 TickTimes 的一阶差分。

10.1.2　方差、协方差与相关系数

近代投资组合理论的基础是均值-方差分析，因此在此介绍 MATLAB 中关于方差和均值常用的统计函数是必要的。

设 X、Y 和 Z 是三个随机变量，则：

均　值：$EX=\int_{-\infty}^{+\infty} xf(x)\mathrm{d}x$

方　差：$DX=\int_{-\infty}^{+\infty} x^2 f(x)\mathrm{d}x-(\int_{-\infty}^{+\infty} xf(x)\mathrm{d}x)^2=EX^2-(EX)^2$

协方差：$\mathrm{cov}(X,Y)=E\{(X-EX)(Y-EY)\}=E(XY)-EX\cdot EY$

相关系数：$\rho=\dfrac{\mathrm{cov}(X,Y)}{\sqrt{DX}\sqrt{DY}}$

上述统计量在离散情况下采用如下公式进行计算。

对于随机变量 X，有 n 个观测分别为：x_1，x_2，…，x_n，则

均　值：$EX=\dfrac{\sum_{i=1}^{n} x_i}{n}$

方　差：$DX=\dfrac{\sum_{i=1}^{n}(x_i-EX)^2}{n-1}$

协方差：$\mathrm{cov}(X,Y)=\dfrac{\sum_{i=1}^{n} x_i y_i}{n}-\dfrac{\sum_{i=1}^{n} x_i}{n}\dfrac{\sum_{i=1}^{n} y_i}{n}$

相关系数：$\rho=\dfrac{\mathrm{cov}(X,Y)}{\sqrt{DX}\sqrt{DY}}$

其中方差的表达式仅对样本成立。

在 MATLAB 里实现上述计算的数学函数分别是 mean、var/std、cov 和 corr，这些函数也将会在后面计算投资组合中经常遇到，这里对其用法及对应的运算做详细介绍。

1. 均值的计算

在 MATLAB 里计算均值采用函数 mean。

【语法格式】

```
Mean=mean(X,DIM)
```

【输入变量】

```
X                    %向量，每个元素是随机变量的一个观测
DIM                  %可选，DIM=1 时（默认），按行求平均，DIM=2 时，按列求平均
```

【输出变量】

```
Mean                 %均值
```

【例 10-3】 均值计算实例。用 rand 函数生成一个 1×50 的随机向量，求其均值。

在 MATLAB 命令窗口依次输入如下命令：

```
>> x=rand(1,50);
>> mean(x)
ans =    0.5536
>> sum(x)/50
ans =    0.5536
```

可见，mean 函数的算法十分简单，就是等权重平均。注意，读者在做测试时，由于 rand 的结果不同，因此得到的结果亦会不同。

另外 X 亦可是一矩阵，此时求平均是按照行或者列方向求均值。默认是按照列求均值，由参数 DIM 控制。

2. 方差/标准差的计算

方差和标准差之间存在平方关系，方差是标准差的平方。

【语法格式】

```
Y = std(X,FLAG,DIM)
```

【输入变量】

```
X                 %列向量
FLAG              %FLAG 用于标识是按照样本还是按照总体
                  %如果 FLAG=0（默认值），按照样本求；FLAG=1，按照总体求
DIM               %按行或者列方向求标准差
```

【输出变量】

```
Y                 %X 的标准差
```

同理，输入变量 X 可以是矩阵，含义同 mean 函数。

3. 协方差计算

【语法格式】

```
C=cov(X,FLAG)
C=cov(X,Y,FLAG)
```

【输入变量】

```
X                %向量，如果是矩阵，要求必须同 Y 具有相同的维数
Y                %矩阵
FLAG             %用于标识是按照样本还是总体，如果 FLAG=0（默认值）则按照样本求
                 %FLAG=1 按照总体求
```

【输出变量】

```
C                %视输入变量的不同而不同
```

当 X 是一个向量时，返回值就是方差，其作用等同于 var 函数。

对于矩阵的处理，cov 将行看作观测，将列看作变量，此时 cov 返回的是协方差矩阵。如果输入变量 X 是 $m\times n$ 的矩阵，则 cov（X）的返回值协方差矩阵的维数为 $n\times n$。其中方阵是实对称矩阵，对角线为对应变量方差。

如果输入变量为 cov（X,Y）的形式，其中 X 和 Y 应当由相同的元素数目，其等价于 COV([X(:) Y(:)])，这点在应用的时候应注意。

10.1.3 线性规划问题的提出和标准化

投资组合理论是寻找在某些约束下的最优资产配置问题，本质是规划问题。本节将从数学的角度描述投资组合问题，为后续的资产组合配置奠定基础。

线性规划是在约束条件下（或有限资源情况下）的最优规划问题。在数学上，一个完整的线性规划由三部分构成：一是变量，二是目标函数，三是约束条件。其基本的数学模型如下：

$$\text{目标函数}\qquad \max\ z=f(x_1,x_2,\cdots,x_n)$$

$$\text{约束条件}\qquad st:\begin{cases}\sum\limits_{i\in sub_1}k_ix_i\leqslant K_1\\ \sum\limits_{i\in sub_2}k_ix_i\leqslant K_2\\ \sum\limits_{i\in sub_3}k_ix_i\leqslant K_3\end{cases}$$

其中目标函数 f 应当是线性函数。

就约束条件来说，并不一定形如 $\sum\limits_{i\in sub_1}k_ix_i\leqslant K_1$，可能是等式或者大于约束条件。在 MATLAB 里，线性规划的约束条件必须转化成如上的标准形式才能被 MATLAB 接受。

1. 当约束条件是等式约束条件时

当约束条件的形式是 $\sum\limits_{i\in sub_1}k_ix_i=K_1$ 时，可以化成 $K_1\leqslant\sum\limits_{i\in sub_1}k_ix_i\leqslant K_1$，将此不等式拆解成

不等式组 $\begin{cases}\sum_{i\in sub_1} k_i x_i \leqslant K_1 \\ \sum_{i\in sub_1} -k_i x_i \leqslant -K_1\end{cases}$，可见一个等式的约束条件等价于一个标准形式下的不等式组。

2．当约束条件是大于或等于约束条件时

当约束条件的形式是 $\sum_{i\in sub_1} k_i x_i \geqslant K_1$ 时，两边同乘负号，即可得到结果

$$\sum_{i\in sub_1} -k_i x_i \leqslant -K_1$$

即将不等式两边同乘 –1 即可。

上述标准形式并不是优化工具箱中的标准形式，只是在资产组合有效前沿的求解过程中对标准条件的一种表示方法。

10.2 资产组合风险-收益计算

资产组合管理方面的定量技术是马科维茨在 1952 年创建的资产组合选择理论，这套理论是建立在均值–方差选择基础上的。正是这套理论开启了一个新的领域。

作为个体在不确定性经济环境中的最优策略，马科维茨是通过方差–均值来定量计量的。在资产选择组合中，分为约束和非约束两种情况下的最优选择理论。

在马科维茨的理论中，核心是在风险和收益的计算上，为此 MATLAB 提供了多种函数可以用来计算资产组合的相关统计变量。

10.2.1 资产组合的收益率和方差

本节从资产组合最基本的两个统计变量开始，介绍相关的计算方法。由于涉及统计和线性规划数学，感兴趣的读者可自行查阅相关资料。

线有 n 项资产 $X_1, X_2, \cdots, X_n$，每项资产的期望收益率分别为 $r_1, r_2, \cdots, r_n$，其协方差矩阵 $\boldsymbol{COV}(X_1, X_2, \cdots, X_n)$ 对应资产在资产组合里的权重分别为 $\omega_1, \omega_2, \cdots, \omega_n$，其中 $\sum \omega_i = 1$。则根据期望和协方差的定义及运算性质有：

$$\text{投资组合收益的期望 } R=\sum \omega_i r_i$$

投资组合的方差为 $C=\vec{\omega}*\boldsymbol{COV}*\vec{\omega}^{\mathrm{T}}$，其中 $\vec{\omega}$ 为 $1\times n$ 的行向量，$\vec{\omega}^{\mathrm{T}}$ 为其转置后的列向量。$\boldsymbol{COV}$ 是一个 $n\times n$ 的协方差矩阵。

10.2.2 收益率和标准差的计算

在市场上，得到的直接数据是价格数据，而这里需要的是收益率数据，因此可利用 10.1 节介绍的 tick2ret 函数将价格序列转化成收益率序列。

关于多资产的协方差计算，在得到收益率后，按照 10.1 节介绍的 cov 函数的使用规范，

可很容易地得到相应的协方差矩阵。

在 MATLAB 中计算资产组合收益和标准差的函数是 portstats。

【语法格式】

```
[PortRisk, PortReturn] = portstats (ExpReturn, ExpCovariance, PortWts)
```

【输入变量】

```
ExpReturn                    %资产组合中各项资产的期望收益向量
ExpCovariance                %各项资产收益率构成的协方差矩阵
PortWts                      %各项资产权重
```

【输出变量】

```
PortRisk                     %资产组合收益的标准差
PortReturn                   %资产组合的期望收益
```

【例 10-4】 投资组合收益率期望和方差计算实例。2008 年 4 月 28 日～5 月 28 日的市场数据如下：思科（CISCO）、JP 摩根（JPM）、Google、花旗银行（Citi）在 22 个交易日中的股票收盘价如表 10-3 所示。以收盘价来计算收益率，求此一篮子股票的日收益率期望及标准差。其中各个股票在资产池中的权重分别为 0.2、0.3、0.4、0.1。

表 10-3　四大公司 4.28～5.28 股票收盘价格①

CISCO	JPM	Google	Citi
25.54	42.86	568.24	21.6
25.59	43.01	560.9	21.66
25.1	42.32	544.62	21.12
25.58	43.05	549.46	21.72
25.37	42.42	549.99	21.06
25.85	43.7	578.6	22.11
26.37	45.99	577.52	22.99
26.51	46.53	580.07	23.12
26.5	47.02	581	23.73
25.75	45.91	576.3	23.25
25.89	45.48	583	23.03
25.84	47.24	584.94	23.64
25.49	46.57	573.2	23.63
25.7	46.05	583.01	24.3
25.78	46.57	579	24.48
26.33	48.2	586.36	25.87
26.28	48	594.9	25.75
26.75	48.66	581.29	26.39

① 数据来源 finance.google.com，也可用 fetch 函数从 quote.yahoo.com 上自动获取。

续表

CISCO	JPM	Google	Citi
26.67	49.25	593.08	25.99
25.64	47.65	574.29	25.27
25.51	47.08	558.47	26.32
25.35	47.34	552.12	26.81

将表 10-3 的收盘价格数据输入到工作区中，构成价格矩阵 ***Price***。输入完成后，在 M 文件编辑器中输入如下代码，并按 F5 快捷键提交执行。

```
Ret=tick2ret(Price);
ExpRet=mean(Ret);
ExpCov=cov(Ret);
Wts=[0.2 0.3 0.4 0.1];
[PortRisk, PortReturn] = portstats (ExpRet, ExpCov, Wts)
```

得到结果：

```
PortRisk =    0.0169
PortReturn =    0.0020
```

由此可见，利用 MATLAB 从价格序列出发，计算资产组合的期望收益率和标准差是十分方便的。

当然如果直接给定收益率、权重和协方差矩阵，计算资产组合的统计特征也是十分方便的。

10.2.3 VaR 的计算

VaR 技术是一种风险度量技术，其核心是在资产回报的分布给定的情况下，度量在某置信水平下的最大损失值，将这个值作为衡量资产风险的一种方法。一般情况，置信水平同资产持有人的风险偏好相关。

前面介绍的方差等风险衡量手段对单个资产来说是明确不过的，但是对于一个包含 1000 只股票的资产组合来说，衡量单只股票的风险要 1000 个标准差，还有其相关风险，总共要 100 万个变量。

将上述变量综合起来形成 VaR 作为一个统一的风险衡量标准，用一个数值含义明确地说明了资产组合的风险。因而 VaR 技术很快流行开来，并形成了许多变种改进。

计算 VaR 的一般步骤包含如下三步：

（1）首先计算资产组合的方差，根据权重和协方差矩阵计算资产组合的方差。

（2）根据置信度（比如 95%），在正态分布表中查找相应的下分位数。

（3）计算 VaR 值。

【例 10-5】 投资组合 VaR 计算实例。根据例 10-4 所提供的历史数据，计算此资产组合的 VaR，时间区间为 1 个月，置信水平为 95%。

将表 10-3 的收盘价格数据输入到工作区中，构成价格矩阵 ***Price***。在输入完成后，在 M 文件编辑器中输入如下代码，并按 F5 快捷键提交执行。

```
ExpP=mean(Price);
C=cov(Price);
Wts=[0.2 0.3 0.4 0.1];
ExpPort=Wts*ExpP';
PortVar=Wts*C*Wts';
ConLev=0.95;
icdf('normal',1-ConLev,ExpPort,PortVar)
```

则可以得到如下结果：

```
ans =  183.2244
```

其中，ExpP 是每项资产构成的平均价格；C 是四项资产的协方差矩阵；Wts 是每项资产在资产组合中的权重。

ExpPort 则是资产组合的平均价格；PortVar 是资产组合的方差；ConLev 是置信水平。

icdf 函数的作用是求出给定置信水平的下分位数。icdf 的使用参看 MATLAB 的帮助文档。

在 MATLAB 中，计算资产组合 VaR 的函数是 protvrisk。

【语法格式】

```
ValueAtRisk=portvrisk(PortReturn, PortRisk, RiskThreshold, PortValue)
```

【输入变量】

```
PortReturn          %资产组合的期望回报
PortRisk            %资产组合的标准差
RiskThreshold       %可选，1-置信区间，默认值是 5%
PortValue           %可选，资产组合价值，默认值是 1
```

【输出变量】

```
ValueAtRisk         %资产组合的 VaR
```

10.3 资产组合有效前沿

在资产组合理论中，核心思想是资产分散化配置，以便防范个体风险。因此就存在一个最优化的问题。

如果按照马科维茨的逻辑，资产配置就是资产在不同投资产品之间的分配，以求达到方差和期望收益的最佳组合。这个组合的“最优”取决于投资者自身的偏好和资产有效配置问题。

资产的配置有效的前提是资产配置位于资产组合的有效前沿上。在此上的资产组合才能根据投资者具体的偏好而做到最优分配。

10.3.1 资产有效前沿概念

建立在均值–方差基础上的资产组合理论，寻求的最优化结果是在等方差的情况下收益的最大化，或者等收益的情况下方差的最小化。

用数学语言描述就是如下的线性规划问题。

目标函数：$\min \quad \sigma^2 = \vec{\omega} * COV * \vec{\omega}^{\mathrm{T}}$

约束条件：$r_{fix} = \vec{\omega} * \vec{r}\,'$；$\mathrm{sum}(\vec{\omega}) = \sum \omega_i = 1$

如图 10-1 所示是一个标准的资产方差有效前沿的示意图，它描述国内五种指数：上证 50ETF、上证 180ETF、红利 ETF、深证 100ETF、中小板在 2007 年的资产有效前沿。下面将根据统计数据介绍如何计算资产有效前沿的方法。

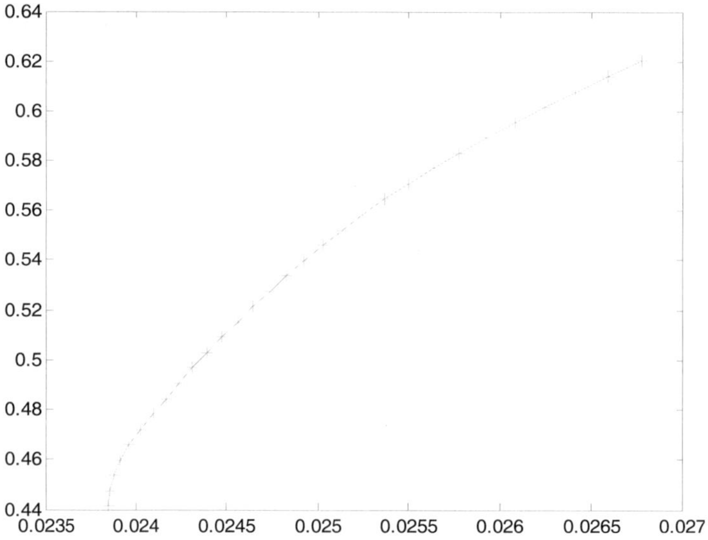

图 10-1　资产组合有效前沿示意图

下面分为简单约束条件和复杂约束条件两种情况介绍上述线性规划问题最优解的解法。

10.3.2 简单约束条件下的资产组合有效前沿

在 MATLAB 中计算资产组合有效前沿的函数为 frontcon。

【语法格式】

```
[PortRisk,PortReturn,PortWts]=frontcon(ExpReturn,ExpCovariance,NumPorts,
PortReturn,AssetBounds,Groups,GroupBounds,varargin)
```

【输入变量】

```
ExpReturn             %资产组合中每项资产的期望回报
ExpCovariance         %单项资产的协方差矩阵
NumPorts              %可选，资产有效前沿上的点的个数，默认值是 10
PortReturn            %可选，资产有效前沿上的资产组合的回报
```

```
AssetBounds         %可选，单项资产的权重约束
Groups              %可选，分组条件
GroupBounds         %可选，组约束条件
varargin            %可选，自选参数
```

【输出变量】

```
PortRisk            %资产组合的标准差
PortReturn          %资产组合的收益
PortWts             %资产组合的权重
```

其中，

- NumPort 是指在计算出来的结果中有多少个样本点。其值直接决定了输出参数的维数。其默认值是 10，在最大收益点和最小风险点之间等间隔划分。
- PortReturn 是同 NumPort 关联的一个变量，指定点数时投资者可能会对目标期望收益有一个自己的心理值，这样可以把这个向量放到这里，以便于计算出的点能够符合投资者的期望收益。
- AssetBounds 是针对单项资产的约束条件，当有 NASSET 项资产时，AssetBounds 的输入是一个 2×NASSET 维的矩阵。两列分别表示资产组合中每项资产权重的约束条件，第一列为资产权重的下边界，第二列为资产权重的上边界。
- Groups 是针对资产的分组，便于管理，比如按照股票、权证和债券对资产组合中的资产进行分组。Groups 是一个为 $n\times$NASSET 维数的矩阵，其中 n 是根据投资者偏好划定的分组规则。当 $G(i,j)=1$ 时，表明第 j 种资产属于第 i 组；当 $G(i,j)=0$ 时，表明第 j 种资产不属于第 i 组。
- GroupBounds 同输入变量 AssetBounds 类似，是针对组内全部资产权重的约束。GroupBounds 和 AssetBounds 的默认值都是下边界默认为 0，上边界默认为 1，即任何一项资产都可以不被包含在资产组合中，同时，任何一项资产都可以构成资产组合的全部；在允许卖空条件下的约束下边界为一个负数，负数的绝对值就是允许卖空头寸的上限，这意味着 frontcon 的约束条件默认值是不允许卖空的。

输入变量 varargin 取值同优化算法相关，在此不做详述，感兴趣的读者可参考帮助文档中的 varargin 可取值范围。

【例 10-6】 中国股指投资组合计算实例。2007 年中国股市刚刚历经一个前所未有的牛市，股指频创新高，对于投资于股指的普通投资者来说，如何分析风险成为投资者资产安全的重中之重。对沪深两市有代表性的五个指数 2007 年的数据统计得出指数收益率统计如表 10-4 所示。

表 10-4 五指数 2007 年收益率数据

指　数	50ETF	180ETF	红利 ETF	深证 100ETF	中小板
收 益 率	0.405533	0.49012	0.507552	0.620121	0.438577

指数协方差矩阵如表 10-5 所示。

表 10-5　五指数协方差矩阵

协方差	50ETF	180ETF	红利 ETF	深证 100ETF	中小板
50ETF	0.000603	0.000565	0.000644	0.000589	0.000512
180ETF	0.000565	0.000596	0.000656	0.000612	0.000537
红利 ETF	0.000644	0.000656	0.000839	0.00071	0.000648
深证 100ETF	0.000589	0.000612	0.00071	0.000716	0.000643
中小板	0.000512	0.000537	0.000648	0.000643	0.000712

一个投资者投资如上五个指数的基金，请根据以上数据计算其资产组合的有效边界。

在 MATLAB 脚本中输入如下命令，按 F5 快捷键执行脚本。

```
ExpReturn=[0.405533 0.49012 0.507552    0.620121    0.438577];
ExpCovariance=[0.000603 0.000565    0.000644    0.000589    0.000512
0.000565    0.000596    0.000656    0.000612    0.000537
0.000644    0.000656    0.000839    0.00071     0.000648
0.000589    0.000612    0.00071     0.000716    0.000643
0.000512    0.000537    0.000648    0.000643    0.000712];
NumPorts=30;
[PortRisk, PortReturn, PortWts] = frontcon(ExpReturn,ExpCovariance,
NumPorts);
plot(PortRisk,PortReturn,'r+-');
```

得到图 10-2。

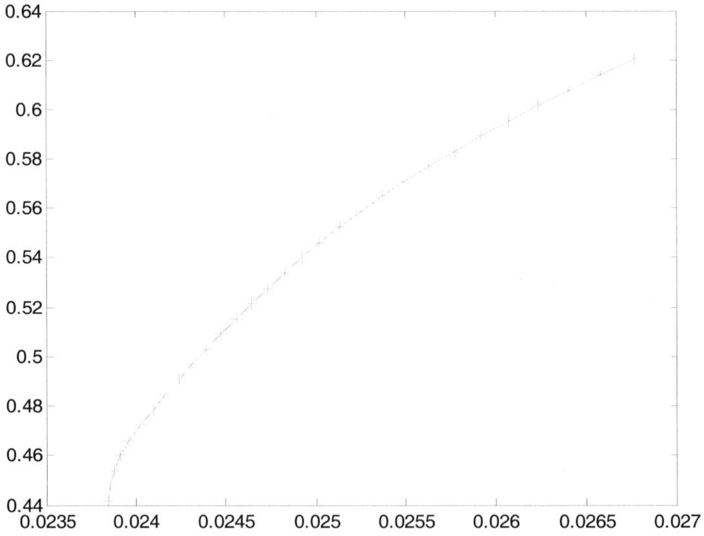

图 10-2　沪深两市代表性指数资产组合边界

读者可以从图 10-2 中清楚地看到图中共有 30 个加号点，这就是输入变量 NumPorts 决定的。

同时读者可以在图中采用数据标识工具发现，上述加号点的纵坐标是等间隔的。通过输入变量 PortReturn 可以控制这些点的纵坐标，从而得到同期望收益相对应的投资组合。

另外，在返回值 PortWts 中包含了上述资产组合有效边界上上述 30 个点的资产权重值，如表 10-6 所示。

表 10-6 沪深两市代表性指数资产有效前沿权重数值

指　数	50ETF	180ETF	红利 ETF	深证 100ETF	中 小 板
1	0.4283	0.3305	0	0	0.2412
2	0.3618	0.4074	0	0	0.2307
3	0.2953	0.4843	0	0	0.2203
4	0.2288	0.5612	0	0	0.2099
5	0.1623	0.6381	0	0	0.1995
6	0.1074	0.6972	0	0.0072	0.1883
7	0.0918	0.6952	0	0.0388	0.1742
8	0.0763	0.6932	0	0.0705	0.1600
9	0.0607	0.6913	0	0.1022	0.1459
10	0.0452	0.6893	0	0.1338	0.1317
11	0.0296	0.6873	0	0.1655	0.1176
12	0.0141	0.6853	0	0.1972	0.1035
13	0	0.6815	0	0.2296	0.0889
14	0	0.6600	0	0.2697	0.0704
15	0	0.6385	0	0.3097	0.0518
16	0	0.6170	0	0.3497	0.0333
17	0	0.5955	0	0.3898	0.0147
18	0	0.5687	0	0.4313	0
19	0	0.5213	0	0.4787	0
20	0	0.4739	0	0.5261	0
21	0	0.4265	0	0.5735	0
22	0	0.3791	0	0.6209	0
23	0	0.3317	0	0.6683	0
24	0	0.2843	0	0.7157	0
25	0	0.2369	0	0.7631	0
26	0	0.1896	0	0.8104	0
27	0	0.1422	0	0.8578	0
28	0	0.0948	0	0.9052	0
29	0	0.0474	0	0.9526	0
30	0	0	0	1.0000	0.0000

从表 10-6 中可以明显地看出，红利 ETF 并不是一个有效的资产，在资产有效前沿上，其权重均是 0。而上证 180ETF 在一般情况下权重均不为 0。

在中国资本市场上，指数投资的意义在于，相对于个股而言，其走向更能反映整个市场的状况，在这种情况下，投资指数能规避个体风险。而从上面的计算结果中可以看出，在构建投资组合时入选红利 ETF 并不是明智的选择。[②]

② 以上计算结果根据 2007 年历史数据得出，仅用作展示，并不构成投资建议。

10.3.3 复杂约束条件下的资产组合有效前沿

在 10.3.2 节，介绍了简单约束条件下的资产组合有效前沿的计算方案，但是在实际问题中，资产组合的约束条件并不如 frontcon 所示之简单，因此有必要介绍在 MATLAB 里是如何提供一个描述复杂约束条件的解决方案。下面通过介绍 protcon 函数，介绍 MATLAB 是如何组织约束条件的。

本节将要介绍的是复杂约束条件下的资产组合有效前沿计算，首先涉及的是如何描述复杂约束条件。

在 MATLAB 里，资产组合的复杂约束条件是通过函数 portcon 来构造的；在解决了约束条件的描述后，涉及资产有效前沿的计算问题，即在 MATLAB 实现约束条件下的最优规划求解是通过 portopt 函数实现的。

约束条件说明的构造：

【语法格式】

```
ConSet = portcons(varargin)
```

【输入变量】

```
varargin            %用户自定义字段
```

【输出变量】

```
ConSet              %约束条件集合
```

portcon 函数采用线性不等式的方式构建资产组合的约束条件。输出变量 ConSet 是形如 ConSet = [A b]形式的一个矩阵，其代表的含义是线性约束条件 A*PortWts' <= b。其中 PortWts 是一个代表每项资产权重的向量。

ConSet = portcons('ConstType', Data1, ..., DataN)表示是否建立指定约束形式的约束矩阵。'ConstType'的可取值如表 10-7 所示。

表 10-7 资产组合约束条件类型及构造函数

约束类型	构造函数
Default	
PortValue	pcpval.
AssetLims	pcalims.
GroupLims	pcglims.
GroupComparison	pcgcomp.
Custom	

对于表 10-7 中 ConSet 的参数含义可自行参阅帮助文档。特别是对于参数为 Custom 的情况，可以根据用户自定义来构建约束条件。

资产组合有效前沿求解：

【语法格式】

```
[PortRisk, PortReturn, PortWts] = portopt(ExpReturn, ExpCovariance,
NumPorts, PortReturn, ConSet, varargin)
```

【输入变量】

```
ExpReturn          %同 frontcon
ExpCovariance      %同 frontcon
NumPorts           %同 frontcon
PortReturn         %同 frontcon
ConSet             %参见 portcon 函数
varargin           %同 frontcon
```

【输出变量】

```
PortRisk           %同 frontcon
PortReturn         %同 frontcon
PortWts            %同 frontcon
```

读者可根据实际情况决定 portopt 的使用，特别要关注约束条件 ConSet 的构建。

10.3.4 利用随机模拟法确定资产组合有效前沿

在实际中，某些约束条件过于复杂，或很难描述，或约束条件的复杂程度在线性规划求解时很难在有效的时间内求解，或根本没有有效解法。

这时，采用蒙特卡罗模拟的方式便成为一个有效的方式。从计算上来说，蒙特卡罗模拟的方式可以非常容易地实现并行计算，而目前联网计算机的并行计算能力已经大幅提高，为这类问题的求解提供了技术上的可能性。

此类问题求解的逻辑步骤可以概括成图 10-3。

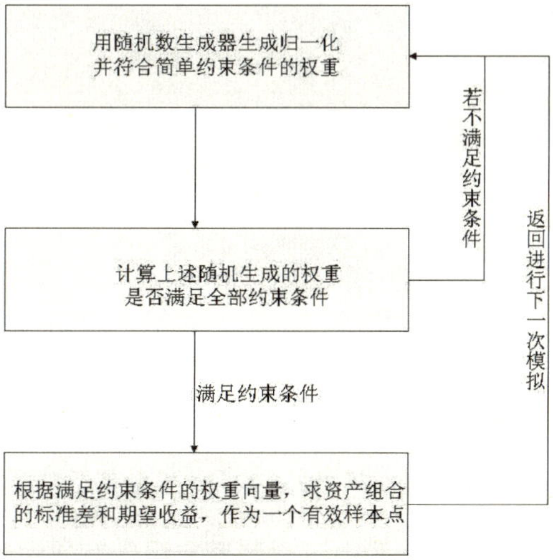

图 10-3　利用蒙特卡罗模拟求解资产组合有效前沿的逻辑步骤

以上方法是整个随机过程模拟的基础。循环直到符合条件的样本数量足够大、产生的结果精度足够高即可。关于这方面的内容，读者可自行查阅蒙特卡罗模拟相关的书籍。

【例 10-7】 资产有效前沿计算实例。根据例 10-6 的数据：沪深两市五指数的收益率及其协方差矩阵，利用随机模拟的方式求资产组合的有效前沿，并同例 10-6 的结果做比较。

在 MATLAB 脚本中输入如下代码，并按 F5 快捷键执行。

```
ExpReturn=[0.405533 0.49012 0.507552    0.620121    0.438577];
ExpCovariance=[0.000603 0.000565    0.000644    0.000589    0.000512
0.000565    0.000596    0.000656    0.000612    0.000537
0.000644    0.000656    0.000839    0.00071     0.000648
0.000589    0.000612    0.00071     0.000716    0.000643
0.000512    0.000537    0.000648    0.000643    0.000712];
EffectivePoints=[0 0];
for i=1:20000
   Wts=rand(1,5);
   Wts=Wts/sum(Wts);
   EffectivePoints(i,1)=Wts*ExpReturn';
   EffectivePoints(i,2)=sqrt(Wts*ExpCovariance*Wts');
end;
for i=1:20000
   plot(EffectivePoints(i,2),EffectivePoints(i,1),'g.');hold on;
end;
```

得到结果如图 10-4 所示。

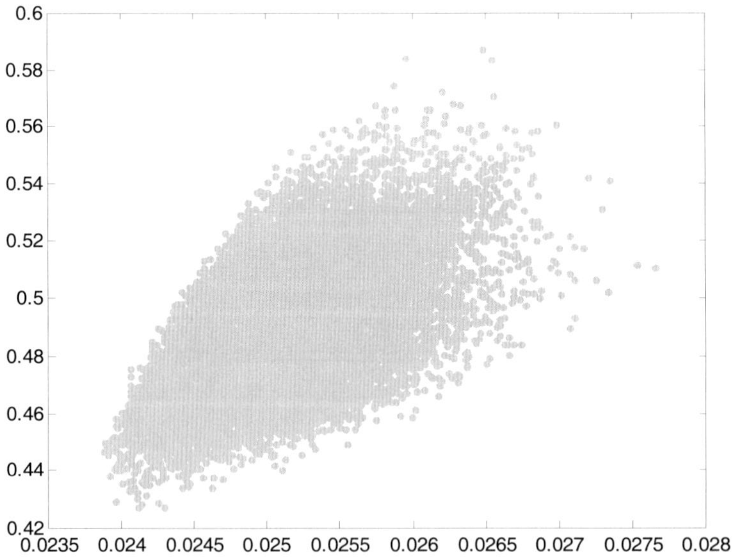

图 10-4　随机模拟法求解资产组合有效前沿

将图 10-2 和图 10-4 画在同一张图中可得到资产组合有效边界对比，如图 10-5 所示。图 10-4 和图 10-5 是在 20000 个随机模拟点的基础上绘制的均值–标准差分布图。同线性规划的资产组合有效前沿相比较，可见两者能够很好地吻合，对于两者之间的差别，可以通过增加模拟点的方式来减小。

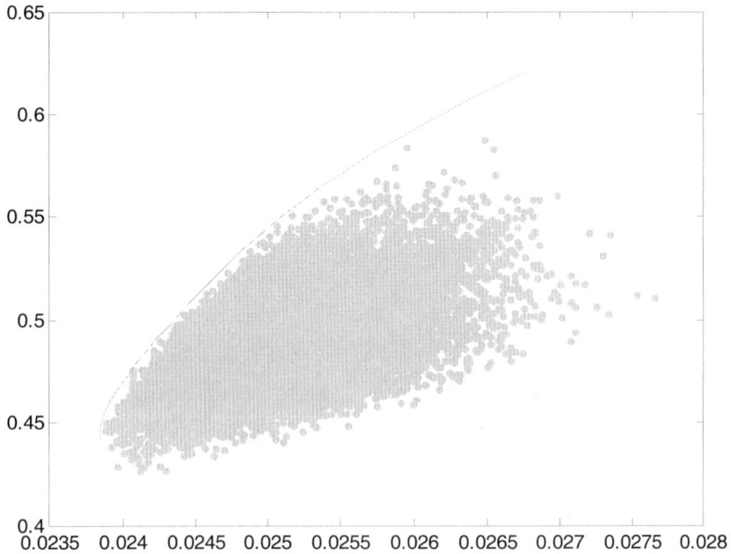

图 10-5 随机模拟和线性规划求解资产组合有效边界的对比图

在资产规模很大、资产种类很多的情况下，线性规划求解并不是一个有效的解法，甚至由于约束条件的特殊性，相应的规划求解算法都会相对很复杂。

而这时蒙特卡罗随机模拟就为此类资产组合有效前沿的求解提供了强有力的手段，并且算法上极其简单，在模拟的每一步可以相应地提高有效样本的产生频率，减少循环次数，并通过增加人为约束条件而减少有效的模拟次数。

在廉价 PC 性能逐渐提高的今天，采用网格进行并行计算，为蒙特卡罗模拟求解此类线性规划提供了足够强有力的技术手段。

10.4 资产配置

前面介绍了不同的求解资产组合有效边界的方法，但是资产组合的有效边界并不是最终的结果。本节侧重如何结合投资者的个人偏好求解资产配置问题。

本节讨论的是存在无风险资产，并且存在借贷情况（即允许卖空）下的资产配置问题。

10.4.1 资产配置问题概述

假设投资者都是风险厌恶的，则在相同效用下的投资者无差异曲线应当是凸的。投资者的最优资产组合应当是投资者的效用曲线同图 10-6 中的虚线相切的点。

而图 10-6 中的虚线同资产组合有效边界的切点是风险资产组合。两个点之间的调整是由于无风险资产的多空调整造成的。

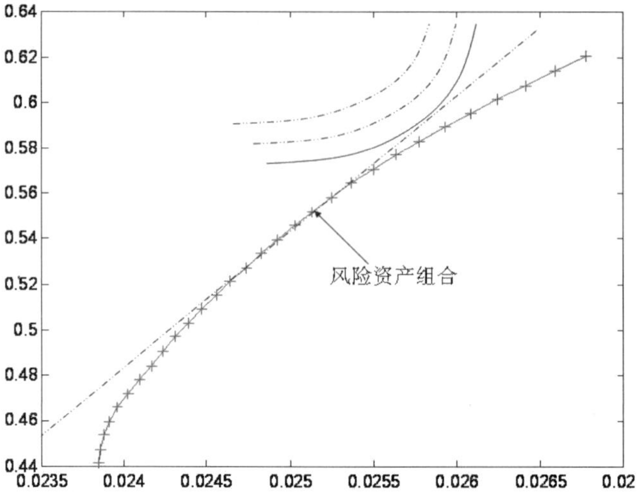

图 10-6　最优资产组合配置

因此资产配置问题是解决如何在风险资产和无风险资产之间进行配置以达到效用最大化的目的。在 MATLAB 里，假设投资者的效用函数有如下二次函数形式：

$$U = E(r) - 0.5 * A * \sigma^2$$

在效用 U 固定的情况下，$E(r)$ 和 σ 之间的关系是一个开口向上的二次函数，在 MATLAB 里用系数 A 来表示风险厌恶程度，A 一般在 2～4 之间，A 越大，则风险厌恶程度就越高，对应图 10-6 中的无差异曲线凸度就越大。

10.4.2　资产配置问题求解

在给定风险厌恶程度和相关资产组合信息后，在 MATLAB 中求解最优资产配置的函数是 portalloc。

【语法格式】

```
[RiskyRisk,RiskyReturn,RiskyWts,RiskyFraction,OverallRisk,OverallReturn
]=portalloc(PortRisk, PortReturn, PortWts, RisklessRate, BorrowRate,
RiskAversion)
```

【输入变量】

```
PortRisk                    %资产组合有效前沿上的资产组合标准差
PortReturn                  %资产组合有效前沿上的资产组合回报
PortWts                     %资产组合有效前沿上的资产权重
RisklessRate                %无风险利率
BorrowRate                  %可选，借款利率，默认值是没有借贷 NaN
RiskAversion                %可选，风险厌恶程度，默认值是 3
```

【输出变量】

```
RiskyRisk                   %风险资产组合的标准差
```

```
RiskyReturn          %风险资产的回报
RiskyWts             %风险资产的权重
RiskyFraction        %总资产是风险资产的倍数
OverallRisk          %资产组合的总体标准差
OverallReturn        %资产组合的整体回报率
```

【例 10-8】 资产组合配置计算实例。现有如下三项资产 A、B 和 C，其期望收益率分别为 10%、20%和 15%；协方差矩阵 $\boldsymbol{COV}=\begin{pmatrix} 0.005 & -0.010 & 0.004 \\ -0.010 & 0.040 & -0.002 \\ 0.004 & -0.002 & 0.023 \end{pmatrix}$。在无风险利率为 8%，借贷利率为 12%，风险厌恶系数为 3 的情况下，求最优资产组合配置。

在 MATLAB 的 M 文件编辑器中输入如下代码，并按 F5 快捷键执行。

```
ExpReturn = [0.1 0.2 0.15];
ExpCovariance = [0.005   -0.010    0.004
                -0.010    0.040   -0.002
                 0.004   -0.002    0.023];
[PortRisk,PortReturn,PortWts]=portopt(ExpReturn,ExpCovariance);
RisklessRate  = 0.08; BorrowRate    = 0.12; RiskAversion  = 3;
[RiskyRisk, RiskyReturn, RiskyWts, RiskyFraction, ...
OverallRisk, OverallReturn] = portalloc(PortRisk, PortReturn,...
PortWts, RisklessRate, BorrowRate, RiskAversion)
```

可得到如下结果：

```
RiskyRisk =    0.1283
RiskyReturn =    0.1788
RiskyWts =    0.0265    0.6023    0.3712
RiskyFraction =    1.1898
OverallRisk =    0.1527
OverallReturn =    0.1899
```

由以上返回结果可以看出，风险资产组合部分的标准差是 12.83%；风险资产组合部分的期望收益是 17.88%；风险资产的权重分别为 2.65%、60.23%和 37.12%；总资产是风险资产的 1.1898 倍，即风险资产占总资产的 1/1.1898=84.05%；资产组合总的标准差是 15.27%，总的回报是 18.99%。

第 11 章　奇异期权和利率期权定价

前面介绍了常见的模型，模型的目的是应用。本章侧重在前面讲解的基础上介绍如何利用上述模型和一些数值方法对金融衍生产品进行定价。

本章介绍的金融产品主要集中在奇异期权和利率期权方面。读者应当领会这些定价方法，这些方法是更复杂的金融产品定价的基础。

11.1　普通香草期权

欧式期权和美式期权最大的不同在于期权执行的时间，欧式期权只能在到期日执行，而美式期权能在到期日之前的任何时间执行。

对于两种普通香草型期权来说，其一旦执行，对于看涨期权来说，其执行收益是 $\max(S-K,0)$；对于看跌期权来说，其执行收益是 $\max(K-S,0)$。其中 K 是执行价格，S 是标的资产价格。一般来说，场内交易的期权合约是美式期权，场外市场（OTC）一般是欧式期权。

一般来说，欧式期权用 Black-Scholes 公式进行定价。Black-Scholes 公式给出欧式期权定价的解析解。但对美式期权来说，一般没有一个标准的解析解。

美式期权虽然理论上具有提前执行的权力，但是一般情况下，美式期权不会被提前执行，这是因为所有美式期权都具有非负的时间价值，卖出一个美式期权将比执行此期权获利更多。

美式期权和欧式期权的另外一个显著区别是：当两者具有其他相同的因素时，美式期权的价格不低于欧式期权的价格，即美式期权将比欧式期权更贵。美式期权相对于欧式期权的溢价源于其可提前执行的条款。

但在特殊情况下，美式期权的提前执行是有价值的。对一个处于实值的看涨期权，当由于股息支付导致其降低的价值大于其时间价值时，美式期权会被提前执行；当一外汇期权处于深度实值状态时，如果本币比标的货币的利率低很多，则会造成期权的提前执行，这主要是由两种货币的时间价值不一样导致的；当标的物是债券，执行价格是债券的“脏价”时，在息票支付日前并且处于实值状态，美式期权会存在提前执行的情况。

黄金看跌期权当处于深度实值状态时，也会存在提前执行的情况，主要是由于实物在高通胀的情况下，具有保值的功用，而货币却存在贬值的风险。

根据不同的分类标准，期权可以分为不同的种类。

11.2　执行条件不同的奇异期权

期权有很多种类，所以其执行的条件也是多种多样的。但是这些期权仍然同普通的美式期权和欧式期权一样，只是其执行的触发条件不同。

有些期权是按照不同的执行时间来分类的，如百慕大期权（Bermudan Options[①]）、二值期权（Binary Options）等；也有按照执行价格和交易量分类的奇异期权。

11.2.1 百慕大期权

百慕大期权是一类特殊的期权，其执行价格是提前确定的，而期权的执行却只能在特定时间，而不能在任意时间。这种执行时间上的特性决定了百慕大期权的价值一定是介于欧式期权和美式期权之间的。

一般百慕大期权常见于外汇市场和利率市场。例如，一个百慕大式的互换期权（swaption）给予互换期权持有者选择入场的时间。

由于在地理位置上百慕大位于美洲和欧洲之间，因此介于美式期权和欧式期权之间的期权就被命名为百慕大期权。

为百慕大期权定价的主要困难在于难以确定其边界条件。由于多个行权日的存在，导致了其边界条件难以确定。因此一般来说，用蒙特卡罗模拟的方法为其定价较多。当然，也可采用格点法为百慕大期权定价。

11.2.2 复合期权

复合期权（Compound Options）其标的物是一个期权。因此，总共有四种复合期权：基于看涨期权的看涨期权（call on call）、基于看涨期权的看跌期权（put on call）、基于看跌期权的看涨期权（call on put）、基于看跌期权的看跌期权（put on put）。

复合期权含有两个执行价格和执行日期，这里分别计为 K_1、K_2 和 T_1、T_2。在第一个执行日期 T_1，一个基于看涨期权的看涨期权（call on call）持有者以第一个执行价格 K_1 买入一个看涨期权，买入的看涨期权的到期日是 T_2，执行价格是 K_2。只有在 T_1 的时候，作为标的物的看涨期权的价格大于 K_1 的时候，期权才会被执行。

在几何布朗运动的假设下，欧式复合期权可以通过对二维正态分布的积分得到其解析解，因此存在如下的结论。

对于基于看涨期权的看涨期权（call on call），其定价公式是：

$$P(\mathrm{c,c})=\mathrm{S}_0\mathrm{e}^{-qT_2}M(a_1,b_1;\sqrt{T_1/T_2})-K_2\mathrm{e}^{-rT_2}M(a_2,b_2;\sqrt{T_1/T_2})-\mathrm{e}^{-rT_1}K_1N(a_2)$$

其中，

$$a_1=\frac{\ln(S_0/S^*)+(r-q+\sigma^2/2)T_1}{\sigma\sqrt{T_1}},\quad a_2=a_1-\sigma\sqrt{T_1}$$

$$b_1=\frac{\ln(S_0/K_2)+(r-q+\sigma^2/2)T_2}{\sigma\sqrt{T_2}},\quad b_2=b_1-\sigma\sqrt{T_2}$$

① 由于对于奇异期权的译名存在众多版本，本书对于奇异期权采用其英文名称。

函数 $M(a,b;\rho)$ 是二维正态分布的累积概率密度函数，代表第一个变量小于 a、第二个变量小于 b 的联合概率分布。其中 ρ 代表的是两个随机变量的相关系数。

变量 S^* 是使得 T_1 时刻标的期权的价格等于执行价格 K_1 时，标的资产的价格。T_1 时刻，当标的资产的价格高于 S^* 时，标的期权的价格会高于执行价格 K_1，则期权会被执行，复合期权的持有者将会以执行价格 K_1 持有一个 T_2 到期的看涨期权；如果标的资产的价格低于 S^* 时，标的期权的价格会低于执行价格 K_1，期权会被直接放弃。

同理，可以得到另外 3 种欧式复合期权的定价公式如下。

（1）基于看涨期权的看跌期权（put on call）：

$$P(\mathrm{p,c})=K_2\mathrm{e}^{-rT_2}M(-a_2,-b_2;-\sqrt{T_1/T_2})-\mathrm{S}_0\mathrm{e}^{-qT_2}M(-a_1,-b_1;-\sqrt{T_1/T_2})+\mathrm{e}^{-rT_1}K_1N(-a_2)$$

（2）基于看跌期权的看涨期权（call on put）：

$$P(\mathrm{c,p})=K_2\mathrm{e}^{-rT_2}M(-a_2,-b_2;-\sqrt{T_1/T_2})-\mathrm{S}_0\mathrm{e}^{-qT_2}M(-a_1,-b_1;-\sqrt{T_1/T_2})-\mathrm{e}^{-rT_1}K_1N(-a_2)$$

（3）基于看跌期权的看跌期权（put on put）：

$$P(\mathrm{p,p})=\mathrm{S}_0\mathrm{e}^{-qT_2}M(a_1,-b_1;-\sqrt{T_1/T_2})-K_2\mathrm{e}^{-rT_2}M(a_2,-b_2;-\sqrt{T_1/T_2})+\mathrm{e}^{-rT_1}K_1N(a_2)$$

11.3 呼叫期权

11.3.1 呼叫期权简介

呼叫期权（Shout Options）是一种欧式期权，期权的持有者有权在期权的有效期内进行收益锁定，并不放弃其未来可能高收益的情况。在期权的到期日，期权的持有者获得的收益是按照普通欧式期权的收益和在期权存续期内锁定收益中的较大值。

具体来说，呼叫期权的持有者，在股票价格为 100 美元的时候买入的呼叫期权，在股票价格上涨到 120 美元时，其选择执行了其持有的期权中的“呼叫”的权利，则其呼叫期权的到期收益将是 $120-K$ 和 $S-K$ 两者中较大的。

其中 S 是在期权到期日时标的资产的价格，而 K 是期权约定的行权价格。所以呼叫期权的特性是为期权的持有者提供了一个锁定已实现收益的手段，当标的资产大幅度攀升，投资者此时可以锁定期权的内在价值，同时又不放弃在剩余的时间内，标的资产价格可能的大幅上升。

从这点意义上看，呼叫期权同回望期权有点类似，但是却相对便宜很多。之所以价格上比回望期权低很多，最重要的一个原因是由于回望期权，是以期权存续期内的最低/高价进行结算，而呼叫期权的持有者只能以一个在这之间的特定价格锁定收益。

从另外一个角度来看，回望期权在执行时拥有的信息更多，而对于呼叫期权所拥有的信息则相对较少。

假设，投资者在时间 τ 锁定收益，此时标的资产价格是 S_τ，执行价格为 K，而在到期时间 T 时，标的资产价格是 S_T，则持有呼叫期权在到期日将获取的收益为：

$$\max(\max(0,S_\tau-K), S_T-K)=\max(0,S_T-S_\tau)+S_\tau-K$$

显然，上式中 S_τ 一定是大于执行价格 K 的。否则，通过提前“呼叫”来锁定的收益如果是一个负值则是没有意义的。

11.3.2 呼叫期权估值

呼叫期权的估值采用二叉树方法，下面通过一个实例进行讲解。

【例 11-1】 呼叫期权估值实例。一只股票现在的价格是 50 美元，年波动率是 40%，无风险利率为 5%，距离到期日有 9 个月时间。请计算基于这只股票的执行价格为 60 美元的一个呼叫期权的价格。假设此股票没有分红派息。

首先，根据第 9 章介绍的方法构建模拟股票价格运动过程的二叉树。已知 $S_0=50$，σ=40%，$r=5\%$。选定时间间隔 $\Delta t=0.25$，则构造出来的结果将是一个三期的二叉树。构造二叉树所需要的参数如下：

$$a=e^{(r-q)\Delta t}=\mathrm{e}^{5\%*0.25}=1.0126$$
$$u=\mathrm{e}^{\sigma\sqrt{\Delta t}}=1.2214$$
$$d=\mathrm{e}^{-\sigma\sqrt{\Delta t}}=0.8187$$
$$P=\frac{a-d}{u-d}=0.4814$$

根据以上参数构建股票价格过程的二叉树，如图 11-1 所示。

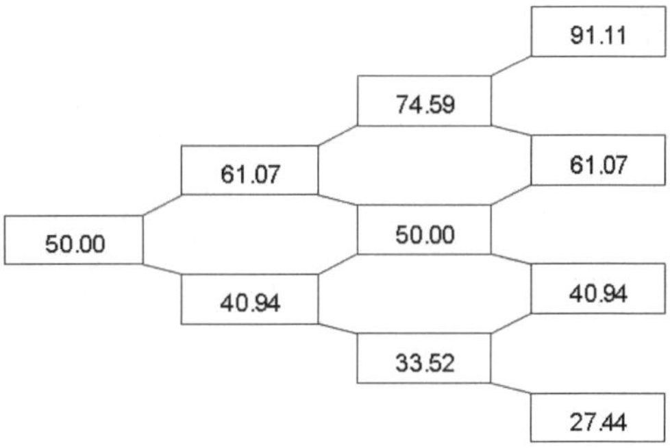

图 11-1 呼叫期权定价股票价格二叉树

构建了如上的股票价格二叉树之后，接下来需要确定每一个节点期权的价格，从最后的节点开始。

在最后节点如果股票价格是 91.11，则期权的价格为 91.11–60=31.11。如果股票价格为 61.07，则期权价格为 61.07–60=1.07，因此倒推得到前一个节点处期权的价格是（0.4814×31.11+0.5186×1.07）×exp(–5%×0.25)=15.3383，这个期权价格是在我们没有“呼叫”的情况下得到的期权价格。下面计算“呼叫”的情况下，最后获得的收益。

在价格是 74.59 时，假设呼叫期权的持有者，在价格为 S_τ 时锁定了收益，根据呼叫期权的定义，在期权到期时获取的收益将是：

$$\max(0,S_T-S_\tau)+S_\tau-K$$

所以在价格是 74.59 时，如果“呼叫”，则其价格是 74.59 – 60=14.59，加上一个执行价格是 74.59，期限是 3 个月（0.25 年）的期权，按照如上的二叉树，可以得到此时期权的价格应当是{14.59+[0.4814×(91.11 – 74.59)+0.5186×0]}×exp(–5%×0.25)=22.2615。

因此在价格为 74.59 的节点上，期权的价格应当是 22.2615。

在 t=0.50，价格为 50 时，期权持有者肯定不会“呼叫”，则按照普通的欧式期权进行计算，可以得到期权价格是 0.5088。

在 t=0.50，价格为 33.52 时，期权价格是 0。

接下来考虑在 t=0.25，价格是 61.07 时的期权价格。同样分为锁定收益和未锁定收益的情况。

在未锁定收益的情况下。采用风险中性的定价方法，有（0.4814×22.2615+0.5186×0.5087）×exp(−5%×0.25)= 10.8442。

而在锁定收益，即在价格为 61.07 时，期权的持有者“呼叫”之后，其价格应当是 61.07−60=1.07，加上一个执行价格为 61.07，到期时间为 6 个月的欧式期权，其价格应当是 [1.07+(0.4814^2×(91.11−61.07)+2×0.4814×0.5186×0+0.5186^2×0)]×exp(−5%×0.25×2)=8.2350。

根据如上计算可知道，在 t=0.25，价格为 61.07 时，期权的价格应当是 10.8442。

同理，在 t=0.25，价格为 40.94 时，由于期权持有者一定不会“呼叫”，则可得到期权的价格为(0.4814×0.5088+0.5186×0)×exp(−5%×0.25)=0.2419。

由于在 t=0 时，股票价格低于执行价格 60，所以一定不会锁定收益，因此，直接进行加权平均并折现得到期权的价值应当是：

$$(0.4814\times10.8442+0.5186\times0.2419)\times\exp(-5\%\times0.25)=5.2795$$

上述计算过程如图 11-2 所示。

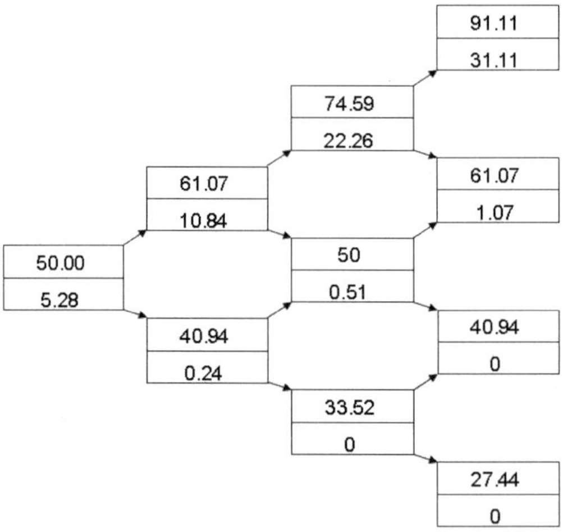

图 11-2　呼叫期权定价二叉树

11.3.3　呼叫期权定价程序

根据前面的分析，呼叫期权的定价代码实现如下：

```
function price = shout( s0, strike, sigma, t, rfrate, ngrid)
%为一个呼叫期权进行定价
%构建价格二叉树图参数
```

```
deltaT=t/(ngrid-1);
a=exp(rfrate*deltaT);
u=exp(sigma*deltaT^0.5);
d=1/u;
p=(a-d)/(u-d);
q=1-p;
S=zeros(ngrid, ngrid);
opt=zeros(ngrid,ngrid);
%构建价格矩阵
for i=1:ngrid
    for j=1:i
        S(j,i)=s0*u^(i-1)*d^(2*(j-1));
    end;
end;
opt(:,ngrid)=max(S(:,ngrid)-strike,0);
%构建期权价格矩阵
for i=(ngrid-1):-1:1
    for j=1:i
        %没有“呼叫”的情况
        s1=exp(-rfrate*deltaT)*(p*opt(j,i+1)+q*opt(j+1,i+1));
        %“呼叫”锁定收益的情况
        if(S(j,i)>strike)
            call = myshout( S(j,i),S(j,i),sigma,rfrate,deltaT*(ngrid-i),
ngrid-i+1);
            s2=call+(S(j,i)-strike)*exp(-rfrate*deltaT*(ngrid-i));
        else
            s2=0;
        end;
        opt(j,i)=max(s1,s2);
    end;
end;
price=opt(1,1);
end
%SUBFUNCTION 用二叉树方法计算欧式看涨期权价格
function call = myshout( s0,strike,sigma,rfrate,t, ngrid)
deltaT=t/(ngrid-1);
a=exp(rfrate*deltaT);
u=exp(sigma*deltaT^0.5);
d=1/u;
p=(a-d)/(u-d);
q=1-p;
S=zeros(ngrid, ngrid);
opt=zeros(ngrid,ngrid);
for i=1:ngrid
    for j=1:i
        S(j,i)=s0*u^(i-1)*d^(2*(j-1));
    end;
end;
opt(:,end)=max(S(:,end)-strike,0);
for i=(ngrid-1):-1:1
```

```
    for j=1:i
        opt(j,i)=exp(-rfrate*deltaT)*(p*opt(j,i+1)+q*opt(j+1,i+1));
    end;
end;
call=opt(1,1);
end
```

【例 11-2】 “呼叫”定价函数应用实例。根据例 11-1 提供的数据，利用上述代码对其进行定价。

一只股票，现在的价格是 50 美元，年波动率是 40%，无风险利率为 5%，距离到期日有 9 个月时间。请计算基于这只股票的执行价格为 60 美元的一个呼叫期权的价格。假设此股票没有分红派息。

```
>> price = shout( 50, 60, 0.4, 0.75, 0.05, 40)
price =
    5.3909
```

可见，在分为 40 个点的情况下，对于上述期权的定价结果为 5.3909。在改变参数的情况下验证例 11-1 的结果为：

```
>> price = shout( 50, 60, 0.4, 0.75, 0.05, 4)
price =
    5.2795
```

11.4 亚式期权

11.4.1 亚式期权简介和分类

在期权的设计中，有一类期权不仅和标的资产的最终价格有关，还依赖于产品的价格路径。这不同于前面介绍的呼叫期权，呼叫期权是一种提前执行类的期权，而本节要介绍的期权是一种路径依赖期权。亚式期权就是一种路径依赖期权。

亚式期权（Asian Options）是一种其收益依赖于期权存续期内标的资产平均价格的期权。一般来说，亚式期权关于平均有两种：

- 一种是对于其执行价格是不确定的，是某段时间内价格的平均。对于这种亚式看涨期权，其收益是 $\max(0, S_T - K_{\text{avg}})$。
- 另一种是其到期结算价格并不是最终的 S_T，而是某段时间内的价格平均。对于这种亚式期权，其看涨期权的收益是 $\max(0, S_{\text{avg}} - K)$。

上述对亚式期权的描述涉及一个价格平均的概念。一般在亚式期权中，平均分为算数平均、几何平均和加权平均三种。

（1）对于算数平均，就是简单的等权平均：$X_{\text{avg}} = \dfrac{\sum_{i=1}^{n} X_i}{n}$。

（2）对于几何平均，其计算公式是 $X_{\text{avg}} = \sqrt[n]{\prod_{i=1}^{n} X_i}$。

（3）对于加权平均，最重要的是如何事先确定权重向量 $\vec{\omega}$：$X_{\text{avg}} = \frac{\sum_{i=1}^{n} \omega_i X_i}{n}$。

11.4.2　亚式期权的解

对于亚式期权，并不是在所有的情况下都会有解析解的，在某些情况下，其解会有很好的解析性质。一般来说其解析解是不存在的，需要在某种近似下进行分析。

如果假设标的资产的价格 S 遵循的是对数正态分布，则对于其几何平均 S_{avg} 来说，S_{avg} 遵循的也同样是对数正态分布，在这种假设条件下，欧式亚式期权是存在解析解的。

即对于具有提前执行权的美式期权，在资产价格服从对数正态分布的假设下，仍然是没有解析解的。

注意到这里所提到的 S_{avg} 并不是执行价格，而是指到期结算价格，即其执行价格 K 是确定的。

假设存在这样的一个亚式期权，其定义如上所示，其收益是基于标的资产价格在某段时间内的几何平均的。

在风险中性的世界中，如果将资产的期望增长率设定为 $(r-q-\sigma^2/6)/2$，而不是通常情况下的 $r-q$，其波动率设定为 $\sigma/\sqrt{3}$，而不是 σ；那么在这样的假定下，此亚式期权可以被看作一个普通的期权，其波动率是 $\sigma/\sqrt{3}$，其派息率设定为：

$$r-(r-q-\sigma^2/6)/2 = \frac{1}{2}(r+q+\sigma^2/6)$$

在如上的假设下，可以将这个亚式期权按照新设定的参数，作为一个普通的欧式期权进行定价。

在一般情况下，如果平均的法则是算数平均，则亚式期权并没有一个解析的定价公式，因为对于算术平均来说并没有一个标准的对数正态分布。

但是作为算术平均，其分布近似一个对数正态分布。利用此性质，可得到一个算术平均亚式期权的近似解析解。

在 1991 年 Turnbull 和 Wakeman 提出的 TW 近似下，考虑一阶和二阶近似可得到结果：

$$M_1 = \frac{e^{(r-q)T}-1}{(r-q)T} S_0$$

$$M_2 = \frac{2e^{(2r-2q+\sigma^2)T} S_0^2}{(r-q+\sigma^2)(2r-2q+\sigma^2)T^2} + \frac{2S_0^2}{(r-q)T^2}\left(\frac{1}{2r-2q+\sigma^2} - \frac{e^{(r-q)T}}{r-q+\sigma^2}\right)$$

在计算得到如上参数后，如假设算术平均值符合对数正态分布，则可以将算术平均的亚式期权看作一个基于期货的期权。其中：

$$F_0 = M_1\,,\quad \sigma^2 = \frac{1}{T}\ln(\frac{M_2}{M_1^2})$$

式中 F_0 是期货价格，σ 是期货价格的波动率，则根据相应的计算期货期权的计算公式：

$$c = \mathrm{e}^{-rT}[F_0 N(d_1) - KN(d_2)]$$
$$p = \mathrm{e}^{-rT}[KN(-d_2) - F_0 N(-d_1)]$$

其中：

$$d_1 = \frac{\ln(F_0 / K) + \sigma^2 T / 2}{\sigma\sqrt{T}}$$
$$d_2 = \frac{\ln(F_0 / K) - \sigma^2 T / 2}{\sigma\sqrt{T}}$$

【例 11-3】 亚式期权定价实例。

假设一个刚刚发行的股票的执行价格是确定的，到期价格是某段时期内价格的平均的亚式看涨期权。其标的物为一只不分红的股票，股票价格为 50 美元。期权执行价格是 50 美元，股票价格的波动率是 40%，无风险利率是 10%，到期日是一年以后。在这种情况下有，$S_0 = 50$，$K = 50$，$r = 10\%$，$q = 0$，$\sigma = 0.4$，$T = 1$。

（1）计算到期价格按照几何平均的方式计算时，亚式期权的价格。

（2）计算到期价格按照算数平均的方式计算时，亚式期权的近似价格。

解：（1）假设亚式期权的到期价格平均是按照几何平均的方式计算的，则这样可以将此亚式期权看作一个具有如下参数的普通期权：波动率 $\sigma' = \frac{\sigma}{\sqrt{3}} = 23.09\%$，派息率 $q' = \frac{1}{2}(r + q + \sigma^2 / 6) = 6.33\%$，$S_0' = 50$，$K' = 50$，$r' = 10\%$，利用 Black-Scholes-Merton 模型进行定价。

在 MATLAB 中输入如下的代码：

```
>> [Call,Put] = blsprice(50, 50, 0.1, 1, 0.2309, 0.0633)
Call =    5.1347
Put =    3.4435
```

因而得到在这种情况下的亚式看涨期权的价格为 5.13 美元。

（2）如果亚式期权的到期价格平均是按照算数方法进行计算的，则并没有一个清晰的解析解可以得到亚式期权的价格。这里利用上面介绍的公式做近似计算。

首先计算：

$$M_1 = \frac{\mathrm{e}^{(r-q)T} - 1}{(r-q)T} S_0$$

$$M_2=\frac{2e^{(2r-2q+\sigma^2)T}S_0^2}{(r-q+\sigma^2)(2r-2q+\sigma^2)T^2}+\frac{2S_0^2}{(r-q)T^2}(\frac{1}{2r-2q+\sigma^2}-\frac{e^{(r-q)T}}{r-q+\sigma^2})$$

得到：

$$M_1=52.59,\quad M_2=2922.76$$

所以得到：

$$F_0=M_1=52.59\text{ ，}\quad \sigma_F^2=\frac{1}{T}\ln(\frac{M_2}{M_1^2})=23.54\%$$

根据前面的分析，这种情况下亚式期权的价格类似于一个期货期权，根据公式：

$$c=e^{-rT}[F_0N(d_1)-KN(d_2)]$$

其中：

$$d_1=\frac{\ln(F_0/K)+\sigma^2T/2}{\sigma\sqrt{T}}$$
$$d_2=\frac{\ln(F_0/K)-\sigma^2T/2}{\sigma\sqrt{T}}$$

得到此亚式看涨期权的近似价格是 5.62，其计算过程的 MATLAB 代码如下：

```
clear;
s0=50;        %股票价格
k=50;         %行权价格
r=0.1;        %无风险利率
q=0;          %派息率
sigma=0.4;    %波动率
t=1;
m1=(exp(r*t-q*t)-1)/(r-q)*s0;
m2=2*exp(2*r-2*q+sigma^2)*s0^2/(r-q+sigma^2)/(2*r-2*q+sigma...^2)+2*s0^2/
(r-q)*(1/(2*r-2*q+sigma^2)-exp(r-q)/(r-q+sigma^2));
f0=m1;
sigmaf=(log(m2/m1^2))^0.5;
d1=(log(f0/k)+sigmaf^2/2)/sigmaf;
d2=(log(f0/k)-sigmaf^2/2)/sigmaf;
c=exp(-r*t)*(f0*cdf('normal',d1,0,1)-k*cdf('normal',d2,0,1))
```

11.5 亚式期权数值解法

在 11.4 节中介绍了到期价格在几何平均下的亚式期权定价公式和在算术平均下的近似解析解。但是在实际工作中更常用的是采用二叉树的方法对其进行定价。

在 11.6 节中，我们将通过一个实例详细讲解关于回望期权的定价，亚式期权的定价与此有着类似的地方，但是由于亚式期权是依赖于平均价格的，而回望期权是依赖于路径极值的，因此对于回望期权通过极值进行分类，简化讨论是可行的。

但是对于亚式期权，由于其对路径的强依赖性，这种简化对亚式期权来说是不可行的。

图 11-3 是摩根大通一年期间的股票价格收盘价，按照亚式期权的定义，其价格的平均在股票价格连续的情况下，应当是一个积分平均的概念。

在实际操作中，显然不可能是积分平均，一般可以某段时间内所有交易日的收盘价进行计算。

而在利用二叉树进行定价时的平均，一般来说是一某段时间内的所有节点的价格进行平均，这样，计算平均值的样本数目就与离散过程中的取样时间间隔相关。

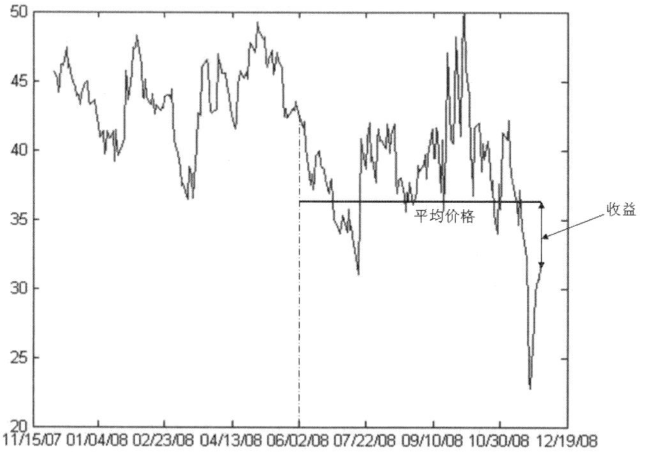

图 11-3　JPM 股价平均图

从理论上来说，需要记录下到达某点的全部路径数据 $N(I,j)$，则根据二叉树的特性，在下一个阶段上的点$(i+1,j)$，其路径的数目 $N(i+1,j)=N(I,j)+N(I,j-1)$。这样，随着时间的推移，节点的路径数目增长的速度是非常快的。

读者可以自行尝试一下，按照记录下所有路径值的方法，当二叉树取 50 步时，计算所需的资源，就已超出普通的计算机所能提供的资源。

为此，本节介绍一种和回望期权不同的数值方法，用以解决这类强路径依赖期权的数值解问题，用以降低强路径依赖金融产品定价计算的复杂度。

其核心思想是插值，认为当平均价格在某个区间时期权的价格都可以用一个代表值来进行计算，在实际操作中是确定平均价格极值，然后均分，为此引入下面的路径函数 F 的概念。

11.5.1　二叉树的路径函数

路径函数是将路径转化成特定值的函数，在亚式期权中是采用路径转化成均值。由于股票价格在某个二叉树节点上的均值，不仅仅和此节点上的股票价格相关，而且和达到这个节点的路径也是相关的。

但正如上面讨论的，由于计算复杂度的约束，不可能针对所有的路径都计算平均值，因此采用了首先求出路径函数 F 的最大值和最小值，然后取出有代表性的点，计算对应的期权价格。

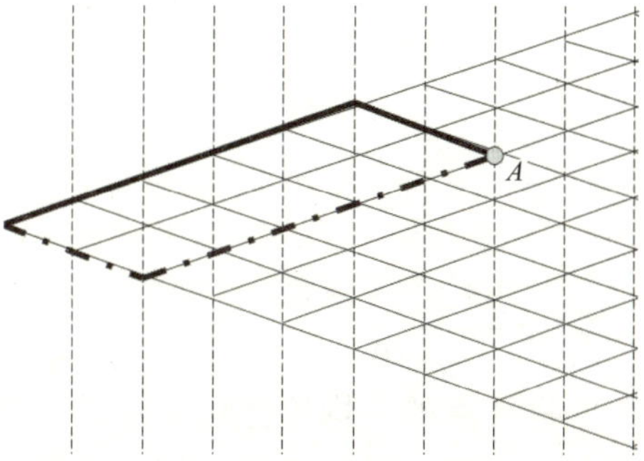

图 11-4　二叉树中的极大路径和极小路径

如果平均价格不在取出的代表性点上，则采用线性插值的方案进行计算，下面通过实例来说明详细的计算过程和计算结果。仍然以欧式看涨亚式期权为例讲解。

首先应找到路径函数 F 的最大值和最小值，即对于任何一个节点，找到到达这个节点的所有路径中的最大值和最小值。

在一个典型的二叉树中，如图 11-4 所示的平行四边形，实线所代表的路径是到达 A 点所有的路径中平均价格最大的点；虚线所代表的路径是到达 A 点所有的路径中平均价格最小的点。明确此点之后，A 的极值将会非常简单。

11.5.2　平均价格的确定

在求得极大和极小值之后，根据需要将此区间均分，每一个代表点的值就是这些均分点上的平均价格，求出对应于此平均价格的极大值和极小值即可。

假设在每个节点，将均值区间分成 4 个区间，即 $[A_{avg}^1, A_{avg}^2, A_{avg}^3, A_{avg}^4, A_{avg}^5]$ 代表节点 A 处的代表性点。其中 A_{avg}^1 代表最小的平均值，A_{avg}^5 代表最大的平均值。$[A_{opt}^1, A_{opt}^2, A_{opt}^3, A_{opt}^4, A_{opt}^5]$ 代表与上述代表性均值对应的期权价格。

即当到达 A 点时，如果平均价格是 A_{avg}^2，则对应的期权价格是 A_{opt}^2。但是也有一种可能性就是均值并不落在上述 5 个代表性均值中，而是落在均值之间，则采用线性插值的方法得到对应的均值。

如图 11-5 所示，同理对应的 B 点和 C 点有相同的均值和期权价格，分别为 $[B_{avg}^1, B_{avg}^2, B_{avg}^3, B_{avg}^4, B_{avg}^5]$、$[C_{avg}^1, C_{avg}^2, C_{avg}^3, C_{avg}^4, C_{avg}^5]$ 和 $[B_{opt}^1, B_{opt}^2, B_{opt}^3, B_{opt}^4, B_{opt}^5]$、$[C_{opt}^1, C_{opt}^2, C_{opt}^3, C_{opt}^4, C_{opt}^5]$。

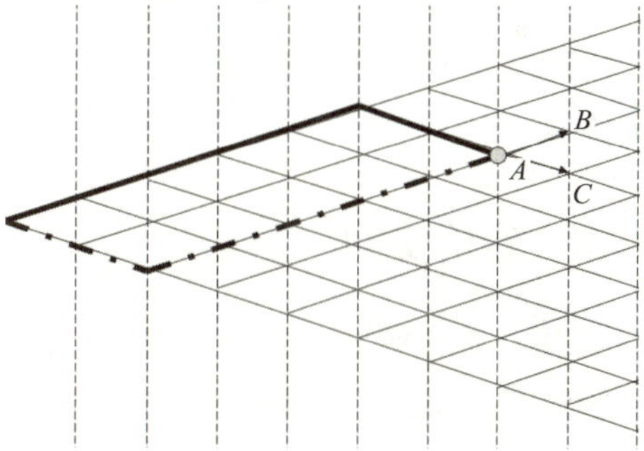

图 11-5　亚式期权定价中的二叉树演化

11.5.3　回溯法计算期权价格

在采用回溯法计算 A 点的不同的平均价格对应的期权价格时，B 点和 C 点的平均价格和期权价格应当为已知，即在 $[B_{avg}^1, B_{avg}^2, B_{avg}^3, B_{avg}^4, B_{avg}^5]$、$[C_{avg}^1, C_{avg}^2, C_{avg}^3, C_{avg}^4, C_{avg}^5]$、$[B_{opt}^1, B_{opt}^2, B_{opt}^3, B_{opt}^4, B_{opt}^5]$、$[C_{opt}^1, C_{opt}^2, C_{opt}^3, C_{opt}^4, C_{opt}^5]$ 和 $[A_{avg}^1, A_{avg}^2, A_{avg}^3, A_{avg}^4, A_{avg}^5]$ 已知的情况下，求 $[A_{opt}^1, A_{opt}^2, A_{opt}^3, A_{opt}^4, A_{opt}^5]$。

当在 A 点的平均价格是 A_{avg}^i 时，利用风险中性定价法求其对应的期权价格 A_{opt}^i。假设

我们将 $T=1$ 分成了 120 个时间间隔，则每个月含有 10 个时间间隔，这样 S_{avg} 就应当是当前价格和历史路径上最近的 9 个价格的加权平均。

$$A_{\text{avg}}^{\text{up}}=\frac{9*A_{\text{avg}}^{i}+1*S_{\text{B}}}{10}$$

其中 S_{B} 是在 B 点处的股票价格。同样可以得到 $A_{\text{avg}}^{\text{down}}=\dfrac{9*A_{\text{avg}}^{i}+1*S_{\text{C}}}{10}$。

需要注意的是，这都是一种近似，因为并不能简单地将 A 点的平均价格和 B 点的价格加权平均就得到 B 点的平均价格，但是在时间足够细分的情况下，数值解是可以足够精确的。

得到了平均价格并不能直接得到对应的期权价格，即 $A_{\text{avg}}^{\text{up}}$ 并不一定落在 $[B_{\text{avg}}^{1},B_{\text{avg}}^{2},B_{\text{avg}}^{3},B_{\text{avg}}^{4},B_{\text{avg}}^{5}]$ 5 个值当中，需要进行线性插值得到对应的期权价格，假设 $A_{\text{avg}}^{\text{up}}$ 是落在了 B_{avg}^{j} 和 B_{avg}^{k} 之间，其中 $B_{\text{avg}}^{j}<B_{\text{avg}}^{k}$，$k=j+1$，则有如下公式：

$$A_{\text{opt}}^{\text{up}}=\frac{B_{\text{opt}}^{k}-B_{\text{opt}}^{j}}{B_{\text{avg}}^{k}-B_{\text{avg}}^{j}}(A_{\text{avg}}^{\text{up}}-B_{\text{avg}}^{j})+B_{\text{opt}}^{j}$$

同理可以得到：

$$A_{\text{opt}}^{\text{down}}=\frac{C_{\text{opt}}^{k}-C_{\text{opt}}^{j}}{C_{\text{avg}}^{k}-C_{\text{avg}}^{j}}(A_{\text{avg}}^{\text{up}}-C_{\text{avg}}^{j})+C_{\text{opt}}^{j}$$

在上述计算的基础上，根据风险中性定价法则有如下结果：在 A 点对应于平均价格 A_{avg}^{i} 的期权价格 $A_{\text{opt}}^{i}=\mathrm{e}^{-r*\Delta t}[p*A_{\text{opt}}^{\text{up}}+q*A_{\text{opt}}^{\text{down}}]$。这样不断地进行回溯，即可得到亚式期权的价格。

11.5.4　定价实例

假设一个刚刚发行的股票的执行价格是确定的，到期价格是期权存续期内平均价格的平均的亚式看涨期权。其标的物为一只不分红的股票，股票价格为 50 美元。期权执行价格是 50 美元，股票价格的波动率是 40%，无风险利率是 10%，到期日是一年以后。在这种情况下有，$S_0=50$，$K=50$，$r=10\%$，$q=0$，$\sigma=0.4$，$T=1$。

到期日的收益为 $\max(S_{\text{avg}}-K,0)$，其中 S_{avg} 是最近一个月的股票的平均价格。将 $T=1$ 分成 120 个时间区间。则在初始点的编号为 1 时，最后一个时间节点的编号应当是 121。首先考虑二叉树中的最后一个阶段。

对于节点（121,3），按照最近的 10 个节点进行平均，得到其最大值和最小值，如图 11-6 所示。图 11-6 只是整个二叉树的一部分。

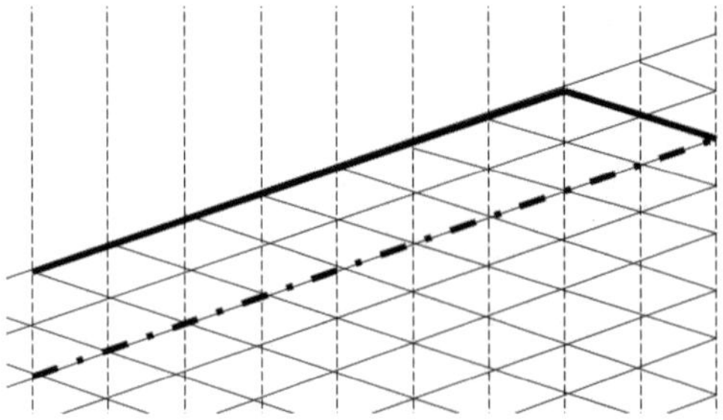

图 11-6　亚式期权定价中的边界条件

最大平均值是实线所代表的路径，而虚线是代表最小平均值的路径。对于一个节点（i,j）来说，有如下极值的计算公式：

$$F_{\max}(i,j)=\frac{\sum_{k=0}^{j-1}S(i-k,j-k)+\sum_{k=j}^{N_{\text{avg}}-1}S(i-k,1)}{N_{\text{avg}}},(j<N_{\text{avg}})$$

$$F_{\max}(i,j)=\frac{\sum_{k=0}^{N_{\text{avg}}-1}S(i-k,j-k)}{N_{\text{avg}}},(j\geqslant N_{\text{avg}})$$

$$F_{\min}(i,j)=\frac{\sum_{k=0}^{i-j-1}S(i-k,j)+\sum_{k=i-j}^{N_{\text{avg}}-1}S(i-k,i-k)}{N_{\text{avg}}},(j>i-N_{\text{avg}})$$

$$F_{\min}(i,j)=\frac{\sum_{k=0}^{N_{\text{avg}}-1}S(i-k,j)}{N_{\text{avg}}},(j\leqslant i-N_{\text{avg}})$$

其中 N_{avg} 是在价格平均的时间区间内的样本点数目。

按照前面的分析，将 $F_{\max}(i,j)$ 和 $F_{\min}(i,j)$ 之间的区间以平均的方式分成 4 个区间，分别为：

$$A_h(i,j)=F_{\min}(i,j)+\frac{h}{4}(F_{\max}(i,j)-F_{\min}(i,j)),(h=0,2,\cdots,4)d$$

当点（i，j）的平均价格是 $A_k(i,j)$ 时，有：

$$A_k^{\text{up}}(i,j)=\frac{N_{\text{avg}}*A_k(i,j)+S(i+1,j)}{N_{\text{avg}}+1}$$

$$A_k^{\text{down}}(i,j)=\frac{N_{\text{avg}}*A_k(i,j)+S(i+1,j+1)}{N_{\text{avg}}+1}$$

所以根据线性插值法得到：

$$O_k^{\text{up}}(i,j)=\frac{O_m(i+1,j)-O_{m+1}(i+1,j)}{A_m(i+1,j)-A_{m+1}(i+1,j)}(A_k^{\text{up}}(i,j)-A_m(i+1,j))+O_m(i+1,j)$$

$$O_k^{\text{down}}(i,j)=\frac{O_m(i+1,j+1)-O_{m+1}(i+1,j+1)}{A_m(i+1,j+1)-A_{m+1}(i+1,j+1)}(A_k^{\text{down}}(i,j)-A_m(i+1,j+1))+O_m(i+1,j+1)$$

其中 $A_m(i+1,j)$ 是节点（i+1,j）处代表性均值中小于 $A_k^{\text{up}}(i,j)$ 中的最大值。同时需要注意的是对 $A_k^{\text{up}}(i,j)$ 的插值并不一定是内插，由于 $A_k^{\text{up}}(i,j)$ 可能在下一个节点的最大平均值和最小平均值之外，因此，存在插值点在插值区间之外的情况，这里在计算时尤其需要注意。

对应的期权的价格分别为：

$$O_k(i,j) = e^{-r*\Delta t}[p*O_k^{\text{up}}(i,j) + q*O_k^{\text{down}}(i,j)], (k=1,2,3,4,5)$$

按照上述方法继续回溯，最终得到亚式期权的价格。

11.5.5　亚式期权定价程序

根据前面的分析，亚式期权的定价代码如下：

```
function [Price OptionGrid AvgGrid] = asiaoptioneur(s0,sigma,strike,rfrate,
q,t,ngrid,navg)
    %计算欧式看涨亚式期权价格的函数
    %构建二叉树所需参数
    a=exp((rfrate-q)*t/(ngrid-1));
    u=exp(sigma*(t/(ngrid-1))^0.5);
    d=1/u;
    p=(a-d)/(u-d);
    q=1-p;
    %生成价格二叉树
    for i=1:ngrid
        for j=1:i
            S(j,i)=Sv(s0,u,d,i,j);
        end;
    end;
    %计算节点处的最大平均值和最小平均值，并进行插值
    for i=1:ngrid
        for j=1:i
            maxV=fmax(s0,u,d,i,j);
            minV=fmin(s0,u,d,i,j);
            Avg{j,i}=linspace(minV,maxV,navg);
        end;
    end;%
    Opt=cell(ngrid,ngrid);
    %计算二叉树末端的到期日的期权价格
    for mm=1:ngrid
        Opt{mm,ngrid}=max(Avg{mm,ngrid}-strike,0);
    end;
    %回溯法计算期权价格，需要进行插值运算，注意外插的情况
    for i=(ngrid-1):-1:1
        for j=1:i
            for k=1:navg
                avg=Avg{j,i}(k);
                avgup=(i*avg+S(j,i+1))/(i+1);
                if(j==1)
                    optup=Opt{j,i+1}(k);
                else
                    if(avgup>=min(Avg{j,i+1})&&avgup<=max(Avg{j,i+1}))
                        for tmp=1:(navg-1)
                            if(avgup>=Avg{j,i+1}(tmp) && avgup<=Avg{j,i+1}(tmp+1))
optup=((avgup-Avg{j,i+1}(tmp))*Opt{j,i+1}(tmp+1)+(Avg{j,i+1}(tmp+1)-avgup)*
Opt{j,i+1}(tmp))/(Avg{j,i+1}(tmp+1)-Avg{j,i+1}(tmp));
```

```
                  end;
               end;
            end;
            if(avgup<min(Avg{j,i+1}))
optup=((avgup-Avg{j,i+1}(1))*Opt{j,i+1}(2)+(Avg{j,i+1}(2)-avgup)*Opt{j,i+1}
(1))/(Avg{j,i+1}(2)-Avg{j,i+1}(1));
            end;
            if(avgup>max(Avg{j,i+1}))
optup=((avgup-Avg{j,i+1}(navg-1))*Opt{j,i+1}(navg)+(Avg{j,i+1}(navg)-avgup)
*Opt{j,i+1}(navg-1))/(Avg{j,i+1}(navg)-Avg{j,i+1}(navg-1));
            end;
         end;
    %%%%%%%%%%%%%%%%%%%%%%%%%%%%%%%%%%%%%%%%%%%%%%%%%%%%%%%%%%%%%%%%
        avgdown=(i*avg+S(j+1,i+1))/(i+1);
        if(j==i)
           optdown=Opt{j+1,i+1}(k);
        else
           if(avgdown>=min(Avg{j+1,i+1})&&avgdown<=max(Avg{j+1,i+1}))
             for tmp=1:(navg-1)
              if(avgdown>=Avg{j+1,i+1}(tmp) &&avgdown<=Avg{j+1,i+1}(tmp+1))
optdown=((avgdown-Avg{j+1,i+1}(tmp))*Opt{j+1,i+1}(tmp+1)+(Avg{j+1,i+1}(tmp+
1)-avgdown)*Opt{j+1,i+1}(tmp))/(Avg{j+1,i+1}(tmp+1)-Avg{j+1,i+1}(tmp));
              end;
           end;
        end;
           if(avgdown<min(Avg{j+1,i+1}))
optdown=((avgdown-Avg{j+1,i+1}(1))*Opt{j+1,i+1}(2)+(Avg{j+1,i+1}(2)-
avgdown)*Opt{j+1,i+1}(1))/(Avg{j+1,i+1}(2)-Avg{j+1,i+1}(1));
           end;
           if(avgdown>max(Avg{j+1,i+1}))
optdown=((avgdown-Avg{j+1,i+1}(navg-1))*Opt{j+1,i+1}(navg)+(Avg{j+1,i+1}(navg
)-avgdown)*Opt{j+1,i+1}(navg-1))/(Avg{j+1,i+1}(navg)-Avg{j+1,i+1}(navg-1));
           end;
         end;
            Opt{j,i}(k)=exp(-rfrate*t/(ngrid-1))*(p*optup+q*optdown);
         end;
      end;
   end;
   %输出结果
   Price=Opt{1,1}(1);
   OptionGrid=Opt;
   AvgGrid=Avg;
   end
   %SUBFUNCTION
   function v=fmax(s0,u,d,i,j)
   sumV=0;
   for k=0:(j-1)
      sumV=sumV+Sv(s0,u,d,i-k,j-k);
   end;
   for k=j:(i-1)
      sumV=sumV+Sv(s0,u,d,i-k,1);
```

```
end;
v=sumV/i;
end
%%%%%
function v=fmin(s0,u,d,i,j)
sumV=0;
for k=0:(i-j)
    sumV=sumV+Sv(s0,u,d,i-k,j);
end;
for k=(i-j+1):(i-1)
    sumV=sumV+Sv(s0,u,d,i-k,i-k);
end;
v=sumV/i;
end
%%%%%
function s=Sv(szero,u,d,i,j)
    s=szero*u^(i-1)*d^(2*(j-1));
end
```

【例 11-4】 亚式期权定价结果。某亚式期权标的物为一只不分红的股票，股票价格为 50 美元。期权执行价格是 50 美元，股票价格的波动率是 40%，无风险利率是 10%，到期日是一年以后。在这种情况下有，$S_0=50$，$K=50$，$r=10\%$，$q=0$，$\sigma=0.4$，$T=1$。期权的行权价格为最后两个月股票价格的算术平均。

将一年的时间点分成 60 个间隔，则最后两个月的股票平均价格就是最后 10 个节点的价格数据。利用本节的代码可以得到如下结果。

在 MATLAB 命令窗口中输入如下命令：

```
>> [Price OptionGrid AvgGrid] = asiaoptioneur(50,0.4,50,0.1,0,1,60,10);
```

得到的价格为 7.47。

在不同的时间划分下，不同的行权价格平均下得到不同的结果，如表 11-1 所示。

表 11-1　亚式期权定价结果

时间节点 \ 平均数目	4	10	30	50
20	7.17	5.87	5.57	5.55
40	9.09	6.67	5.68	5.59
60	10.88	7.47	5.92	5.66
80	12.64	8.24	6.22	5.80

11.6 回望期权

11.6.1 回望期权简介

回望期权（Lookback Options）的收益依赖于在期权存续期内，标的物资产价格所达到的最大值或最小值。根据不同的定义，回望期权根据执行价格是否固定分成两个大类，第一类是固定执行价格的回望期权，第二类是浮动执行价格的回望期权。其到期收益分别如下：

$$c_{\text{fixed}} = \max(0, S_{\max} - X) \qquad p_{\text{fixed}} = \max(0, X - S_{\min})$$
$$c_{\text{float}} = \max(0, S - S_{\min}) \qquad p_{\text{float}} = \max(0, S_{\max} - S)$$

可见，对于固定执行价格的回望期权来说，其执行价格是确定的，而到期价格是过程中对期权持有者最有益的价格——即看涨期权的到期价格是标的资产价格在期权存续期内的最大值，而看跌期权的到期价格是标的资产在期权存续期内的最小值。

对于第二类浮动执行价格的回望期权，一个欧式看涨期权意味着期权的持有者可以以期权存续期内的最小价格买入，而后以当前价格 S 卖出，获取的收益是 $c_{\text{float}} = \max(0, S - S_{\min})$；而对于一个这样的欧式看跌期权来说，意味着期权的持有者可以以过程中标的资产所达到的最大价格卖出，当前的买入价就是到期价格 S，这样，其持有收益是 $p_{\text{float}} = \max(0, S_{\max} - S)$。

对于第二种类型的欧式回望期权，其价格存在解析解如下。

对于这样的欧式看涨期权，在初始时，其价格是：

$$S_0\,\mathrm{e}^{-qT} N(a_1) - S_0\,\mathrm{e}^{-qT} \frac{\sigma^2}{2(r-q)} N(-a_1) - S_{\min}\,\mathrm{e}^{-rT}\left[N(a_2) - \frac{\sigma^2}{2(r-q)}\mathrm{e}^{Y_1} N(-a_3)\right]$$

其中参数如下：

$$a_1 = \frac{\ln(S_0 / S_{\min}) + (r - q + \sigma^2/2)T}{\sigma\sqrt{T}}$$

$$a_2 = a_1 - \sigma\sqrt{T} = \frac{\ln(S_0 / S_{\min}) + (r - q - \sigma^2/2)T}{\sigma\sqrt{T}}$$

$$a_3 = \frac{\ln(S_0 / S_{\min}) + (-r + q + \sigma^2/2)T}{\sigma\sqrt{T}}$$

$$Y_1 = \frac{2(r - q - \sigma^2/2)\ln(S_0 / S_{\min})}{\sigma^2}$$

其中 $S_{\min}$ 是期间标的资产价格达到的最小值，如果是在 t=0 的时刻，则 $S_{\min} = S_0$。

同样给出此类回望看跌期权的定价公式：

$$S_{\max}\,\mathrm{e}^{-rT}\left[N(b_1) - \frac{\sigma^2}{2(r-q)}\mathrm{e}^{Y_2} N(-b_3)\right] + S_0\,\mathrm{e}^{-qT}\frac{\sigma^2}{2(r-q)} N(-b_2) - S_0\,\mathrm{e}^{-qT} N(b_2)$$

其中参数如下：

$$b_1 = \frac{\ln(S_{\max} / S_0) + (-r + q + \sigma^2/2)T}{\sigma\sqrt{T}}$$

$$b_2 = b_1 - \sigma\sqrt{T} = \frac{\ln(S_{\max} / S_0) + (-r + q - \sigma^2/2)T}{\sigma\sqrt{T}}$$

$$b_3 = \frac{\ln(S_{\max}/S_0) + (r - q - \sigma^2/2)T}{\sigma\sqrt{T}}$$

$$Y_2 = \frac{2(r - q - \sigma^2/2)\ln(S_{\max}/S_0)}{\sigma^2}$$

对于如上的欧式回望期权定价是较为简单的，下面通过实例介绍美式回望期权的定价过程。通过美式回望期权的定价分析，希望读者能够掌握路径依赖期权的一般定价方法。

11.6.2 定价的二叉树方法

假设有一只股票，初始价格是 50 美元，股票价格的年波动率是 40%，无风险利率为 10%，期权到期日为 1 年以后。求以此股票为标的物的美式回望看跌期权的价格。

此问题是典型的对于路径依赖期权的求解问题。理论上，对于路径依赖期权的求解是需要包含全部股票价格路径信息的，即期权的最终价格应当不仅仅取决于股票价格的最后状态，还取决于到达这种状态的路径。

一般来说，由于路径的任意可达性，对于此类问题很难存在一个标准的解析解。因此数值方法对于此类路径依赖期权的定价就存在很重要的意义。这里我们给出一个程序上的设计思路，方便读者在以后的学习工作中能够自行设计所需定价程序。

首先对于一个美式看跌回望期权，其一个典型特征就是存在提前执行的可能性，因此在任何一步都要做判断：回望期权是否会被提前执行?

解决问题的第一步是构造相应的二叉树来模拟股票价格的随机运动。根据 CRR 二叉树的构建过程得到相应的参数如下：$S_0 = 50$，$\sigma = 0.4$，$r = 10\%$，$\Delta t = 1/12$，$u = 1.1224$，$d = 0.8909$，$a = 1.0084$，$p = 0.5073$。

关于 CRR 二叉树的构造，读者可以参考第 9 章中关于二叉树的构建部分。根据如上参数得到一个如图 11-7 所示的二叉树。

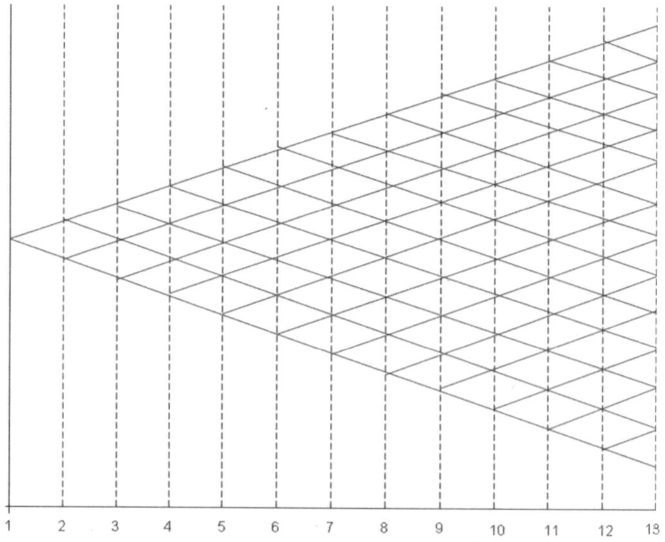

图 11-7　回望期权定价中的股票价格二叉树

在这里，我们将整个时间分成 12 个小的时间段，便于说明，做如下规定：时间原点规定为 1，对于每一个时间的横截面 $t=i$，从上到下的每个节点编号为 $1,2,\cdots,j_{\max}$，其中 $j_{\max}=i$。这样对于每一个节点都存在唯一的一个坐标 (i,j) 与其对应。

节点(i,j)处的股票价格应当是 $S_0u^{i-1}d^{2(j-1)}$。根据此公式，则对应构建的股票价格二叉树上三角矩阵 $\boldsymbol{S}$ 是非常简单的。

由于是一个美式的看跌回望期权，其在执行时的收益应当是 $\max(S_{\max}-S_{\tau},0)$，其中 S_{τ} 是在时间 τ 时美式看跌回望期权的被执行价格；$S_{\max}$ 是在这个过程中股票价格所触及的最大价格。

根据以上分析，对于一个非边界的节点 A，坐标为(i, j)(即 $i\neq j, j\neq 1$)，所有达到 A 点的路径中，可能的最大值不小于其在(i, j)点的股票价格 $S(i,j)$；而此最大值的可能上限不能超过图 11-8 中 D 点所示，而其中的 B 点和 C 点均是 $S_{\max}$ 的可能取值。

根据如上的分析，对于点 A，坐标为(i, j)，到达此点的所有路径可能的最大值并不是非常多，只有 j 有可能性，$S_{\max}=S(i-k,j-k)$，其中 $k=0,2,\cdots,j-1$。

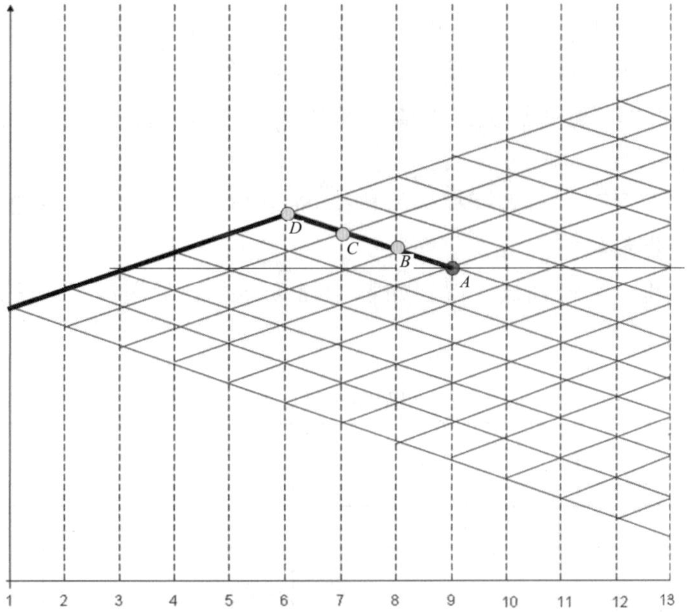

图 11-8　回望期权定价中的极大值路径

如上的分析对于我们进行下一步的分析是非常重要的。在第 9 章中，二叉树法对期权的定价是从二叉树的末端开始回溯进行的。在这里也是一样。但需要注意一点，在未能获知具体路径的时候，无法确定 $\tau=13$ 时的回望期权价格，因此考虑在 $\tau=12$ 时的情况。

对于 $\tau=12$ 时的一个节点$(12,j)$，在非边界点的情况下，即 $j\neq 12, j\neq 1$时，总共有 j 种可能的最大值，分别为 $S_{\max}^{k}=S(i-k,j-k)$，其中 $k=0,2,\cdots,j-1$。我们需要根据每一种不同的情况进行分析，并且在每一种情况下，需要判断期权是否会被提前执行。

第一步是需要根据不同的情况确定在没有被提前执行的情况下，期权的价格。比如考虑节点(12,3)，首先到达此节点的所有路径中，最大值可能存在三种情况，分别是在节点(12, 3)、(11, 2)、(10, 1)的价格，即 $S(12,3)$、$S(11,2)$、$S(10,1)$。

如果 $S(12,3)=112.20$ 是历史路径的最大值，在这种情况下，在 t=13 的时候，价格可能运行到 $S(13,3)$，也可能运行到 $S(13,4)$。

如果在节点(12,3)时，期权没有被提前执行，则在 t=13 时，价格为 $S(13,3)$=125.94 或者 $S(13,4)$=99.97，由于 t=13 是到期日，根据回望看跌期权的定义，此时两种情况下对应的期权价格分别是 125.94 – 125.94=0 和 112.20 – 99.97=12.23。

根据风险中性定价法则，可以得到在这种情况下期权的价格为：

$$e^{-r\Delta t}(p*\{\max[S(12,3),S(13,3)]-S(13,3)\}+q*\{\max[S(12,3),S(13,4)]-S(13,4)\})=5.98$$

以上只是考虑了没有提前执行的情况，如果回望期权被提前执行，则实现的收益应当是 $S_{\max}-S(13,4)=S(13,4)-S(13,4)=0$，因此可以看出期权的价格应当是两者中较大的值，在这种情况下，期权并不会被提前执行。

同样在节点(12, 3)，如果历史最大值是 $S(11, 2)$，则按照相同的计算办法，在没有提前执行的情况下，计算得到期权的价格为 12.69。

在提前执行的情况下，得到期权的价格是 $S(11, 2)$ – S(12, 3)=13.73>12.69，因此理性的情况下，期权会被提前执行，这种情况下提前执行获得收益将要比持有到期大。

同样在节点(12, 3)，如果历史最大值是 $S(10,1)$，在没有提前执行的情况下，计算得到期权的价格为 27.98。

在提前执行的情况下，得到期权的价格是 $S(10,1)$ – S(12,3)=29.15>27.98，因此理性的情况下，期权会被提前执行。

对以上计算过程，进行抽象，得到如表 11-2 所示的计算过程。对于任何一个节点(i,j)计算法则如表 11-2 所示。

表 11-2　回望期权节点处价格计算

序号 k / 变量	1	2	…	j-1	j
$S_{\max}$	$S(i,j)$	$S(i-1,j-1)$		$S(i-(k-1),j-(k-1))$	$S(i-(k-1),j-(k-1))$
提前执行时期权价格	X_1	X_2		X_{j-1}	X_j
未提前执行时期权价格	X'_1	X'_2		X'_{j-1}	X'_j
期权价格	$\max(X_1,X'_1)$	$\max(X_2,X'_2)$		$\max(X_{j-1},X'_{j-1})$	$\max(X_j,X'_j)$

即在节点(i, j)，根据路径上的最大值不同，分成 j 种情况，对应每种情况下，提前执行时期权的价格 X_k 是比较容易计算的，$X_k=S(i-(k-1),j-(k-1))-S(i,j)$。

难于计算的是在未提前执行的情况下期权的价格。这种情况下应当是在风险中性测度下在 $t=i+1$ 时相邻节点期权价格的期望以无风险利率折现的结果。难点在于需要知道下一个时间段期权的价格。

因此根据回溯法有，如果已经得到了下一个阶段的所有节点在所有状态下的期权价格，则在当前时间下如果期权处于 k 状态，即其最大值是 $S(i-(k-1),j-(k-1))$。当 k>1

时，则 $S(i-(k-1), j-(k-1))$ 就是在下一个时间截面上的最大值。

不同时期的价格存在如下的递推关系：

$$S(i-(k-1), j-(k-1)) = S(i-(k-1)+2, j-(k-1)+1) = S(i+1-[(k-1)-1]), j-[(k-1)-1])$$

即当前价格的最大值处于 k 状态的情况下，在价格处于上升时，对应的下一个时期期权的价格对应的应当是价格的最大值处于 $k-1$ 状态下的期权价格；在价格处于下降时，对应的下一个时期期权的价格对应的应当是价格的最大值处于 k+1 状态下的期权价格。

如图 11-9 所示，在 A 点如果对应的历史路径的最大值是 B 点所代表的价格，则：

（1）如果价格处于上升状态达到 E 点，则对应的 E 点的最大价格就是 B 点的价格，此时 B 点和 E 点的股票价格是相同的，对应的是 E 点 k=2－1=1 的状态。

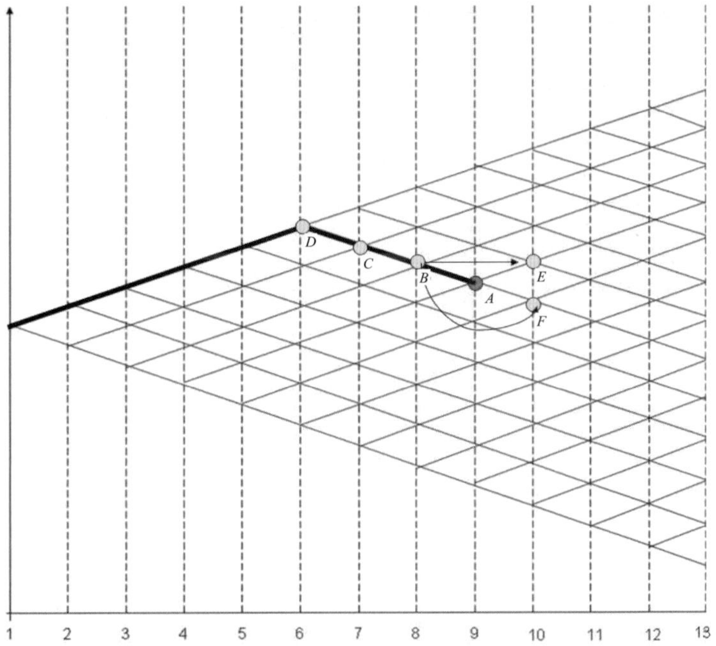

图 11-9　回望期权的价格演化递推关系

（2）如果价格处于下降状态到达 F 点，则对应的 F 点的最大价格就是 B 点的价格，此时对应的是 F 点的 k=2+1=3 的状态。在 k=1 时，即 A 点的最大价格就是 A 点的价格。

（3）如果价格处于上升状态达到 E 点，则新的最大价格就是 E 点的价格，对应 E 点的 k=1 状态；如果价格下降达到 F 点，则最大价格仍然是 A 点的价格，对应 F 点的 k=2 状态。

根据如上分析则采用回溯的方法计算期权的价格时，从到期日开始计算每个节点，对应的每种状态下的期权价格。在计算前一个时期不同状态下对应的期权价格时需要找出对应的下一个时间截面对应的状态方可。

在 MATLAB 中，为使我们的程序清晰，这里采用元胞矩阵的形式进行数据存储，每一个元胞是一个 struct 型数据，包含如下几个域。

- Position(i, j)：用以标记节点的坐标，是一个 1×2 的向量。

- StrikeV：提前执行的情况下对应的期权价格，是一个 $1\times j$ 的向量。对应的公式为：$X_k = S(i-(k-1), j-(k-1)) - S(i,j)$。
- NoStrikeV：没有提前执行的情况下对应的期权价格，对应的是一个 $1\times j$ 的向量。
- OptV：期权价格，对应的公式是 max(StrikeV,NoStrikeV)，对应的是一个 $1\times j$ 的向量。

根据 Position 和 K 的值就可以判定节点的股票价格和历史路径上的最大值。核心是计算 NoStrike。根据上面的分析，可以知道有如下的递推公式：

$$X\{i,j\}.\mathrm{NoStrikeV}(1) = \mathrm{e}^{-r\Delta t}[p * X\{i+1,j\}.\mathrm{NoStrikeV}(1) + q * X\{i+1,j+1\}.\mathrm{NoStrikeV}(2)]$$

$$X\{i,j\}.\mathrm{NoStrikeV}(k) = \mathrm{e}^{-r\Delta t}[p * X\{i+1,j\}.\mathrm{NoStrikeV}(k-1) + q * X\{i+1,j+1\}.\mathrm{NoStrikeV}(k+1)]$$

其中第一个公式对应的是 k=1 的情况；第二个公式对应的是 k>1 的情况。

完成了如上的递推关系后，即可开始对其定价。

11.6.3 回望期权定价程序

根据前面的分析，回望期权的定价代码实现如下：

```
function putprice = lookbackusa(s0,sigma,rfrate,q,t,ngrid)
%计算美式看跌回望期权价格的函数
%生成 CRR 二叉树所需要的参数
a=exp((rfrate-q)*t/ngrid);
u=exp(sigma*(t/ngrid)^0.5);
d=1/u;
p=(a-d)/(u-d);
q=1-p;
%为存储数据的元胞数组分配内存空间，并对 Position 和 K 两个进行
X=cell(ngrid+1,ngrid+1);
for i=1:(ngrid+1)
    for j=1:i
        for k=1:j
            %计算如果提前执行时期权的价格，其中的 S 函数参看 SUBFUNCTION
            X{i,j}.StrikeV(k)=S(s0,u,d,i-k+1,j-k+1)-S(s0,u,d,i,j);
        end;
        %在到期日时，期权的价格就是执行价格
        if(i==ngrid+1)
            X{ngrid+1,j}.OptV=X{ngrid+1,j}.StrikeV;
        end;

    end;
end;
for subi=ngrid:-1:1
for subj=1:subi
    %对于 k=1 的情况，单独列出
        X{subi,subj}.NoStrikeV(1)=exp(-rfrate*t/ngrid)*...
                (p*X{subi+1,subj}.OptV(1)+q*X{subi+1,subj+1}.OptV(2));
        if(subj>1)
            for subk=2:subj
```

```
                %利用风险中性定价公式对期权在没有提前执行的情况下进行定价
              X{subi,subj}.NoStrikeV(subk)=exp(-rfrate*t/ngrid)*...
(p*X{subi+1,subj}.OptV(subk-1)+q*X{subi+1,subj+1}.OptV(subk+1));
            end;
         end;
         %对于期权的价格，应当是提前执行和未提前执行两种情况中较大的值
X{subi,subj}.OptV=max(X{subi,subj}.NoStrikeV,X{subi,subj}.StrikeV);
      end;
   end;
   %回溯到原点即得到美式看跌回望期权的价值
   putprice=X{1,1}.OptV;
   end
   %SUBFUNCTION
   %此代码段为计算二叉树上不同节点处股票价格而编写
   function s=S(szero,u,d,i,j)
      s=szero*u^(i-1)*d^(2*(j-1));
   end
```

【例 11-5】 回望期权定价。假设有一只股票，初始价格是 50 美元，股票价格的年波动率是 40%，无风险利率为 10%，期权到期日为 1 年以后。求以此股票为标的物的美式回望看跌期权的价格。

需要注意的是，上述代码的定价是对于浮动行权价格的回望期权进行定价，即期权没有一个固定的行权价格，对于一个看跌期权来说，其到期价格是路径最大值和当前价格的差。

在 MATLAB 命令窗口中输入如下命令：

```
>> lookbackusa(50,0.4,0.1,0,1,20)
```

这里我们将时间区间分成了 20 个小的区间，得到如下结果：

```
ans =
  13.4036
```

即美式回望看跌期权的价格是 13.40 美元。对于有固定行权价格的回望期权，读者可以参考上述代码自行编写。MATLAB 自带的定价函数为 lookbackbycrr。

11.7 障碍期权

11.7.1 障碍期权简介

障碍期权（Barrier Options）是当价格触及某个设定的价格时，期权被激活或取消。一般来说，障碍期权也具有一般的普通期权的特征：看涨或看跌期权，美式或欧式期权。但是有其独特的地方：

- 障碍设定在当前价格之上或者之下（Up or Down）。
- 敲入还是敲出（In or Out）。

按照这两个特征，障碍期权可以分成 4 类：up-in、up-out、down-in 和 down-out。

比如作为上升敲出期权是指设定一个价格的上限，此上限在当前价格之上，当标的物价格达到或触及此上限的时候，期权失效。

让我们来看一下这样的一个期权有什么样的特征。当前 IBM 的股票价格为 100 美元，你认为未来 3 个月 IBM 的股票会上涨，但是上涨幅度并不会非常大，你认为其股票价格应低于 120 美元，3 个月的目标价为 115 美元左右。

因此，购入看涨期权，但是由于需要付出期权费，而一般期权的期权费较高，因此根据对 IBM 股票的预测，决定买入一个障碍期权，上升敲出看涨期权，设定障碍值为 120 美元，即当 IBM 股票价格低于 120 美元时，这是一个普通的看涨期权，一旦 IBM 股票价格涨幅过高，触及 120 美元，则期权自动失效。这相当于为期权的出售者提供了一个止损的界限，因此这样的一个障碍期权的价格相对于普通期权来说，会变得相对便宜。

根据上面的描述，对于一个上升敲出的看涨期权来说，当采用二叉树对期权进行定价，当股票价格在障碍之上时，将期权的价格设定为 0 即可，然后采用和普通期权一样的定价方案进行定价即可。

但是存在一个问题：即设定的障碍水平并不一定正好落在节点水平上，对于这样的情况应当如何处理？

如图 11-10 所示，存在这样的情况，障碍水平正处于两个节点水平之间，这种情况的一种解决办法就是将分步增多，细化间隔，通过这种方式减小误差，但是这样会极大地增加计算的复杂程度，并不是一个很好的选择。

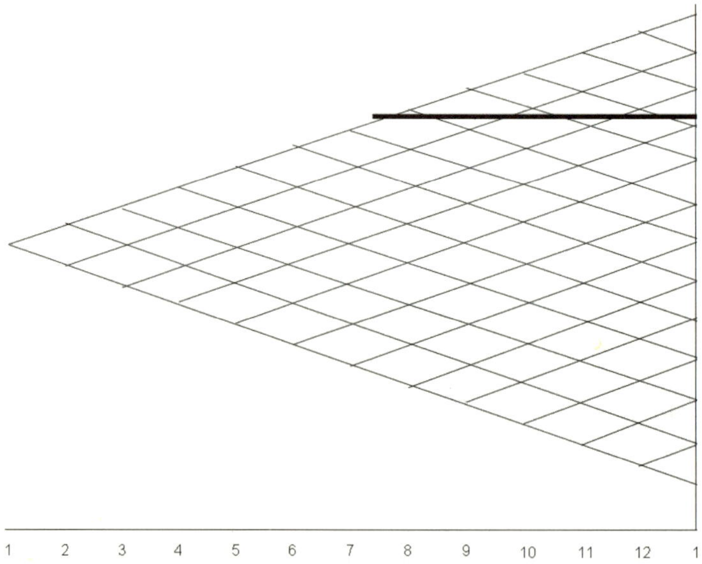

图 11-10　对于障碍价格部落在二叉树节点上的情况

从计算的角度来说，一般遇到这种情况可以采用线性插值的方法。首先选定最为临近障碍水平的两个节点水平，分别作为内障碍水平和外障碍水平，如图 11-11 所示。分别计算出以内障碍水平和外障碍水平作为障碍的障碍期权价格后，用线性插值法得到相应障碍水平的价格。

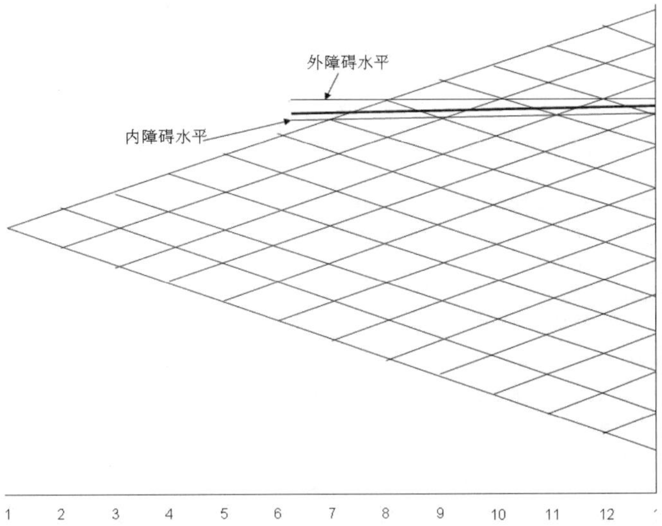

图 11-11　内障碍水平和外障碍水平

11.7.2　障碍期权定价实例及程序

假设 IBM 的股票当前价格为 100 美元，预测其股票价格在未来 3 个月会上升，但是不会超过 120 美元。有一基于 IBM 股票的障碍期权，为欧式上升敲出看涨期权，行权价格为 100 美元。已知股票波动率为 40%，没有分红，无风险利率为 10%。计算此欧式障碍期权的合理价格应当是多少。

在这里，采用二叉树方法对此期权进行定价。由于这里并没有涉及太多的路径问题，因此直接采用 ***S*** 矩阵来存储所生成的二叉树，用 ***C*** 矩阵来存储对应的普通期权的价格。用 ***Opt*** 矩阵来存储由于障碍敲出而导致的期权价格为 0 的情况的期权价格矩阵。

首先，计算参数后生成二叉树矩阵 ***S***，同以前做法一样，利用两个循环构建二叉树。

其次，构建在到期日的期权价格，到期日的收益特征是障碍期权不同于普通期权的特征。

对于一个上升敲出期权看涨期权来说，如果到期日的价格在障碍之上，则期权价值失效，因此没有任何价值。

代码如下：

```
function price= barrier(s0,sigma,strike,rfrate,q,t,ngrid,barrier)
%计算一个欧式的 Up-out call 期权
%【步骤 1】：计算生成二叉树所需参数
a=exp((rfrate-q)*t/(ngrid-1));
u=exp(sigma*(t/(ngrid-1))^0.5);
d=1/u;  p=(a-d)/(u-d);  q=1-p;
%计算内/外障碍阈值
for j=1:ngrid
    tmp(1,j)=S(s0,u,d,ngrid,j);
end;
outbarrier=min(tmp(tmp>barrier));
inbarrier=max(tmp(tmp<barrier));
```

```
%%%%%%%%%%%%%%%%%%%%%%%%%%%%%%%%%%%%%

%【步骤 2】: 根据外障碍计算得到期权的价格
for i=ngrid:-1:1
    for j=1:i
        if(i==ngrid)
            OptV(i,j)=max(S(s0,u,d,i,j)-strike,0);
            if(S(s0,u,d,i,j)>=outbarrier)
                OptV(i,j)=0;
            end;
        end;
        if(i~=ngrid)
            if(S(s0,u,d,i,j)>=outbarrier)
                OptV(i,j)=0;
            else
                OptV(i,j)=exp(-rfrate*t/(ngrid-1))*(p*OptV(i+1,j)+q*OptV
(i+1,j+1));
            end;
        end;
    end;
end;
%记录下计算出的期权价格
outprice=OptV(1,1);
%【步骤 3】: 根据内障碍计算得到期权的价格
for i=ngrid:-1:1
    for j=1:i
        if(i==ngrid)
            Opt(i,j)=max(S(s0,u,d,i,j)-strike,0);
            if(S(s0,u,d,i,j)>=inbarrier)
                Opt(i,j)=0;
            end;
        end;
        if(i~=ngrid)
            if(S(s0,u,d,i,j)>=inbarrier)
                Opt(i,j)=0;
            else
                Opt(i,j)=exp(-rfrate*t/(ngrid-1))*(p*Opt(i+1,j)+q*Opt(i+1,j+1));
            end;
        end;
    end;
end;
%记下计算出的期权价格
inprice=Opt(1,1);
%由于采用的障碍并不是设定的障碍值，采用线性插值法得到对应障碍的期权价格
price=inprice+(outprice-inprice)/(outbarrier-inbarrier)*(barrier-inbarrier);
end

%SUBFUNCTION: 计算二叉树节点(i,j)所对应的股票价格
function s=S(szero,u,d,i,j)
    s=szero*u^(i-1)*d^(2*(j-1));
```

```
end
```

根据如上函数得到上述障碍期权的定价：

```
>> barrier(100,0.4,100,0.1,0,0.25,50,120)
ans =
    1.1496
```

而一个普通的香草型期权的价格是：

```
>> [Call,Put] = blsprice(100, 100, 0.1, 0.25, 0.4, 0)
Call =
    9.1629
Put =
    6.6939
```

可见得到的普通香草型期权的价格是相当高的，通过障碍期权可以有效地降低期权投资成本。

11.8 二值期权

11.8.1 二值期权简介

二值期权（Binary Options）又称为数字期权，是由于其收益是一个阶梯函数。对于一个看涨二值期权来说，其到期收益如图 11-12 所示。

$$C=\begin{cases} A & \text{如果到期价格大于 } S \\ 0 & \text{如果到期价格小于等于 } S \end{cases}$$

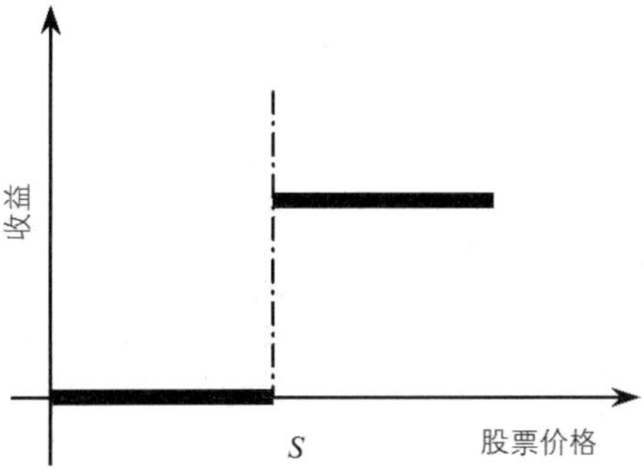

图 11-12　二值期权

对于一个欧式看涨二值期权来说，当到期日价格大于执行价格 S 时，期权多头可获得数量为 A 的现金，而不论股票的价格是多少，在到期日如果股票价格低于 S，则没有任何收益。

这里仍然采用二叉树方法对其进行定价，如图 11-13 所示。

欧式二值看涨期权同普通看涨期权的唯一不同就是在到期日的收益，根据公式 $C=\frac{\max(S_T-\text{Strike},0)}{S_T-\text{Strike}}A$ 可以得到二值期权的到期收益公式，根据二叉树的回溯法即可得到期权的价格。

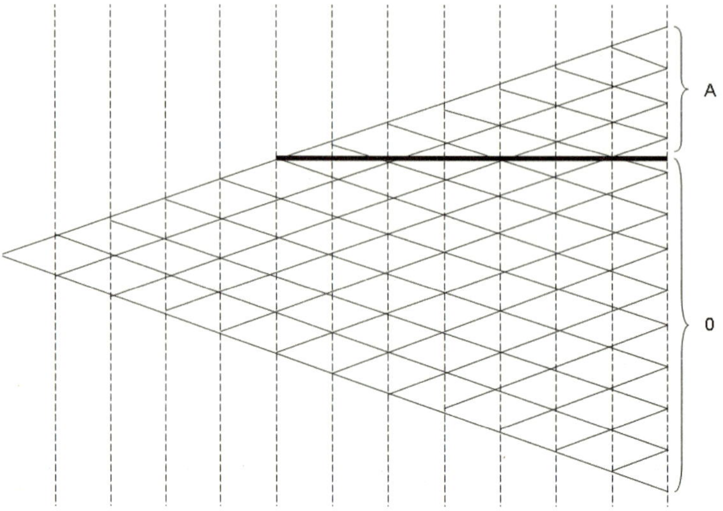

图 11-13　二值期权执行价格

11.8.2　二值期权定价程序

根据前面的分析，二值期权的定价代码实现如下：

```
function price = binary( s0,sigma,strike,rfrate,q,t,ngrid,cashamount)
%计算欧式看涨二值期权价格
a=exp((rfrate-q)*t/(ngrid-1));
u=exp(sigma*(t/(ngrid-1))^0.5);
d=1/u;
p=(a-d)/(u-d);
q=1-p;
X=zeros(ngrid, ngrid);
for i=ngrid:-1:1
    for j=1:i
        if(i==ngrid)
            if(S(s0,u,d,i,j)>=strike)
                X(i,j)=cashamount;
            else
                X(i,j)=0;
            end;
        end;
        if(i~=ngrid)
            X(i,j)=exp(-rfrate*t/(ngrid-1))*(p*X(i+1,j)+q*X(i+1,j+1));
        end;
    end;
end;
price=X(1,1);
end
%计算对应节点的价格
function s=S(szero,u,d,i,j)
    s=szero*u^(i-1)*d^(2*(j-1));
end
```

下面通过实例来讲解关于二值期权定价函数的应用。

【例 11-6】 二值期权定价实例。当前无风险利率为 5%，当前股票价格为 50 美元，波动率为 40%，无分红，到期时间为 1 年。当到期价格在 60 美元以上时，期权持有者将获得 10 美元的收益；反之则无任何收益。请计算此二值期权的价格。

在 MATLAB 命令窗口中输入如下命令：

```
>> binary( 50,0.4,60,0.05,0,1,30,10)
```

得到：

```
ans =
   3.1182
```

可见此二值期权的价格为 3.12 美元，其中在计算过程中将时间分成了 30 个小区间。

11.9 基于多资产的期权

在实际交易中，期权并不一定是基于单个标的资产的期权，有时期权是基于多个资产的。一般来说，多资产期权的分类很多，常见的有彩虹期权（Rainbow Options）、价差期权（Spread Options）、一篮子期权（Basket Options）。其共同特点是期权的价值依赖于多个不确定的变量，不同的是到期日的期权价格计量不同。

对于多资产期权，一般的二叉树方法将不再是一个有效的方法，其计算的复杂度一般情况下是按照指数增长的，这为数值计算带来了很大的障碍。这种情况下，对于这类多资产期权常采用的方法是蒙特卡罗模拟。

为此本节先介绍关于蒙特卡罗模拟技术的基本知识，然后将蒙特卡罗模拟应用于价差期权的价格求解上。

11.9.1 蒙特卡罗模拟

蒙特卡罗模拟是基于随机模拟的一种数值方法。股票的价格是一个随机变量，而期权的价格又是基于股票价格的，因此通过对股票价格的随机模拟来计算期权价格是可行的。从理论上说，用蒙特卡罗模拟对期权的定价，要点在于股票的价格是不是一个可以描述的随机过程。

蒙特卡罗模拟的第一步是产生股票价格的随机路径。此处的核心是关于正态随机变量的生成。在 MATLAB 计算环境下，random 函数是一个很好的选择，MATLAB 中的 random 函数支持超过 20 种常见随机变量的生成，并不需要程序员自己生成。对于常见的正态分布可以采用函数 randn。

然后是根据模拟的随机路径计算期权的收益。这点是核心，对于路径相关期权在随机模拟的过程中，模拟的中间点的值就会十分重要。

例如，对于回望期权来说，需要求得模拟路径上的最大值方能计算期权的收益，因此路径值的记录非常重要。而对于只依赖于到期日价格的期权来说，则最后的价格状态是核心，而对于具体的路径并不是很关心，对于此类期权，在后面的介绍中会发现，在假设股票价格是对数正态分布时，会有简单的结果。

然后不断地重复以上两步，产生大量样本，计算每一个样本路径下的收益情况，接着在风险中性环境中，用无风险利率折现得到期权的价格。最后按照等权平均，即简单算术平均的方式得到期权的价格。

假设在风险中性环境中股票的价格遵循的布朗运动为如下形式：

$$\mathrm{d}S = \hat{u}S\mathrm{d}t + \sigma S\mathrm{d}z$$

请注意上述公式中 $\mathrm{d}z$ 是一个标准布朗运动，而 $\hat{u}$ 是一个在风险中性世界中的收益率，而不是现实世界中的收益率概念。

需要提醒读者的是，蒙特卡罗模拟是建立在风险中性世界中的，因此当标的物是一个股票时，$\hat{u}=r-q$，r 是无风险利率，q 是股票的分红率；当标的物是外汇时，$\hat{u}=r-r_f$，其中 r_f 是外国货币的利率。这个和股票类似，外国货币将其看作一种和股票类似的具有固定“分红率” r_f 的“股票”资产。

将上述连续模型离散化，得到一个离散的股票价格运动公式：

$$S(t+\Delta t)-S(t)=\hat{u}S(t)\Delta t+\sigma S(t)\xi\sqrt{\Delta t}$$

$S(t)$ 是股票在时间 t 时刻的价格；ξ 是一个标准正态随机变量，均值为 0，方差为 1；Δt 为时间间隔。利用如上离散形式的公式，可以根据 t 时刻的股票价格和随机抽样，得到下一时刻 $t+\Delta t$ 的价格，这样进行到最后的时间点 T，得到一条完整的路径。

例如，一个股票的价格是 50 美元，波动率是 0.4，无风险利率是 10%，模拟此股票一年内的可能价格路径，其中假设股票符合上述布朗运动。将 T=1 等分成 50 个小时间间隔，并且这里只模拟 100 条路径。根据如下代码：

```
clear;clc;
rx=randn(100,50);
r=0.1;T=1;deltaT=1/50;sigma=0.4;
S=[100*ones(100,1) zeros(100,50)];
for i=1:50
S(:,i+1)=S(:,i)+S(:,i)*r*deltaT+sigma*deltaT^0.5*(S(:,i).*rx(:,i));
end;
plot(0:1/50:1,S);
```

得到如图 11-14 所示的模拟路径图。

在实际应用过程中，更精确的模拟不是从价格 S 入手，而是从价格的对数 $\ln(S)$ 入手进行模拟。假设价格服从的是 $\mathrm{d}S=\hat{u}S\,\mathrm{d}t+\sigma S\,\mathrm{d}z$ 所代表的布朗运动，则根据伊藤定理有 $\ln(S)$ 所符合的微分方程为：

$$\mathrm{d}\ln(S(t))=(\hat{\mu}-\sigma^2/2)\mathrm{d}t+\sigma\mathrm{d}z$$

因此，将上述随机过程改写为离散的形式，即

$$\ln S(t+\Delta t)-\ln S(t)=(\hat{\mu}-\sigma^2/2)\Delta t+\sigma\xi\sqrt{\Delta t}$$

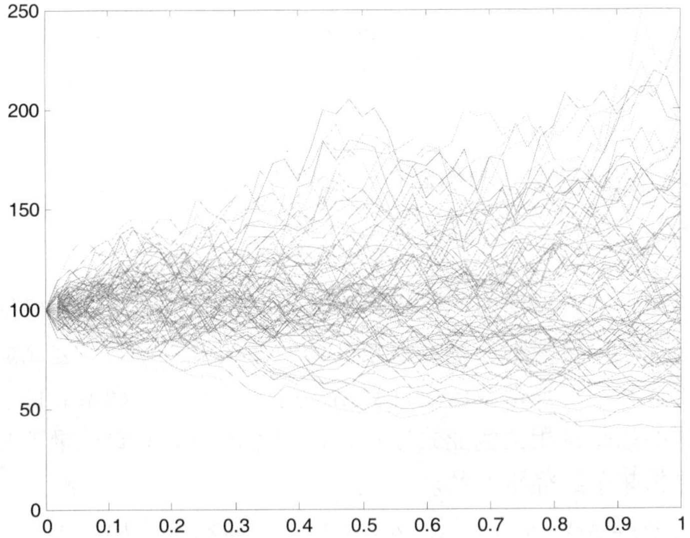

图 11-14　蒙特卡罗路径模拟

其等价形式为：

$$S(t+\Delta t)=S(t)\mathrm{e}^{(\hat{\mu}-\sigma^2/2)\Delta t+\sigma\xi\sqrt{\Delta t}}$$

进行价格对数的模拟有一个好处是，$\ln S(t)$遵循的是广义的维纳过程，这也就意味着上式可以改写为：

$$S(t+\Delta t)=S(t)\mathrm{e}^{(\hat{\mu}-\sigma^2/2)T+\sigma\xi\sqrt{T}}$$

上式对所有的 T 都是成立的，而 $S(t+\Delta t)=S(t)\mathrm{e}^{(\hat{\mu}-\sigma^2/2)\Delta t+\sigma\xi\sqrt{\Delta t}}$ 只有在 $\Delta t\to 0$ 时才成立。

两者在应用的角度，在对欧式期权定价中，如果期权的到期价格是不依赖于路径的，则采用广义维纳过程的形式，可以直接模拟得到到期价格，这样会极大提高模拟的效率。

而对于亚式期权这类依赖于路径的期权来说，其历史价格很重要，则需要在 $\Delta t\to 0$ 的情况下进行模拟，并记录下路径值。因此可以根据需要进行选择不同的形式。

【例 11-7】　蒙特卡罗法期权定价实例。假设一个刚刚发行的股票的执行价格是确定的，到期价格是期权存续期内价格的平均的亚式看涨期权。其标的物为一只不分红的股票，股票价格为 50 美元。期权执行价格是 50 美元，股票价格的波动率是 40%，无风险利率是 10%，到期日是一年以后。在这种情况下有 $S_0=50$，$K=50$，$r=10\%$，$q=0$，$\sigma=0.4$，$T=1$。试用蒙特卡罗模拟的方法对其进行定价，并同 11.5 节的二叉树法进行对比。

这里将一年的时间分成相等的 60 个间隔，则每个月包含了 5 个时间间隔，因此对于此亚式期权来说，相当于模拟路径的最后 5 个价格点的算术平均加作为到期价格去计算到期时的期权价格。

如果模拟了 N 个路径，对应于每一个路径，期权的到期收益为 $\mathrm{opt}V_i=\max(S_{\mathrm{avg}}^5-K,0)$，

其中 $i=1,2,\cdots,N$ 。期权的价格为 $\text{OptionPrice}=\frac{1}{N}\sum_{i=1}^{N}\text{opt}V_i$ ，则 $\text{Deviation}_{\text{OptionPrice}}=\frac{1}{N^2}\sum_{i=1}^{N}\text{Deviation}_{\text{opt}V_i}$ 。

如果假设每条路径所计算得到的期权不同的价格 $\text{opt}V_i$ 是独立的，并且是同分布的，则其标准差是相同的，这样上式可以简化为 $Std_{\text{OptionPrice}}=\frac{Std}{\sqrt{N}}$ 。

根据这个公式可知道，当模拟的路径数量增多时，得到的期权价格估算的标准误差是减小的。并且每增加一个数量级，标准误差变为原来的 0.362 倍，因此适当的增加模拟路径可以有效地减小误差，但是造成的是计算所需时间是按照指数增长的。

对于一个这样的强路径相关的亚式期权，模拟路径时有必要记录下其历史路径，因为其到期结算价格是依赖于路径平均的。

假设价格按照 $S(t+\Delta t)-S(t)=\hat{u}S(t)\Delta t+\sigma S\xi\sqrt{\Delta t}$ 进行，代码如下：

```
function [price sig]=mcmc(s0,strike,sigma,r,t,nrstep,nrpath)
%蒙特卡罗法计算欧式看涨亚式期权
%正态随机数生成
rx=randn(nrpath,nrstep-1);
deltaT=t/(nrstep-1);
%构建存储价格路径的矩阵
S=[s0*ones(nrpath,1) zeros(nrpath,nrstep-1)];
%模拟路径生成
for i=1:(nrstep-1)
S(:,i+1)=S(:,i)+S(:,i)*r*deltaT+sigma*deltaT^0.5*(S(:,i).*rx(:,i));
end;
%计算到期收益
pl=max(mean(S(:,1:end),2)-strike,0);
price=exp(-r*t)*mean(pl);
sig=std(pl)/nrpath^0.5;
end
```

在 MATLAB 命令窗口中输入如下命令：

```
>> [price sig]=mcmc(50,50,0.4,0.1,1,60,100000)
```

得到：

```
price =    5.5376
sig =    0.0291
```

所以期权的价格是 5.54，在 95%的置信水平下，期权价格的置信区间是:

$$[\mu-1.96\frac{Std}{\sqrt{N}},\mu+1.96\frac{Std}{\sqrt{N}}]=[5.48 \quad 5.59]$$

在不同的参数下模拟的结果如表 11-3 所示。

表 11-3 不同参数下的蒙特卡罗期权定价结果

时间区间数目＼模拟路径数目	1000	10000	100000
20	5.41/0.27	5.54/0.09	5.52/0.03
40	5.72/0.31	5.70/0.09	5.57/0.03
60	5.65/0.30	5.67/0.09	5.54/0.03

每个表格中的数据，前面的是期权价格，后面的数是对应的标准误差，由此可见，随着模拟路径的增加，标准误差是减小的。

可见在这种情况下，当模拟的路径为 100000 种时，得到的结果精确度已经非常高了。而且这个结果和 10.5 节中的二叉树计算结果 5.58 也是极为接近的。

蒙特卡罗模拟几乎可以解决所有的期权定价问题，由于不涉及提前执行的问题，本书中所有的例子都是基于欧式期权的。

而对于美式期权，由于涉及提前执行的问题，用蒙特卡罗模拟的时候，涉及的问题是如何判断提前执行的条件，为此很多学者做了众多的研究，感兴趣的读者可以参考相关资料。

11.9.2 相关随机变量的路径生成和 Cholesky 分解

在利用蒙特卡罗方法对多资产期权进行定价时，有时存在的问题是两个资产并不是完全独立的，而是存在某种相关性。如何产生具有相关性的两个随机变量是成为多资产期权定价的蒙特卡罗方法的核心。

这里我们不加证明，采用两个变量的情况进行验证。

假设两个随机变量 S_1, S_2 的相关系数为 ρ ，ξ_1, ξ_2 是两个独立的标准正态分布，则令：

$$S_1 = \xi_1$$

$$S_2 = \rho\xi_1 + \sqrt{1-\rho^2}\,\xi_2$$

可以验证，在这种情况下 S_1, S_2 是标准差为 1，均值为 0 的标准正态分布。并且由于 ξ_1, ξ_2 是相互独立的，所以 S_1, S_2 的相关系数为 ρ 。

上述结果是最简单情况下的 Cholesky 分解。下面将其推广到 n 个变量的情况。

对于 n 个随机变量 $S_1, S_2, \cdots, S_n$ ，其相关系数矩阵为：

$$\boldsymbol{\Pi}=\begin{bmatrix} 1 & \rho_{1,2} & \cdots & \rho_{1,n-1} & \rho_{1,n} \\ \rho_{2,1} & 1 & \cdots & \rho_{2,n-1} & \rho_{2,n} \\ \vdots & \vdots & \ddots & \vdots & \vdots \\ \rho_{n-1,1} & \rho_{n-1,2} & \cdots & 1 & \rho_{n-1,n} \\ \rho_{n,1} & \rho_{n,2} & \cdots & \rho_{n,n-1} & 1 \end{bmatrix}$$

其中 $\rho_{i,j} = \rho_{j,i}$ 且 $\rho_{i,i} = 1$ 。

构造 n 个独立随机变量 $\xi_1, \xi_2, \cdots, \xi_n$ ，定义如下：

$$s_1 = \alpha_{11}\xi_1$$

$$s_2 = \alpha_{21}\xi_1 + \alpha_{22}\xi_2$$
$$s_3 = \alpha_{31}\xi_1 + \alpha_{32}\xi_2 + \alpha_{33}\xi_3$$
$$\vdots$$

其中通项公式是 $s_i = \sum_{j=1}^{i}\alpha_{ij}\xi_j$ 。另 $\alpha_{11} = 1$，根据相关系数矩阵，有变量 s_i, s_j 的相关系数 $\rho(s_i, s_j) = \rho_{i,j} = \sum_{k=1}^{j}\alpha_{ik}\alpha_{jk}$ ，其中 $i \leqslant j$ 。用矩阵形式表示：

$$\boldsymbol{A} * \boldsymbol{A}^T = \boldsymbol{\Pi}$$

其中：

$$\boldsymbol{A} = \begin{bmatrix} \alpha_{1,1} & 0 & \cdots & 0 & 0 \\ \alpha_{2,1} & \alpha_{2,2} & \cdots & 0 & 0 \\ \vdots & \vdots & \ddots & \vdots & \vdots \\ \alpha_{n-1,1} & \alpha_{n-1,2} & \cdots & \alpha_{n-1,n-1} & 0 \\ \alpha_{n,1} & \alpha_{n,2} & \cdots & \alpha_{n,n-1} & \alpha_{n,n} \end{bmatrix}_{n\times n}$$

$\boldsymbol{A}$ 是一个下三角矩阵。Cholesky 分解的存在性转换成方程 $A * A^T = \Pi$ 的解是否存在的问题，这里我们不证明 Cholesky 分解的存在性，读者将其作为一个既定的事实接受即可：对于任何正定矩阵，Cholesky 分解是存在的，但是理论上对称矩阵并不一定是正定的，因此对于对称矩阵 Cholesky 的分解并不一定是存在的。

但对于在实际工程和金融中遇到的实对称矩阵，一般来说 Cholesky 分解是存在的。

使用 Cholesky 分解，可以很有效地得到上述 A 矩阵。在 MATLAB 计算环境中利用函数 chol 来计算 Cholesky 分解矩阵 A，但是需要注意的是 MATLAB 得到的 A 矩阵是一个上三角矩阵，结果经过转置即是所需下三角的 Cholesky 矩阵。

所以存在如下的方程：

$$\vec{s} = \boldsymbol{A}\vec{\xi}$$

即

$$\begin{bmatrix} s_1 \\ s_2 \\ \vdots \\ s_{n-1} \\ s_n \end{bmatrix} = \begin{bmatrix} \alpha_{1,1} & 0 & \cdots & 0 & 0 \\ \alpha_{2,1} & \alpha_{2,2} & \cdots & 0 & 0 \\ \vdots & \vdots & \ddots & \vdots & \vdots \\ \alpha_{n-1,1} & \alpha_{n-1,2} & \cdots & \alpha_{n-1,n-1} & 0 \\ \alpha_{n,1} & \alpha_{n,2} & \cdots & \alpha_{n,n-1} & \alpha_{n,n} \end{bmatrix} \begin{bmatrix} \xi_1 \\ \xi_2 \\ \vdots \\ \xi_{n-1} \\ \xi_n \end{bmatrix}$$

11.9.3 价差期权

价差期权（Spread Options）是对赌两个价格相对偏离程度的期权，常见于以利率为标准的衍生产品。例如，目前由于美国金融危机导致 AAA 公司债因信用风险溢价，其收益率远远高于国债。如果只是预测 AAA 公司债的收益率的上限是风险较大的事情，并且要承担美联储的政策调整风险。因此有人设计出的期权就可以是 AAA 公司债和国债收益率的价差。这就是价差期权的来源。

这里采用股票来进行讲解。假设存在 A 公司和 B 公司的两只股票，其价格分别是变量S_1,S_2，其中$S_1<S_2$。由于 A 和 B 两家公司在同一个行业里，其股价存在正的相关性，S_1,S_2的相关系数为ρ。

投资者发现相对而言S_1的股票被高估了，预计在将来S_1会降低，但是由于目前市场波动很大，行业前景并不是很确定，如果单独卖空 A 的股票，存在经济上行周期导致 A 股价上涨发生损失的可能性。

但是由于 A 和 B 两家公司同处一个行业，经济周期对两家公司的影响是相同的，由于 A 的股票被高估，可以采用做多 B，做空 A 的策略，这样可以对冲经济环境的影响，而只是承担 A 股票相对 B 股票被高估的风险。

设计期权的策略是，以S_2-S_1为标的，当在到期日此价差大于既定的行权价格，期权存在价值，否则没有价值。用公式表示就是：

$$V_T=\max(S_2-S_1-K,0)$$

【例 11-8】 价差期权定价实例。A 公司的股票当前价为$S_1=80$，B 公司股票价格$S_2=100$。先买入一个价差看涨欧式期权，期权到期日为 1 年以后，如果届时S_2和S_1的价差大于 20 元，则获得收益S_2-S_1-20的收益，即 K=20 元是行权价。否则收益为 0。其中S_1和S_2的相关系数$\rho=0.5$，两者的股票价格年波动率都是 40%。无风险利率是 10%。

用蒙特卡罗方法对此价差期权进行定价。

首先假设两者的股票都遵循布朗运动，并且在任何时刻两者的相关系数是稳定的 0.5。

股票价格遵循如下的运动：

$$S^{\mathrm{A}}(t+\Delta t)-S^{\mathrm{A}}(t)=rS^{\mathrm{A}}(t)\Delta t+\sigma S^{\mathrm{A}}(t)\xi_t^{\mathrm{A}}\sqrt{\Delta t}$$
$$S^{\mathrm{B}}(t+\Delta t)-S^{\mathrm{B}}(t)=rS^{\mathrm{B}}(t)\Delta t+\sigma S^{\mathrm{B}}(t)\xi_t^{\mathrm{B}}\sqrt{\Delta t}$$

其中$\rho(\xi_t^{\mathrm{A}},\xi_t^{\mathrm{B}})=\rho=0.5$。可见对于 A 和 B 价格的模拟核心在于构建$(\xi_t^{\mathrm{A}},\xi_t^{\mathrm{B}})$。

令$\xi_t^{\mathrm{A}}=x_1$，$\xi_t^{\mathrm{B}}=\rho x_1+\sqrt{1-\rho^2}x_2$，其中$x_1,x_2$是独立的标准正态随机变量。

对于 A 和 B 两只股票，模拟出 N 条路径，每条路径都按照$V_T=\max(S_2^T-S_1^T-K,0)$计算出到期的价差期权价值，然后 $\text{Price}=\frac{1}{N}\sum_{i=1}^{N}V_T^i$。代码如下：

```
    function price=
spreadoption( s01,s02,rho,sigma1,sigma2,strike,r,t,nrpath)
    %s01 和 s02 分别是标的资产的价格
    %sigma1 和 sigma2 分别是二者的波动率
    %strike 是执行价格
    %r 是无风险利率，t 是存续期
    %nrpath 是 MC 模拟的路径数量，一般计算机不要超过 100 万条
    %构建相关系数矩阵并进行 Cholesky 分解
    covm=[1 rho;rho 1];
```

```
A=chol(covm);A=A';
%构建相关的标准正态随机变量
S1=[s01*ones(nrpath,1) zeros(nrpath,nrstep-1)];
S2=[s02*ones(nrpath,1) zeros(nrpath,nrstep-1)];
%模拟路径值
for i=1:(nrstep-1)
    x=randn(nrpath,2);
    path=A*x';    S1(:,i+1)=S1(:,i)+r*deltaT*S1(:,i)+sigma1*deltaT^0.5*
(S1(:,i).*path(1,:)');    S2(:,i+1)=S2(:,i)+r*deltaT*S2(:,i)+sigma2*deltaT
^0.5*(S2(:,i).*path(2,:)');
    clear path x;
end;
%计算收益，并平均折现
pl=max(S2(:,end)-S1(:,end)-strike,0);
price=exp(-r*t)*mean(pl);
end
```

在 MATLAB 命令窗口中输入如下命令：

```
>> price= spreadoption( 80,100,0.5,0.4,0.4,20,0.1,1,31,100000)
price =   15.4259
```

即此看涨价差期权的价格是 15.4259。

上述代码在测试时，当路径的条数为 100 万条时，就会非常慢。需要注意的是，这里的假设是股票价格是遵循布朗运动的。

在欧式期权的情况下，由于到期收益和路径值没有关系，只和最终的价格状态有关，在假设价格的对数遵循布朗运动，即价格遵循广义 Wiener 过程（GWP）时则可以直接模拟最终价格。

```
function p=gwpspreadoption(s01,s02,sigma1,sigma2,strike,rho,r,t,npath)
covm=[1 rho;rho 1];
A=chol(covm)';
x=randn(2,npath);
s=A*x;
Spath(:,1)=s01*exp(((r-sigma1^2/2)*t+ t^0.5*sigma1*s(1,:)'));
Spath(:,2)=s02*exp(((r-sigma2^2/2)*t +t^0.5*sigma2*s(2,:)'));
pl=max(Spath(:,2)-Spath(:,1)-strike,0);
p=mean(pl)*exp(-r*t);
end
```

在 MATLAB 命令窗口中输入如下命令：

```
>> p=gwpspreadoption(80,100,0.4,0.4,20,0.5,0.1,1,1000000)
p =   15.4406
```

得到价差期权的价格为 15.4406，而且耗时不足 3 秒。

总结上述两段代码，在期权的到期收益只依赖于最终价格状态而不依赖于历史价格时，若采用广义 Wiener 过程（GWP），会使得算法的效率提高很多。而在依赖于价格路径时，只能一步一步来进行计算，会使得计算所耗费的时间和计算资源相当巨大。

11.9.4 彩虹期权

彩虹期权（Rainbow Options）也是一类常见的多资产期权。如果有 n 项资产，彩虹期权的到期收益取决于一篮子标的资产中最好的，或者最坏的，或者次好的等。

假设有 n 项资产的到期日价格按照从小到大的顺序排列分别是 $s_1, s_2, \cdots, s_n$，则彩虹期权根据不同的级别会有不同的收益。比如，一篮子资产中最好的，则收益为 $s_n - K$。i 级彩虹期权的到期收益为 $s_i - K$。

在 MATLAB 中，通常采用的是对价格向量用 sort 函数进行排序，然后根据不同的条件进行不同的选取。

【例 11-9】 彩虹期权定价实例。有三只股票 A、B 和 C，其三者价格完全不相关。如果一个彩虹看涨欧式期权的到期收益的定义是三者价格中次好的价格与执行价格的差。请用蒙特卡罗方法对此彩虹期权进行定价。假设三者的价格年波动率分别为 20%、30%和 40%，初始价格分别为 90、100 和 110 元，无风险利率为 10%，到期为 1 年，执行价格为 100 元。

首先由于 A、B 和 C 的价格是完全不相关的，所以在做蒙特卡罗模拟时，不必考虑 Cholesky 分解。只需要随机生成一系列的数据即可。本题采用价差期权中的股票价格服从广义 Wiener 过程（GWP）的假设。代码如下：

```
function p=rainbow(s1,s2,s3,sigma1,sigma2,sigma3,strike,r,t,npath)
spath=randn(npath,3);   %随机数生成
%随机路径模拟
S(:,1)=s1*exp(((r-sigma1^2/2)*t+t^0.5*sigma1*spath(:,1)));
S(:,2)=s2*exp(((r-sigma2^2/2)*t+t^0.5*sigma2*spath(:,2)));
S(:,3)=s3*exp(((r-sigma3^2/2)*t+t^0.5*sigma3*spath(:,3)));
%排序
sv=sort(S,2);
%选择次好
pl=max(sv(:,2)-strike,0);
p=mean(pl)*exp(-r*t);
end
```

在 MATLAB 命令窗口中输入如下命令：

```
>> p=rainbow(90,100,110,0.2,0.3,0.4,100,0.1,1,1000000)
p =    9.9955
```

得到这样一个彩虹期权的价格是 9.9955。

第3篇

MATLAB量化投资相关函数详解

- 附录 A　金融工具箱函数详解
- 附录 B　金融衍生品工具箱函数详解
- 附录 C　固定收益工具箱函数详解

附录 A　金融工具箱函数详解

A.1　日期数据处理和转换

A.1.1　当前日期和时间

now：返回当前日期和期间		
now	t = now	
	t	返回当前的时间和日期
today：返回当前日期		
today	Datenum = today	
	Datenum	返回当前日期

A.1.2　日期和时间项

datefind：从某日期集合中找到特定日期，并返回日期坐标		
datefind	Indices = datefind(Subset, Superset, Tolerance)	
	Subset	同 Superset 匹配的日期数值矩阵
	Superset	非重复的日期矩阵
	Tolerance	可选，同 Superset 相匹配，可放宽的尺度，默认为 0
	Indeices	返回 Subset 中的日期在 Superset 中的坐标
datevec：将指定日期转换为日期向量		
datevec	V = datevec(N)	
	N	输入的日期值，一般为一个连续的数值
	V	将上述输入的日期，以日期向量的形式返回
	其他形式参考帮助文档	
day：指定日期为所在月份天数		
day	DayMonth = day(Date)	
	Date	输入的日期
	DayMonth	输出日期在所属月份是第几天
eomdate：指定月份最后一天日期		
eomdate	DayMonth = eomdate(Date)	
	Date	输入的日期
	DayMonth	输出日期在所属月份的最后一天
	其他形式参考帮助文档	
eomday：指定月份最后一天		
eomday	E = eomday(Y, M)	
	Y	年份

续

	M	月份
	E	输入年份的月份天数
hour：指定时间中的小时数		
hour	Hour = hour(Date)	
	Date	输入的日期
	Hour	输入日期中代表小时的数值
lweekdate：指定月份最后工作日日期		
lweekdate	LastDate = lweekdate(Weekday, Year, Month, NextDay)	
	Weekday	取值 1～7 分别代表从周日到周六
	Year	年份
	Month	月份
	NextDay	Weekday 必须发生在含有 NextDay 的一周里，取值同 Weekday，解决一周跨越两个月的问题
	LastDate	返回相应的一个月中的最后一个星期几
minute：指定时间的分钟数		
minute	Minute = minute(Date)	
	Date	输入的日期
	Minute	输入日期中代表分钟的数值
month：指定日期月数		
month	[MonthNum, MonthString] = month(Date)	
	Date	输入的日期
	MonthNum	以数字形式返回的月份值
	MonthString	以字符串形式返回的月份值
months：指定日期区间的月数		
months	MyMonths = months(StartDate, EndDate, EndMonthFlag)	
	StartDate	初始日期
	EndDate	结束日期
	EndMonthFlag	可选，在 StartDate 和 EndDate 均是月末日期并且 EndDate 比 StartDate 少几天时，EndMonthFlag 将 EndDate 作为整月末处理
	MyMonths	返回上述间隔日期之间的整数月份
nweekdate：指定月份的第几个周几		
nweekdate	Date = nweekdate(n, Weekday, Year, Month, Same)	
	n	Weekday 出现的次数，1～5
	Weekday	指定的星期，1～7 对应的分别是周日到周六
	Year	年份
	Month	月份
	Same	可选，Weekday 所在的星期含有 Same 指定的星期天数，故 Same 的取值为 1～7
	Date	所求得的指定月份中 Weekday 出现 *n* 次的日期
second：指定日期或时间的秒数		
second	Seconds = second(Date)	

续

	Date	输入的日期
	Seconds	输入日期中代表秒的数值，参考 minute 和 hour
weekday：指定日期的星期数		
weekday	[N, S] = weekday(D)	
	D	输入的日期
	N	以数字形式返回的星期天数，1 ~ 7 对应的分别是周日到周六
	S	以字符串形式返回的星期天数
year：指定日期的年数		
year	Year = year(Date)	
	Date	输入的日期
	Year	输入日期中代表年的数值，参考 minute、hour 和 second
yeardays：指定年份的天数		
yeardays	Days = yeardays(Year, Basis)	
	Years	年份
	Basis	可选，天数计数规则，0 ~ 12
	Days	一年中所含有的天数

A.1.3 日期转换

date2time：指定日期区间的周期数和频次		
date2time	[TFactors, F] = date2time(Settle, Maturity, Compounding, Basis, EndMonthRule)	
	Settle	起始日期
	Maturity	到期日
	Compounding	计息频率
	Basis	天数计数规则
	EndMonthRule	月末法则
	Tfactors	时间因子
	F	计息频数
datedisp：以向量形式显示指定日期		
datedisp	DateOutput=datedisp(NumMat, DateForm)	
	NumMat	数字格式的日期，当数字介于 693962 和 803535 之间时会被识别为日期，并按照 DateForm 格式显示
	DateForm	指定日期的显示格式
	DateOutput	按照 DateForm 格式输出的日期矩阵
datenum：转换成数字型内部日期		
datenum	N = datenum(V)	
	V	输入日期
	N	以连续数值格式输出日期
datestr：转换成字符串型日期		
datestr	S = datestr(V)	
	V	输入日期
	S	以字符串格式输出的日期

续

dec2thirtytwo：将实数的小数部分转换成 32 进制		
dec2thirtytwo	[OutNumber, Fractions] = dec2thirtytwo(InNumber, Accuracy)	
	InNumber	输入的十进制数字
	Accuracy	可选，精度控制参数
	OutNumber	数字的整数部分
	Fractions	以 1/32 为单位的小数部分
m2xdate：将 MATLAB 数字型内部日期转换成 Excel 型日期数据		
m2xdate	DateNum = m2xdate(MATLABDateNumber, Convention)	
	MATLABDateNumber	MATLAB 日期数值
	Convention	Excel 日期规则，根据取值不同而起始日不同
	DateNum	完成转换后 Excel 下的日期数值
thirtytwo2dec：32 进制型数据转换成十进制小数		
thirtytwo2dec	OutNumber = thirtytwo2dec(InNumber, InFraction)	
	InNumber	输入的整数部分
	InFraction	输入的小数部分
	OutNumber	输出的含有小数的数字
time2date：将时间转换成日期		
time2date	Dates = time2date(Settle, TFactors, Compounding, Basis, EndMonthRule)	
	Settle	起始日期
	Tfactors	时间因子
	Compounding	计息频率
	Basis	天数计数规则
	EndMonthRule	月末法则
	Dates	输出日期
uicalendar：基于图形界面的日历程序		
uicalendar	uicalendar('PARAM1', VALUE1, 'PARAM2', VALUE2', ...)	
	显示 GUI 日历	
x2mdate：将 Excel 日期数据转换成 Matlab 日期数据		
x2mdate	MATLABDate = x2mdate(ExcelDateNumber, Convention)	
	ExcelDateNumber	Excel 日期数值
	Convention	Excel 日期规则，根据取值不同而起始日不同
	MATLABNum	MATLAB 日期数值

A.1.4 金融日期数据

busdate：下一个或者前一个交易日		
busdate	Busday = busdate(Date, Direction, Holiday, Weekend)	
	Date	相关日期
	Direction	方向，前一个(1)或后一个(-1)交易日
	Holiday	假日规则
	Weekend	周末规则
	Busday	依赖于 Holiday 产生的前一个或者后一个交易日

续

busday：以连续数值格式表示的交易日期		
budays	bdates = busdays(sdate, edate, bdmode)	
	sdate	开始日期
	edate	结束日期
	bdmode	交易日模式
	bdates	返回的是包含有 sdate 和 edate 时间区间的最后一个交易日日期
createholidays：构建交易日历		
createholidays	createholidays(Filename, Codefile, InfoFile, TargetDir, IncludeWkds, Wprompt, NoGUI)	
	Filename	数据文件名
	Codefile	编码文件名
	InfoFile	信息文件名
	TargetDir	目标文件目录
	IncludeWkds	可选，假日里是否包含周末
	Wprompt	可选，假日文件路径提示
	NoGUI	可选，是否以 GUI 形式呈现结果
datemnth：将来或者过去月份天数的日期		
datemnth	TargetDate = datemnth(StartDate, NumberMonths, DayFlag, Basis,EndMonthRule)	
	StartDate	起始日期
	NumberMonths	向前或向后的月数
	DayFlag	天数规则，0 为实际天数，1 为当月的第一天，2 为当月的最后一天
	Basis	天数计数规则
	EndMonthRule	月末法则
	TargetDate	目标日期
datewrkdy：将来或者过去某工作日的日期		
datewrkdy	EndDate = datewrkdy(StartDate, NumberWorkDays, NumberHolidays)	
	StartDate	起始日期
	NumberWorkDays	工作日天数
	NumberHolidays	上述工作日内假日天数
	EndDate	输出的是对应于 NumberWorkDays 和 NumberHolidays 的工作日
days360：按照每年 360 天标准计算的两个日期间的天数		
days360	NumDays = days360(StartDate, EndDate)	
	StartDate	起始日期
	EndDate	结束日期
	NumDays	以每年 360 天计算的上述起始和结束日期间的天数
days360e：按照每年 360 天（欧洲）标准计算的两个日期间的天数		
days360e	NumDays = days360e(StartDate, EndDate)	
	StartDate	起始日期
	EndDate	结束日期
	NumDays	以每年 360 天计算的上述起始和结束日期间的天数，并且每个月都按照 30 天计算
days360isda：按照每年 360 天(ISDA)标准计算的两个日期间的天数		
days360isda	NumDays = days360isda(StartDate, EndDate)	
	StartDate	起始日期

续

	EndDate	结束日期
	NumDays	ISDA 标准下，按照每年 360 天计数的天数
days360psa：按照每年 **360** 天（**PSA**）标准计算的两个日期间的天数		
days360psa	NumDays = days360psa(StartDate, EndDate)	
	StartDate	起始日期
	EndDate	结束日期
	NumDays	ISDA 标准下，按照每年 360 天计数的天数
days365：按照每年 **365** 天标准计算的两个日期间的天数		
days365	NumDays = days365(StartDate, EndDate)	
	StartDate	起始日期
	EndDate	结束日期
	NumDays	ISDA 标准下，按照每年 360 天计数的天数
daysact：两个日期间的实际天数		
daysact	NumDays = daysact(StartDate, EndDate)	
	StartDate	起始日期
	EndDate	结束日期
	NumDays	StartDate 和 EndDate 之间的实际天数
daysadd：基于某天数基准下的，距离起始日期特定天数的日期值		
daysadd	NumDays = daysadd(StartDate, NumDays, Basis)	
	StartDate	起始日期
	NumDays	天数偏移量
	Basis	天数计数规则
	NumDays	新的日期数
daysdif：基于某天数基准下的，两个日期之间的天数		
daysdif	NumDays = daysdif(StartDate, EndDate, Basis)	
	StartDate	起始日期
	EndDate	结束日期
	Basis	天数计数规则
	NumDays	StartDate 和 EndDate 之间天数
fbusdate：某月的第一个交易日		
fbusdate	Date = fbusdate(Year, Month, Holiday, Weekend)	
	Year	年份
	Month	月份
	Holiday	假日规则
	Weekend	周末规则
	Date	返回特定月份的第一个交易日
holidays：假日和非交易日		
holidays	H = holidays(StartDate, EndDate)	
	StartDate	起始日期
	EndDate	结束日期
	H	介于起始和结束日期间的假日

续

isbusday：判定是否为交易日		
isbusday	Busday = isbusday(Date, Holiday, Weekend)	
	Date	日期
	Holiday	可选，假日规则
	Weekend	可选，周末规则
	Busday	如果 Date 是交易日，返回 1；如果 Date 不是交易日，返回 0
ibusdate：某月的最后一个交易日		
ibusdate	Date = ibusdate(Year, Month, Holiday, Weekend)	
	Year	年份
	Month	月份
	Holiday	假日规则
	Weekend	周末规则
	Date	返回特定月份的最后一个交易日
thirdwednesday：返回某月的第三个星期三		
thirdwednesday	[BeginDates, EndDates] = thirdwednesday(Month, Year)	
	Month	月份
	Year	年份
	BeginDates	起始日期
	EndDates	结束日期
	注：此函数只适用于 LIBOR 市场，产生指定月份 3 个月期 LIBOR 合约的起始和结束日期	
wrkdydif：两日期间的工作日天数		
wrkdvdif	Days = wrkdydif(StartDate, EndDate, Holidays)	
	StartDate	起始日期
	EndDate	结束日期
	Holidays	假日规则
	Days	起始日期和结束日期直接的交易日天数
yearfrac：以年为计数单位的两个日期间的天数		
yearfrac	YearFraction = yearfrac(StartDate, EndDate, Basis)	
	StartDate	起始日期
	EndDate	结束日期
	Basis	天数计数规则
	YearFraction	以小数年的形式表示的日期间隔

A.1.5 息票日期

accrfrac：在结算日前小数形式的付息期数		
accrfrac	Fraction = accrfrac(Settle, Maturity, Period, Basis, EndMonthRule,IssueDate, FirstCouponDate, LastCouponDate, StartDate)	
	Settle	债券的结算日
	Maturity	债券的到期日
	Period	可选，年发放息票的频率，默认值是 2
	Basis	可选，天数计数规则
	EndMonthRule	可选，月末法则

续

	IssueDate	可选，发行日
	FirstCouponDate	可选，第一次息票发放日
	LastCouponDate	可选，最后一次息票发放日
	StartDate	可选，债券计息初始日
	Fraction	返回的是不同利息发放的间隔，以年为计数单位，以小数形式表示
cfamounts：债券组合的现金流及对应的日期		
cfamounts	[CFlowAmounts, CFlowDates, TFactors, CFlowFlags] =cfamounts(CouponRate, Settle, Maturity, Period, Basis,EndMonthRule, IssueDate, FirstCouponDate, LastCouponDate, StartDate, Face)	
	CouponRate	息票率
	Settle	债券的结算日
	Maturity	债券的到期日
	Period	息票支付频率
	Basis	可选，天数计数规则
	EndMonthRule	可选，月末法则
	IssueDate	可选，发行日
	FirstCouponDate	可选，第一次息票发放日
	LastCouponDate	可选，最后一次息票发放日
	StartDate	可选，债券计息初始日
	Face	债券的面值
	CFlowAmounts	现金流的数量
	CFlowDates	现金流的日期
	Tfactors	时间因子
	CFlowFlags	现金流类型标识，具体取值参见帮助文档
cfdates：固定收益类证券的现金流日期		
cfdates	CFlowDates = cfdates(Settle, Maturity, Period, Basis, EndMonthRule, IssueDate, FirstCouponDate, LastCouponDate, StartDate)	
	Settle	债券的结算日
	Maturity	债券的到期日
	Period	息票支付频率
	Basis	可选，天数计数规则
	EndMonthRule	可选，月末法则
	IssueDate	可选，发行日
	FirstCouponDate	可选，第一次息票发放日
	LastCouponDate	可选，最后一次息票发放日
	StartDate	可选，债券计息初始日
	CFlowDates	现金流的日期
cfport：资产组合的现金流		
cfport	[CFBondDate, AllDates, AllTF, IndByBond] = cfport(CFlowAmounts, CFlowDates, TFactors)	
	CFlowAmounts	现金流的数量
	CFlowDates	现金流的日期
	Tfactors	时间因子

续

	CFBondDate	每只债券对应于 AllDates 的现金流矩阵，如果没有现金流则对应的现金流为 0
	AllDates	所有有现金流发生的日期
	AllTF	对应 AllDates 现金流的时间因子
	IndByBond	每只债券对应于 AllDates 的现金流指标矩阵
cftimes：对应债券现金流日期的折现因子		
cftimes	TFactors = cftimes(Settle, Maturity, Period, Basis, EndMonthRule, IssueDate, FirstCouponDate, LastCouponDate, StartDate)	
	Settle	债券的结算日
	Maturity	债券的到期日
	Period	息票支付频率
	Basis	可选，天数计数规则
	EndMonthRule	可选，月末法则
	IssueDate	可选，发行日
	FirstCouponDate	可选，第一次息票发放日
	LastCouponDate	可选，最后一次息票发放日
	StartDate	可选，债券计息初始日
	Tfactors	返回的是债券对应的时间因子
cpncount：到期前的剩余息票支付		
cpncount	NumCouponsRemaining = cpncount(Settle, Maturity, Period, Basis,EndMonthRule, IssueDate, FirstCouponDate, LastCouponDate, StartDate)	
	Settle	债券的结算日
	Maturity	债券的到期日
	Period	息票支付频率
	Basis	可选，天数计数规则
	EndMonthRule	可选，月末法则
	IssueDate	可选，发行日
	FirstCouponDate	可选，第一次息票发放日
	LastCouponDate	可选，最后一次息票发放日
	StartDate	可选，债券计息初始日
	NumCouponsRemaining	剩余期限的息票支付次数
cpndaten：固定收益类证券的下一个付息日		
cpndaten	NextCouponDate = cpndaten(Settle, Maturity, Period, Basis, EndMonthRule, IssueDate, FirstCouponDate, LastCouponDate)	
	Settle	债券的结算日
	Maturity	债券的到期日
	Period	息票支付频率
	Basis	可选，天数计数规则
	EndMonthRule	可选，月末法则
	IssueDate	可选，发行日
	FirstCouponDate	可选，第一次息票发放日
	LastCouponDate	可选，最后一次息票发放日

续

	NextCouponDate	下次息票支付日期
cpndatenq：固定收益证券的下一个准付息日		
cpndatenq	NextQuasiCouponDate = cpndatenq(Settle, Maturity, Period, Basis, EndMonthRule, IssueDate, FirstCouponDate, LastCouponDate)	
	Settle	债券的结算日
	Maturity	债券的到期日
	Period	息票支付频率
	Basis	可选，天数计数规则
	EndMonthRule	可选，月末法则
	IssueDate	可选，发行日
	FirstCouponDate	可选，第一次息票发放日
	LastCouponDate	可选，最后一次息票发放日
	NextQuasiCouponDate	下一次息票支付近似日期
cpndatep：固定收益证券的前一个付息日		
cpndatep	PreviousCouponDate = cpndatep(Settle, Maturity, Period, Basis, EndMonthRule, IssueDate, FirstCouponDate, LastCouponDate)	
	Settle	债券的结算日
	Maturity	债券的到期日
	Period	息票支付频率
	Basis	可选，天数计数规则
	EndMonthRule	可选，月末法则
	IssueDate	可选，发行日
	FirstCouponDate	可选，第一次息票发放日
	LastCouponDate	可选，最后一次息票发放日
	PreviousCouponDate	前一次息票支付日期
cpndatepq：固定收益证券的前一个准付息日		
cpndatepq	PreviousQuasiCouponDate = cpndatepq(Settle, Maturity, Period, Basis, EndMonthRule, IssueDate, FirstCouponDate, LastCouponDate)	
	Settle	债券的结算日
	Maturity	债券的到期日
	Period	息票支付频率
	Basis	可选，天数计数规则
	EndMonthRule	可选，月末法则
	IssueDate	可选，发行日
	FirstCouponDate	可选，第一次息票发放日
	LastCouponDate	可选，最后一次息票发放日
	PreviousQuasiCouponDate	前一次息票支付近似日期
cpndaysn：距离下一个付息日的天数		
cpndaysn	NumDaysNext = cpndaysn(Settle, Maturity, Period, Basis, EndMonthRule, IssueDate, FirstCouponDate, LastCouponDate, StartDate)	
	Settle	债券的结算日
	Maturity	债券的到期日

续

	Period	息票支付频率
	Basis	可选，天数计数规则
	EndMonthRule	可选，月末法则
	IssueDate	可选，发行日
	FirstCouponDate	可选，第一次息票发放日
	LastCouponDate	可选，最后一次息票发放日
	StartDate	可选，债券计息初始日
	NumDaysNext	距离下一个息票支付日的天数
cpndaysp：距离前一个付息日的天数		
cpndaysp	NumDaysPrevious = cpndaysp(Settle, Maturity, Period, Basis, EndMonthRule, IssueDate, FirstCouponDate, LastCouponDate, StartDate)	
	Settle	债券的结算日
	Maturity	债券的到期日
	Period	息票支付频率
	Basis	可选，天数计数规则
	EndMonthRule	可选，月末法则
	IssueDate	可选，发行日
	FirstCouponDate	可选，第一次息票发放日
	LastCouponDate	可选，最后一次息票发放日
	StartDate	可选，债券计息初始日
	NumDaysPrevious	距离前一个息票支付日的天数
cpnpersz：付息周期的天数		
cpnpersz	NumDaysPeriod = cpnpersz(Settle, Maturity, Period, Basis,EndMonthRule, IssueDate, FirstCouponDate, LastCouponDate, StartDate)	
	Settle	债券的结算日
	Maturity	债券的到期日
	Period	息票支付频率
	Basis	可选，天数计数规则
	EndMonthRule	可选，月末法则
	IssueDate	可选，发行日
	FirstCouponDate	可选，第一次息票发放日
	LastCouponDate	可选，最后一次息票发放日
	StartDate	可选，债券计息初始日
	NumDaysPeriod	本息票支付周期内的天数

A.1.6 货币与价格

cur2frac：小数形式的货币值换算成分数形式		
cur2frac	Fraction = cur2frac(Decimal, Denominator)	
	Decimal	以十进制小数形式表示的数值
	Denominator	计量单位的分母，一般为 8、16、32 等
	Fraction	返回的以上十进制小数以 Denominator 作为分母的分数的形式

续

cur2str：以银行格式返回的货币数值		
cur2str	String = cur2str(Value, Digits)	
	Value	输入值，十进制
	Digits	小数位数
	String	以货币格式输出显示
dec2thirtytwo：小数形式的货币值转化成以 1/32 为计价单位的形式		
dec2thirtytwo	[OutNumber, Fractions] = dec2thirtytwo(InNumber, Accuracy)	
	InNumber	输入的十进制数字
	Accuracy	可选，精度控制参数
	OutNumber	数字的整数部分
	Fractions	以 1/32 为单位的小数部分
frac2cur：分数形式的货币值转化成小数形式		
frac2cur	Decimal = frac2cur(Fraction, Denominator)	
	Fraction	返回的以上十进制小数以 Denominator 作为分母的分数的形式
	Denominator	计量单位的分母，一般为 8、16、32 等
	Decimal	以十进制小数形式表示的数值
thirtytwo2dec：1/32 报价形式转化成小数形式		
thirtytwo2dec	OutNumber = thirtytwo2dec(InNumber, InFraction)	
	InNumber	输入的整数部分
	InFraction	输入的小数部分
	OutNumber	输出的含有小数的数字

A.1.7 金融数据的图表展示

bar/barh：绘制金融时间序列数据的水平/竖直条形图		
bar/barh	bar(tsobj)/barh(tsobj)	
	tsobj	金融时间序列数据
bolling：绘制布林带图		
bolling	[Movavgv, UpperBand, LowerBand] = bolling(Asset, Samples, Alpha, Width)	
	Asset	资产价格序列
	Samples	移动平均线的滞后项
	Alpha	可选，指数加权平均计算移动平均线的参数
	Width	带宽
	Movavgv	移动平均线的滞后项
	UpperBand	上带宽
	LowerBand	下带宽
candle：根据 **High**、**Low**、**Close** 和 **Open** 绘制柱形图		
candle	candle(High, Low, Close, Open)	
	High	最高价
	Low	最低价
	Close	收盘价
	Open	开盘价

续

chartfts：根据金融时间序列绘制包含一个或多个坐标轴的 **GUI**		
chartfts	chartfts(tsobj)	
	tsobj	金融时间序列数据
dateaxis：将坐标轴的坐标值以日期形式表示		
dateaxis	dateaxis(Aksis, DateForm, StartDate)	
	Aksis	可选，标识操作对象是 x 轴，y 轴，还是 t 轴
	DateForm	可选，日期显示格式
	StartDate	可选，真实日期
highlow：绘制高低图		
highlow	highlow(High, Low, Close, Open, Color)	
	High	最高价
	Low	最低价
	Close	收盘价
	Open	可选，开盘价
	Color	可选，颜色
kagi：绘制卡吉图		
kagi	kagi(X)	
	X	X 是日期和价格序列构成的 M×2 的矩阵
linebreak：绘制 **Line Break** 图		
linebreak	linebreak(X)	
	X	X 是日期和价格序列构成的 M×2 的矩阵
movavg：绘制移动平均线图		
movavg	movavg(Asset, Lead, Lag, Alpha)	
	Asset	资产价格的时间序列
	Lead	短移动平均线滞后项
	Lag	长移动平均线滞后项
	Alpha	可选，指数加权平均时权重参数
plot：绘制金融时间序列图		
plot	plot(tsobj)	
	tsobj	金融时间序列数据
pointfig：绘制资产价格的时间序列图		
pointfig	pointfig(Asset)	
	Asset	资产价格的时间序列
	根据资产价格的向上还是向下波动进行标注	
priceandvol：绘制资产价格的价量图		
priceandvol	priceandvol(X)	
	X	X 是日期和价格序列构成的 M×6 的矩阵，列分别为日期、开盘、最高、最低、收盘和交易量
renko：绘制 **Renko** 图		
renko	renko(X)	
	X	X 是日期和价格序列构成的 M×2 的矩阵
volarea：绘制价格和交易量图		
volarea	volarea(X)	
	X	X 是日期、价格和交易量序列构成的 M×3 的矩阵

A.2 现金流的分析和计算

A.2.1 年金

annurate：将单期利率年化		
annurate	Rate = annurate(NumPeriods, Payment, PresentValue, FutureValue, Due)	
	NumPeriods	区间数目
	Payment	单周期支付额
	PresentValue	现值
	FutureValue	终值
	Due	可选，期初支付还是期末支付变量
	Rate	计算单个支付周期的收益率
annuterm：计算回收期		
annuterm	NumPeriods = annuterm(Rate, Payment, PresentValue, FutureValue,Due)	
	Rate	计算单个支付周期的收益率
	Payment	单周期支付额
	PresentValue	现值
	FutureValue	终值
	Due	可选，期初支付还是期末支付变量
	NumPeriods	区间数目

A.2.2 摊销与折旧

amortize：摊销时限		
amortize	[Principal, Interest, Balance, Payment] = amortize(Rate, NumPeriods, PresentValue, FutureValue, Due)	
	Rate	单个支付周期的收益率
	NumPeriods	区间数目
	PresentValue	现值
	FutureValue	终值
	Due	可选，期初支付还是期末支付变量
	Principal	单个支付周期的本金支付额
	Interest	单个支付周期的利息支付额
	Balance	单个支付周期的余额
	Payment	单个支付周期的总支付额
depfixdb：固定余额递减折旧法		
depfixdb	Depreciation = depfixdb(Cost, Salvage, Life, Period, Month)	
	Cost	成本
	Salvage	残值
	Life	寿命
	Period	摊销年限
	Month	可选，第一年的剩余月份数目
	Depreciation	按照 Fixed declining-balance 折旧法的折旧额

续

depgendb：一般余额递减折旧法		
depgendb	Depreciation = depgendb(Cost, Salvage, Life, Factor)	
	Cost	成本
	Salvage	残值
	Life	寿命
	Factor	折旧法的选择
	Depreciation	按照 General declining-balance 折旧法的折旧额
deprdv：剩余应折旧价值		
deprdv	Value = deprdv(Cost, Salvage, Accum)	
	Cost	成本
	Salvage	残值
	Accum	累积已折旧额
	Value	剩余折旧额
depsoyd：年限总额折旧法		
depsoyd	Sum = depsoyd(Cost, Salvage, Life)	
	Cost	成本
	Salvage	残值
	Life	寿命
	Sum	按照 sum of years' digits 折旧法的折旧额
depstln：直线折旧期限		
depstln	Depreciation = depstln(Cost, Salvage, Life)	
	Cost	成本
	Salvage	残值
	Life	寿命
	Depreciation	按照直线折旧法的折旧额

A.2.3 现值

pvfix：固定现金流的现值		
pvfix	PresentVal = pvfix(Rate, NumPeriods, Payment, ExtraPayment, Due)	
	NumPeriods	区间数目
	Payment	单周期支付额
	ExtraPayment	可选，最后一次收到的多于 Payment 的数目，一般由于本金支付造成
	Due	可选，期初支付还是期末支付变量
	PresentVal	固定现金流现值
pvvar：变动现金流的现值		
pvvar	PresentVal = pvvar(CashFlow, Rate, IrrCFDates)	
	CashFlow	现金流
	Rate	单个支付周期的收益率
	IrrCFDates	可选，对于非周期现金流支付的日期
	PresentVal	变动现金流现值

A.2.4 终值

fvdisc：折现证券的终值		
fvdisc	FutureVal = fvdisc(Settle, Maturity, Price, Discount, Basis)	
	Settle	结算日
	Maturity	到期日
	Price	价格
	Discount	贴现率
	Basis	可选，天数计数规则
	FutureVal	贴现债券的终值

fvfix：固定现金流的终值		
fvfix	FutureVal = fvfix(Rate, NumPeriods, Payment, PresentVal, Due)	
	Rate	单个支付周期的收益率
	NumPeriods	区间数目
	Payment	单周期支付额
	PresentVal	现值
	Due	可选，期初支付还是期末支付变量
	FutureVal	固定现金流终值

fvvar：变动现金流的终值		
fvvar	FutureVal = fvvar(CashFlow, Rate, IrrCFDates)	
	CashFlow	现金流
	Rate	单个支付周期的收益率
	IrrCFDates	可选，对于非周期现金流支付的日期
	FutureVal	变动现金流终值

A.2.5 现金流支付的计算

payadv：当前支付数量的等价现金流		
payadv	Payment = payadv(Rate, NumPeriods, PresentValue, FutureValue, Advance)	
	Rate	单个支付周期的收益率
	NumPeriods	区间数目
	PresentVal	现值
	FutureVal	终值
	Advance	提前支付数量
	Payment	单个支付周期的支付额

payodd：年金和贷款的支付现金流（非整数周期）		
payodd	Payment = payodd(Rate, NumPeriods, PresentValue, FutureValue, Days)	
	Rate	单个支付周期的收益率
	NumPeriods	区间数目
	PresentVal	现值
	FutureVal	终值
	Days	首期支付的延迟天数
	Payment	计算年金或者贷款单个周期的支付额度

续

payper：年金和贷款的支付现金流（整数周期）		
payper	Payment = payper(Rate, NumPeriods, PresentValue, FutureValue, Due)	
	Rate	单个支付周期的收益率
	NumPeriods	区间数目
	PresentVal	现值
	FutureVal	终值
	Due	可选，期初支付还是期末支付变量
	Payment	贷款或年计的单个周期支付额
payuni：变动现金流支付的统一形式		
payuni	Series = payuni(CashFlow, Rate)	
	CashFlow	现金流数量
	Rate	单个支付周期的收益率
	Series	和 CashFlow 现值相等的等额支付现金流数量

A.2.6 收益率计算

effrr：有效回报率		
effrr	Return = effrr(Rate, NumPeriods)	
	Rate	单个支付周期的收益率
	NumPeriods	区间数目
	Return	有效收益率
elpm：正态分布的资产回报率的下分位数		
elpm	elpm(Mean, Sigma)	
	Mean	均值
	Sigma	方差
	此函数计算正态分布的资产收益率的低阶偏矩	
irr：内部回报率		
irr	Return = irr(CashFlow)	
	CashFlow	现金流数量
	此函数计算现金流的内部收益率	
mirr：修正内部回报率		
mirr	Return = mirr(CashFlow, FinRate, Reinvest)	
	CashFlow	现金流数量
	FinRate	融资成本
	Reinvest	再投资收益率
	Return	修正后的内部收益率
nomrr：计算名义收益率		
nomrr	Return = nomrr(Rate, NumPeriods)	
	Rate	单个支付周期的收益率
	NumPeriods	区间数目
	Return	名义收益率

续

taxedrr：税后回报率		
taxedrr	Return = taxedrr(PreTaxReturn, TaxRate)	
	PreTaxReturn	税前收益率
	TaxRate	税率
	Return	税后收益率
xirr：非周期性现金流的内部回报率		
xirr	Return = xirr(CashFlow, CashFlowDates, Guess, MaxIterations, Basis)	
	CashFlow	非周期性现金流
	CashFlowDates	与现金流对应的日期
	Guess	可选，估计初始收益率
	MaxInterations	可选，牛顿法插值最大次数
	Basis	可选，天数计数规则
	Return	非周期性现金流的内部收益率

A.2.7　现金流的敏感度

cfconv：现金流的凸性		
cfconv	CFlowConvexity = cfconv(CashFlow, Yield)	
	CashFlow	现金流数量
	Yield	单个周期的收益率
	CFlowConvexity	现金流凸性
cfdur：现金流的久期和修正久期		
cfdur	[Duration, ModDuration] = cfdur(CashFlow, Yield)	
	CashFlow	现金流数量
	Yield	单个周期的收益率
	Duration	现金流的久期
	MOdDuration	现金流的修正久期

A.3　固定收益证券

A.3.1　应计利息

acrubond：周期性利息支付证券的应计利息		
acrubond	AccruInterest = acrubond(IssueDate, Settle, FirstCouponDate, Face, CouponRate, Period, Basis)	
	IssueDate	发行日
	Settle	结算日
	FirstCouponDate	收益派息日
	Face	面值
	CouponRate	息票率
	Period	可选，年派息次数
	Basis	可选，天数计数法则
	AccruInterest	应计利息

续

acrudisc：到期日支付的折现证券的应计利息		
acrudisc	AccruInterest = acrudisc(Settle, Maturity, Face, Discount, Period, Basis)	
	Settle	结算日
	Maturity	到期日
	Face	面值
	Discount	贴现率
	Period	可选，年派息次数
	Basis	可选，天数计数法则
	AccruInterest	贴现债券的应计利息

A.3.2 价格计算

bndprice：用到期收益率为固定收益证券定价		
bndprice	[Price, AccruedInt] = bndprice(Yield, CouponRate, Settle, Maturity, Period, Basis, EndMonthRule, IssueDate, FirstCouponDate, LastCouponDate, StartDate, Face)	
	Yield	收益率
	CouponRate	息票率
	Settle	结算日
	Maturity	到期日
	Period	可选，年派息次数
	Basis	可选，天数计数法则
	EndMonthRule	可选，月
	IssueDate	可选，发行日
	FirstCouponDate	可选，首次派息日
	LastCouponDate	可选，最后一次派息日
	StarteDate	可选，债券起息日
	Face	可选，面值
	Price	价格
	AccruedInt	应计利息
prdisc：为贴现债券定价		
prdisc	Price = prdisc(Settle, Maturity, Face, Discount, Basis)	
	Settle	结算日
	Maturity	到期日
	Face	面值
	Discount	贴现率
	Basis	可选，天数计数法则
	Price	贴现债券的价格
prmat：用到期利率定价		
prmat	[Price, AccruInterest] = prmat(Settle, Maturity, Issue, Face,CouponRate, Yield, Basis)	
	Settle	结算日
	Maturity	到期日
	Issue	发行日
	Face	赎回价格

续

	CouponRate	息票率
	Yield	收益率
	Basis	可选，天数计数法则
	Price	价格，到期支付利息债券的价格
	AccruInterest	应计利息
prtbill：为国库券定价		
prtbill	Price = prtbill(Settle, Maturity, Face, Discount)	
	Settle	结算日
	Maturity	到期日
	Face	赎回价格
	Discount	贴现率
	Price	T-bill 价格

A.3.3 利率期限结构

disc2zero：根据贴现率计算利率期限结构		
disc2zero	[ZeroRates, CurveDates] = disc2zero(DiscRates, CurveDates, Settle, Compounding, Basis)	
	DiscRates	贴现率
	CurveDates	贴现债券到期日
	Settle	结算日
	Compounding	可选，计息复利周期
	Basis	可选，天数计数法则
	ZeroRates	零息票率
	CurveDates	零息票率日期，和输入参数的 CurveDates 一样
fwd2zero：根据远期利率曲线，计算利率期限结构		
fwd2zero	[ZeroRates, CurveDates] = fwd2zero(ForwardRates, CurveDates, Settle, Compounding, Basis)	
	ForwardRates	远期利率
	CurveDates	贴现债券到期日
	Settle	结算日
	Compounding	可选，计息复利周期
	Basis	可选，天数计数法则
	ZeroRates	零息票率
	CurveDates	零息票率日期，和输入参数的 CurveDates 一样
prbyzero：根据利率期限结构为债券定价		
prbyzero	BondPrices = prbyzero(Bonds, Settle, ZeroRates, ZeroDates)	
	Bonds	含有债券信息的一个矩阵 N×6
	Settle	结算日
	ZeroRates	零息票率
	ZeroDates	零息票率日期
	BondPrices	债券价格
pyld2zero：根据平价收益率曲线计算利率期限结构		
pyld2zero	[ZeroRates, CurveDates] = pyld2zero(ParRates, CurveDates, Settle, Compounding, Basis, OutputCompounding)	
	ParRates	年化的隐含票面收益率

续

	CurveDates	债券到期日
	Settle	结算日
	Compounding	可选，计息复利周期
	Basis	可选，天数计数法则
	OutputCompouding	可选，复利周期
	ZeroRates	零息票率
	CurveDates	零息票率日期，和输入参数的 CurveDates 一样
tbl2bond：将国库券参数用长期国债参数表示		
tbl2bond	[TBondMatrix, Settle] = tbl2bond(TBillMatrix)	
	TBillMatrix	Tbill 参数，N×5 的矩阵
	TBondMatrix	Tbond 参数
	Settle	结算日，以上完成了数据格式的转换
tr2bonds：将长期国债参数转化为期限结构参数		
tr2bonds	[Bonds, Prices, Yields] = tr2bonds(TreasuryMatrix, Settle)	
	TreasuryMatrix	Treasury Bond 参数
	Settle	结算日
	Bonds	息票债券信息
	Prices	价格
	Yields	收益率
zbtprice：根据债券价格数据，计算利率期限结构		
zbtprice	[ZeroRates, CurveDates] = zbtprice(Bonds, Prices, Settle,OutputCompounding)	
	Bonds	息票债券信息
	Prices	价格
	Settle	结算日
	OutputCompouding	可选，复利周期
	ZeroRates	零息票率
	CurveDates	收益率曲线日期
zbtyield：根据债券收益率数据，计算利率期限结构		
zbtyield	[ZeroRates, CurveDates] = zbtyield(Bonds, Yields, Settle,OutputCompounding)	
	Bonds	息票债券信息
	Yields	收益率
	Settle	结算日
	OutputCompouding	可选，复利周期
	ZeroRates	零息票率
	CurveDates	收益率曲线日期
zero2disc：根据利率期限结构计算贴现因子		
zero2disc	[DiscRates, CurveDates] = zero2disc(ZeroRates, CurveDates, Settle, Compounding, Basis)	
	ZeroRates	零息票利率
	CurveDates	贴现债券到期日
	Settle	结算日
	Compounding	可选，计息复利周期
	Basis	可选，天数计数法则

续

	DiscRates	贴现率
	CurveDates	零息票率日期，和输入参数的 CurveDates 一样
zero2fwd：根据利率期限结构计算远期利率曲线		
zero2fwd	[ForwardRates, CurveDates] = zero2fwd(ZeroRates, CurveDates, Settle, Compounding, Basis)	
	ZeroRates	零息票率
	CurveDates	贴现债券到期日
	Settle	结算日
	Compounding	可选，计息复利周期
	Basis	可选，天数计数法则
	ForwardRates	远期利率
	CurveDates	零息票率日期，和输入参数的 CurveDates 一样
zero2pyld：根据利率期限结构计算平价收益率		
zero2pyld	[ParRates, CurveDates] = zero2pyld(ZeroRates, CurveDates, Settle, Compounding, Basis, OutputCompounding)	
	ZeroRates	零息票率
	CurveDates	债券到期日
	Settle	结算日
	Compounding	可选，计息复利周期
	Basis	可选，天数计数法则
	OutputCompouding	可选，复利周期
	ParRates	年化的隐含票面收益率
	CurveDates	零息票率日期，和输入参数的 CurveDates 一样

A.3.4 收益率计算

beytbill：计算国库券的等价收益率（**BEY**）		
beytbill	Yield = beytbill(Settle, Maturity, Discount)	
	Settle	结算日
	Maturity	到期日
	Discount	贴现率
	Yield	计算 Tbill 的债券等值收益率 BEY
bndyield：计算固定收益证券的到期收益率		
bndyield	Yield = bndyield(Price, CouponRate, Settle, Maturity, Period, Basis, EndMonthRule, IssueDate, FirstCouponDate, LastCouponDate,StartDate, Face)	
	Price	价格
	CouponRate	息票率
	Settle	结算日
	Maturity	到期日
	Period	可选，年派息次数
	Basis	可选，天数计数法则
	EndMonthRule	可选，月
	IssueDate	可选，发行日
	FirstCouponDate	可选，首次派息日

续

	LastCouponDate	可选，最后一次派息日
	StarteDate	可选，债券起息日
	Face	可选，面值
	Yield	债券到期收益率
discrate：计算货币市场证券的银行贴现率		
discrate	DiscRate = discrate(Settle, Maturity, Face, Price, Basis)	
	Settle	结算日
	Maturity	到期日
	Face	面值
	Price	价格
	Basis	可选，天数计数法则
	DiscRate	货币市场工具贴现率
ylddisc：计算贴现债券的收益率		
ylddisc	Yield = ylddisc(Settle, Maturity, Face, Price, Basis)	
	Settle	结算日
	Maturity	到期日
	Face	面值
	Price	价格
	Basis	可选，天数计数法则
	Yield	贴现债券收益率
yldmat：计算到期支付利息证券的收益率		
yldmat	Yield = yldmat(Settle, Maturity, Issue, Face, Price, CouponRate, Basis)	
	Settle	结算日
	Maturity	到期日
	Issue	发行日期
	Face	面值
	Price	价格
	CouponRate	息票率
	Basis	可选，天数计数法则
	Yield	返回到期支付利息证券的收益率
yldtbill：计算国库券收益率		
yldtbill	Yield = yldtbill(Settle, Maturity, Face, Price)	
	Settle	结算日
	Maturity	到期日
	Face	面值
	Price	价格
	Yield	Tbill 的收益率

A.3.5 价差计算

bndspread ：计算期利率期限结构的静态价差		
bndspread	Spread = bndspread(SpotInfo, Price, Coupon, Settle, Maturity, Period, Basis, EndMonthRule, IssueDate, FirstCouponDate, LastCouponDate)	
	SpotInfo	含有当前利率期限结构的 N×2 阶矩阵

续

	Price	价格
	Coupon	息票率
	Settle	结算日
	Maturity	到期日
	Period	可选，年派息次数
	Basis	可选，天数计数法则
	EndMonthRule	可选，月
	IssueDate	可选，发行日
	FirstCouponDate	可选，首次派息日
	LastCouponDate	可选，最后一次派息日
	Spread	计算以点数为单位的静态价差

A.3.6 利率敏感度

bndconvp：根据价格计算债券的凸性		
bndconvp	[YearConvexity, PerConvexity] = bndconvp(Price, CouponRate, Settle, Maturity, Period, Basis, EndMonthRule, IssueDate, FirstCouponDate, LastCouponDate, StartDate, Face)	
	Price	价格
	CouponRate	息票率
	Settle	结算日
	Maturity	到期日
	Period	可选，年派息次数
	Basis	可选，天数计数法则
	EndMonthRule	可选，月
	IssueDate	可选，发行日
	FirstCouponDate	可选，首次派息日
	LastCouponDate	可选，最后一次派息日
	StarteDate	可选，债券起息日
	Face	可选，面值
	YearConvexity	年化的凸性
	PerConvexity	计息周期的凸性
bndconvy：根据收益率计算债券的凸性		
bndconvy	[YearConvexity, PerConvexity] = bndconvy(Yield, CouponRate, Settle, Maturity, Period, Basis, EndMonthRule, IssueDate, FirstCouponDate, LastCouponDate, StartDate, Face)	
	Yield	收益率
	CouponRate	息票率
	Settle	结算日
	Maturity	到期日
	Period	可选，年派息次数
	Basis	可选，天数计数法则
	EndMonthRule	可选，月
	IssueDate	可选，发行日

续

	FirstCouponDate	可选，首次派息日
	LastCouponDate	可选，最后一次派息日
	StarteDate	可选，债券起息日
	Face	可选，面值
	YearConvexity	年化的凸性
	PerConvexity	计息周期的凸性
bnddurp：根据价格计算债券的久期		
bnddurp	[ModDuration, YearDuration, PerDuration] = bnddurp(Price, CouponRate, Settle, Maturity, Period, Basis, EndMonthRule, IssueDate, FirstCouponDate, LastCouponDate, StartDate, Face)	
	Price	价格
	CouponRate	息票率
	Settle	结算日
	Maturity	到期日
	Period	可选，年派息次数
	Basis	可选，天数计数法则
	EndMonthRule	可选，月
	IssueDate	可选，发行日
	FirstCouponDate	可选，首次派息日
	LastCouponDate	可选，最后一次派息日
	StarteDate	可选，债券起息日
	Face	可选，面值
	ModDuration	修正久期
	YearDuration	年化麦考利久期
	PerDuration	SIA 准则下的麦考利久期
bnddury：根据收益率计算债券的久期		
bnddury	[ModDuration, YearDuration, PerDuration] = bnddury(Yield, CouponRate, Settle, Maturity, Period, Basis, EndMonthRule,IssueDate, FirstCouponDate, LastCouponDate, StartDate, Face)	
	Yield	收益率
	CouponRate	息票率
	Settle	结算日
	Maturity	到期日
	Period	可选，年派息次数
	Basis	可选，天数计数法则
	EndMonthRule	可选，月
	IssueDate	可选，发行日
	FirstCouponDate	可选，首次派息日
	LastCouponDate	可选，最后一次派息日
	StarteDate	可选，债券起息日
	Face	可选，面值
	ModDuration	修正久期
	YearDuration	年化麦考利久期
	PerDuration	SIA 准则下的麦考利久期

A.4 投资组合分析

A.4.1 资产组合分析

abs2active：将约束条件从绝对约束转化相对形式		
abs2active	ActiveConSet = abs2active(AbsConSet, Index)	
	AbsConSet	投资组合的线型不等式约束条件，以绝对权重形式表示
	Index	资产组合权重
	ActiveConSet	相对有效资产约束，以相对权重形式表示
active2abs：将约束条件从相对形式转化成绝对约束		
active2abs	AbsConSet = active2abs(ActiveConSet, Index)	
	ActiveConSet	相对有效资产约束，以相对权重形式表示
	Index	资产组合权重
	AbsConSet	投资组合的线型不等式约束条件，以绝对权重形式表示
arith2geom：资产回报由布朗运动向几何布朗运动形式的转化		
arith2geom	[mg, Cg] = arith2geom(ma, Ca)	
	ma	资产收益率的算术平均
	Ca	一个对称半正定的算术协方差矩阵
	mg	资产收益率的几何平均
	Cg	一个对称半正定的几何协方差矩阵
corr2cov：根据标准差和相关系数，计算协方差矩阵		
corr2cov	ExpCovariance = corr2cov(ExpSigma, ExpCorrC)	
	ExpSigma	标准差向量
	ExpCorrC	可选，相关系数矩阵
	ExpCovariance	将标准差和相关系数转换成协方差矩阵
cov2corr：根据协方差矩阵，计算标准差和相关系数矩阵		
cov2corr	[ExpSigma, ExpCorrC] = cov2corr(ExpCovariance)	
	ExpCovariance	将标准差和相关系数转换成协方差矩阵
	ExpSigma	标准差向量
	ExpCorrC	可选，相关系数矩阵
ewstats：从回报的时间序列计算期望收益率和协方差		
ewstats	[ExpReturn, ExpCovariance, NumEffObs] = ewstats(RetSeries, DecayFactor,WindowLength)	
	RetSeries	收益率序列
	DecayFactor	可选，滞后因子，取值在 0 ~ 1 之间
	WindowLength	可选，窗宽，即观测数目
	ExpReturn	期望收益
	ExpCovariance	协方差矩阵
	NumEffObs	有效观测数目
frontcon：均值-方差有效前沿		
frontcon	[PortRisk, PortReturn, PortWts] = frontcon(ExpReturn, ExpCovariance, NumPorts, PortReturn, AssetBounds, Groups, GroupBounds, varargin)	
	ExpReturn	每项资产的期望收益
	ExpCovariance	资产收益的协方差矩阵

续

	NumPorts	可选，沿有效前沿上的数据点
	PortReturn	可选，维数和
	AssetBounds	可选，资产组合中资产权重的上下约束
	Groups	可选，资产分组说明
	GroupBounds	可选，资产分组后约束
	varargin	可选，算法控制参数，具体含义参见帮助文档
	PortRisk	有效前沿上的点所代表的资产组合的标准差
	PortReturn	有效前沿上的点所代表的资产组合的收益
	PortWts	有效前沿上的点所代表的资产组合的资产权重
frontier：有效前沿曲线		
frontier	[PortWts, AllMean, AllCovariance] = frontier(Universe, Window, Offset, NumPorts, ActiveMap, ConSet, NumNonNan)	
	Universe	包含有资产的详细信息，为一组时间序列
	Window	用以计算有效前沿的窗宽
	Offset	每个有效前沿的时间间隔
	NumPorts	有效前沿上的数据点
	ActiveMap	可选，布尔矩阵
	ConSet	可选，约束矩阵
	NumNonNan	可选，不可用点数
	PortWts	资产组合权重
	AllMean	所有的均值
	AllCovariance	所有的协方差矩阵
geom2arith：资产回报有几何布朗运动向布朗运动的转变		
geom2arith	[ma, Ca] = geom2arith(mg, Cg)	
	mg	资产收益率的几何平均
	Cg	一个对称半正定的几何协方差矩阵
	ma	资产收益率的算术平均
	Ca	一个对称半正定的算术协方差矩阵
holdings2weights：根据资产组合头寸计算资产权重		
holdings2weights	Weights = holdings2weights(Holdings, Prices, Budget)	
	Holdings	资产头寸
	Prices	资产价格
	Budget	可选，预算约束
	Weights	返回权重
pcalims：资产配置中单个资产的上下限，以不等式表示		
pcalims	[A,b] = pcalims(AssetMin, AssetMax, NumAssets)	
	AssetMin	资产配置的最小值
	AssetMax	资产配置的最大值
	NumAssets	可选，资产数目
	A	资产配置约束的矩阵形式
	b	

续

pcgcomp：资产组合的相对比例限制说明		
pcgcomp	[A,b] = pcgcomp(GroupA, AtoBmin, AtoBmax, GroupB)	
	GroupA	资产组 A 的说明
	AtoBMin	AB 两组资产的约束限
	AtoBMax	
	GroupB	资产组 B 的说明
	A	资产配置约束的矩阵形式
	b	
pcglims：资产组合的最大最小配置限制		
pcglims	[A,b] = pcglims(Groups, GroupMin, GroupMax)	
	Groups	资产组说明
	GroupMin	组约束下限
	GroupMax	组约束上限
	A	资产配置约束的矩阵形式
	b	
pcpval：总资产组合价值约束		
papval	[A,b] = pcpval(PortValue, NumAssets)	
	PortValue	资产组合价值
	NumAssets	资产数目
	A	资产配置约束的矩阵形式
	b	
periodicreturns：根据价格序列，计算资产的收益率		
periodicreturns	TotalReturn = periodicreturns(TotalReturnPrices, Period)	
	TotalReturnPrices	资产的价格序列
	Period	可选，计算收益周期
	TotalReturn	资产回报
portalloc：资产有效前沿上的最优资本配置		
portalloc	[RiskyRisk, RiskyReturn, RiskyWts, RiskyFraction, OverallRisk, OverallReturn] = portalloc(PortRisk, PortReturn, PortWts, RisklessRate, BorrowRate, RiskAversion)	
	PortRisk	有效前沿上的资产组合的标准差
	PortReturn	有效前沿上的资产组合的收益率
	PortWts	有效前沿上的资产组合的权重
	RisklessRate	无风险利率
	BorrowRate	可选，借贷利率
	RiskAversion	可选，风险厌恶程度
	RiskyRisk	优化后的风险资产组合中风险资产的标准差
	RiskyReturn	优化后的风险资产组合中风险资产的收益率
	RiskyWts	优化后的风险资产组合中风险资产的权重
	RiskyFraction	资产组合中的风险资产权重
	OverallRisk	资产组合的总标准差
	OverallReturn	资产组合的总收益率

续

portcons：资产组合约束说明		
portcons	ConSet = portcons(varargin)	
	varargin	具体参数含义参见帮助文档，根据模型的不同而不同
	ConSet	包含资产组合约束条件的矩阵
portopt：资产组合有效前沿约束		
portopt	[PortRisk, PortReturn, PortWts] = portopt(ExpReturn, ExpCovariance, NumPorts, PortReturn, ConSet, varargin)	
	ExpReturn	每项资产的期望收益
	ExpCovariance	资产收益的协方差矩阵
	NumPorts	可选，沿有效前沿上的数据点
	PortReturn	可选，维数和
	ConSet	可选，约束矩阵
	varargin	可选，具体含义参看帮助文档
	PortRisk	约束条件下的有效前沿上的点所代表的资产组合的标准差
	PortReturn	约束条件下的有效前沿上的点所代表的资产组合的收益
	PortWts	约束条件下的有效前沿上的点所代表的资产组合的资产权重
portrand：随机模拟的资产组合方差、收益和对应的权重		
portrand	[PortRisk, PortReturn, PortWts] = portrand(Asset, Return, Points, Method)	
	Asset	资产时间序列
	Return	可选，与 Asset 对应的收益率序列
	Points	可选，随机模拟点数
	Method	可选，随机数生成所服从的分布
	PortRisk	有效前沿上的点所代表的资产组合的标准差，权重是随机生成的
	PortReturn	有效前沿上的点所代表的资产组合的收益
	PortWts	有效前沿上的点所代表的资产组合的资产权重
portror：资产组合的收益率		
portror	R = portror(Return, Weight)	
	Return	每项资产的期望收益
	Weight	每项资产的权重
	R	资产组合的收益率
portsim：相关资产回报率的蒙特卡罗模拟		
portsim	RetSeries = portsim(ExpReturn, ExpCovariance, NumObs, RetIntervals, NumSim, Method)	
	ExpReturn	每项资产的期望收益
	ExpCovariance	资产收益的协方差矩阵
	NumObs	观测数目
	RetIntervals	可选，不同观测之间的时间间隔
	NumSim	可选，模拟路径数目
	Method	可选，蒙特卡罗模拟的方法
	RetSeries	模拟的具有相关性资产的收益序列，此函数在奇异期权定价中有广泛应用
portstats：资产组合的期望回报和方差		
portstats	[PortRisk, PortReturn] = portstats(ExpReturn, ExpCovariance, PortWts)	
	ExpReturn	每项资产的期望收益

续

	ExpCovariance	资产收益的协方差矩阵
	PortWts	可选，资产组合中的资产权重
	PortRisk	资产组合的标准差
	PortReturn	资产组合的期望收益率
portvar：资产组合的方差		
portvar	V = portvar(Asset, Weight)	
	Asset	资产收益率的时间序列
	Weight	资产权重
	V	资产组合的方差
portvrisk：投资组合风险值		
portvrisk	ValueAtRisk = portvrisk(PortReturn, PortRisk, RiskThreshold, PortValue)	
	PortReturn	资产组合的收益率
	PortRisk	资产组合的标准差
	RiskThreshold	可选，说明每项资产的损失概率
	PortValue	资产组合的价值
	ValueAtRisk	资产组合的 VaR
ret2tick：将收益率序列转化成价格序列		
ret2tick	[TickSeries, TickTimes] = ret2tick(RetSeries, StartPrice, RetIntervals, StartTime, Method)	
	RetSeries	收益率序列
	StartPrice	可选，起始价格
	RetIntervals	可选，收益率序列的时间间隔
	StartTime	可选，起始时间
	Method	可选，收益率向价格转换是按照连续复利还是简单复利计算
	TickSeries	价格序列
	TickTimes	与价格序列对应的时间
selectreturn：三维有效前沿上的资产组合配置选取		
selectreturn	PortConfigs = selectreturn(AllMean, All Covariance, Target)	
	AllMean	每项资产的平均收益率
	AllCovariance	所有资产的协方差矩阵
	Target	目标收益率
	PortConfigs	资产组合的配置参数，此函数可以理解为，组合优化的逆过程
targetreturn：资产组合权重调整		
targetreturn	return = targetreturn(Universe, Window, Offset, Weights)	
	Universe	包含有资产的详细信息，为一组时间序列
	Window	用以计算有效前沿的窗宽
	Offset	每个有效前沿的时间间隔
	Weights	资产权重信息
	return	资产组合的收益率，其计算结果应和 selectreturn 计算的结果相符合
tick2ret：将价格序列转化成收益率序列		
tick2ret	[RetSeries, RetIntervals] = tick2ret(TickSeries, TickTimes, Method)	
	TickSeries	价格序列
	TickTimes	与价格序列对应的时间
	RetSeries	收益率序列
	RetIntervals	可选，收益率序列的时间间隔

续

totalreturnprice：价格序列的总回报率		
totalreturnprice	Return = totalreturnprice(Price, Action, Dividend)	
	Price	价格序列
	Action	价格信息，包含拆分等
	Dividend	价格信息，派息
	Retern	总的收益率
weights2holdings：将资产组合的总价值和权重转化成每项资产的头寸数量		
weights2holdings	Holdings = weights2holdings(Values, Weights, Prices)	
	Values	资产价值
	Weights	返回权重
	Prices	资产价格
	Holdings	资产头寸

A.4.2 资产组合业绩评估

emaxdrawdown：计算布朗运动假设下最大损失的期望		
emaxdrawdown	EDD = emaxdrawdown(Mu, Sigma, T)	
	Mu	布朗运动的漂移项
	Sigma	布朗运动的扩散项
	T	时间
	EDD	布朗运动的期望最大减少量
inforatio：计算一项或多项资产的信息比率		
inforation	Ratio=inforatio(Asset, Benchmark)	
	Asset	资产的价格序列
	Benchmark	基准数据
	Ratio	得到的信息比率
lpm：数据样本的下偏矩		
lpm	Moment = lpm(Data, MAR, Order)	
	Data	资产收益时间序列数据
	MAR	可选，收益率的窗口高度，高于 MAR 的方计入对矩的影响
	Order	阶数
	Moment	计算得到的矩
maxdrawdown：计算一个或者多个价格序列的最大可能损失		
maxdrawdown	MaxDD = maxdrawdown(Data)	
	Data	N 个样本收益率构成的矩阵
	MaxDD	最大可能下降值
portalpha：计算经过风险调整的 **Alpha**，以及一项或多项资产的回报		
portalpha	portalpha(Asset, Benchmark)	
	Asset	资产的价格序列
	Benchmark	基准数据
sharpe：计算一项或多项资产的 **Sharpe** 比率		
sharpe	sharpe(Asset)	
	Asset	资产的价格序列

A.5 金融统计

A.5.1 条件期望最大化（ECM）算法

ecmnfish：计算费雪信息矩阵		
ecmnfish	Fisher = ecmnfish(Data, Covariance, InvCovariance, MatrixFormat)	
	Data	多维正态分布数据
	Covariance	Data 的估计协方差矩阵
	InvCovariance	可选，Covariance 的逆矩阵
	MatrixFormat	可选，矩阵格式
	Fisher	费雪信息矩阵
ecmnhess：计算汉森负对数似然矩阵		
ecmnhess	Hessian = ecmnhess(Data, Covariance, InvCovariance, MatrixFormat)	
	Data	多维正态分布数据
	Covariance	Data 的估计协方差矩阵
	InvCovariance	可选，Covariance 的逆矩阵
	MatrixFormat	可选，矩阵格式
	Hessian	汉森负对数似然矩阵
ecmninit：初始化期望和协方差		
ecmninit	[Mean, Covariance] = ecmninit(Data, InitMethod)	
	Data	多维正态分布数据
	InitMethod	可选，初始化方法
	Mean	Data 数据的期望
	Covariance	Data 数据的协方差矩阵
ecmnmle：不完全正态分布下的均值和协方差		
ecmnmle	[Mean, Covariance] = ecmnmle(Data, InitMethod, MaxIterations, Tolerance, Mean0, Covar0)	
	Data	多维正态分布数据
	InitMethod	可选，初始化方法
	MaxIterations	可选，ECM 算法的最大重复数
	Tolerance	可选，ECM 算法的收敛容忍度
	Mean0	此参数即是 ecmninit 函数的返回值
	Covar0	
	Mean	不完全正态分布下的均值
	Covariance	不完全正态分布下的协方差矩阵
ecmnobj：计算多元正态分布负似然函数值		
ecmnobj	Objective = ecmnobj(Data, Mean, Covariance, CholCovariance)	
	Data	多维正态分布数据
	Mean	Data 的期望
	Covariance	Data 的协方差矩阵
	CholCovariance	可选，协方差矩阵的 Cholesky 分机
	Objective	多元正态分布负似然函数值

续

ecmnstd：计算不完全数据均值和协方差的标准误		
ecmnstd	[StdMean, StdCovariance] = ecmnstd(Data, Mean, Covariance, Method)	
	Data	多维正态分布数据
	Mean	Data 的期望
	Covariance	Data 的协方差矩阵
	Method	可选，标准误算法
	StdMean	标准误的均值
	StdCovariance	标准误的协方差矩阵

A.5.2 多元正态回归

mvnrfish：用于多元郑态回归或最小二乘回归的费雪信息矩阵		
mvnrfish	Fisher = mvnrfish(Data, Design, Covariance, MatrixFormat,CovarFormat)	
	Data	多维正态分布数据
	Design	模型结构控制参数
	Covariance	Data 的协方差矩阵
	MatrixFormat	矩阵格式
	CovarFormat	协方差矩阵格式
	Fisher	费雪信息矩阵
mvnrmle：多元正态回归（忽略缺失数据）		
mvnrmle	[Parameters, Covariance, Resid, Info] = mvnrmle(Data, Design, MaxIterations, TolParam, TolObj, Param0, Covar0, CovarFormat)	
	Data	多维正态分布数据
	Design	模型结构控制参数
	MaxIterations	可选，估计值的最大插值个数
	TolParam	可选，估计值随模型参数变化而导致的收敛的容忍度
	TolObj	可选，估计值随目标函数变化而导致的收敛的容忍度
	Param0	可选，初始参数估计值
	Covar0	可选，初始协方差矩阵
	CovarFormat	可选，字符串参数，决定协方差矩阵格式
	Parameters	输出参数
	Covariance	协方差矩阵
	Resid	回归残差
	Info	包含回归模型信息的结构型数据
ecmmvnrobj：用于多远正态回归的极大似然函数		
ecmmvnrobj	Objective = ecmmvnrobj(Data, Design, Parameters, Covariance,CovarFormat)	
	Data	多维正态分布数据
	Design	模型结构控制参数
	Parameters	回归模型的参数点估计值
	Covariance	Data 的协方差矩阵
	CovarFormat	可选，字符串参数，决定协方差矩阵格式
	Objective	极大似然函数

续

ecmmvnrstd：多元正态回归的标准差计算		
ecmmvnrstd	[StdParameters, StdCovariance] = ecmmvnrstd(Data, Design, Covariance, Method, CovarFormat)	
	Data	多维正态分布数据
	Design	模型结构控制参数
	Covariance	Data 的协方差矩阵
	Method	可选，标准误算法
	CovarFormat	可选，字符串参数，决定协方差矩阵格式
	StdParameters	回归参数的标准差
	StdCovariance	协方差的标准差

A.5.3 Maximization-Least-Squares 算法

ecmlsrmle：缺失数据下最小二乘回归		
ecmlsrmle	[Parameters, Covariance, Resid, Info] = ecmlsrmle(Data, Design, MaxIterations, TolParam, TolObj, Param0, Covar0, CovarFormat)	
	Data	多维正态分布数据
	Design	模型结构控制参数
	MaxIterations	可选，估计值的最大插值个数
	TolParam	可选，估计值随模型参数变化而导致的收敛的容忍度
	TolObj	可选，估计值随目标函数变化而导致的收敛的容忍度
	Param0	可选，初始参数估计值
	Covar0	可选，初始协方差矩阵
	CovarFormat	可选，字符串参数，决定协方差矩阵格式
	Parameters	输出参数
	Covariance	协方差矩阵
	Resid	回归残差
	Info	包含回归模型信息的结构型数据
ecmlsrobj：计算缺失数据下最小二乘回归的似然函数		
ecmlsrobj	Objective = ecmlsrobj(Data, Design, Parameters, Covariance)	
	Data	多维正态分布数据
	Design	模型结构控制参数
	Parameters	回归模型的参数点估计值
	Covariance	Data 的协方差矩阵
	Objective	极大似然函数

A.5.4 似不相关回归

convert2sur：将多元正态回归模型转化成一个似不相关回归模型		
convert2sur	DesignSUR = convert2sur(Design, Group)	
	Design	模型结构控制参数
	Group	数据组织信息
	DesignSUR	似不相关回归模型

A.6 金融时间序列

A.6.1 对象和文件的创建

ascii2fts：将 ASCII 文件转换成时间序列文件		
ascii2fts	tsobj = ascii2fts(filename, descrow, colheadrow, skiprows)	
	filename	需要转换的文件名
	descrow	可选，数据说明行
	colheadrow	可选，包含列名的行
	skiprows	可选，需要跳过的行
	tsobj	时间序列文件
fints：生成时间序列文件		
fints	tsobj = fints(dates, data)	
	dates	日期
	data	数据
	tsobj	生成时间序列文件
fts2ascii：将时间序列文件，转换成 ASCII 文件		
fts2ascii	stat = fts2ascii(filename, tsobj, exttext)	
	filename	需要转换的文件名
	tsobj	时间序列文件
	exttext	可选，额外的字符串
	stat	返回文件转换是否成功的状态
fts2mat：将时间序列数据生成的矩阵格式数据		
fts2mat	tsmat = fts2mat(tsobj)	
	tsohj	时间序列数据
	tsmat	时间序列数据生成的矩阵格式数据
merge：将时间序列合并生成的新的时间序列对象		
merge	newfts = merge(fts1, fts2，…)	
	ftsi	将要合并的时间序列对象
	newfts	由上述时间序列合并生成的新的时间序列对象

A.6.2 算术运算

end：时间序列对象的最后一个		
end	end	
	无输入参数	
horzcat：水平拼接时间序列数据		
horzcat	horzcat	
	无输入参数，水平拼接时间序列数据，使用'[]'运算符	
length：计算时间序列数据的长度		
length	lenfts = length(tsobj)	
	tsobj	时间序列数据
	lenfts	时间序列数据的长度

续

minus：时间序列数据做减法		
minus	minus	
	时间序列数据做减法，使用'-'运算符	
mrdivide: 时间序列数据做矩阵除法		
mrdivide	mrdivide	
	时间序列数据做矩阵除法，使用'/'运算符	
mtimes: 时间序列数据做矩阵乘法		
mtimes	mtimes	
	时间序列数据做矩阵乘法，使用'*'运算符	
plus: 时间序列数据做矩阵加法		
plus	plus	
	时间序列数据做矩阵加法，使用'+'运算符	
power: 时间序列数据做幂运算		
power	power	
	时间序列数据做幂运算，使用'.^'运算符	
rdivide: 时间序列数据做除法		
rdivide	rdivide	
	时间序列数据做除法，使用'./'运算符	
size: 求时间序列的行列数目		
size	szfts = size(tsobj, dim)	
	tsobj	时间序列数据
	dim	可选，维数控制，1 求行数，2 求列数
	szfts	时间序列的行列数目
subsasgn：给时间序列赋值		
subsasgn	subsasgn	
	无输入参数	
subsref：构建时间序列索引		
subsref	subsref	
	无输入参数	
times：时间序列数据做乘法		
times	times	
	时间序列数据做乘法，使用'.*'运算符	
uminus：取时间序列的相反数		
uminus	y=uminus(x)	
	x	输入参数为矩阵或数值
	y	返回 x 的相反数
uplus：取时间序列的相反数		
uplus	uplus	
	为同 uminus 形式上对称，不做任何运算	
vertcat：水平拼接时间序列数据		
vertcat	vertcat	
	无输入参数，竖直拼接时间序列数据，同 horzcat 对应	

A.6.3 数学运算

cumsum：求时间序列数据的累积和		
cumsum	newfts = cumsum(oldfts)	
	oldfts	原时间序列数据
	newfts	原时间序列数据的累积和构成的新的时间数据
exp：求时间序列数据的指数		
exp	newfts = exp(tsobj)	
	tsobj	时间序列数据
	newfts	原时间序列数据的指数
hist：时间序列数据的柱状图		
hist	hist(tsobj, numbins)	
	tsobj	时间序列数据
	numbins	时间序列数据的柱状图
log：时间序列数据的自然对数		
log	newfts = log(tsobj)	
	tsobj	时间序列数据
	newfts	时间序列数据的自然对数
log10：时间序列数据的以 **10** 为底的对数		
log10	newfts = log10(tsobj)	
	tsobj	时间序列数据
	newfts	时间序列数据的以 10 为底的对数
log2：时间序列数据的以 **2** 为底的对数		
log2	newfts = log2(tsobj)	
	tsobj	时间序列数据
	newfts	时间序列数据的以 2 为底的对数
max：时间序列数据的最大值		
max	tsmax = max(tsobj)	
	tsobj	时间序列数据
	tsmax	时间序列数据的最大值
mean：时间序列数据的平均值		
mean	tsmean = mean(tsobj)	
	tsobj	时间序列数据
	tsmean	时间序列数据的平均值
min：时间序列数据的最小值		
min	tsmin = min(tsobj)	
	tsobj	时间序列数据
	tsmin	时间序列数据的最小值
std：时间序列数据的标准差		
std	tsstd = std(tsobj)	
	tsobj	时间序列数据
	tsstd	时间序列数据的标准差

A.6.4　统计描述

corrcoef：求金融时间序列的相关系数矩阵		
corrcoef	r = corrcoef(X)	
	X	每一行是一个观测，每一列是一个变量
	r	相关系数矩阵
cov：求金融时间序列的协方差矩阵		
cov	Y=cov(X)	
	X	每一行是一个观测，每一列是一个变量
	Y	协方差矩阵
isempty：判断金融时间序列是否为空		
isempty	tf = isempty(fts)	
	fts	金融时间序列数据
	tf	返回判断 fts 是否为空的逻辑值
nancov：求金融时间序列的协方差矩阵（有缺失值的）		
nancov	c = nancov(X)	
	X	每一行是一个观测，每一列是一个变量，含有缺失值的矩阵
	c	协方差矩阵
nanmax：求金融时间序列数据的最大值		
nanmax	m = nanmax(X)	
	X	含有缺失值的时间序列数据
	tsmax	时间序列数据的最大值
nanmean：求金融时间序列的平均值		
nanmean	m = nanmean(X)	
	X	含有缺失值的时间序列数据
	m	时间序列数据的平均值
nanmedian：求金融时间序列的中位数		
nanmedian	m = nanmedian(X)	
	X	每一行是一个观测，每一列是一个变量
	m	在忽略缺失值的情况下得到的中位数
nanmin：求金融时间序列数据的最小值		
nanmin	m = nanmin(X)	
	X	含有缺失值的时间序列数据
	m	时间序列数据的最小值
nanstd：求金融时间序列数据的标准差		
nanstd	y = nanstd(X)	
	X	含有缺失值的时间序列数据
	y	时间序列数据的标准差
nansum：求金融时间序列数据的和		
nansum	y = nansum(X)	
	X	含有缺失值的时间序列数据
	y	时间序列数据求和
nanvar：求金融时间序列数据的方差（有缺失值的）		
nanvar	y = nanvar(X)	
	X	含有缺失值的时间序列数据

续

	y	时间序列数据求方差
var：求金融时间序列数据的方差		
var	y = var(X)	
	X	时间序列数据
	y	时间序列数据求方差

A.6.5 数据操作

chfield：时间序列改名		
chfield	newfts = chfield(oldfts, oldname, newname)	
	oldfts	原时间序列数据
	oldname	原变量名称
	newname	新名称
	newfts	修改名称过后的新时间序列数据
extfield：根据域名在原时间序列里提取出的子序列		
extfield	ftse = extfield(tsobj, fieldnames)	
	tsobj	金融时间序列数据
	fieldnames	变量名称/域名
	ftse	提取出的子序列
fetch：从金融时间序列对象中获取数据		
fetch	newfts = fetch(oldfts, StartDate, StartTime, EndDate, EndTime, delta, dmy_specifier, time_ref)	
	oldfts	原金融时间序列数据
	StartDate	开始日期
	StartTime	开始时间，在说明开始时间时，必须说明结束时间
	EndDate	结束日期
	EndTime	结束时间
	delta	跳跃区间
	dmy_specifier	对 delta 的说明，跳跃区间是天，月还是年
	time_ref	时间间隔说明
	newfts	新的时间序列数据
fieldname：提取变量的名称		
fieldname	fnames = fieldnames(tsobj)	
	tsobj	金融时间序列数据
	fnames	所有变量的名字，此函数用以提取变量名称
freqnum：将时间频率转换为数值频率		
freqnum	nfreq = freqnum(sfreq)	
	sfreq	说明时间频率的字符串
	nfreq	和 sfreq 对应的数字
freqstr：将数值频率转换为时间频率		
freqstr	sfreq = freqstr(nfreq)	
	nfreq	和 sfreq 对应的数字
	sfreq	说明时间频率的字符串

续

ftsbound：时间序列数据的开始和结束日期		
ftsbound	datesbound = ftsbound(tsobj)	
	tsobj	金融时间序列数据
	datesbound	时间序列数据的开始和结束日期
ftsinfo：获取金融时间序列数据的属性信息		
ftsinfo	infofts=ftsinfo(tsobj)	
	tsobj	金融时间序列数据
	infofts	金融时间序列数据的属性信息
ftsuniq：判断时间序列里所包含的制定日期时间数据是否只有一个值		
ftsuniq	uniq = ftsuniq(dates_and_times)	
	dates_and_times	时间和日期
	uniq	时间序列里所包含的制定日期时间数据只有一个值则返回 1，否则返回 0
getfield：获得指定名称的域		
getfield	fieldval = getfield(tsobj, field)	
	tsobj	金融时间序列数据
	field	变量名称/域名
	fieldval	获得指定名称的域
getnameidx：获取和指定字符串匹配的元胞数组的元素指标		
getnameidx	nameidx = getnameidx(list, name)	
	list	元胞数组形式存在的数组
	name	指定的字符串
	nameidx	和指定字符串匹配的元胞数组的元素指标
iscompatible：比较两个时间序列是否相融		
iscompatible	iscomp = iscompatible(tsobj_1, tsobj_2)	
	tsobj_1	金融时间序列数据
	tsobj_2	金融时间序列数据
	iscomp	比较两个时间序列是否相融
isequal：比较两个时间序列是否相等		
isequal	iseq = isequal(tsobj_1, tsobj_2, ...)	
	tsobj_1	金融时间序列数据
	tsobj_2	金融时间序列数据
	iseq	比较两个时间序列是否相等
isfield：判断字符串是否为时间序列的变量名称		
isfield	F = isfield(tsobj, name)	
	tsobj	金融时间序列数据
	name	字符串
	F	判断字符串是否为时间序列的变量名称
issorted：判断时间序列是否排序		
issorted	monod = issorted(tsobj)	
	tsobj	金融时间序列数据
	monod	时间序列是否排序

续

rmfield：去掉相应变量后的时间序列		
rmfield	fts = rmfield(tsobj, fieldname)	
	tsobj	金融时间序列数据
	fieldname	变量名称/域名
	fts	去掉相应变量后的时间序列
setfield：给变量赋值		
setfield	newfts = setfield(tsobj, field, V)	
	tsobj	金融时间序列数据
	field	变量名称/域名
	V	设定的值
	newfts	函数将时间序列按照结构型数据对待，将 V 赋值给指定的变量
sortfts：金融时间序列排序		
sortfts	sfts = sortfts(tsobj)	
	tsobj	金融时间序列数据
	sfts	排序后的时间序列

A.6.6 变换

boxcox：**Box-Cox** 变换		
boxcox	[transfts, lambdas] = boxcox(tsobj)	
	tsobj	金融时间序列数据
	tranfts	变换后的时间序列
	lambdas	Lambda 值
convert2sur：将模型从多元正态回归转换成似不相关回归		
convert2sur	DesignSUR = convert2sur(Design, Group)	
	Design	和时间序列相关的一个矩阵
	Group	数据分组信息
	DesignSUR	将模型从多元正态回归转换成似不相关回归
convertto：转换成特定的数据频率		
convertto	newfts = convertto(oldfts, newfreq)	
	oldfts	原金融时间序列数据
	newfreq	新的数据频率
	newfts	新的时间序列数据
diff：通过将原金融时间序列做差分得到		
diff	newfts = diff(oldfts)	
	oldfts	原金融时间序列数据
	newfts	通过将原金融时间序列做差分得到
fillts：对原时间序列中的缺失值进行插值得到的新数据		
fillts	newfts = fillts(oldfts, fill_method)	
	oldfts	原金融时间序列数据
	fill_method	可选，插值方法
	newfts	对原时间序列中的缺失值进行插值得到的新数据

续

filter：经过线性滤波后的金融时间序列		
filter	newfts = filter(B, A, oldfts)	
	B	滤波参数的说明
	A	
	oldfts	原金融时间序列数据
	newfts	经过线性滤波后的金融时间序列
lagts：将原数据做滞后平移数据		
lagts	newfts = lagts(oldfts)	
	oldfts	原金融时间序列数据
	newfts	将原数据做滞后平移数据
leadts：将原数据做前移平移数据		
leadts	newfts = leadts(oldfts)	
	oldfts	原金融时间序列数据
	newfts	将原数据做前移平移数据，参见 lagts
peravg：计算周期性平均得到的新时间序列		
peravg	avgfts = peravg(tsobj)	
	tsobj	金融时间序列数据
	avgfts	周期性平均得到的新时间序列
resamplets：向下采样时间序列		
resamplets	newfts = resamplets(oldfts, samplestep)	
	oldfts	原金融时间序列数据
	samplestep	样本间隔
	newfts	向下采样后的时间序列
smoothts：计算平滑后的输出时间序列		
smoothts	output = smoothts(input)	
	input	输入的时间序列
	output	平滑后的输出时间序列
toannual：转换成以年为频率的时间序列数据		
toannual	newfts = toannual(oldfts)	
	oldfts	原金融时间序列数据
	newfts	以年为频率的时间序列数据
todaily：转换成以日为频率的时间序列数据		
todaily	newfts = todaily(oldfts)	
	oldfts	原金融时间序列数据
	newfts	以日为频率的时间序列数据
todecimal：转换成的 10 进制小数形式		
todecimal	usddec = todecimal(quote, fracpart)	
	quote	报价
	fracpart	分数部分
	usddec	以 10 进制表示的小数形式
tomonthly：转换成以月为频率的时间序列数据		
tomonthly	newfts = tomonthly(oldfts)	
	oldfts	原金融时间序列数据

续

	newfts	以月为频率的时间序列数据
toquarterly：转换成以季度为频率的时间序列数据		
toquarterly	newfts = toquarterly(oldfts)	
	oldfts	原金融时间序列数据
	newfts	以季度为频率的时间序列数据
toquoted：计算报价		
toquoted	quote = toquoted(usddec, fracpart)	
	usddec	转换成的 10 进制小数形式
	fracpart	分数部分
	quote	报价
tosemi：转换成以半年为频率的时间序列数据		
tosemi	newfts = tosemi(oldfts)	
	oldfts	原金融时间序列数据
	newfts	以半年为频率的时间序列数据
toweekly：转换成以周为频率的时间序列数据		
toweekly	newfts = toweekly(oldfts)	
	oldfts	原金融时间序列数据
	newfts	以周为频率的时间序列数据
tsmovavg：计算移动平均线		
tsmovavg	output = tsmovavg(tsobj, Format, lag)	
	tsboj	金融时间序列数据
	Format	移动平均线加权平均方法，字符串
	lag	滞后项
	output	输出的移动平均线

A.6.7 技术分析指标

adline：计算技术分析中的累积/派发线		
adline	adln = adline(highp, lowp, closep, tvolume)	
	highp	最高价
	lowp	最低价
	closep	收盘价
	tvolume	成交量序列
	adln	技术分析中的累积/派发线
adosc：计算技术分析中的累积/派发摆动指标		
adosc	ado = adosc(highp, lowp, openp, closep)	
	highp	最高价
	lowp	最低价
	openp	开盘价
	closep	收盘价
	ado	技术分析中的累积/派发摆动指标
bollinger：计算布林指标		
bollinger	[mid, uppr, lowr] = bollinger(data, wsize, wts, nstd)	
	data	数据向量

续

	wsize	可选，窗宽
	wts	可选，权重因子
	nstd	可选，上下边界偏离程度
	mid	中间线，即移动平均线
	uppr	上边界
	lowr	下边界
chaikosc：计算蔡金摆动指标		
chaikosc	chosc = chaikosc(highp, lowp, closep, tvolume)	
	highp	最高价
	lowp	最低价
	closep	收盘价
	tvolume	成交量序列
	chosc	蔡金摆动指标
chaikvolat：计算蔡金波动率指标		
chaikvolat	chvol = chaikvolat(highp, lowp)	
	highp	最高价
	lowp	最低价
	chvol	蔡金波动率指标
fpctkd：计算快随机摆动指标		
fpctkd	[pctk, pctd] = fpctkd(highp, lowp, closep)	
	highp	最高价
	lowp	最低价
	closep	收盘价
	pctk	K%期，快随机摆动指标的参数
	pctd	D%期，快随机摆动指标的参数
hhigh：计算最高价中的最大值		
hhigh	hhv = hhigh(data)	
	data	数据向量
	hhv	最高价中的最大值
llow：计算最低价中的最小值		
llow	llv = llow(data)	
	data	数据向量
	llv	最低价中的最小值
macd：计算 MACD 指标		
macd	[macdvec, nineperma] = macd(data)	
	data	数据向量
	macdvec	MACD 指标
	nineperma	九周期的指数移动平均线
medprice：计算中间价格指标		
medprice	mprc = medprice(highp, lowp)	
	highp	最高价
	lowp	最低价
	mprc	中间价格指标

续

nvi：计算负量指标值		
nvi	nvi = negvolidx(closep, tvolume, initnvi)	
	closep	收盘价
	tvolume	成交量序列
	initnvi	负量指标的初始值
	nvi	负量指标值
onbalvol：计算平衡交易量指标		
onbalvol	obv = onbalvol(closep, tvolume)	
	closep	收盘价
	tvolume	成交量序列
	obv	平衡交易量指标
posvolidx：计算正量指标值		
posvolidx	pvi = posvolidx(closep, tvolume, initpvi)	
	closep	收盘价
	tvolume	成交量序列
	initpvi	正量指标的初始值，初始值为 100，可选
	pvi	正量指标值
prcroc：计算价格变动率指标		
prcroc	proc = prcroc(closep, nperiods)	
	closep	收盘价
	nperiods	周期数目
	proc	价格变动率指标
pvtrend：计算价量趋势指标		
pvtrend	pvt = pvtrend(closep, tvolume)	
	closep	收盘价
	tvolume	成交量序列
	pvt	价量趋势指标
rsindex：计算相对强弱指标		
rsindex	rsi = rsindex(closep, nperiods)	
	closep	收盘价
	nperiods	周期数目
	rsi	相对强弱指标
spctkd：计算慢随机摆动指标		
spctkd	[spctk, spctd] = spctkd(fastpctk, fastpctd)	
	fastpctk	快随机参数 F%K（向量）
	fastpctd	快随机参数 F%D（向量）
	sctk	K%期，慢随机摆动指标的参数
	sctd	D%期，慢随机摆动指标的参数
stochosc：计算随机摆动指标		
stochosc	stosc = stochosc(highp, lowp, closep)	
	highp	最高价
	lowp	最低价
	closep	收盘价

续

	stosc	随机摆动指标
tsaccel：计算加速指标		
tsaccel	acc = tsaccel(data, nperiods, datatype)	
	data	输入数据
	nperiods	可选，加速区间
	datatype	可选，指定 data 数据类型
	acc	加速指标
tsmom：计算动量指标		
tsmom	mom = tsmom(data, nperiods)	
	data	输入数据
	nperiods	可选，加速区间
	mom	动量指标
typprice：计算典型价格		
typprice	tprc = typprice(highp, lowp, closep)	
	highp	最高价
	lowp	最低价
	closep	收盘价
	tprc	典型价格，即三者的平均
volroc：计算交易量变动率		
volroc	vroc = volroc(tvolume , nperiods)	
	tvolume	交易量
	nperiods	可选，间隔区间
	vroc	交易量变动率
wclose：计算加权收盘价指标		
wclose	wcls = wclose(highp, lowp, closep)	
	highp	最高价
	lowp	最低价
	closep	收盘价
	wcls	加权收盘价指标
willad：计算威廉姆斯累积/派分线		
willad	wadl = willad(highp, lowp, closep)	
	highp	最高价
	lowp	最低价
	closep	收盘价
	wadl	威廉姆斯累积/派分线
willpctr：计算威廉姆斯 **R%**指标		
willpctr	wpctr = willpctr(highp, lowp, closep, nperiods)	
	highp	最高价
	lowp	最低价
	closep	收盘价
	nperiods	可选，间隔区间
	wpctr	威廉姆斯 R%指标

A.6.8 便捷工具

	ftsgui：金融时间序列的 GUI	
ftsgui	ftsgui	
	无输入输出参数	
	ftstool：金融时间序列的工具	
ftstool	ftstool	
	无输入输出参数	

A.7 其他

A.7.1 期权定价与敏感度分析

	binprice：二叉树模型为看涨和看跌期权定价	
binprice	[AssetPrice, OptionValue] = binprice(Price, Strike, Rate, Time, Increment, Volatility, Flag, DividendRate, Dividend, ExDiv)	
	Price	标的资产价格
	Strike	执行价格
	Rate	无风险利率
	Time	期限
	Increment	时间步长，即二叉树中的时间间隔
	Volatility	波动率
	Flag	标识，1 代表看涨期权，0 代表看跌期权
	DividendRate	可选，分红率
	Divedend	可选，除息日前的股息支付量
	ExDiv	除息日
	AssetPrice	资产价格的二叉树节点值
	OptionValue	期权价格
	blkimpv：**Black** 模型给出的期货期权的隐含波动率	
blkimpv	Volatility = blsimpv(Price, Strike, Rate, Time, Value, Limit, Tolerance, Class)	
	Price	标的资产价格
	Strike	执行价格
	Rate	无风险利率，以连续计息方式衡量
	Time	期限
	Value	欧式期货期权价格
	Limit	可选，试错法区间
	Tolerance	可选，试错法精度控制
	Class	可选，看涨期权还是看跌期权
	Volatility	基于 BS 模型的计算期货期权的隐含波动率
	blkprice：为期货期权进行定价的 **Black** 模型	
blkprice	[Call, Put] = blkprice(Price, Strike, Rate, Time, Volatility)	
	Price	标的资产价格

续

	Strike	执行价格
	Rate	无风险利率，以连续计息方式衡量
	Time	期限
	Volatility	期货价格的波动率
	Call	基于 BS 模型的看涨期货期权价格
	Put	基于 BS 模型的看跌期货期权价格
blsdelta：Black-Scholes 模型给出的 Delta 值		
blsdelta	[CallDelta, PutDelta] = blsdelta(Price, Strike, Rate, Time, Volatility, Yield)	
	Price	标的资产价格
	Strike	执行价格
	Rate	无风险利率，以连续计息方式衡量
	Time	期限
	Volatility	期货价格的波动率
	Yield	可选，标的资产的收益率
	CallDelta	基于 BS 模型的看涨期权的 Delta 值
	PutDelta	基于 BS 模型的看跌期权的 Delta 值
blsgamma：Black-Scholes 模型给出的 Gamma 值		
blsgamma	Gamma = blsgamma(Price, Strike, Rate, Time, Volatility, Yield)	
	Price	标的资产价格
	Strike	执行价格
	Rate	无风险利率，以连续计息方式衡量
	Time	期限
	Volatility	期货价格的波动率
	Yield	可选，标的资产的收益率
	Gamma	基于 BS 模型的期权 Gamma 值
blsimpv：Black-Scholes 模型给出的隐含波动率		
blsimpv	Volatility = blsimpv(Price, Strike, Rate, Time, Value, Limit, Yield, Tolerance, Class)	
	Price	标的资产价格
	Strike	执行价格
	Rate	无风险利率，以连续计息方式衡量
	Time	期限
	Value	欧式期权价格
	Limit	可选，试错法区间
	Yield	可选，标的资产的收益率
	Tolerance	可选，试错法精度控制
	Class	可选，看涨期权还是看跌期权
	Volatility	隐含波动率
blslambda：Black-Scholes 模型给出的 Lambda 值		
blslambda	[CallEl, PutEl] = blslambda(Price, Strike, Rate, Time, Volatility, Yield)	
	Price	标的资产价格
	Strike	执行价格

续

	Rate	无风险利率，以连续计息方式衡量
	Time	期限
	Volatility	年化的标的资产价格波动率
	Yield	可选，标的资产的收益率
	CallEl	看涨期权的 Lambda 值
	PutEl	看跌期权的 Lambda 值
blsprice：Black-Scholes 模型给出的看涨和看跌期权的价格		
blsprice	[Call, Put] = blsprice(Price, Strike, Rate, Time, Volatility, Yield)	
	Price	标的资产价格
	Strike	执行价格
	Rate	无风险利率，以连续计息方式衡量
	Time	期限
	Volatility	年化的标的资产价格波动率
	Yield	可选，标的资产的收益率
	Call	基于 BS 模型的看涨期权价格
	Put	基于 BS 模型的看跌期权价格
blsrho：Black-Scholes 模型给出的 Rho 值		
blsrho	[CallRho, PutRho]= blsrho(Price, Strike, Rate, Time, Volatility, Yield)	
	Price	标的资产价格
	Strike	执行价格
	Rate	无风险利率，以连续计息方式衡量
	Time	期限
	Volatility	年化的标的资产价格波动率
	Yield	可选，标的资产的收益率
	CallRho	基于 BS 模型的看涨期权 Rho 值
	PutRho	基于 BS 模型的看跌期权 Rho 值
blstheta：Black-Scholes 模型给出的 Theta 值		
blstheta	[CallTheta, PutTheta] = blstheta(Price, Strike, Rate, Time, Volatility, Yield)	
	Price	标的资产价格
	Strike	执行价格
	Rate	无风险利率，以连续计息方式衡量
	Time	期限
	Volatility	年化的标的资产价格波动率
	Yield	可选，标的资产的收益率
	CallTheta	基于 BS 模型的看涨期权 Theta 值
	PutTheta	基于 BS 模型的看跌期权 Theta 值
blsvega：Black-Scholes 模型给出的 Vega 值		
blsvega	Vega = blsvega(Price, Strike, Rate, Time, Volatility, Yield)	
	Price	标的资产价格
	Strike	执行价格

续

	Rate	无风险利率，以连续计息方式衡量
	Time	期限
	Volatility	年化的标的资产价格波动率
	Yield	可选，标的资产的收益率
	CallVega	基于 BS 模型的看涨期权 Vega 值
	PutVega	基于 BS 模型的看跌期权 Vega 值
opprofit：计算期权的盈利		
opprofit	Profit = opprofit(AssetPrice, Strike, Cost, PosFlag, OptType)	
	AssetPrice	标的资产价格
	Strike	执行价格
	Cost	期权成本
	PosFlag	仓位，0 为多头，1 为空头
	OptType	期权类型，0 为看涨期权，1 为看跌期权
	Profit	期权获利

A.7.2 单变量 GARCH 模型

ugarch：GARCH 模型的参数估计		
ugarch	[Kappa, Alpha, Beta] = ugarch(U, P, Q)	
	U	残差向量
	P	GARCH 模型的条件方差的滞后阶数
	Q	GARCH 模型的残差平方的滞后阶数
	Kappa	GARCH 模型的 Kappa 参数
	Alpha	GARCH 模型的 Alpha 参数
	Beta	GARCH 模型的 Beta 参数
ugarchllf：计算 GARCH 模型目标函数的对数似然函数		
ugarchllf	LogLikelihood = ugarchllf(Parameters, U, P, Q)	
	Parameters	包含 Kappa 和模型相关系数的参数
	U	残差向量
	P	GARCH 模型的条件方差的滞后阶数
	Q	GARCH 模型的残差平方的滞后阶数
	LogLikelihood	单变量 GARCH 模型的对数似然函数
ugarchpred：预测条件方差		
ugarchpred	[VarianceForecast, H] = ugarchpred(U, Kappa, Alpha, Beta, NumPeriods)	
	U	残差向量
	Kappa	GARCH 模型的 Kappa 参数
	Alpha	GARCH 模型的 Alpha 参数
	Beta	GARCH 模型的 Beta 参数
	NumPeriods	目标预测区间
	VarianceForecast	方差预测值
	H	同 U 参数对应的条件方差向量

续

ugarchsim：模拟 GARCH 过程		
ugarchsim	[U, H] = ugarchsim(Kappa, Alpha, Beta, NumSamples)	
	Kappa	GARCH 模型的 Kappa 参数
	Alpha	GARCH 模型的 Alpha 参数
	Beta	GARCH 模型的 Beta 参数
	NumSamples	模拟样本数量
	U	残差向量
	H	同 U 参数对应的条件方差向量

附录 B　金融衍生品工具箱函数详解

B.1　利率模型及应用

B.1.1　HJM 模型

hjmtimespec：为 HJM 利率树指定时间结构		
hjmtimespec	TimeSpec = hjmtimespec(ValuationDate, Maturity, Compounding)	
	ValuationDate	估值日期
	Maturity	到期日
	Compouding	可选，年复利次数
	TimeSpec	HJM 模型中关于日期时间的说明
hjmtree：创建一个 HJM 树（远期汇率）		
hjmtree	HJMTree = hjmtree(VolSpec, RateSpec, TimeSpec)	
	VolSpec	波动率说明，参考 hjmvolspec 函数
	RateSpec	利率期限结构说明
	TimeSpec	日期时间的说明，参考 hjmtimespec 函数
	HJMTree	HJM 二叉树，结构型数据
hjmvolspec：指定 HJM 的波动过程		
hjmvolspec	Volspec = hjmvolspec(varargin)	
	varargin	输入参数根据采用不同的波动率模型不同而不同
	Volspec	HJM 模型中关于波动率的说明

B.1.2　HJM 模型的应用

hjmprice：通过 HJM 树对固定收益定价		
hjmprice	Price = hjmprice(HJMTree, InstSet, Options)	
	HJMTree	基于 HJM 模型的利率树结构型数据
	InstSet	说明产品属性的结构型数据
	Options	可选，衍生品定价中可选的属性
	Price	产品的价格
hjmsens：利用 HJM 树对固定收益进行定价和敏感度分析		
hjmsens	[Delta, Gamma, Vega, Price] = hjmsens(HJMTree, InstSet,Options)	
	HJMTree	基于 HJM 模型的利率树结构型数据
	InstSet	说明产品属性的结构型数据
	Options	可选，衍生品定价中可选的属性
	Delta	产品的 Delta 值
	Gamma	产品的 Gamma 值

续

	Vega	产品的 Vega 值
	Price	产品的价格
swaptionbyhjm：根据 HJM 利率树的互换价格		
swaptionbyhjm	[Price, PriceTree] = swaptionbyhjm(HJMTree,OptSpec,Strike,ExerciseDates, Spread, Settle, Maturity,'Name1', Value1)	
	HJMTree	HJM 模型构建的利率二叉树
	OptSpec	互换期权种类，值为字符串，call 或 put
	Strike	互换执行价格
	ExerciseDates	行权日期
	Spread	浮动利率同基准挂钩利率间价差
	Settle	结算日
	Maturity	到期日
	'Name1'	参考帮助文档，关于此处可取值范围
	Value1	
	Price	利率互换期权的价格
	PriceTree	返回互换发生的不同时点上的价格等信息
bondbyhjm：利用 HJM 树对债券进行定价		
bondbyhjm	[Price, PriceTree] = bondbyhjm(HJMTree, CouponRate, Settle,Maturity, Period, Basis, EndMonthRule, IssueDate,FirstCouponDate, LastCouponDate, StartDate, Face, Options)	
	HJMTree	HJM 模型构建的利率二叉树
	CouponRate	债券息票率
	Settle	结算日
	Maturity	到期日
	Period	可选，年付息次数
	Basis	可选，天数计数规则
	EndMonthRule	可选，月末法则
	IssueDate	可选，发行日期
	FirstCouponDate	可选，首次付息日
	LastCouponDate	可选，最后一次付息日
	StartDate	可选，计息开始日期
	Face	可选，面值
	Options	可选，衍生品定价中可选的属性
	Price	债券的价格
	PriceTree	对应二叉树节点上的价格等信息
capbyhjm：利用 HJM 树对利率顶进行定价		
capbyhjm	[Price, PriceTree] = capbyhjm(HJMTree, Strike,Settle, Maturity, Reset, Basis, Principal, Options)	
	HJMTree	HJM 模型构建的利率二叉树
	Strike	执行价格
	Settle	结算日
	Maturity	到期日
	Reset	可选，年支付次数
	Basis	可选，天数计数规则
	Principal	可选，本金

续

	Options	可选，衍生品定价中可选的属性
	Price	利率顶的价格
	PriceTree	对应二叉树节点上的价格等信息
cfbyhjm：利用 **HJM** 树对任意现金流进行定价		
cfbyhjm	[Price, PriceTree] = cfbyhjm(HJMTree, CFlowAmounts,CFlowDates, Settle, Basis, Options)	
	HJMTree	HJM 模型构建的利率二叉树
	CFlowAmounts	现金流的数量
	CFlowDates	与现金流对应的发生日期
	Settle	结算日
	Basis	可选，天数计数规则
	Options	可选，衍生品定价中可选的属性
	Price	现金流的现值
	PriceTree	对应二叉树节点上的价格等信息
fixedbyhjm：利用 **HJM** 树对固定收益票据进行定价		
fixedbyhjm	[Price, PriceTree] = fixedbyhjm(HJMTree, CouponRate, Settle,Maturity, Reset, Basis, Principal, Options, EndMonthRule)	
	HJMTree	HJM 模型构建的利率二叉树
	CouponRate	息票率
	Settle	结算日
	Maturity	到期日
	Reset	可选，年支付次数
	Basis	可选，天数计数规则
	Principal	可选，本金
	Options	可选，衍生品定价中可选的属性
	EndMonthRule	可选，月末法则
	Price	固定利率票据的价格
	PriceTree	对应二叉树节点上的价格等信息
floatbyhjm：利用 **HJM** 树对浮动收益票据进行定价		
floatbyhjm	[Price, PriceTree] = floatbyhjm(HJMTree, Spread, Settle,Maturity, Reset, Basis, Principal, Options, EndMonthRule)	
	HJMTree	HJM 模型构建的利率二叉树
	Spread	浮动利率同基准挂钩利率间价差
	Settle	结算日
	Maturity	到期日
	Reset	可选，年支付次数
	Basis	可选，天数计数规则
	Principal	可选，本金
	Options	可选，衍生品定价中可选的属性
	EndMonthRule	可选，月末法则
	Price	浮动利率票据的价格
	PriceTree	对应二叉树节点上的价格等信息

续

floorbyhjm：利用 **HJM** 树对利率底进行定价		
floorbyhjm	[Price, PriceTree] = floorbyhjm(HJMTree, Strike, Settle, Maturity, Reset, Basis, Principal, Options)	
	HJMTree	HJM 模型构建的利率二叉树
	Strike	执行价格
	Settle	结算日
	Maturity	到期日
	Reset	可选，年支付次数
	Basis	可选，天数计数规则
	Principal	可选，本金
	Options	可选，衍生品定价中可选的属性
	Price	利率底的价格
	PriceTree	对应二叉树节点上的价格等信息
mmktbyhjm：利用 **HJM** 树构建货币市场 **HJM** 利率二叉树		
mmktbyhjm	MMktTree = mmktbyhjm(HJMTree)	
	HJMTree	HJM 模型构建的利率二叉树，建立在远期利率基础上
	MMktTree	基于 HJMTree 构建货币市场 HJM 利率二叉树，完成二者的转换
optbndbyhjm：利用 **HJM** 树对债券期权进行定价		
optbndbyhjm	[Price, PriceTree] = optbndbyhjm(HJMTree, OptSpec, Strike,ExerciseDates, AmericanOpt, CouponRate, Settle, Maturity,Period, Basis, EndMonthRule, IssueDate, FirstCouponDate,LastCouponDate, StartDate, Face, Options)	
	HJMTree	HJM 模型构建的利率二叉树
	OptSpec	期权种类，值为字符串，call 或 put
	Strike	执行价
	ExerciseDates	行权日期
	AmericanOpt	标识期权为美式还是欧式
	CouponRate	债券息票率
	Settle	结算日
	Maturity	到期日
	Period	可选，年付息次数
	Basis	可选，天数计数规则
	EndMonthRule	可选，月末法则
	IssueDate	可选，发行日期
	FirstCouponDate	可选，首次付息日
	LastCouponDate	可选，最后一次付息日
	StartDate	可选，计息开始日期
	Face	可选，面值
	Options	可选，衍生品定价中可选的属性
	Price	债券期权的价格
	PriceTree	对应二叉树节点上的价格信息
optembndbyhjm: 利用 **HJM** 树对附有嵌入式期权的债券进行定价		
optembndbyhjm	[Price, PriceTree] = optembndbyhjm(HJMTree, CouponRate,Settle, Maturity, OptSpec, Strike, ExerciseDates,'Name1', Value1, 'Name2', Value2, ...)	
	HJMTree	HJM 模型构建的利率二叉树

续

	CouponRate	债券息票率
	Settle	结算日
	Maturity	到期日
	OptSpec	期权种类，值为字符串，call 或 put
	Strike	执行价
	ExerciseDates	行权日期
	'Namei' 'Valuei'	参考帮助文档，关于此处可取值范围，用以描述债券属性信息的一组值
	Price	内嵌期权债券的价格
	PriceTree	对应二叉树节点上的价格信息
swapbyhjm：利用 **HJM** 树对互换进行定价		
swapbyhjm	[Price, PriceTree, CFTree, SwapRate] = swapbyhjm(HJMTree,LegRate, Settle, Maturity, LegReset, Basis, Principal,LegType, EndMonthRule)	
	HJMTree	HJM 模型构建的利率二叉树
	LegRate	用以说明息票率和价差的矩阵
	Settle	结算日
	Maturity	到期日
	LegReset	可选，用以说明互换的两个产品的年支付次数
	Basis	可选，天数计数规则
	Principal	可选，名义本金
	LegType	可选，互换产品是浮动利率还是固定利率说明矩阵
	EndMonthRule	可选，月末法则
	Price	基于 HJM 模型的互换价格
	PriceTree	对应二叉树节点上的互换价格的信息
	CFTree	对应二叉树节点上的现金流流入流出信息
	SwapRate	使得互换价格为 0 的互换利率数值

B.1.3 BDT 模型

bdttimespec：为 **BDT** 利率树指定时间结构		
bdttimespec	TimeSpec = bdttimespec(ValuationDate, Maturity, Compounding)	
	ValuationDate	估值日期
	Maturity	到期日
	Compouding	可选，年复利次数
	TimeSpec	BDT 模型中关于日期时间的说明
bdttree：创建一个 **BDT** 树（远期汇率）		
bdttree	BDTTree = bdttree(VolSpec, RateSpec, TimeSpec)	
	VolSpec	波动率说明
	RateSpec	利率期限结构说明
	TimeSpec	日期时间的说明
	BDTTree	BDT 二叉树，结构型数据
bdtvolspec：指定 **BDT** 的波动过程		
bdtvolspec	Volspec = bdtvolspec(ValuationDate, VolDates, VolCurve, InterpMethod)	
	ValuationDate	估值日期

续

	VolDates	波动率期限结构对应的日期
	VolCurve	对应不同日期的波动率期限结构值
	InterpMethod	可选，插值方法
	Volspec	BDT 模型中关于波动率的说明

B.1.4 BDT 模型的应用

bondbybdt：利用 BDT 树对债券进行定价		
bondbybdt	[Price, PriceTree] = bondbybdt(BDTTree, CouponRate, Settle,Maturity, Period, Basis, EndMonthRule, IssueDate,FirstCouponDate, LastCouponDate, StartDate, Face, Options)	
	BDTTree	BDT 模型构建的利率二叉树
	CouponRate	债券息票率
	Settle	结算日
	Maturity	到期日
	Period	可选，年付息次数
	Basis	可选，天数计数规则
	EndMonthRule	可选，月末法则
	IssueDate	可选，发行日期
	FirstCouponDate	可选，首次付息日
	LastCouponDate	可选，最后一次付息日
	StartDate	可选，计息开始日期
	Face	可选，面值
	Options	可选，衍生品定价中可选的属性
	Price	债券的价格
	PriceTree	对应二叉树节点上的价格等信息
capbybdt：利用 BDT 树对利率顶进行定价		
capbybdt	[Price, PriceTree] = capbybdt(BDTTree, Strike, Settle,Maturity, Reset, Basis, Principal, Options)	
	BDTTree	BDT 模型构建的利率二叉树
	Strike	执行价格
	Settle	结算日
	Maturity	到期日
	Reset	可选，年支付次数
	Basis	可选，天数计数规则
	Principal	可选，本金
	Options	可选，衍生品定价中可选的属性
	Price	利率顶的价格
	PriceTree	对应二叉树节点上的价格等信息
cfbybdt：利用 BDT 树对任意现金流进行定价		
cfbybdt	[Price, PriceTree] = cfbybdt(BDTTree,CFlowAmounts, CFlowDates, Settle, Basis, Options)	
	BDTTree	BDT 模型构建的利率二叉树
	CFlowAmounts	现金流的数量
	CFlowDates	与现金流对应的发生日期
	Settle	结算日

续

	Basis	可选，天数计数规则
	Options	可选，衍生品定价中可选的属性
	Price	现金流的现值
	PriceTree	对应二叉树节点上的价格等信息
fixedbybdt：利用 BDT 树对固定收益票据进行定价		
fixedbybdt	[Price, PriceTree] = fixedbybdt(BDTTree, CouponRate, Settle,Maturity, Reset, Basis, Principal, Options, EndMonthRule)	
	BDTTree	BDT 模型构建的利率二叉树
	CouponRate	息票率
	Settle	结算日
	Maturity	到期日
	Reset	可选，年支付次数
	Basis	可选，天数计数规则
	Principal	可选，本金
	Options	可选，衍生品定价中可选的属性
	EndMonthRule	可选，月末法则
	Price	固定利率票据的价格
	PriceTree	对应二叉树节点上的价格等信息
floatbybdt：利用 BDT 树对浮动收益票据进行定价		
floatbybdt	[Price, PriceTree] = floatbybdt(BDTTree, Spread,Settle, Maturity, Reset, Basis, Principal, Options,EndMonthRule)	
	BDTTree	BDT 模型构建的利率二叉树
	Spread	浮动利率同基准挂钩利率间价差
	Settle	结算日
	Maturity	到期日
	Reset	可选，年支付次数
	Basis	可选，天数计数规则
	Principal	可选，本金
	Options	可选，衍生品定价中可选的属性
	EndMonthRule	可选，月末法则
	Price	浮动利率票据的价格
	PriceTree	对应二叉树节点上的价格等信息
floorbybdt：利用 BDT 树对利率底进行定价		
floorbybdt	[Price, PriceTree] = floorbybdt(BDTTree, Strike, Settle, Maturity, Reset, Basis, Principal, Options)	
	BDTTree	BDT 模型构建的利率二叉树
	Strike	执行价格
	Settle	结算日
	Maturity	到期日
	Reset	可选，年支付次数
	Basis	可选，天数计数规则
	Principal	可选，本金
	Options	可选，衍生品定价中可选的属性

续

	Price	利率底的价格
	PriceTree	对应二叉树节点上的价格等信息
mmktbybdt：利用 BDT 树创建货币市场树		
mmktbybdt	MMktTree = mmktbybdt(BDTTree)	
	BDTTree	BDT 模型构建的利率二叉树
	MMktTree	基于 BDTTree 构建货币市场 HJM 利率二叉树，完成二者的转换
optbndbybdt：利用 BDT 树对债券期权进行定价		
optbndbybdt	[Price, PriceTree] = optbndbybdt(BDTTree, OptSpec, Strike,ExerciseDates, AmericanOpt, CouponRate, Settle, Maturity,Period, Basis, EndMonthRule, IssueDate, FirstCouponDate,LastCouponDate, StartDate, Face, Options)	
	BDTTree	BDT 模型构建的利率二叉树
	OptSpec	期权种类，值为字符串，call 或 put
	Strike	执行价
	ExerciseDates	行权日期
	AmericanOpt	标识期权为美式还是欧式
	CouponRate	债券息票率
	Settle	结算日
	Maturity	到期日
	Period	可选，年付息次数
	Basis	可选，天数计数规则
	EndMonthRule	可选，月末法则
	IssueDate	可选，发行日期
	FirstCouponDate	可选，首次付息日
	LastCouponDate	可选，最后一次付息日
	StartDate	可选，计息开始日期
	Face	可选，面值
	Options	可选，衍生品定价中可选的属性
	Price	债券期权的价格
	PriceTree	对应二叉树节点上的价格信息
optembndbybdt：利用 BDT 树对附有嵌入式期权的债券进行定价		
optembndbybdt	[Price, PriceTree] = optembndbybdt(BDTTree, CouponRate,Settle, Maturity, OptSpec, Strike, ExerciseDates,'Name1', Value1, 'Name2', Value2, ...)	
	BDTTree	BDT 模型构建的利率二叉树
	CouponRate	债券息票率
	Settle	结算日
	Maturity	到期日
	OptSpec	期权种类，值为字符串，call 或 put
	Strike	执行价
	ExerciseDates	行权日期
	'Namei'	参考帮助文档，关于此处可取值范围，用以描述债券属性信息的一组值
	'Valuei'	
	Price	内嵌期权债券的价格
	PriceTree	对应二叉树节点上的价格信息

续

swapbybdt: 利用 BDT 树对互换进行定价		
swapbybdt	[Price, PriceTree, CFTree, SwapRate] = swapbybdt(BDTTree,LegRate,Settle, Maturity, LegReset, Basis, Principal, LegType, Options, EndMonthRule)	
	BDTTree	BDT 模型构建的利率二叉树
	LegRate	用以说明息票率和价差的矩阵
	Settle	结算日
	Maturity	到期日
	LegReset	可选，用以说明互换的两个产品的年支付次数
	Basis	可选，天数计数规则
	Principal	可选，名义本金
	LegType	可选，互换产品是浮动利率还是固定利率说明矩阵
	EndMonthRule	可选，月末法则
	Price	基于 HJM 模型的互换价格
	PriceTree	对应二叉树节点上的互换价格的信息
	CFTree	对应二叉树节点上的现金流流入流出信息
	SwapRate	使得互换价格为 0 的互换利率数值
swaptionbybdt：根据 BDT 利率树的互换价格		
swaptionbybdt	[Price, PriceTree] = swaptionbybdt(BDTTree,OptSpec,Strike,ExerciseDates, Spread, Settle, Maturity,'Name1', Value1, 'Name2', Value2)	
	BDTTree	BDT 模型构建的利率二叉树
	OptSpec	互换期权种类，值为字符串，call 或 put
	Strike	互换执行价格
	ExerciseDates	行权日期
	Spread	浮动利率同基准挂钩利率间价差
	Settle	结算日
	Maturity	到期日
	'Name1'	参考帮助文档，关于此处可取值范围
	Value1	
	Price	利率互换期权的价格
	PriceTree	返回互换发生的不同时点上的价格等信息
	参见 swaptionbyhjm 函数，此函数是基于 BDT 模型对利率互换期权的定价函数	

B.1.5 HW 模型

hwtimespec：为 HW 利率树指定时间结构		
hwtimespec	TimeSpec = hwtimespec(ValuationDate, Maturity, Compounding)	
	ValuationDate	估值日期
	Maturity	到期日
	Compouding	可选，年复利次数
	TimeSpec	HW 模型中关于日期时间的说明
hwtree：创建 HW 利率树		
hwtree	HWTree = hwtree(VolSpec, RateSpec, TimeSpec)	
	VolSpec	波动率说明，参考 hwvolspec 函数
	RateSpec	利率期限结构说明

续

	TimeSpec	日期时间的说明，参考 hwtimespec 函数
	HWTree	HW 二叉树，结构型数据
hwvolspec：指定 HW 利率波动过程		
hwvolspec	Volspec = hwvolspec(ValuationDate, VolDates, VolCurve,AlphaDates, AlphaCurve, InterpMethod)	
	ValuationDate	估值日期
	VolDates	波动率期限结构对应的日期
	VolCurve	对应不同日期的波动率期限结构值
	AlphaDates	HW 模型中均值回复系数
	AlphaCurve	Alpha 结构曲线
	InterpMethod	可选，插值方法
	Volspec	HW 模型中关于波动率的说明

B.1.6 HW 模型的应用

hwprice：利用 HW 利率树对衍生品进行定价		
hwprice	[Price, PriceTree] = hwprice(HWTree, InstSet, Options)	
	HWTree	基于 HW 模型的利率树结构型数据
	InstSet	说明产品属性的结构型数据
	Options	可选，衍生品定价中可选的属性
	Price	产品的价格
	PriceTree	对应时点上的价格等信息
hwsens：利用 HW 利率树进行衍生品的敏感度分析		
hwsens	[Delta, Gamma, Vega, Price] = hwsens(HWTree, InstSet,Options)	
	HWTree	基于 HW 模型的利率树结构型数据
	InstSet	说明产品属性的结构型数据
	Options	可选，衍生品定价中可选的属性
	Delta	产品的 Delta 值
	Gamma	产品的 Gamma 值
	Vega	产品的 Vega 值
	Price	产品的价格
swaptionbyhw：根据 HW 利率树的互换价格		
swaptionbyhw	[Price, PriceTree] = swaptionbyhw(HWTree, OptSpec, Strike,ExerciseDates, Spread, Settle, Maturity,'Name1', Value1)	
	HWTree	HW 模型构建的利率二叉树
	OptSpec	互换期权种类，值为字符串，call 或 put
	Strike	互换执行价格
	ExerciseDates	行权日期
	Spread	浮动利率同基准挂钩利率间价差
	Settle	结算日
	Maturity	到期日
	'Name1'	参考帮助文档，关于此处可取值范围
	Value1	
	Price	利率互换期权的价格
	PriceTree	返回互换发生的不同时点上的价格等信息

续

bondbyhw：利用HW树对债券进行定价		
bondbyhw	[Price, PriceTree] = bondbyhw(HWTree, CouponRate, Settle,Maturity, Period, Basis, EndMonthRule, IssueDate,FirstCouponDate, LastCouponDate, StartDate, Face, Options)	
	HWTree	HW 模型构建的利率二叉树
	CouponRate	债券息票率
	Settle	结算日
	Maturity	到期日
	Period	可选，年付息次数
	Basis	可选，天数计数规则
	EndMonthRule	可选，月末法则
	IssueDate	可选，发行日期
	FirstCouponDate	可选，首次付息日
	LastCouponDate	可选，最后一次付息日
	StartDate	可选，计息开始日期
	Face	可选，面值
	Options	可选，衍生品定价中可选的属性
	Price	债券的价格
	PriceTree	对应二叉树节点上的价格等信息
capbyhw：利用HW树对利率顶进行定价		
capbyhw	[Price, PriceTree] = capbyhw(HWTree, Strike,Settle, Maturity, Reset, Basis, Principal, Options)	
	HWTree	HW 模型构建的利率二叉树
	Strike	执行价格
	Settle	结算日
	Maturity	到期日
	Reset	可选，年支付次数
	Basis	可选，天数计数规则
	Principal	可选，本金
	Options	可选，衍生品定价中可选的属性
	Price	利率顶的价格
	PriceTree	对应二叉树节点上的价格等信息
cfbyhw：利用HW树对任意现金流进行定价		
cfbyhw	[Price, PriceTree] = cfbyhw(HWTree, CFlowAmounts,CFlowDates, Settle, Basis, Options)	
	HWTree	HW 模型构建的利率二叉树
	CFlowAmounts	现金流的数量
	CFlowDates	与现金流对应的发生日期
	Settle	结算日
	Basis	可选，天数计数规则
	Options	可选，衍生品定价中可选的属性
	Price	现金流的现值
	PriceTree	对应二叉树节点上的价格等信息
fixedbyhw：利用HW树对固定收益票据进行定价		
fixedbyhw	[Price, PriceTree] = fixedbyhw(HWTree, CouponRate, Settle,Maturity, Reset, Basis, Principal, Options, EndMonthRule)	
	HWTree	HW 模型构建的利率二叉树

续

	CouponRate	息票率
	Settle	结算日
	Maturity	到期日
	Reset	可选，年支付次数
	Basis	可选，天数计数规则
	Principal	可选，本金
	Options	可选，衍生品定价中可选的属性
	EndMonthRule	可选，月末法则
	Price	固定利率票据的价格
	PriceTree	对应二叉树节点上的价格等信息
floatbyhw：利用HW树对浮动收益票据进行定价		
floatbyhw	[Price, PriceTree] = floatbyhw(HWTree, Spread, Settle,Maturity, Reset, Basis, Principal, Options, EndMonthRule)	
	HWTree	HW 模型构建的利率二叉树
	Spread	浮动利率同基准挂钩利率间价差
	Settle	结算日
	Maturity	到期日
	Reset	可选，年支付次数
	Basis	可选，天数计数规则
	Principal	可选，本金
	Options	可选，衍生品定价中可选的属性
	EndMonthRule	可选，月末法则
	Price	浮动利率票据的价格
	PriceTree	对应二叉树节点上的价格等信息
floorbyhw：利用HW树对利率底进行定价		
floorbyhw	[Price, PriceTree] = floorbyhw(HWTree, Strike, Settle, Maturity, Reset, Basis, Principal, Options)	
	HWTree	HW 模型构建的利率二叉树
	Strike	执行价格
	Settle	结算日
	Maturity	到期日
	Reset	可选，年支付次数
	Basis	可选，天数计数规则
	Principal	可选，本金
	Options	可选，衍生品定价中可选的属性
	Price	利率底的价格
	PriceTree	对应二叉树节点上的价格等信息
optbndbyhw：利用HW树对债券期权进行定价		
optbndbyhw	[Price, PriceTree] = optbndbyhw(HWTree, OptSpec, Strike,ExerciseDates, AmericanOpt, CouponRate, Settle, Maturity,Period, Basis, EndMonthRule, IssueDate, FirstCouponDate,LastCouponDate, StartDate, Face, Options)	
	HWTree	HW 模型构建的利率二叉树
	OptSpec	期权种类，值为字符串，call 或 put

续

	Strike	执行价
	ExerciseDates	行权日期
	AmericanOpt	标识期权为美式还是欧式
	CouponRate	债券息票率
	Settle	结算日
	Maturity	到期日
	Period	可选，年付息次数
	Basis	可选，天数计数规则
	EndMonthRule	可选，月末法则
	IssueDate	可选，发行日期
	FirstCouponDate	可选，首次付息日
	LastCouponDate	可选，最后一次付息日
	StartDate	可选，计息开始日期
	Face	可选，面值
	Options	可选，衍生品定价中可选的属性
	Price	债券期权的价格
	PriceTree	对应二叉树节点上的价格信息
optbndbyhw：利用**HW**树对附有嵌入式期权的债券进行定价		
optembndbyhw	[Price, PriceTree] = optembndbyhw(HWTree, CouponRate,Settle, Maturity, OptSpec, Strike, ExerciseDates,'Name1', Value1, 'Name2', Value2, ...)	
	HWTree	HW 模型构建的利率二叉树
	CouponRate	债券息票率
	Settle	结算日
	Maturity	到期日
	OptSpec	期权种类，值为字符串，call 或 put
	Strike	执行价
	ExerciseDates	行权日期
	'Namei'	参考帮助文档，关于此处可取值范围，用以描述债券属性信息的一组值
	'Valuei'	
	Price	内嵌期权债券的价格
	PriceTree	对应二叉树节点上的价格信息
swapbyhw：利用**HW**树对互换进行定价		
swapbyhw	[Price, PriceTree, CFTree, SwapRate] = swapbyhw(HWTree,LegRate, Settle, Maturity, LegReset, Basis, Principal,LegType, EndMonthRule)	
	HWTree	HW 模型构建的利率二叉树
	LegRate	用以说明息票率和价差的矩阵
	Settle	结算日
	Maturity	到期日
	LegReset	可选，用以说明互换的两个产品的年支付次数
	Basis	可选，天数计数规则
	Principal	可选，名义本金
	LegType	可选，互换产品是浮动利率还是固定利率说明矩阵

续

	EndMonthRule	可选，月末法则
	Price	基于 HJM 模型的互换价格
	PriceTree	对应二叉树节点上的互换价格的信息
	CFTree	对应二叉树节点上的现金流流入流出信息
	SwapRate	使得互换价格为 0 的互换利率数值

B.1.7 BK 模型

bktimespec：为 BK 利率树指定时间结构		
bktimespec	TimeSpec = bktimespec(ValuationDate, Maturity, Compounding)	
	ValuationDate	估值日期
	Maturity	到期日
	Compouding	可选，年复利次数
	TimeSpec	BK 模型中关于日期时间的说明
bktree：创建 BK 利率树		
bktree	BKTree = bktree(VolSpec, RateSpec, TimeSpec)	
	VolSpec	波动率说明，参考 bdtvolspec 函数
	RateSpec	利率期限结构说明
	TimeSpec	日期时间的说明，参考 bdttimespec 函数
	BKTree	BK 二叉树，结构型数据
bkvolspec：指定 BK 利率波动过程		
bkvolspec	Volspec = bkvolspec(ValuationDate, VolDates, VolCurve,AlphaDates, AlphaCurve, InterpMethod)	
	ValuationDate	估值日期
	VolDates	波动率期限结构对应的日期
	VolCurve	对应不同日期的波动率期限结构值
	AlphaDates	BK 模型中均值回复系数
	AlphaCurve	Alpha 结构曲线
	InterpMethod	可选，插值方法
	Volspec	BK 模型中关于波动率的说明

B.1.8 BK 模型的应用

bkprice：利用 BK 利率树对衍生品定价		
bkprice	[Price, PriceTree] = bkprice(BKTree, InstSet, Options)	
	BKTree	基于 BK 模型的利率树结构型数据
	InstSet	说明产品属性的结构型数据
	Options	可选，衍生品定价中可选的属性
	Price	产品的价格
	PriceTree	对应时点上的价格等信息
bksens：利用 BK 利率树进行衍生品的敏感度分析		
bksens	[Delta, Gamma, Vega, Price] = bksens(BKTree, InstSet,Options)	
	BKTree	基于 BK 模型的利率树结构型数据
	InstSet	说明产品属性的结构型数据
	Options	可选，衍生品定价中可选的属性

续

	Delta	产品的 Delta 值
	Gamma	产品的 Gamma 值
	Vega	产品的 Vega 值
	Price	产品的价格
swaptionbybk: 根据 BK 利率树的互换价格		
swaptionbybk	[Price, PriceTree] = swaptionbybk(BKTree, OptSpec,Strike,ExerciseDates, Spread, Settle, Maturity,'Name1', Value1)	
	BkTree	BK 模型构建的利率二叉树
	OptSpec	互换期权种类，值为字符串，call 或 put
	Strike	互换执行价格
	ExerciseDates	行权日期
	Spread	浮动利率同基准挂钩利率间价差
	Settle	结算日
	Maturity	到期日
	'Name1'	参考帮助文档，关于此处可取值范围
	Value1	
	Price	利率互换期权的价格
	PriceTree	返回互换发生的不同时点上的价格等信息
bondbybk: 利用 BK 树对债券进行定价		
bondbybk	[Price, PriceTree] = bondbybk(BKTree, CouponRate,Settle, Maturity, Period, Basis, EndMonthRule, IssueDate,FirstCouponDate, LastCouponDate, StartDate, Face, Options)	
	BKTree	BK 模型构建的利率二叉树
	CouponRate	债券息票率
	Settle	结算日
	Maturity	到期日
	Period	可选，年付息次数
	Basis	可选，天数计数规则
	EndMonthRule	可选，月末法则
	IssueDate	可选，发行日期
	FirstCouponDate	可选，首次付息日
	LastCouponDate	可选，最后一次付息日
	StartDate	可选，计息开始日期
	Face	可选，面值
	Options	可选，衍生品定价中可选的属性
	Price	债券的价格
	PriceTree	对应二叉树节点上的价格等信息
capbybk: 利用 BK 树对利率顶进行定价		
capbybk	[Price, PriceTree] = capbybk(BKTree, Strike, Settle, Maturity,Reset, Basis, Principal, Options)	
	BKTree	BK 模型构建的利率二叉树
	Strike	执行价格
	Settle	结算日
	Maturity	到期日
	Reset	可选，年支付次数

续

	Basis	可选，天数计数规则
	Principal	可选，本金
	Options	可选，衍生品定价中可选的属性
	Price	利率项的价格
	PriceTree	对应二叉树节点上的价格等信息
cfbybk：利用 BK 树对任意现金流进行定价		
cfbybk	[Price, PriceTree] = cfbybk(BKTree, CFlowAmounts, CFlowDates,Settle, Basis, Options)	
	BKTree	BK 模型构建的利率二叉树
	CFlowAmounts	现金流的数量
	CFlowDates	与现金流对应的发生日期
	Settle	结算日
	Basis	可选，天数计数规则
	Options	可选，衍生品定价中可选的属性
	Price	现金流的现值
	PriceTree	对应二叉树节点上的价格等信息
fixedbybk：利用 BK 树对固定收益票据进行定价		
fixedbybk	[Price, PriceTree] = fixedbybk(BKTree, CouponRate, Settle,Maturity, Reset, Basis, Principal, Options, EndMonthRule)	
	BKTree	BK 模型构建的利率二叉树
	CouponRate	息票率
	Settle	结算日
	Maturity	到期日
	Reset	可选，年支付次数
	Basis	可选，天数计数规则
	Principal	可选，本金
	Options	可选，衍生品定价中可选的属性
	EndMonthRule	可选，月末法则
	Price	固定利率票据的价格
	PriceTree	对应二叉树节点上的价格等信息
floatbybk：利用 BK 树对浮动收益票据进行定价		
floatbybk	[Price, PriceTree] = floatbybk(BKTree, Spread,Settle, Maturity, Reset, Basis, Principal, Options,EndMonthRule)	
	BKTree	BK 模型构建的利率二叉树
	Spread	浮动利率同基准挂钩利率间价差
	Settle	结算日
	Maturity	到期日
	Reset	可选，年支付次数
	Basis	可选，天数计数规则
	Principal	可选，本金
	Options	可选，衍生品定价中可选的属性
	EndMonthRule	可选，月末法则
	Price	浮动利率票据的价格
	PriceTree	对应二叉树节点上的价格等信息

续

floorbybk: 利用 BK 树对利率底进行定价		
floorbybk	[Price, PriceTree] = floorbybk(BKTree, Strike, Settle, Maturity,Reset, Basis, Principal, Options)	
	BKTree	BK 模型构建的利率二叉树
	Strike	执行价格
	Settle	结算日
	Maturity	到期日
	Reset	可选，年支付次数
	Basis	可选，天数计数规则
	Principal	可选，本金
	Options	可选，衍生品定价中可选的属性
	Price	利率底的价格
	PriceTree	对应二叉树节点上的价格等信息
optbndbybk: 利用 BK 树对债券期权进行定价		
optbndbybk	[Price, PriceTree] = optbndbybk(BKTree, OptSpec, Strike,ExerciseDates, AmericanOpt, CouponRate, Settle, Maturity,Period, Basis, EndMonthRule, IssueDate, FirstCouponDate,LastCouponDate, StartDate, Face, Options)	
	BKTree	BK 模型构建的利率二叉树
	OptSpec	期权种类，值为字符串，call 或 put
	Strike	执行价
	ExerciseDates	行权日期
	AmericanOpt	标识期权为美式还是欧式
	CouponRate	债券息票率
	Settle	结算日
	Maturity	到期日
	Period	可选，年付息次数
	Basis	可选，天数计数规则
	EndMonthRule	可选，月末法则
	IssueDate	可选，发行日期
	FirstCouponDate	可选，首次付息日
	LastCouponDate	可选，最后一次付息日
	StartDate	可选，计息开始日期
	Face	可选，面值
	Options	可选，衍生品定价中可选的属性
	Price	债券期权的价格
	PriceTree	对应二叉树节点上的价格信息
optembndbybk: 利用 BK 树对附有嵌入式期权的债券进行定价		
optembndbybk	[Price, PriceTree] = optembndbybk (BKTree, CouponRate,Settle, Maturity, OptSpec, Strike, Strike, ExerciseDates,'Name1', Value1)	
	BKTree	BK 模型构建的利率二叉树
	CouponRate	债券息票率
	Settle	结算日
	Maturity	到期日

续

	OptSpec	期权种类，值为字符串，call 或 put
	Strike	执行价
	ExerciseDates	行权日期
	'Namei'	
	'Valuei'	参考帮助文档，关于此处可取值范围，用以描述债券属性信息的一组值
	Price	内嵌期权债券的价格
	PriceTree	对应二叉树节点上的价格信息
swapbybk：利用 BK 树对互换进行定价		
swapbybk	[Price, PriceTree, CFTree, SwapRate] = swapbybk(BKTree,LegRate, Settle, Maturity, LegReset, Basis, Principal,LegType, EndMonthRule)	
	BKTree	BK 模型构建的利率二叉树
	LegRate	用以说明息票率和价差的矩阵
	Settle	结算日
	Maturity	到期日
	LegReset	可选，用以说明互换的两个产品的年支付次数
	Basis	可选，天数计数规则
	Principal	可选，名义本金
	LegType	可选，互换产品是浮动利率还是固定利率说明矩阵
	EndMonthRule	可选，月末法则
	Price	基于 HJM 模型的互换价格
	PriceTree	对应二叉树节点上的互换价格的信息
	CFTree	对应二叉树节点上的现金流流入流出信息
	SwapRate	使得互换价格为 0 的互换利率数值

B.2 期权模型及应用

B.2.1 CRR 模型

crrtimespec：为 CRR 利率树指定时间结构		
crrtimespec	TimeSpec = crrtimespec(ValuationDate, Maturity, NumPeriods)	
	ValuationDate	估值日期
	Maturity	到期日
	NumPeriods	CRR 模型中的时间间隔数目，即“步数”
	TimeSpec	CRR 模型中关于日期时间的说明
crrtree：创建 CRR 利率树		
crrtree	CRRTree = crrtree(StockSpec, RateSpec, TimeSpec)	
	StockSpec	股票参数说明，包含波动率等信息，参考 stockspec 函数
	RateSpec	利率期限结构说明
	TimeSpec	日期时间的说明，参考 crrtimespec 函数
	CRRTree	CRR 二叉树，结构型数据

B.2.2 CRR 模型的应用

crrprice: 利用 **CRR** 利率树对衍生品进行定价		
crrprice	[Price, PriceTree] = crrprice(CRRTree, InstSet, Options)	
	CRRTree	基于 CRR 模型的二叉树结构型数据
	InstSet	说明产品属性的结构型数据
	Options	可选，衍生品定价中可选的属性
	Price	产品的价格
	PriceTree	对应时点上的价格等信息
crrsens: 利用 **CRR** 利率树进行衍生品的敏感度分析		
crrsens	[Delta, Gamma, Vega, Price] = crrsens(CRRTree, InstSet,Options)	
	CRRTree	基于 CRR 模型的二叉树结构型数据
	InstSet	说明产品属性的结构型数据
	Options	可选，衍生品定价中可选的属性
	Delta	产品的 Delta 值
	Gamma	产品的 Gamma 值
	Vega	产品的 Vega 值
	Price	产品的价格
asianbycrr: 通过 **CRR** 二项树定价亚式期权		
asianbycrr	Price = asianbycrr(CRRTree, OptSpec, Strike, Settle,ExerciseDates, AmericanOpt, AvgType, AvgPrice, AvgDate)	
	CRRTree	CRR 模型的二叉树
	OptSpec	期权种类，值为字符串，call 或 put
	Strike	执行价
	Settle	结算日
	ExerciseDates	行权日期
	AmericanOpt	可选，标识期权为美式还是欧式
	AvgType	可选，标识行权价格是几何平均还是算数平均
	AvgPrice	可选，价格平均的方式
	AvgDate	可选，标识价格平均的起始日期
	Price	亚式期权的价格
barrierbycrr: 通过 **CRR** 二项树定价障碍期权		
barrierbycrr	[Price, PriceTree] = barrierbycrr(CRRTree, OptSpec, Strike,Settle, ExerciseDates, AmericanOpt, BarrierSpec, Barrier,Rebate, Options)	
	CRRTree	CRR 模型的二叉树
	OptSpec	期权种类，值为字符串，call 或 put
	Strike	执行价
	Settle	结算日
	ExerciseDates	行权日期
	AmericanOpt	标识期权为美式还是欧式
	BarrierSpec	标识障碍期权类型，共四类
	Barrier	障碍值
	Rebate	可选，价格触及障碍时支付的价格
	Options	可选，衍生品定价中可选的属性

续

	Price	基于 CRR 模型的障碍期权价格
	PriceTree	对应二叉树节点上的障碍期权价格的信息
compoundbycrr：通过 CRR 二项树定价复合期权		
compoundbycrr	[Price, PriceTree] = compoundbycrr(CRRTree, UOptSpec, UStrike,USettle, UExerciseDates, UAmericanOpt, COptSpec,CStrike, CSettle, CExerciseDates, CAmericanOpt)	
	CRRTree	CRR 模型的二叉树
	UOptSpec	期权种类，值为字符串，call 或 put
	UStrike	执行价
	USettle	结算日
	UExerciseDates	行权日期
	UAmericanOpt	标识期权为美式还是欧式
	COptSpec	复合期权的种类，值为字符串，call 或 put
	CStrike	复合期权的执行价
	CSettle	复合期权的结算日
	CExerciseDates	复合期权的行权日期
	CAmericanOpt	复合期权的标识期权，美式还是欧式
	Price	基于 CRR 模型的复合期权价格
	PriceTree	对应二叉树节点上的复合期权价格的信息
lookbackbycrr：通过 CRR 二项树定价回望期权		
lookbackbycrr	[Price，PriceTree]= lookbackbycrr(CRRTree, OptSpec, Strike,Settle,ExerciseDates, AmericanOpt)	
	CRRTree	CRR 模型的二叉树
	OptSpec	期权种类，值为字符串，call 或 put
	Strike	执行价
	Settle	结算日
	ExerciseDates	行权日期
	AmericanOpt	标识期权为美式还是欧式
	Price	基于 CRR 模型的回望期权价格
	PriceTree	对应二叉树节点上的回望期权价格的信息
optstockbycrr：通过 CRR 二项树定价股票期权		
optstockbycrr	[Price, PriceTree] = optstockbycrr(CRRTree, OptSpec, Strike,Settle, ExerciseDates, AmericanOpt)	
	CRRTree	CRR 模型的二叉树
	OptSpec	期权种类，值为字符串，call 或 put
	Strike	执行价
	Settle	结算日
	ExerciseDates	行权日期
	AmericanOpt	标识期权为美式还是欧式
	Price	基于 CRR 模型的股票期权的价格
	PriceTree	对应二叉树节点上的股票期权价格的信息

B.2.3 EQP 模型

eqptimespec：为 EQP 利率树指定时间结构		
eqptimespec	TimeSpec = eqptimespec(ValuationDate, Maturity, NumPeriods)	
	ValuationDate	估值日期

续

	Maturity	到期日
	NumPeriods	EQP 模型中的时间间隔数目，即“步数”
	TimeSpec	EQP 模型中关于日期时间的说明
eqptree: 创建 EQP 利率树		
eqptree	EQPTree = eqptree(StockSpec, RateSpec, TimeSpec)	
	StockSpec	股票参数说明，包含波动率等信息，参考 stockspec 函数
	RateSpec	利率期限结构说明
	TimeSpec	日期时间的说明，参考 eqptimespec 函数
	EQPTree	EQP 二叉树，结构型数据

B.2.4 EQP 模型的应用

eqpprice: 利用 EQP 利率树对衍生品定价		
eqpprice	[Price, PriceTree] = eqpprice(EQPTree, InstSet, Options)	
	EQPTree	基于 EQP 模型的二叉树结构型数据
	InstSet	说明产品属性的结构型数据
	Options	可选，衍生品定价中可选的属性
	Price	产品的价格
	PriceTree	对应时点上的价格等信息
	参见 crrprice 函数	
eqpsens: 利用 EQP 利率树进行衍生品的敏感度分析		
eqpsens	[Delta, Gamma, Vega, Price] = eqpsens(EQPTree, InstSet,Options)	
	EQPTree	基于 EQP 模型的二叉树结构型数据
	InstSet	说明产品属性的结构型数据
	Options	可选，衍生品定价中可选的属性
	Delta	产品的 Delta 值
	Gamma	产品的 Gamma 值
	Vega	产品的 Vega 值
	Price	产品的价格
asianbyeqp：通过 EQP 二项树定价亚式期权		
asianbyeqp	Price = asianbyeqp(EQPTree, OptSpec, Strike, Settle,ExerciseDates, AmericanOpt, AvgType, AvgPrice, AvgDate)	
	EQPTree	EQP 模型的二叉树
	OptSpec	期权种类，值为字符串，call 或 put
	Strike	执行价
	Settle	结算日
	ExerciseDates	行权日期
	AmericanOpt	可选，标识期权为美式还是欧式
	AvgType	可选，标识行权价格是几何平均还是算数平均
	AvgPrice	可选，价格平均的方式
	AvgDate	可选，标识价格平均的起始日期
	Price	亚式期权的价格

续

barrierbyeqp：通过 EQP 二项树定价障碍期权		
barrierbyeqp	[Price, PriceTree] = barrierbyeqp(EQPTree, OptSpec, trike,ExerciseDates, AmericanOpt, BarrierSpec, Barrier, Rebate,Options)	
	EQPTree	EQP 模型的二叉树
	OptSpec	期权种类，值为字符串，call 或 put
	Strike	执行价
	Settle	结算日
	ExerciseDates	行权日期
	AmericanOpt	标识期权为美式还是欧式
	BarrierSpec	标识障碍期权类型，共四类
	Barrier	障碍值
	Rebate	可选，价格触及障碍时支付的价格
	Options	可选，衍生品定价中可选的属性
	Price	基于 CRR 模型的障碍期权价格
	PriceTree	对应二叉树节点上的障碍期权价格的信息
compoundbyeqp：通过 EQP 二项树定价复合期权		
compoundbyeqp	[Price, PriceTree] = compoundbyeqp(EQPTree, UOptSpec, UStrike,USettle, UExerciseDates, UAmericanOpt, COptSpec,CStrike, CSettle, CExerciseDates, CAmericanOpt)	
	EQPTree	EQP 模型的二叉树
	UOptSpec	期权种类，值为字符串，call 或 put
	UStrike	执行价
	USettle	结算日
	UExerciseDates	行权日期
	UAmericanOpt	标识期权为美式还是欧式
	COptSpec	复合期权的种类，值为字符串，call 或 put
	CStrike	复合期权的执行价
	CSettle	复合期权的结算日
	CExerciseDates	复合期权的行权日期
	CAmericanOpt	复合期权的标识期权，美式还是欧式
	Price	基于 CRR 模型的复合期权价格
	PriceTree	对应二叉树节点上的复合期权价格的信息
lookbackbyeqp：通过 EQP 二项树定价回望期权		
lookbackbyeqp	[Price, PriceTree] = lookbackbyeqp(EQPTree, OptSpec, Strike,Settle, ExerciseDates, AmericanOpt)	
	EQPTree	EQP 模型的二叉树
	OptSpec	期权种类，值为字符串，call 或 put
	Strike	执行价
	Settle	结算日
	ExerciseDates	行权日期
	AmericanOpt	标识期权为美式还是欧式
	Price	基于 CRR 模型的回望期权价格
	PriceTree	对应二叉树节点上的回望期权价格的信息

续

optstockbyeqp：通过 EQP 二项树定价股票期权		
optstockbyeqp	[Price, PriceTree] = optstockbyeqp(EQPTree, OptSpec, Strike,Settle, ExerciseDates, AmericanOpt)	
	EQPTree	EQP 模型的二叉树
	OptSpec	期权种类，值为字符串，call 或 put
	Strike	执行价
	Settle	结算日
	ExerciseDates	行权日期
	AmericanOpt	标识期权为美式还是欧式
	Price	基于 CRR 模型的股票期权的价格
	PriceTree	对应二叉树节点上的股票期权价格的信息

B.2.5　ITT 模型

itttimespec：为 ITT 利率树指定时间结构		
itttimespec	TimeSpec = itttimespec(ValuationDate, Maturity, NumPeriods)	
	ValuationDate	估值日期
	Maturity	到期日
	NumPeriods	ITT 模型中的时间间隔数目，即“步数”
	TimeSpec	ITT 模型中关于日期时间的说明
ittree：创建 ITT 利率树		
itttree	ITTTree=itttree(StockSpec, RateSpec, TimeSpec, StockOptSpec)	
	StockSpec	股票参数说明，包含波动率等信息，参考 stockspec 函数
	RateSpec	利率期限结构说明
	TimeSpec	日期时间的说明，参考 itttimespec 函数
	StockOptSpec	用以说明股票期权属性的结构型数据
	ITTTree	ITT 二叉树，结构型数据

B.2.6　ITT 模型的应用

ittprice：利用 ITT 利率树对衍生品进行定价		
ittprice	[Price, PriceTree] = ittprice(ITTTree, InstSet, Options)	
	ITTTree	基于 ITT 模型的二叉树结构型数据
	InstSet	说明产品属性的结构型数据
	Options	可选，衍生品定价中可选的属性
	Price	产品的价格
	PriceTree	对应时点上的价格等信息
ittsens：利用 ITT 利率树进行衍生品的敏感度分析		
ittsens	[Delta, Gamma, Vega, Price] = ittsens(ITTTree, InstSet, Options)	
	ITTTree	基于 ITT 模型的二叉树结构型数据
	InstSet	说明产品属性的结构型数据
	Options	可选，衍生品定价中可选的属性
	Delta	产品的 Delta 值
	Gamma	产品的 Gamma 值
	Vega	产品的 Vega 值
	Price	产品的价格

续

stockoptspec：指定欧式期权的结构		
stockoptspec	[StockOptSpec] = stockoptspec(OptPrice, Strike, Settle, Maturity, OptSpec, InterpMethod)	
	OptPrice	期权价格
	Strike	执行价格
	Settle	结算日
	Maturity	到期日
	OptSpec	期权说明，为看涨还是看跌期权
	InterpMethod	可选，插值方法
	StockOptSpec	股票期权属性说明
asianbyitt：通过 ITT 二项树定价亚式期权		
asianbyitt	Price = asianbyitt(ITTTree, OptSpec, Strike, Settle, ExerciseDates, AmericanOpt, AvgType, AvgPrice, AvgDate)	
	ITTTree	ITT 模型的二叉树
	OptSpec	期权种类，值为字符串，call 或 put
	Strike	执行价
	Settle	结算日
	ExerciseDates	行权日期
	AmericanOpt	可选，标识期权为美式还是欧式
	AvgType	可选，标识行权价格是几何平均还是算数平均
	AvgPrice	可选，价格平均的方式
	AvgDate	可选，标识价格平均的起始日期
	Price	亚式期权的价格
barrierbyitt：通过 ITT 二项树定价障碍期权		
barrierbyitt	[Price, PriceTree] = barrierbyitt(ITTTree, OptSpec, trike, ExerciseDates, AmericanOpt, BarrierSpec, Barrier, Rebate, Options)	
	ITTTree	ITT 模型的二叉树
	OptSpec	期权种类，值为字符串，call 或 put
	Strike	执行价
	Settle	结算日
	ExerciseDates	行权日期
	AmericanOpt	标识期权为美式还是欧式
	BarrierSpec	标识障碍期权类型，共四类
	Barrier	障碍值
	Rebate	可选，价格触及障碍时支付的价格
	Options	可选，衍生品定价中可选的属性
	Price	基于 CRR 模型的障碍期权价格
	PriceTree	对应二叉树节点上的障碍期权价格的信息
compoundbyitt：通过 ITT 二项树定价复合期权		
compoundbyitt	[Price, PriceTree] = compoundbyitt(ITTTree, UOptSpec, UStrike, USettle, UExerciseDates, UAmericanOpt, COptSpec, CStrike, CSettle, CExerciseDates, CAmericanOpt)	
	ITTTree	ITT 模型的二叉树
	UOptSpec	期权种类，值为字符串，call 或 put

续

	UStrike	执行价
	USettle	结算日
	UExerciseDates	行权日期
	UAmericanOpt	标识期权为美式还是欧式
	COptSpec	复合期权的种类，值为字符串，call 或 put
	CStrike	复合期权的执行价
	CSettle	复合期权的结算日
	CExerciseDates	复合期权的行权日期
	CAmericanOpt	复合期权的标识期权，美式还是欧式
	Price	基于 CRR 模型的复合期权价格
	PriceTree	对应二叉树节点上的复合期权价格的信息
lookbackbyitt：通过 ITT 二项树定价回望期权		
lookbackbyitt	[Price, PriceTree] = lookbackbyitt(ITTTree, OptSpec, Strike, Settle, ExerciseDates, AmericanOpt)	
	ITTTree	ITT 模型的二叉树
	OptSpec	期权种类，值为字符串，call 或 put
	Strike	执行价
	Settle	结算日
	ExerciseDates	行权日期
	AmericanOpt	标识期权为美式还是欧式
	Price	基于 CRR 模型的回望期权价格
	PriceTree	对应二叉树节点上的回望期权价格的信息
optstockbyitt：通过 ITT 二项树定价股票期权		
optstockbyitt	[Price, PriceTree] = optstockbyitt(ITTTree, OptSpec, Strike, Settle, ExerciseDates, AmericanOpt)	
	ITTTree	ITT 模型的二叉树
	OptSpec	期权种类，值为字符串，call 或 put
	Strike	执行价
	Settle	结算日
	ExerciseDates	行权日期
	AmericanOpt	标识期权为美式还是欧式
	Price	基于 CRR 模型的股票期权的价格
	PriceTree	对应二叉树节点上的股票期权价格的信息

B.3 利率工具和利率期限结构

B.3.1 利率工具

instbond：构造障债券工具		
instbond	InstSet = instbond(InstSet, CouponRate, Settle, Maturity,Period, Basis, EndMonthRule, IssueDate, FirstCouponDate,LastCouponDate, StartDate, Face)	
	InstSet	已有的一个资产组合结构型数据

续

	CouponRate	债券息票率
	Settle	结算日
	Maturity	到期日
	Period	可选，年付息次数
	Basis	可选，天数计数规则
	EndMonthRule	可选，月末法则
	IssueDate	可选，发行日期
	FirstCouponDate	可选，首次付息日
	LastCouponDate	可选，最后一次付息日
	StartDate	可选，计息开始日期
	Face	可选，面值
	InstSet	增加一个债券后的资产组合结构型数据
instcap：构造利率顶		
instcap	InstSet = instcap(InstSet, Strike, Settle, Maturity, Reset, Basis, Principal)	
	InstSet	已有的一个资产组合结构型数据
	Strike	执行价格
	Settle	结算日
	Maturity	到期日
	Reset	可选，年支付次数
	Basis	可选，天数计数规则
	Principal	可选，本金
	InstSet	增加一个利率顶后的资产组合结构型数据
instcf：构造任意现金流		
instcf	InstSet = instcf(InstSet, CFlowAmounts, CFlowDates, Settle, Basis)	
	InstSet	已有的一个资产组合结构型数据
	CFlowAmounts	现金流的数量
	CFlowDates	与现金流对应的发生日期
	Settle	结算日
	Basis	可选，天数计数规则
	InstSet	增加一个现金流后的资产组合结构型数据
instfixed：构造固定收益票据		
instfixed	InstSet = instfixed(InstSet, CouponRate, Settle, Maturity, Reset, Basis, Principal, EndMonthRule)	
	InstSet	已有的一个资产组合结构型数据
	CouponRate	息票率
	Settle	结算日
	Maturity	到期日
	Reset	可选，年支付次数
	Basis	可选，天数计数规则
	Principal	可选，本金
	EndMonthRule	可选，月末法则
	InstSet	增加一个固定利率票据后的资产组合结构型数据

续

instfloat：构造浮动收益票据		
instfloat	InstSet = instfloat(InstSet, Spread, Settle, Maturity, Reset, Basis, Principal, EndMonthRule)	
	InstSet	已有的一个资产组合结构型数据
	Spread	浮动利率同基准挂钩利率间价差
	Settle	结算日
	Maturity	到期日
	Reset	可选，年支付次数
	Basis	可选，天数计数规则
	Principal	可选，本金
	EndMonthRule	可选，月末法则
	InstSet	增加一个浮动利率票据后的资产组合结构型数据
instfloor：构造利率底		
instfloor	InstSet = instfloor(InstSet, Strike, Settle, Maturity, Reset, Basis, Principal)	
	InstSet	已有的一个资产组合结构型数据
	Strike	执行价格
	Settle	结算日
	Maturity	到期日
	Reset	可选，年支付次数
	Basis	可选，天数计数规则
	Principal	可选，本金
	InstSet	增加一个利率底后的资产组合结构型数据
	InstSet	增加一个回望期权后的资产组合结构型数据
instoptbnd：构造债券期权		
instoptbnd	InstSet = instoptbnd(InstSet, BondIndex, OptSpec, Strike, ExerciseDates)	
	InstSet	已有的一个资产组合结构型数据
	BondIndex	包含 InstSet 中债券指标的向量
	OptSpec	期权种类，值为字符串，call 或 put
	Strike	执行价
	ExerciseDates	行权日期
	InstSet	增加一个债券期权后的资产组合结构型数据
instoptembnd：构造内嵌期权债券		
instoptembnd	InstSet = instoptembnd (CouponRate, Settle, Maturity,OptSpec, Strike, ExerciseDates, 'Namei',Valuei)	
	CouponRate	债券息票率
	Settle	结算日
	Maturity	到期日
	OptSpec	期权种类，值为字符串，call 或 put
	Strike	执行价
	ExerciseDates	行权日期
	'Namei'	参考帮助文档，关于此处可取值范围，用以描述债券属性信息的一组值
	'Valuei'	

续

instswap：构造互换产品		
instswap	InstSet = instswap(InstSet, LegRate, Settle, Maturity, SetLegReset, Basis, Principal, LegType, EndMonthRule)	
	InstSet	已有的一个资产组合结构型数据
	LegRate	用以说明息票率和价差的矩阵
	Settle	结算日
	Maturity	到期日
	LegReset	可选，用以说明互换的两个产品的年支付次数
	Basis	可选，天数计数规则
	Principal	可选，名义本金
	LegType	可选，互换产品是浮动利率还是固定利率说明矩阵
	EndMonthRule	可选，月末法则
	InstSet	增加一个利率互换后的资产组合结构型数据
instswaption：构造互换期权		
instswaption	InstSet = instswaption(OptSpec, Strike, ExerciseDates, Spread, Settle, Maturity)	
	OptSpec	互换期权种类，值为字符串，call 或 put
	Strike	互换执行价格
	ExerciseDates	行权日期
	Spread	浮动利率同基准挂钩利率间价差
	Settle	结算日
	Maturity	到期日
	InstSet	增加一个互换期权后的资产组合结构型数据

B.3.2 利率期限结构

date2time：将日期转换为时间和频数		
date2time	[Times, F] = date2time(Settle, Dates, Compounding, Basis, EndMonthRule)	
	Settle	结算日
	Dates	日期
	Compouding	可选，年计息次数
	Basis	可选，天数计数规则
	EndMonthRule	可选，月末法则
	Times	时间
	F	频数
disc2rate: 把一个给定时期的贴现因子转换成利率		
disc2rate	Rates=disc2rate(Compounding, Disc, EndTimes, StartTimes, Basis, EndMonthRule)	
	Compouding	年计息次数
	Disc	折现因子
	EndTimes	结束时间
	StartTimes	可选，起始时间
	Basis	可选，天数计数规则
	EndMonthRule	可选，月末法则
	Rates	对应利率

续

intenvget：获取利率期限结构的属性		
intenvget	ParameterValue = intenvget(RateSpec,'ParameterName')	
	RateSpec	利率期限结构说明
	'ParameterName'	属性名称
	ParameterValue	属性值
intenvset：设置利率期限结构的属性		
intenvset	[RateSpec, RateSpecOld] = intenvset(RateSpec, 'Argumenti',Valuei,···)	
	RateSpec	利率期限结构说明
	'Argumenti'	利率期限结构的属性对，其具体取值可参考帮助文档
	Valuei	
	RateSpec	变化后的利率期限结构说明
	RateSpecOld	原利率期限结构说明
rate2disc：转换给定时期的利率成贴现因子		
rate2disc	Disc = rate2disc(Compounding, Rates, EndTimes, StartTimes, Basis, EndMonthRule)	
	Compouding	年计息次数
	Rates	对应利率
	EndTimes	结束时间
	StartTimes	可选，起始时间
	Basis	可选，天数计数规则
	EndMonthRule	可选，月末法则
	Disc	折现因子
ratetimes：计算特定时间的利率期限结构		
ratetimes	[Rates, EndTimes, StartTimes] = ratetimes(Compounding, RefRates, RefEndTimes, RefStartTimes, EndTimes, StartTimes)	
	Compouding	年计息次数
	RefRates	相关利率值
	RefEndTimes	相关结束时间
	RefStartTimes	相关开始时间
	EndTimes	结束时间
	StartTimes	开始时间
	Rates	新的时间划分点上的利率值
	EndTimes	新的时间结束点上的利率值
	StartTimes	新的时间开始点上的利率值
time2date：计算距离结算日的天数		
time2date	Dates = time2date(Settle, Times, Compounding, Basis, EndMonthRule)	
	Settle	结算日
	Times	时间
	Compouding	可选，年计息次数
	Basis	可选，天数计数规则
	EndMonthRule	可选，月末法则
	Dates	日期

续

bondbyzero：利用零曲线对债券进行定价		
bondbyzero	Price = bondbyzero(RateSpec, CouponRate, Settle, Maturity, Period, Basis, EndMonthRule, IssueDate, FirstCouponDate, LastCouponDate, StartDate, Face)	
	RateSpec	利率期限结构说明
	CouponRate	债券息票率
	Settle	结算日
	Maturity	到期日
	Period	可选，年付息次数
	Basis	可选，天数计数规则
	EndMonthRule	可选，月末法则
	IssueDate	可选，发行日期
	FirstCouponDate	可选，首次付息日
	LastCouponDate	可选，最后一次付息日
	StartDate	可选，计息开始日期
	Face	可选，面值
	Price	债券价格
cfbyzero：利用零曲线对现金流进行定价		
cfbyzero	Price = cfbyzero(RateSpec, CFlowAmounts, CFlowDates, Settle, Basis)	
	RateSpec	利率期限结构说明
	CFlowAmounts	现金流数量
	CFlowDates	同现金流数量对应的现金流日期
	Settle	结算日
	Basis	可选，天数计数规则
	Price	现金流的现值
fixedbyzero：利用零曲线对定息票据进行定价		
fixedbyzero	Price = fixedbyzero(RateSpec, CouponRate, Settle, Maturity, Reset, Basis, Principal, EndMonthRule)	
	RateSpec	利率期限结构说明
	CouponRate	债券息票率
	Settle	结算日
	Maturity	到期日
	Reset	可选，年支付次数
	Basis	可选，天数计数规则
	Principal	可选，名义本金
	EndMonthRule	可选，月末法则
	Price	从利率期限结构计算固定利率票据的价格
floatbyzero：利用零曲线对浮息票据进行定价		
floatbyzero	Price = floatbyzero(RateSpec, Spread, Settle, Maturity, Reset, Basis, Principal, EndMonthRule)	
	RateSpec	利率期限结构说明
	Spread	同基准利率的点数差
	Settle	结算日
	Maturity	到期日
	Reset	可选，年支付次数
	Basis	可选，天数计数规则

续

	Principal	可选，名义本金
	EndMonthRule	可选，月末法则
	Price	从利率期限结构计算浮动利率票据的价格
intenvprice：利用零曲线对固定收益进行定价		
intenvprice	Price = intenvprice(RateSpec, InstSet)	
	RateSpec	利率期限结构说明
	InstSet	说明产品属性的结构型数据
	Price	产品价格
intenvsens：利用零曲线对金融工具进行定价和敏感度分析		
intenvsens	[Delta, Gamma, Price] = intenvsens(RateSpec, InstSet)	
	RateSpec	利率期限结构说明
	InstSet	说明产品属性的结构型数据
	Delta	产品的 Delta 值
	Gamma	产品的 Gamma 值
	Price	产品的价格
swapbyzero：利用零曲线对交换工具进行定价		
swapbyzero	[Price, SwapRate] = swapbyzero(RateSpec, LegRate, Settle, Maturity, LegReset, Basis, Principal, LegType, EndMonthRule)	
	RateSpec	利率期限结构说明
	LegRate	用以说明息票率和价差的矩阵
	Settle	结算日
	Maturity	到期日
	LegReset	可选，用以说明互换的两个产品的年支付次数
	Basis	可选，天数计数规则
	Principal	可选，名义本金
	LegType	可选，互换产品是浮动利率还是固定利率说明矩阵
	EndMonthRule	可选，月末法则
	Price	互换的价格
	SwapRate	互换中使得初始价格为 0 的固定利率
datedisp：显示日期		
datedisp	datedisp(NumMat, DateForm)	
	NumMat	日期数值
	DateForm	日期显示格式
	此函数根据 DateForm 所制定的格式，将 NumMat 所代表的日期显示出来	

B.4 期权定价数据属性设置及工具

B.4.1 期权定价数据属性设置

derivset：设定期权定价属性		
derivset	Options = derivset(Options, 'Parameter1', Value1……)	
	Options	可选，已有的对于期权属性说明的结构型数据

续

	'Parameteri'	可选，相应的需要改变值的属性
	Valuei	可选，新的值
	Options	具有新的属性值的结构型数据
derivget：获取期权定价属性		
derivget	Value = derivget(Options, 'Parameter')	
	Options	可选，已有的对于期权属性说明的结构型数据
	'Parameteri'	可选，相应的需要改变值的属性
	Valuei	可选，新的值

B.4.2 期权工具

instasian：构造亚式期权		
instasian	InstSet = instasian(InstSet, OptSpec, Strike, Settle, ExerciseDates, AmericanOpt, AvgType, AvgPrice, AvgDate)	
	InstSet	已有的一个资产组合结构型数据
	OptSpec	期权种类，值为字符串，call 或 put
	Strike	执行价
	Settle	结算日
	ExerciseDates	行权日期
	AmericanOpt	可选，标识期权为美式还是欧式
	AvgType	可选，标识行权价格是几何平均还是算数平均
	AvgPrice	可选，价格平均的方式
	AvgDate	可选，标识价格平均的起始日期
	InstSet	增加亚式期权后的资产组合结构型数据
instbarrier：构造障碍期权		
instbarrier	InstSet = instbarrier(InstSet, OptSpec, Strike, Settle, ExerciseDates, AmericanOpt, BarrierSpec, Barrier, Rebate)	
	InstSet	已有的一个资产组合结构型数据
	OptSpec	期权种类，值为字符串，call 或 put
	Strike	执行价
	Settle	结算日
	ExerciseDates	行权日期
	AmericanOpt	标识期权为美式还是欧式
	BarrierSpec	标识障碍期权类型，共四类
	Barrier	障碍值
	Rebate	可选，价格触及障碍时支付的价格
	InstSet	增加障碍期权后的资产组合结构型数据
instcompound：构造复合期权		
instcompound	InstSet = instcompound(InstSet,UoptSpec,UStrike,USettle,UExerciseDates, UAmericanOpt,COptSpec,CStrike,CSettle,CExerciseDates,CAmericanOpt)	
	InstSet	已有的一个资产组合结构型数据
	UOptSpec	期权种类，值为字符串，call 或 put
	UStrike	执行价
	USettle	结算日

续

	UExerciseDates	行权日期
	UAmericanOpt	标识期权为美式还是欧式
	COptSpec	复合期权的种类，值为字符串，call 或 put
	CStrike	复合期权的执行价
	CSettle	复合期权的结算日
	CExerciseDates	复合期权的行权日期
	CAmericanOpt	复合期权的标识期权，美式还是欧式
	InstSet	增加一个复合期权后的资产组合结构型数据
instlookback：构造回望期权		
instlookback	InstSet = instlookback(InstSet, OptSpec, Strike, Settle, ExerciseDates, AmericanOpt)	
	InstSet	已有的一个资产组合结构型数据
	OptSpec	期权种类，值为字符串，call 或 put
	Strike	执行价
	Settle	结算日
	ExerciseDates	行权日期构造
	AmericanOpt	标识期权为美式还是欧式
	InstSet	增加一个内嵌期权债券后的资产组合结构型数据
instoptstock：构造债券期权		
instoptstock	InstSet = instoptstock(InstSet, OptSpec, Strike,Settle, ExerciseDates)	
	InstSet	已有的一个资产组合结构型数据
	OptSpec	期权种类，值为字符串，call 或 put
	Strike	执行价
	Settle	结算日
	ExerciseDates	行权日期
	InstSet	增加一个债券期权后的资产组合结构型数据

B.5 金融工具的资产组合

instadd：给资产组合结构添加类型		
instadd	InstSet = instadd('InstrumentName',parameter1,parameter2……)	
	此函数是本节中其他函数的一个统一形式，参考下面的详细讲解	
instaddfield：给资产组合结构添加域		
instaddfield	InstSet = instaddfield('FieldName', FieldList, 'Data', DataList, 'Type', TypeString)	
	'FiledName'	域变量名
	FiledList	域变量名列表
	'Data'	域变量值
	DataList	域变量值列表
	'Type'	类型名
	TypeString	类型名列表
	InstSet	新建的资产组合结构型数据

续

instdelete：删除符合所指定条件的金融工具		
instdelete	ISubSet = instdelete(InstSet, 'FieldName', FieldList, 'Data', DataList, 'Index', IndexSet, 'Type', TypeList)	
	InstSet	已有的一个资产组合结构型数据
	'FiledName'	域变量名
	FiledList	域变量名列表
	'Data'	域变量值
	DataList	域变量值列表
	'Index'	指标名
	IndexSet	指标名列表
	'Type'	类型名
	TypeList	类型名列表
	ISubSet	删除符合'FieldName','Data','Index','Type'所指定的金融工具后的组合
instdisp：显示 InstSet 所包含的金融工具		
instdisp	CharTable = instdisp(InstSet)	
	InstSet	已有的一个资产组合结构型数据
	CharTable	显示 InstSet 所包含的金融工具
instfields：显示符合指定条件的金融工具的域变量名		
instfields	FieldList = instfields(InstSet, 'Type', TypeList)	
	InstSet	已有的一个资产组合结构型数据
	'Type'	类型名
	TypeList	类型名列表
	FieldList	显示符合'Type'所指定的金融工具的域变量名
instfind：找到符合所指定条件的金融工具的编号指标		
instfind	IndexMatch = instfind(InstSet, 'FieldName', FieldList, 'Data', DataList,'Index', IndexSet, 'Type', TypeList)	
	InstSet	已有的一个资产组合结构型数据
	'FiledName'	域变量名
	FiledList	域变量名列表
	'Data'	域变量值
	DataList	域变量值列表
	'Index'	指标名
	IndexSet	指标名列表
	'Type'	类型名
	TypeList	类型名列表
	IndexMatch	找到符合'FieldName','Data','Index','Type'所指定的金融工具的编号指标
instget：获取资产组合中的数据		
instget	[Data_1, Data_2,...,Data_n] = instget(InstSet, 'FieldName',FieldList, 'Index', IndexSet, 'Type', TypeList)	
	InstSet	已有的一个资产组合结构型数据
	'FiledName'	域变量名
	FiledList	域变量名列表
	'Index'	指标名

续

	IndexSet	指标名列表
	'Type'	类型名
	TypeList	类型名列表
	Data_i	存储'FieldName'中对应的第 i 个域变量
instgetcell：获取资产组合中的元胞数组		
instgetcell	[DataList, FieldList, ClassList] =instgetcell(InstSet, 'FieldName', FieldList, 'Index',IndexSet, 'Type', TypeList)	
	InstSet	已有的一个资产组合结构型数据
	'FiledName'	域变量名
	FiledList	域变量名列表
	'Index'	指标名
	IndexSet	指标名列表
	'Type'	类型名
	TypeList	类型名列表
	DataList	以元胞数组的形式获取金融数据的数据列表
	FieldList	以元胞数组的形式获取金融数据的域名列表
	ClassList	以元胞数组的形式获取金融数据的类列表
instlength：计算所包含的金融数据数目		
instlength	NInst = instlength(InstSet)	
	InstSet	已有的一个资产组合结构型数据
	Ninst	InstSet 中所包含的金融数据数目
instselect：从资产组合中提取子集合		
instselect	InstSubSet = instselect(InstSet, 'FieldName', FieldList,'Data', DataList, 'Index', IndexSet,'Type', TypeList)	
	InstSet	已有的一个资产组合结构型数据
	'FiledName'	域变量名
	FiledList	域变量名列表
	'Data'	域变量值
	DataList	域变量值列表
	'Index'	指标名
	IndexSet	指标名列表
	'Type'	类型名
	TypeList	类型名列表
	InstSubSet	根据'FieldName','Data','Index','Type'所取出的子集合
instsetfield：改变已有金融工具的域名或者其数值		
instsetfield	InstSet = instsetfield(InstSet, 'FieldName', FieldList,'Data', DataList)	
	InstSet	已有的一个资产组合结构型数据
	'FiledName'	域变量名
	FiledList	域变量名列表
	'Data'	域变量值
	DataList	域变量值列表
	InstSet	改变已有金融工具的域名或者其数值

续

insttypes：显示所包含类型列表		
insttypes	TypeList = insttypes(InstSet)	
	InstSet	已有的一个资产组合结构型数据
	TypeList	显示 InstSet 中所包含类型列表

B.6 权益类衍生品的解析解

chooserbybls：选择期权的价格，基于 BS 模型的解析定价		
chooserbybls	Price = chooserbybls(RateSpec, StockSpec, Settle,Maturity, Strike)	
	RateSpec	利率期限结构说明
	StockSpec	股票参数说明，包含波动率等信息，参考 stockspec 函数
	Settle	结算日
	Maturity	到期日
	Strike	行权价格
	Price	选择期权的价格，基于 BS 模型的解析定价结果
impvbybjs：根据 Bjerksund-Stensland 模型计算隐含波动率		
impvbybjs	Volatility = impvbybjs(RateSpec, StockSpec, Settle,Maturity, Strike, OptPrice, 'Name1', Value1...)	
	RateSpec	利率期限结构说明
	StockSpec	股票参数说明，包含波动率等信息，参考 stockspec 函数
	Settle	结算日
	Maturity	到期日
	Strike	行权价格
	OptPrice	期权价格
	'Namei'	impvbybjs 函数的可选参数输入形式
	'Valuei'	
	Volatility	根据 Bjerksund-Stensland 模型计算出的隐含波动率
impvbyblk：根据 Black 模型计算隐含波动率		
impvbyblk	Volatility = impvbyblk(RateSpec, StockSpec, Settle,Maturity, Strike, OptPrice, 'Name1', Value1...)	
	RateSpec	利率期限结构说明
	StockSpec	股票参数说明，包含波动率等信息，参考 stockspec 函数
	Settle	结算日
	Maturity	到期日
	Strike	行权价格
	OptPrice	期权价格
	'Namei'	impvbyblk 函数的可选参数输入形式
	'Valuei'	
	Volatility	根据 Black 模型计算出的隐含波动率
impvbybls：根据 Black-Scholes 模型计算隐含波动率		
impvbybls	Volatility = impvbybls(RateSpec, StockSpec, Settle,Maturity, Strike, OptPrice, 'Name1', Value1...)	
	RateSpec	利率期限结构说明
	StockSpec	股票参数说明，包含波动率等信息，参考 stockspec 函数

续

	Settle	结算日
	Maturity	到期日
	Strike	行权价格
	OptPrice	期权价格
	'Namei'	impvbybls 函数的可选参数输入形式
	'Valuei'	
	Volatility	根据 Black-Scholes 模型计算出的隐含波动率
impvbyrgw：根据 Roll-Geske-Whaleys 模型计算隐含波动率		
impvbyrgw	Volatility = impvbyrgw(RateSpec, StockSpec, Settle,Maturity, Strike, OptPrice, 'Name1', Value1···	
	RateSpec	利率期限结构说明
	StockSpec	股票参数说明，包含波动率等信息，参考 stockspec 函数
	Settle	结算日
	Maturity	到期日
	Strike	行权价格
	OptPrice	期权价格
	'Namei'	impvbyrgw 函数的可选参数输入形式
	'Valuei'	
	Volatility	根据 Roll-Geske-Whaleys 模型计算出的隐含波动率
optstockbybjs：根据 Bjerksund-Stensland 模型计算股票期权价格		
optstockbybjs	Price = optstockbybjs(RateSpec, StockSpec, Settle, Maturity,OptSpec, Strike)	
	RateSpec	利率期限结构说明
	StockSpec	股票参数说明，包含波动率等信息，参考 stockspec 函数
	Settle	结算日
	Maturity	到期日
	OptSpec	期权种类，值为字符串，call 或 put
	Strike	行权价格
	Price	根据 Bjerksund-Stensland 模型计算出的股票期权价格
optstockbyblk：根据 Black 模型计算股票期权价格		
optstockbyblk	Price = optstockbyblk(RateSpec, StockSpec, Settle, Maturity,OptSpec, Strike)	
	RateSpec	利率期限结构说明
	StockSpec	股票参数说明，包含波动率等信息，参考 stockspec 函数
	Settle	结算日
	Maturity	到期日
	OptSpec	期权种类，值为字符串，call 或 put
	Strike	行权价格
	Price	根据 Black 模型计算出的股票期权价格
optstockbybls：根据 Black-Scholes 模型计算股票期权价格		
optstockbybls	Price = optstockbybls(RateSpec, StockSpec, Settle, Maturity,OptSpec, Strike)	
	RateSpec	利率期限结构说明
	StockSpec	股票参数说明，包含波动率等信息，参考 stockspec 函数
	Settle	结算日
	Maturity	到期日

续

	OptSpec	期权种类，值为字符串，call 或 put
	Strike	行权价格
	Price	根据 Black-Scholes 模型计算出的股票期权价格
optstockbyrgw：根据 Roll-Geske-Whaleys 模型计算股票期权的价格		
optstockbyrgw	Price = optstockbyrgw(RateSpec, StockSpec, Settle,Maturity, Strike)	
	RateSpec	利率期限结构说明
	StockSpec	股票参数说明，包含波动率等信息，参考 stockspec 函数
	Settle	结算日
	Maturity	到期日
	OptSpec	期权种类，值为字符串，call 或 put
	Strike	行权价格
	Price	根据 Roll-Geske-Whaleys 模型计算出的股票期权价格
optstocksensbybjs：根据 Bjerksund-Stensland 模型计算股票期权的希腊字母		
optstocksensbybjs	PriceSens = optstocksensbybjs(RateSpec, StockSpec, Settle,Maturity, OptSpec, Strike, 'Name1', Value1...)	
	RateSpec	利率期限结构说明
	StockSpec	股票参数说明，包含波动率等信息，参考 stockspec 函数
	Settle	结算日
	Maturity	到期日
	OptSpec	期权种类，值为字符串，call 或 put
	Strike	行权价格
	'Namei'	optstocksensbybjs 函数的可选输入参数，决定输出变量 PriceSens 包含的希腊字母，delta,gamma,vega,lambda,rho,theta
	'Valuei'	
	PriceSens	根据 Bjerksund-Stensland 模型计算出的股票期权的希腊字母值
optstocksensbyblk：根据 Black 模型计算股票期权的希腊字母		
optstocksensbyblk	PriceSens = optstocksensbyblk(RateSpec, StockSpec, Settle,Maturity, OptSpec, Strike, 'Name1', Value1...)	
	RateSpec	利率期限结构说明
	StockSpec	股票参数说明，包含波动率等信息，参考 stockspec 函数
	Settle	结算日
	Maturity	到期日
	OptSpec	期权种类，值为字符串，call 或 put
	Strike	行权价格
	'Namei'	optstocksensbyblk 函数的可选输入参数，决定输出变量 PriceSens 包含的希腊字母，delta,gamma,vega,lambda,rho,theta
	'Valuei'	
	PriceSens	根据 Black 模型计算出的股票期权的希腊字母值
optstocksensbybls：根据 Black-Scholes 模型计算股票期权的希腊字母		
optstocksensbybls	PriceSens = optstocksensbybls(RateSpec, StockSpec, Settle,Maturity, OptSpec, Strike, 'Name1', Value1...)	
	RateSpec	利率期限结构说明
	StockSpec	股票参数说明，包含波动率等信息，参考 stockspec 函数
	Settle	结算日

续

	Maturity	到期日
	OptSpec	期权种类，值为字符串，call 或 put
	Strike	行权价格
	'Namei'	optstocksensbybls 函数的可选输入参数，决定输出变量 PriceSens 包含的希腊字母，
	'Valuei'	delta,gamma,vega,lambda,rho,theta
	PriceSens	根据 Black-Scholes 模型计算出的股票期权的希腊字母值
optstocksensbyrgw：根据 **Roll-Geske-Whaleys** 模型计算股票期权的希腊字母		
optstocksensbyrgw	PriceSens = optstocksensbyrgw(RateSpec, StockSpec, Settle,Maturity, OptSpec, Strike, 'Name1', Value1...)	
	RateSpec	利率期限结构说明
	StockSpec	股票参数说明，包含波动率等信息，参考 stockspec 函数
	Settle	结算日
	Maturity	到期日
	OptSpec	期权种类，值为字符串，call 或 put
	Strike	行权价格
	'Namei'	optstocksensbyrgw 函数的可选输入参数，决定输出变量 PriceSens 包含的希腊字母，
	'Valuei'	delta,gamma,vega,lambda,rho,theta
	PriceSens	根据 Roll-Geske-Whaleys 模型计算出的股票期权的希腊字母值

B.7　其他

B.7.1　树图的操作

treeviewer：显示模型生成二叉树或三叉树图		
treeviewer	treeviewer(Tree)	
	Tree	构建的二叉树或三叉树图
bushpath：从树图上取路径节点		
bushpath	Values = bushpath(Tree, BranchList)	
	Tree	基于特定模型构建的二叉树，或三叉树
	BranchList	树图路径矩阵
	Values	返回路径矩阵所标识的路径节点上的值
bushshape：获取树图的形状		
bushshape	[NumLevels, NumChild, NumPos, NumStates,Trim] = bushshape(Tree)	
	Tree	基于特定模型构建的二叉树，或三叉树
	NumLevels	树图的时间区间数目
	NumChild	对应于 NumLevels 的每个时间水平上每个节点的子节点数目
	NumPos	每个时间水平上状态向量的长度
	NumStates	每个时间水平上的状态数目
	Trim	标识 NumPos 变化的逻辑值
cvtree：将贴现率因子树转换成即期利率树		
cvtree	RateTree = cvtree(Tree)	
	Tree	基于特定利率模型构建的二叉树或三叉树，HJM，BDT，BK，HW 等

续

	RateTree	将贴现率因子树转换成即期利率树
mkbush：基于特定模型构建树图		
mkbush	[Tree, NumStates] = mkbush(NumLevels, NumChild, NumPos, Trim,NodeVal)	
	NumLevels	树图的时间区间数目
	NumChild	对应于 NumLevels 的每个时间水平上每个节点的子节点数目
	NumPos	每个时间水平上状态向量的长度
	Trim	标识 NumPos 变化的逻辑值
	Tree	基于特定模型构建的二叉树，或三叉树
	NumStates	每个时间水平上的状态数目
mktree：构建二叉树图		
mktree	Tree = mktree(NumLevels, NumPos, NodeVal, IsPriceTree)	
	NumLevels	树图的时间区间数目
	NumPos	每个时间水平上状态向量的长度
	NodeVal	可选，树图每个节点上的初始值
	IsPriceTree	可选，控制最后一个分支的布尔值
	Tree	构建的二叉树图
mktrintree：构建三叉树		
mktrintree	TrinTree = mktrintree(NumLevels, NumPos, NumStates, NodeVal)	
	NumLevels	树图的时间区间数目
	NumPos	每个时间水平上状态向量的长度
	NumStates	每个时间水平上的状态数目
	NodeVal	可选，树图每个节点上的初始值
	TrinTree	重构的三叉树
treepath：从二叉树上取路径节点		
treepath	Values = treepath(Tree, BranchList)	
	Tree	基于特定模型构建的重构二叉树
	BranchList	树图路径矩阵
	Values	返回路径矩阵所标识的重构二叉树路径节点上的值
treeshape：获取二叉树的形状		
treeshape	[NumLevels, NumPos, IsPriceTree] = treeshape(Tree)	
	Tree	基于特定模型构建的二叉树
	NumLevels	树图的时间区间数目
	NumPos	每个时间水平上状态向量的长度
	IsPriceTree	控制最后一个分支的布尔值
trintreepaht：重构三叉树		
trintreepaht	Values = trintreepath(TrinTree, BranchList)	
	Tree	基于特定模型构建的重构三叉树
	BranchList	树图路径矩阵
	Values	返回路径矩阵所标识的重构三叉树路径节点上的值
trintreeshape：重构三叉树的形状		
trintreeshape	[NumLevels, NumPos, NumStates] = trintreeshape(TrinTree)	
	TrinTree	基于特定模型构建的三叉树
	NumLevels	树图的时间区间数目

续

	NumPos	每个时间水平上状态向量的长度
	NumStates	每个时间水平上的状态数目

B.7.2 金融对象结构型数据

classfin：创建金融对象结构或者返回金融对象结构名		
classfin	Obj = classfin(ClassName)	
	ClassName	定义的金融对象名称
	Obj	生成的金融数据对象
isafin：判断输入结构是否是金融对象		
isafin	IsFinObj = isafin(Obj, ClassName)	
	ClassName	金融对象名称
	Obj	金融数据对象
	IsFinObj	判断 Obj 是否属于 ClassName 所指类型
stockspec：创建股票对象		
stockspec	StockSpec = stockspec(Sigma, AssetPrice, DividendType,DividendAmounts, ExDividendDates)	
	Sigma	股票的波动率
	AssetPrice	股票资产价格
	DividendType	股息派发类型
	DividendAmounts	股息数量
	ExDividendDates	除息日
	StockSpec	股票参数说明

B.7.3 投资组合避险与配置

hedgeopt：给定目标代价或敏感度，对避险配置进行优化		
hedgeopt	[PortSens, PortCost, PortHolds] = hedgeopt(Sensitivities,Price, CurrentHolds, FixedInd, NumCosts, TargetCost,TargetSens, ConSet)	
	Sensitivities	资产组合的敏感度矩阵
	Price	资产组合的资产价格向量
	CurrentHolds	当前头寸状况
	FixedInd	可选，固定投资额度资产序号向量
	NumCosts	可选，成本前沿的点数
	TargetCost	可选，沿成本前沿的目标成本向量
	TargetSens	可选，资产组合的目标敏感度矩阵
	ConSet	可选，约束矩阵
	PortSens	资产组合的敏感度矩阵，当完全对冲时，此矩阵为 0
	PortCost	总资产组合的成本，和成本前沿的点数有关
	PortHolds	资产组合配置的详细头寸
hedgeslf：自融资避险		
hedgeslf	[PortSens, PortValue, PortHolds] = hedgeslf(Sensitivities,Price, CurrentHolds, FixedInd, ConSet)	
	Sensitivities	资产组合的敏感度矩阵
	Price	资产组合的资产价格向量
	CurrentHolds	当前头寸状况

续

	FixedInd	可选，固定投资额度资产序号向量
	ConSet	可选，约束矩阵
	PortSens	自融资情况下资产组合的敏感度矩阵，当完全对冲时，此矩阵为 0
	PortCost	自融资情况下总资产组合的成本，和成本前沿的点数有关
	PortHolds	自融资情况下资产组合配置的详细头寸

附录 C　固定收益工具箱函数详解

C.1　定期存单

cdai：计算可转让定期存单应计的收益		
cdai	AccrInt = cdai(CouponRate, Settle, Maturity, IssueDate, Basis)	
	CouponRate	债券息票率
	Settle	结算日
	Maturity	到期日
	IssueDate	发行日期
	Basis	可选，天数计数规则
	AccrInt	应计利息数额
cdprice：计算可转让定期存单的价格		
cdprice	[Price, AccrInt] = cdprice(Yield, CouponRate, Settle, Maturity, IssueDate, Basis)	
	Yield	到期收益率
	CouponRate	债券息票率
	Settle	结算日
	Maturity	到期日
	IssueDate	发行日期
	Basis	可选，天数计数规则
	Price	定期存单价格
	AccrInt	应计利息数额
cdyield：计算可转让定期存单的收益率		
cdyield	Yield = cdyield(Price, CouponRate, Settle, Maturity, IssueDate, Basis)	
	Price	定期存单价格
	CouponRate	债券息票率
	Settle	结算日
	Maturity	到期日
	IssueDate	发行日期
	Basis	可选，天数计数规则
	Yield	定期存单到期收益率

C.2 可转债定价

cbprice：计算可转换债券的定价		
cbprice	[CBMatrix, UndMatrix, DebtMatrix, EqtyMatrix] = cbprice (RiskFreeRate , StaticSpread, Sigma, Price, ConvRatio,NumSteps, IssueDate, Settle, Maturity, CouponRate, Period, Basis, EndMonthRule, DividendType, DividendInfo, CallType, CallInfo, TreeType)	
	RiskFreeRate	无风险利率
	StaticSpread	静态价差
	Sigma	股票波动率
	Price	价格
	ConvRation	转换比率
	NumSteps	二叉树的步数
	IssueDate	发行日期
	Settle	结算日
	Maturity	到期日
	CouponRate	债券息票率
	Period	可选，年付息次数
	Basis	可选，天数计数规则
	EndMonthRule	可选，月末法则
	DividendType	股息派发类型，现金股息还是连续股息
	DividendInfo	派息信息，包含除息日和派息数量
	CallType	看涨期权是净价还是全价
	CallInfo	看涨期权信息，包含行权日期和行权价格
	TreeType	定价用二叉树还是三叉树
	CBMatrix	可转债价格矩阵
	UndMatrix	股票价格矩阵
	DebtMatrix	可转债的债权部分
	EqtyMatrix	可转债的股权部分

C.3 衍生证券计算

bkcall：利用 Black 模型计算债券看涨期权价格		
bkcall	CallPrice = bkcall(Strike, ZeroData, Sigma, BondData, Settle, Expiry, Period, Basis, EndMonthRule, InterpMethod, StrikeConvention)	
	Strike	执行价格
	ZeroData	包含有利率期限结构的一个矩阵
	Sigma	波动率
	BondData	债券价格等相关信息
	Settle	结算日
	Expiry	期权到期日

续

	Period	可选，年付息次数
	Basis	可选，天数计数规则
	EndMonthRule	可选，月末法则
	InterpMehtod	可选，插值方法
	StrikeConvention	可选，行权价格是根据全价(脏价)还是净价
	CallPrice	根据 Black 模型计算出来的债券看涨期权价格
bkcaplet：利用 **Black** 模型计算利率顶的价格		
bkcaplet	CapPrices = bkcaplet(CapData, FwdRates, ZeroPrice, Settle, StartDate, EndDate, Sigma)	
	CapData	利率顶的相关信息
	FwdRates	远期利率矩阵
	ZeroPrice	和 CapData 日期对应的零息票债券价格
	Settle	结算日
	StartDate	开始日期
	EndDate	结束日期
	Sigma	波动率
	CapPrices	根据 Black 模型计算出来的利率顶价格
bkfloorlet：利用 **Black** 模型计算利率底的价格		
bkfloorlet	FloorPrices = bkfloorlet(FloorData, FwdRates, ZeroPrice, Settle, StartDate, EndDate, Sigma)	
	FloorData	利率底的相关信息
	FwdRates	远期利率矩阵
	ZeroPrice	和 CapData 日期对应的零息票债券价格
	Settle	结算日
	StartDate	开始日期
	EndDate	结束日期
	Sigma	波动率
	FloorPrices	根据 Black 模型计算出来的利率底价格
bkput：利用 **Black** 模型计算债券看跌期权价格		
bkput	PutPrice = bkput(Strike, ZeroData, Sigma, BondData, Settle, Expiry,Period, Basis, EndMonthRule, InterpMethod, StrikeConvention)	
	Strike	执行价格
	ZeroData	包含有利率期限结构的一个矩阵
	Sigma	波动率
	BondData	债券价格等相关信息
	Settle	结算日
	Expiry	期权到期日
	Period	可选，年付息次数
	Basis	可选，天数计数规则
	EndMonthRule	可选，月末法则
	InterpMehtod	可选，插值方法
	StrikeConvention	可选，行权价格是根据全价(脏价)还是净价
	PutPrice	根据 Black 模型计算出来的债券看跌期权价格

续

liborduration：计算互换中拆放利率的久期		
liborduration	[PayFixDuration GetFixDuration] = liborduration(SwapFixRate,Tenor, Settle)	
	SwapFixRate	互换中的固定利率信息
	Tenor	互换的期限
	Settle	结算日
	PayFixDuration	互换中支付固定利率方的修正久期
	GetFixDuration	互换中收取固定利率方的修正久期
liborfloat2fixed：计算三个月互换拆息的票面固定利率		
liborfloat2fixed	[FixedSpec,ForwardDates,ForwardRates]=liborfloat2fixed(ThreeMonthRates,Settle,Tenor, StartDate,Interpolation,ConvexAdj,RateParam,InArrears,Sigma,FixedCompound,FixedBasis)	
	ThreeMonthRates	三个月期限欧洲美元期货信息或者三个月远期利率协议信息
	Settle	结算日
	Tenor	互换的期限
	StartDate	开始日期
	InterpMehtod	插值方法
	ConvexAdj	可选，控制是否需要对欧洲美元期货得到的利率进行凸度的调整的布尔变量
	RateParam	可选，HW 短期利率模型中的参数
	InArrears	可选，控制是否需要对远期利率协议得到的利率进行凸度的调整的布尔变量
	Sigma	利率项的年化波动率
	FixedCompound	支付固定利率方的计息频率
	FixedBasis	支付固定利率方的天数计数规则
	FixedSpec	说明互换中固定利率方的相关信息
	ForwardDates	远期利率日期
	ForwardRates	同远期利率日期对应的远期利率值
liborprice：计算给定互换利率下的互换价格		
liborprice	Price = liborprice(ThreeMonthRates, Settle, Tenor,SwapRate, StartDate, Interpolation, ConvexAdj, RateParam,InArrears, Sigma, FixedCompound, FixedBasis)	
	ThreeMonthRates	三个月期限欧洲美元期货信息或者三个月远期利率协议信息
	Settle	结算日
	Tenor	互换的期限
	SwapRate	互换利率
	StartDate	开始日期
	InterpMehtod	插值方法
	ConvexAdj	可选，控制是否需要对欧洲美元期货得到的利率进行凸度的调整的布尔变量
	RateParam	可选，HW 短期利率模型中的参数
	InArrears	可选，控制是否需要对远期利率协议得到的利率进行凸度的调整的布尔变量
	Sigma	利率项的年化波动率

续

	FixedCompound	支付固定利率方的计息频率
	FixedBasis	支付固定利率方的天数计数规则
	Price	计算得到的互换价格，根据给定的 SwapRate

C.4 利率期限结构曲线对象

bootstrap：根据市场数据计算利率期限结构曲线		
bootstrap	Dcurve = IRDataCurve.bootstrap(Type, Settle, InstrumentTypes,Instruments)	
	Type	利率期限结构曲线类型
	Settle	结算日
	InstrumentTypes	金融工具类型
	Instruments	为计算得到利率期限结构曲线所需要的金融工具信息
	Dcurve	计算得到的利率期限结构曲线，此函数为 IRDataCurve 类中的一个方法
fitFunction：根据市场数据拟合用户自定义函数		
fitFunction	CurveObj = IRFunctionCurve.fitFunction(Type, Settle,FunctionHandle, Instruments, IRFitOptionsObj)	
	Type	利率期限结构曲线类型
	Settle	结算日
	FunctionHandle	定义利率期限结构曲线的函数句柄
	InstrumentTypes	金融工具类型
	Instruments	为计算得到利率期限结构曲线所需要的金融工具信息
	IRFitOptionsObj	一个利率期限结构期权对象，参考 IRFitOptions 函数
	CurveObj	根据市场数据拟合用户自定义函数得到的结果
fitNelonSiegel：根据市场数据拟合 Nelon-Siegel 函数		
fitNelonSiegel	CurveObj = IRFunctionCurve.fitNelonSiegel(Type, Settle, Instruments)	
	Type	利率期限结构曲线类型
	Settle	结算日
	Instruments	为计算得到利率期限结构曲线所需要的金融工具信息
	CurveObj	根据市场数据拟合 Nelon-Siegel 函数得到的结果
fitSmoothingSpline：根据市场数据进行样条平滑		
fitSmoothingSpline	CurveObj = IRFunctionCurve.fitSmoothingSpline(Type, Settle,Instruments, Lambdafun)	
	Type	利率期限结构曲线类型
	Settle	结算日
	Instruments	为计算得到利率期限结构曲线所需要的金融工具信息
	Lambdafun	惩罚函数的 Lambda 值
	CurveObj	根据市场数据进行样条平滑得到的结果
fitSvensson：根据市场数据拟合 Svensson 函数		
fitSvensson	CurveObj = IRFunctionCurve.fitSvensson(Type, Settle, Instruments)	
	Type	利率期限结构曲线类型
	Settle	结算日
	Instruments	为计算得到利率期限结构曲线所需要的金融工具信息
	Lambdafun	惩罚函数的 Lambda 值

续

	CurveObj	根据市场数据拟合 Svensson 函数得到的结果
getDiscountFactors：获取 **IRDataCurve** 输入数据的贴现因子		
getDiscountFactors	F = getDiscountFactors(CurveObj, InpDates)	
	CurveObj	利率期限结构曲线对象
	InpDates	输入的日期
	F	得到对应日期的贴现因子
getforwardrates：获取 **IRDataCurve** 输入数据的远期利率		
getforwardrates	F = getforwardrates(CurveObj, InpDates)	
	CurveObj	利率期限结构曲线对象
	InpDates	输入的日期
	F	得到对应日期的远期利率
getparyields：获取 **IRDataCurve** 输入数据的收益利率		
getparyields	F = getparyields(CurveObj, InpDates)	
	CurveObj	利率期限结构曲线对象
	InpDates	输入的日期
	F	得到对应日期的收益利率
getzerorates：获取 **IRDataCurve** 输入数据的零息票率		
getzerorates	F = getzerorates(CurveObj, InpDates)	
	CurveObj	利率期限结构曲线对象
	InpDates	输入的日期
	F	得到对应日期的零息票率
IRBootstrapOptions：**Bootstrap** 法构建利率曲线时的期权说明		
IRBootstrapOptions	mybootoptions = IRBootstrapOptions('Param1', Value1)	
	'Param1'	具体取值跟参数多少有关，参见帮助文档
	Value1	
	mybootoptions	Bootstrap 法构建利率曲线时的期权说明对象
IRDataCurve：构建利率期限结构曲线对象		
IRDataCurve	CurveObj = IRDataCurve(Type, Settle)	
	Type	利率期限结构曲线类型
	Settle	结算日
	CurveObj	利率期限结构曲线对象
IRFitOptions：构建拟合模型对象		
IRFitOptions	myfitoptions = IRFitOptions(InitialGuess)	
	InitialGuess	初始的拟合模型猜测值
	myfitoptions	拟合模型对象
IRFunctionCurve：创建收益率曲线对象		
IRFunctionCurve	CurveObj = IRFunctionCurve(Type, Settle, FunctionHandle)	
	Type	利率期限结构曲线类型
	Settle	结算日
	FunctionHandle	函数句柄
	CurveObj	利率期限结构曲线对象

续

toratespec：将 CurveObj 转换为 RateSpec 对象		
toratespec	F = toratespec(CurveObj, InpDates)	
	CurveObj	利率期限结构曲线对象
	InpDates	输入的日期
	F	将 CurveObj 转换为 RateSpec 对象输出

C.5 MBS 相关函数

mbscfamounts：MBS 的现金流和时间映射		
mbscfamounts	[CFlowAmounts, CFlowDates, TFactors, Factors] = mbscfamounts(Settle, Maturity, IssueDate, GrossRate, CouponRate, Delay, PrepaySpeed, PrepayMatrix)	
	Settle	结算日
	Maturity	到期日
	IssueDate	发行日
	GrossRate	包含费用的票面利率
	CouponRate	净票面利率，默认值为 GrossRate
	Delay	可选，MBS 转支付迟滞的天数
	PrepaySpeed	可选，同基准模型匹配的提前支付速率
	PrepayMatrix	可选，支付矩阵
	CFlowAmounts	现金流数量
	CFlowDates	同现金流发生相对应的日期
	Tfactors	时间因子
	Factors	抵押贷款因子，月末余额
mbsconvp：给定期限、价格和支付模型后的 MBS 证券的凸性		
mbsconvp	Convexity = mbsconvp(Price, Settle, Maturity, IssueDate, GrossRate, CouponRate, Delay, PrepaySpeed, PrepayMatrix)	
	Price	每 100 美元面值的净价
	Settle	结算日
	Maturity	到期日
	IssueDate	发行日
	GrossRate	包含费用的票面利率
	CouponRate	净票面利率，默认值为 GrossRate
	Delay	可选，MBS 转支付迟滞的天数
	PrepaySpeed	可选，同基准模型匹配的提前支付速率
	PrepayMatrix	可选，支付矩阵
	Convexity	给定期限，价格和支付模型后的 MBS 证券的凸性
mbsconvy：计算给定期限、收益率和支付模型后的 MBS 证券的凸性		
mbsconvy	Convexity = mbsconvy(Yield, Settle, Maturity, IssueDate, GrossRate, CouponRate, Delay, PrepaySpeed, PrepayMatrix)	
	Yield	按月复利的抵押贷款支持证券收益率

续

	Settle	结算日
	Maturity	到期日
	IssueDate	发行日
	GrossRate	包含费用的票面利率
	CouponRate	净票面利率，默认值为 GrossRate
	Delay	可选，MBS 转支付迟滞的天数
	PrepaySpeed	可选，同基准模型匹配的提前支付速率
	PrepayMatrix	可选，支付矩阵
	Convexity	给定期限，收益率和支付模型后的 MBS 证券的凸性
mbsdurp：计算给定净价下 MBS 的久期		
mbsdurp	[YearDuration, ModDuration] = mbsdurp(Price, Settle, Maturity, IssueDate, GrossRate, CouponRate, Delay, PrepaySpeed, PrepayMatrix)	
	Price	每 100 美元面值的净价
	Settle	结算日
	Maturity	到期日
	IssueDate	发行日
	GrossRate	包含费用的票面利率
	CouponRate	可选，净票面利率，默认值为 GrossRate
	Delay	可选，MBS 转支付迟滞的天数
	PrepaySpeed	可选，同基准模型匹配的提前支付速率
	PrepayMatrix	可选，支付矩阵
	YearDuration	Macaulay 久期
	ModDuration	修正久期
mbsdury：计算给定收益率下 MBS 的久期		
mbsdury	[YearDuration, ModDuration] = mbsdury(Yield, Settle, Maturity,IssueDate, GrossRate, CouponRate, Delay, PrepaySpeed, PrepayMatrix)	
	Yield	按月复利的抵押贷款支持证券收益率
	Settle	结算日
	Maturity	到期日
	IssueDate	发行日
	GrossRate	包含费用的票面利率
	CouponRate	可选，净票面利率，默认值为 GrossRate
	Delay	可选，MBS 转支付迟滞的天数
	PrepaySpeed	可选，同基准模型匹配的提前支付速率
	PrepayMatrix	可选，支付矩阵
	YearDuration	Macaulay 久期
	ModDuration	修正久期
mbsnoprepay：计算没有提前支付情况下的月末现金流余额		
mbsnoprepay	[Balance, Interest, Payment, Principal] = mbsnoprepay(OriginalBalance, GrossRate, Term)	
	OriginalBalance	初始余额
	GrossRate	包含费用的票面利率
	Term	MBS 的期限，以月未计数单位

续

	Balance	没有提前支付情况下的月末余额
	Interest	没有提前支付情况下的利息支付额度
	Payment	没有提前支付情况下的月末支付额度
	Principal	月末支付中的本金数量
mbspassthrough：计算提前支付情况下的月末现金流余额		
mbspassthrough	[Balance,Payment,Principal,Interest,Prepayment]= mbspassthrough (OriginalBalance, GrossRate, OriginalTerm,TermRemaining, PrepaySpeed, PrepayMatrix)	
	OriginalBalance	初始余额
	GrossRate	包含费用的票面利率
	OriginalTerm	MBS 的初始期限，以月末计数单位
	TermRemaining	MBS 的剩余期限，以月末计数单位
	PrepaySpeed	可选，同基准模型匹配的提前支付速率
	PrepayMatrix	可选，支付矩阵
	Balance	没有提前支付情况下的月末余额
	Payment	没有提前支付情况下的月末支付额度
	Principal	月末支付中的本金数量
	Interest	没有提前支付情况下的利息支付额度
	Prepayment	提前支付数量
mbsprice：计算给定收益率下的 **MBS** 的价格		
mbsprice	[Price, AccrInt] = mbsprice(Yield, Settle, Maturity, IssueDate, GrossRate, CouponRate, Delay, PrepaySpeed, PrepayMatrix)	
	Yield	按月复利的抵押贷款支持证券收益率
	Settle	结算日
	Maturity	到期日
	IssueDate	发行日
	GrossRate	包含费用的票面利率
	CouponRate	可选，净票面利率，默认值为 GrossRate
	Delay	可选，MBS 转支付迟滞的天数
	PrepaySpeed	可选，同基准模型匹配的提前支付速率
	PrepayMatrix	可选，支付矩阵
	Price	MBS 价格
	AccrInt	应计利息数额
mbsprice2speed：计算给定价格下 **PSA** 提前偿付的速度		
mbsprice2speed	[ImpSpdOnPrc, ImpSpdOnDur, ImpSpdOnCnv] = mbsprice2speed(Price, Settle, Maturity, IssueDate, GrossRate, PrepayMatrix, CouponRate, Delay)	
	Price	每 100 美元面值的净价
	Settle	结算日
	Maturity	到期日
	IssueDate	发行日
	GrossRate	包含费用的票面利率
	PrepayMatrix	可选，支付矩阵
	CouponRate	可选，净票面利率，默认值为 GrossRate

续

	Delay	可选，MBS 转支付迟滞的天数
	ImpSpdOnPrc	基于 PSA 提前偿付模型下的价格
	ImpSpdOnDur	基于 PSA 提前偿付模型下的久期
	ImpSpdOnCnv	基于 PSA 提前偿付模型下的凸性
mbswal：计算加权平均存续期		
mbswal	WAL = mbswal(Settle, Maturity, IssueDate, GrossRate, CouponRate, Delay, PrepaySpeed, PrepayMatrix)	
	Settle	结算日
	Maturity	到期日
	IssueDate	发行日
	GrossRate	包含费用的票面利率
	CouponRate	可选，净票面利率，默认值为 GrossRate
	Delay	可选，MBS 转支付迟滞的天数
	PrepaySpeed	可选，同基准模型匹配的提前支付速率
	PrepayMatrix	可选，支付矩阵
	WAL	加权平均存续期
mbsyield：计算给定价格下 **MBS** 的收益率		
mbsyield	[MYield, BEMBSYield] = mbsyield(Price, Settle, Maturity, IssueDate, GrossRate, CouponRate, Delay, PrepaySpeed, PrepayMatrix)	
	Price	每 100 美元面值的净价
	Settle	结算日
	Maturity	到期日
	IssueDate	发行日
	GrossRate	包含费用的票面利率
	CouponRate	可选，净票面利率，默认值为 GrossRate
	Delay	可选，MBS 转支付迟滞的天数
	PrepaySpeed	可选，同基准模型匹配的提前支付速率
	PrepayMatrix	可选，支付矩阵
	Myield	转手证券到期收益率
	BEMBSYield	转手证券的债券等价收益率
mbsyield2speed：计算给定收益率下隐含 **PSA** 支付		
mbsyield2speed	[ImpSpdOnYld, ImpSpdOnDur, ImpSpdOnCnv] = mbsyield2speed(Yield, Settle, Maturity, IssueDate, GrossRate, PrepayMatrix, CouponRate, Delay)	
	Yield	MBS 类产品收益率
	Settle	结算日
	Maturity	到期日
	IssueDate	发行日
	GrossRate	包含费用的票面利率
	PrepayMatrix	可选，支付矩阵
	CouponRate	可选，净票面利率，默认值为 GrossRate
	Delay	可选，MBS 转支付迟滞的天数
	ImpSpdOnYld	基于 PSA 提前偿付模型下的收益率

续

	ImpSpdOnDur	基于 PSA 提前偿付模型下的久期
	ImpSpdOnCnv	基于 PSA 提前偿付模型下的凸性
psaspeed2default：计算基准违约率		
psaspeed2default	[ADRPSA, MDRPSA] = psaspeed2default(DefaultSpeed)	
	DefaultSpeed	相对于 PSA 基准的年违约率
	ADRPSA	PSA 模型的年化违约率
	MDRPSA	PSA 模型的月违约率
psaspeed2rate：计算 PSA 模型支付率下的月度提前支付率		
psaspeed2rate	[CPRPSA, SMMPSA]= psaspeed2rate(PSASpeed)	
	PSASpeed	PSA 模型下的提前偿付率
	CPRPSA	年度的提前支付率
	SMMPSA	月度提前支付率

C.6 期权调整价差的计算

mbsoas2price：计算期权调整价差的净价		
mbsoas2price	Price = mbsoas2price(ZeroCurve, OAS, Settle, Maturity, IssueDate, GrossRate, CouponRate, Delay, Interpolation, PrepaySpeed, PrepayMatrix)	
	ZeroCurve	包含利率期限结构信息
	OAS	以基点计数的期权调整价差
	Settle	结算日
	Maturity	到期日
	IssueDate	发行日
	GrossRate	包含费用的票面利率
	CouponRate	可选，净票面利率，默认值为 GrossRate
	Delay	可选，MBS 转支付迟滞的天数
	Interpolation	可选，插值方法
	PrepaySpeed	可选，同基准模型匹配的提前支付速率
	PrepayMatrix	可选，支付矩阵
	Price	转手证券的净价
mbsoas2yield：计算期权调整价差的收益率		
mbsoas2yield	[MYield, BEMBSYield] = mbsoas2yield(ZeroCurve, OAS, Settle,Maturity, IssueDate, GrossRate, CouponRate, Delay, Interpolation, PrepaySpeed, PrepayMatrix)	
	ZeroCurve	包含利率期限结构信息
	OAS	以基点计数的期权调整价差
	Settle	结算日
	Maturity	到期日
	IssueDate	发行日
	GrossRate	包含费用的票面利率
	CouponRate	可选，净票面利率，默认值为 GrossRate
	Delay	可选，MBS 转支付迟滞的天数

续

	Interpolation	可选，插值方法
	PrepaySpeed	可选，同基准模型匹配的提前支付速率
	PrepayMatrix	可选，支付矩阵
	Myield	转手证券到期收益率
	BEMBSYield	转手证券的债券等价收益率
mbsprice2oas：计算给定价格的期权调整价差		
mbsprice2oas	OAS = mbsprice2oas(ZeroCurve, Price, Settle, Maturity, IssueDate, GrossRate, CouponRate, Delay, Interpolation PrepaySpeed, PrepayMatrix)	
	ZeroCurve	包含利率期限结构信息
	Price	MBS 类产品价格
	Settle	结算日
	Maturity	到期日
	IssueDate	发行日
	GrossRate	包含费用的票面利率
	CouponRate	可选，净票面利率，默认值为 GrossRate
	Delay	可选，MBS 转支付迟滞的天数
	Interpolation	可选，插值方法
	PrepaySpeed	可选，同基准模型匹配的提前支付速率
	PrepayMatrix	可选，支付矩阵
	OAS	以基点数计数的期权调整价差
mbsyield2oas：计算给定收益率的期权调整价差		
mbsyield2oas	OAS = mbsyield2oas(ZeroCurve, Yield, Settle, Maturity, IssueDate, GrossRate, CouponRate, Delay, Interpolation PrepaySpeed, PrepayMatrix)	
	ZeroCurve	包含利率期限结构信息
	Yield	MBS 类产品收益率
	Settle	结算日
	Maturity	到期日
	IssueDate	发行日
	GrossRate	包含费用的票面利率
	CouponRate	可选，净票面利率，默认值为 GrossRate
	Delay	可选，MBS 转支付迟滞的天数
	Interpolation	可选，插值方法
	PrepaySpeed	可选，同基准模型匹配的提前支付速率
	PrepayMatrix	可选，支付矩阵
	OAS	以基点数计数的期权调整价差

C.7 Steped-Coupon 债券的相关计算

stepcpncfamounts：计算 **Steped-Coupon** 债券的现金流数量和时间		
stepcpncfamounts	[CFlows, CDates, CTimes] = stepcpncfamounts(Settle, Maturity, ConvDates, CouponRates, Period, Basis, EndMonthRule, Face)	
	Settle	结算日

续

	Maturity	到期日
	ConvDates	重新定息日期
	CouponRates	重新设定利率值
	Period	可选，年付息次数
	Basis	可选，天数计数规则
	EndMonthRule	可选，月末法则
	Face	可选，面值
	CFlows	现金流的数量
	CDates	现金流发生的日期
	CTimes	现金流的时间，同 Cdates 相对应
stepcpnprice：计算 Steped-Coupon 债券的价格		
stepcpnprice	[Price, AccruedInterest] = stepcpnprice(Yield, Settle, Maturity, ConvDates, CouponRates, Period, Basis, EndMonthRule, Face)	
	Yield	Steped-Coupon 债券的到期收益率
	Settle	结算日
	Maturity	到期日
	ConvDates	重新定息日期
	CouponRates	重新设定利率值
	Period	可选，年付息次数
	Basis	可选，天数计数规则
	EndMonthRule	可选，月末法则
	Face	可选，面值
	Price	Steped-Coupon 债券的价格
	AccruedInterest	应计利息数额
stepcpnyield：计算 Steped-Coupon 债券的到期收益率		
stepcpnyield	Yield = stepcpnyield(Price, Settle, Maturity, ConvDates, CouponRate, Period, Basis, EndMonthRule, Face)	
	Price	Steped-Coupon 债券的价格
	Settle	结算日
	Maturity	到期日
	ConvDates	重新定息日期
	CouponRates	重新设定利率值
	Period	可选，年付息次数
	Basis	可选，天数计数规则
	EndMonthRule	可选，月末法则
	Face	可选，面值
	Yield	Steped-Coupon 债券的到期收益率

C.8 国库券的相关计算

tbilldisc2yield：将国库券的贴现率转换成等效的收益率		
tbilldisc2yield	[BEYield MMYield] = tbilldisc2yield(Discount, Settle, Maturity)	
	Discount	贴现率
	Settle	结算日
	Maturity	到期日
	BEYield	债券等价收益率 BEY
	MMYield	货币市场收益率
tbillprice：计算国库券的价格		
tbillprice	Price = tbillprice(Rate, Settle, Maturity, Type)	
	Rate	债券等价收益率 BEY，货币市场收益率或贴现率
	Settle	结算日
	Maturity	到期日
	Type	可选，决定 Rate 参数的种类
	Price	国库券价格
tbillrepo：计算回购协议的收支平衡贴现率		
tbillrepo	TBEDiscount = tbillrepo(RepoRate, InitialDiscount, PurchaseDate,SaleDate, Maturity)	
	RepoRate	年化的回购利率
	InitialDiscount	初始的贴现率
	PurchaseDate	回购协议生效日期
	SaleDate	回购日期
	Maturity	国库券到期日
	TBEDiscount	回购协议的平价贴现率
tbillval01：计算 1 个 bp 的价值		
tbillval01	[Val01Disc, Val01MMY, Val01BEY] = tbillval01(Settle, Maturity)	
	Settle	结算日
	Maturity	到期日
	Val01Disc	贴现率变动 1 个 bp 所带来的价值变动
	Val01MMY	货币市场利收益率变动 1 个 bp 所带来的价值变动
	Val01BEY	债券等价收益率变动 1 个 bp 所带来的价值变动
tbillyield：计算国库券的收益率		
tbillyield	[MMYield, BEYield, Discount] = tbillyield(Price, Settle, Maturity)	
	Price	国库券价格
	Settle	结算日
	Maturity	到期日
	MMYield	货币市场收益率
	BEYield	债券等价收益率 BEY
	Discount	贴现率
tbillyield2disc：将国库券的收益率转换成等效的贴现率		
tbillyield2disc	Discount = tbillyield2disc(Yield, Settle, Maturity, Type)	
	Yield	收益率

续

	Settle	结算日
	Maturity	到期日
	Type	可选，收益率类型
	Discount	贴现率

C.9 国债的相关计算

convfactor：计算国债期货的转换因子		
convfactor	ConvFactor = convfactor(RefDate, Maturity, CouponRate, RefYield, Convention)	
	RefDate	转换因子计算的相关日期
	Maturity	到期日
	CouponRate	息票率
	RefYield	可选，转换因子计算的相关收益率默认是 6%
	Convention	可选，转换因子计算是的对应标的
	ConvFactor	转换因子
tfutbyprice：计算表征价格下国债期货的价格		
tfutbyprice	QtdFutPrice = tfutbyprice(SpotCurve, Price, SettleFut, MatFut, ConvFactor, CouponRate, Maturity, Interpolation)	
	SpotCurve	表征当期利率期限结构的矩阵
	Price	国债的价格
	SettleFut	期货的结算日
	MatFut	期货的到期日
	ConvFactor	转换因子
	CouponRate	息票率
	Maturity	到日期
	Interpolation	可选，插值方法
	QtdFutPrice	国债期货的价格
tfutbyyield：计算当前收益率下的国债期货的价格		
tfutbyyield	QtdFutPrice = tfutbyyield(SpotCurve, Yield, SettleFut, MatFut,ConvFactor, CouponRate, Maturity, Interpolation)	
	SpotCurve	表征当期利率期限结构的矩阵
	Yield	国债的到期收益率
	SettleFut	期货的结算日
	MatFut	期货的到期日
	ConvFactor	转换因子
	CouponRate	息票率
	Maturity	到日期
	Interpolation	可选，插值方法
	QtdFutPrice	国债期货的价格
tfutimprepo：计算给定价格下国债期货的隐含回购利率		
tfutimprepo	ImpliedRepo = tfutimprepo(ReinvestData, Price, QtdFutPrice, Settle, MatFut, ConvFactor, CouponRate, Maturity)	

续

	ReinvestData	再投资收益相关数据
	Price	国债的价格
	QtdFutPrice	国债期货的价格
	SettleFut	期货的结算日
	MatFut	期货的到期日
	ConvFactor	转换因子
	CouponRate	息票率
	Maturity	到日期
	ImpliedRepo	无套利均衡下的隐含回购利率
tfutpricebyrepo：计算某价格国债期货的隐含回购利率		
tfutpricebyrepo	[QtdFutPrice AccrInt] = tfutpricebyrepo(RepoData, ReinvestData, Price, Settle, MatFut, ConvFactor, CouponRate, Maturity)	
	RepoData	回购相关数据
	ReinvestData	再投资收益相关数据
	Price	国债的价格
	Settle	结算日
	MatFut	国债期货的到期日
	ConvFactor	转换因子
	CouponRate	息票率
	Maturity	到期日
	QtdFutPrice	国债期货的价格
	AccrInt	交割日前的应计利息数额
tfutyieldbyrepo：计算给定收益率下国债期货的隐含回购利率		
tfutyieldbyrepo	FwdYield = tfutyieldbyrepo(RepoData, ReinvestData, Yield, Settle, MatFut, ConvFactor, CouponRate, Maturity)	
	RepoData	回购相关数据
	ReinvestData	再投资收益相关数据
	Yield	国债的到期收益率
	Settle	结算日
	MatFut	国债期货的到期日
	ConvFactor	转换因子
	CouponRate	息票率
	Maturity	到期日
	FwdYield	理论远期利率

C.10　零息票金融工具

zeroprice：根据到期收益率计算固定收益证券的净价		
zeroprice	Price = zeroprice(Yield, Settle, Maturity, Period, Basis, EndMonthRule)	
	Yield	金融工具的到期收益率
	Settle	结算日

续

	Maturity	到期日
	Period	可选，年付息次数
	Basis	可选，天数计数规则
	EndMonthRule	可选，月末法则
	Price	价格
zeroyield：当债券价格给定时，计算零息券到期收益率		
zeroyield	Yield = zeroyield(Price, Settle, Maturity, Period, Basis, EndMonthRule)	
	Price	价格
	Settle	结算日
	Maturity	到期日
	Period	可选，年付息次数
	Basis	可选，天数计数规则
	EndMonthRule	可选，月末法则
	Yield	金融工具的到期收益率

反侵权盗版声明

举报电话：（010）88254396；（010）88258888

传　　真：（010）88254397

E-mail：　dbqq@phei.com.cn

通信地址：北京市万寿路173信箱　电子工业出版社总编办公室

邮　　编：100036